U0935593

CSSCI来源集刊

现代中国文化与文学

28

MODERN CHINESE
CULTURE AND LITERATURE

李怡 毛迅 主编

四川大学文学与新闻学院 主办
西南交通大学人文学院 协办

巴蜀書社

图书在版编目(CIP)数据

现代中国文化与文学.28/李怡,毛迅主编.—成都:巴蜀书社,2019.6

ISBN 978-7-5531-1162-9

Ⅰ.①现… Ⅱ.①李…②毛… Ⅲ.①中华文化-文化研究-现代-丛刊②中国文学-现代文学-文学研究-丛刊 Ⅳ.①G122-55 ②I206.6-55

中国版本图书馆 CIP 数据核字(2019)第 099420 号

现代中国文化与文学(28)

李怡　毛迅　主编

责任编辑　李　蓓
出　　版　巴蜀书社
　　　　　成都市槐树街 2 号　邮编 610031
　　　　　总编室电话:(028)86259397
网　　址　www.bsbook.com
发　　行　巴蜀书社
　　　　　发行科电话:(028)86259422　86259423
经　　销　新华书店
印　　刷　成都蜀通印务有限责任公司(028)64715762
照　　排　成都完美科技有限责任公司
版　　次　2019 年 6 月第 1 版
印　　次　2019 年 6 月第 1 次印刷
成品尺寸　185mm×260mm
印　　张　21.5
字　　数　500 千
书　　号　ISBN 978-7-5531-1162-9
定　　价　55.00 元

编委会名单

目录

文学档案

“大文学”视野

民国文学研究

共和国文学研究

港澳台文学研究

著述·综述

—— Contents ——

Literary Files

The View of Great Literature

Literary Study of the Republic of China

Literary Study of the People's Republic of China

Literary Studies of HongKong, Maco and Taiwan Regions

Scholars · Works

Afterword

“梁平日记”与吴宓的病理档案①

王本朝

《吴宓日记》内容丰富，体例独特。它不是一般意义上的“日记”，而是中国知识分子的精神史和心灵史。“续编”更像一面镜子，一份精神档案，一份心灵的证词，其价值不可估量，影响深远。“梁平日记”是其《吴宓日记续编》中的一部分。它主要记录了1969年4月24日至6月21日，吴宓在梁平劳动、学习改造及其腿残无助的种种生活和感受。吴宓自称“受了一生未经历之苦”，事后想起也“实在怕得很”②。它不同于其他日记的地方，不在于它记载的时间短，活动量偏少，而在于它内容性质的特殊性——它是吴宓腿折致残的病理档案。从梁平回到本校以后，吴宓就成了一个残废病人，长期忍受着疾病的折磨以及生活的不便和精神的困扰。病理即疾病发生发展的原因、过程及原理，病理分析即探究疾病发生发展之组织、结构、功能之变化和规律。“梁平日记”就记录了吴宓的致残过程及生活变化，特别是施暴者的残虐冷漠、“牛鬼蛇神”们的相斗互害，它们或多或少构成了吴宓腿折致残、生活无助和精神无望的病理性因素。

一、恭默承受：吴宓的梁平之行

1969年4月，吴宓随西南师范学院中文系部分师生到了西南师范学院梁平分院。其大背景是共和国时代持续开展的知识分子思想改造运动，到了“文化大革命”时期，又将思想改造、劳动改造和阶级斗争结合起来加以深入推进。小背景是学校对“牛鬼蛇

① 本文系国家社会科学基金重点课题“中国现当代文学制度史”（11AZD064）和中央高校基本科研业务费专项基金创新团队项目“思想启蒙、社会改造与审美创造——中国现当代文学思想史论”（SWU1709102）的阶段性成果。

② 吴宓：《致吴学淑、吴学文、陈心一》，《吴宓书信集》，三联书店2011年版，第431页。

神”进行集中强制，从校内搬迁到校外。对吴宓而言，则成了他个人生活和生命的转折点。应该说，在中华人民共和国成立后很长的一段时间里，吴宓虽然历经多次批判和教育，受到不少冲击，但总的还是“受学校领导和全校师生尊敬的”，他是“统战对象”，受到“地方和学校党政保护”①。他自己也觉得享受到一定的“安富尊荣”，但自“文化大革命”以后，他的命运就“陷入罪戾”。1966年9月5日，在全校师生面前，他以“反共老手”之名被批斗，从此“变为牛鬼蛇神”。1966年10月，他又被编入学校教职员劳改队，在学校内参加劳动，“满身泥巴，两掌鲜血”，为人生“第一次”。从1966年12月到1967年2月，他“全日下田种菜”，晚上学习，写交代材料。从1967年3月到次年10月，劳动量虽有减少，但学习时间却增多了。从1968年11月工宣队进校到1969年1月，他主要在“学习班”学习，且撰写了交代材料80余篇。1969年2月后，他划归中文系革命师生专政队管制。从1969年3月6日到4月23日，他与中文系其他“牛鬼蛇神”9人迁往学校的李园宿舍，度过了“集体管制生活”49天，撰有“李园日记”，上交学习交代材料23份②。

这也是吴宓到梁平的前奏和背景，劳动管制、思想学习和斗争批判也就成了吴宓必须面对的社会现实。吴宓在离开学校五天前就知道了“全体师生，连同‘牛鬼蛇神’，日内即将赴梁平乡下劳动”的消息，他感到“甚惊惧”，立即写了“请求书”，以“年老且衰病”等理由，希望能“留校劳动，不去梁平”，但这不可能被同意，还“责令”他必须“同去梁平”③。吴宓只好做离校准备，收拾衣物，“剃面”，“洗头”，后得知时间仅仅两个月，又“忧略释”，但仍有一去难返的悲凉，当管制学生陪他回家收取衣物，他有些绝望了，“不意今生仍能回到此室”④！4月24日凌晨6时，即起床捆扎行李，到指定地点等候，9：30出发，乘“有顶之卡车”，实为混装之货车。吴宓坐在“高且软”的行李上，“如坐靠背椅，甚适”。沿途无风景，山路不平坦，车速却极快，“四小时飞驰四百里”。吴宓中途心速加快，想“下车径归”，但没有人理会他，只好“恭默忍受”。临近傍晚到了梁平，他与中文系“阶级敌人”刘又辛、曹慕樊、李景白、郑思虞、宗真甫、魏兴南等7人编为“一特别组”，同住一室，刘又辛为组长⑤，被称为“牛鬼蛇神室”。当天晚上，大家尚有些许兴奋感，有“多人谈”，但依然不忘政治学习，一起收听了“九大胜利闭幕之广播”。

---

① 刘兆吉：《与吴宓先生在一起——自学生到同事三十年回忆录》，《多维视野中的吴宓》，重庆出版社2001年版，第91页。

② 吴宓：《致郭斌龢》，《吴宓书信集》，三联书店2011年版，第424—426页。

③ 《吴宓日记续编》第4卷，三联书店2006年版，第93页。

④ 《吴宓日记续编》第4卷，三联书店2006年版，第94页。

⑤ 《吴宓日记续编》第4卷，三联书店2006年版，第96页。

吴宓日记特别记录了凌晨3点“入山厕”一事。吴宓日记多次记录上厕所，我估计世上还没有人像吴宓这样如此多地记录如厕之事。它本来应该是一个人生活中的琐屑之事，但对吴宓来说也许是最直接、最真实的事情了，或许还有某种不得不记的意图，因为其他事情不能记也不敢记。吴宓日记随时都可能被审查。他不厌其烦地作记录，不失为逃避审查的一种策略。没有更多的生活，又不能流露真实的思想，人被全部控制住了，每天重复地做着那些被命令、被规定的事情，只有如厕才是吴宓的私事，可由他个人决定，也是无法被他人控制的事。“如厕”也就成了吴宓日记中的一道不太雅观的“风景”，有些让人哭笑不得，也不无某种时代的荒诞感。当他左腿致残以后，上厕所也就成了一件他自己不能完成的事情，由此也引出同室者的诸多不满、愤怒、斥责和批斗，政治思想与日常生活就混在一起了，至少夹杂着一些生活琐屑之事。人们对政治的感受往往离不开个人生活的体会和认知。

到了梁平分院，吴宓开始了59天的梁平生活。它可分为两个阶段。从4月25日到5月8日，参加劳动13天，只27号“奉令休息”，整理内务。吴宓主要做了平场地、运砖、扫地、拔草、扫厕所、清理杂物等能够胜任的杂活，毕竟他已是75岁的老人了。对吴宓来说，劳动本身并不是一件十分困难的事，除了挖沟渠、运煤以外。令他有些意外的是，依然是在“奉令”、“责令”中参加劳动，尽管他的态度“唯诺”，一贯顺从，但也时时被刁难，被“责斥”，或因动作缓慢，或因干活时与邻居小儿女有过“亲切交谈”，都“以此受责”。当然，他也发现所干之活无作用，如花了一上午修建的宣传张贴栏，却未经使用，“等于虚设”①。应该说，吴宓对劳动是积极配合，抱以诚恳态度，在劳动中还发现了春天的美景。4月30日，吴宓在“牛鬼蛇神室”的南窗外，“观日影以知时”，发现北窗外“鸟语花香，时时由微风送入”，室外农舍，“近晓必闻鸡鸣”，“时闻犬吠之声”，“宓皆乐之”，大自然的恩赐是学校机关“所必无者也”②。这也是梁平日记唯一记录的自然风景。

5月9日是吴宓梁平生活的转折点。该天下午，学校食堂举行了批斗大会，吴宓被“凶猛之二男生”挽着左右臂“快步疾驰”地“拖”入会场，中途趁“奔冲”之势故意“猛推”放手，吴宓“倾倒”在地，又再被抓住左腿拖到主席台，他“手掩髋关节最痛处”，“半跪、半坐”在地上被批斗3个小时。从此，吴宓在梁平不得不卧床挣扎或在痛苦“练习走路”中度过余下的日子。

---

① 《吴宓日记续编》第4卷，三联书店2006年版，第99页。

② 《吴宓日记续编》第4卷，三联书店2006年版，第99页。

二、思想改造：劳动、学习与批斗

劳动作为改造知识分子思想的方式，想达到“以劳动改造思想，赎减政治上之反动罪行”之目的①，其他方式还有批判斗争会、撰写交代材料等。5月23日，吴宓记录了“牛鬼蛇神”组一天的作息时间表。早晨6点起床盥洗，7—8点学习“老三篇”，背诵讨论。8点早餐，每餐大家站立窗外，“北面，向毛主席‘请罪’：……改恶从善，重新做人”。吴宓腿疾不便，就在屋子里的黑方桌前“亦北面对《毛选》一册之封面，同时、同声，向毛主席‘请罪’”。上午9—12点参加劳动，中午1点午餐，下午2—3点午休，3—5：30再参加劳动，6点晚餐，晚上8—10或11点组织学习政治文件，座谈讨论，由组长宣读主持，或由李景白宣读《人民日报》《重庆日报》《卫东报》上的重要新闻。晚上10或11点就寝，“点灯彻夜不熄”。吴宓也“与诸君同动作，毋得稍迟或稍后”②。每天主要是劳动和学习，也撰写交代材料，组织小组批斗会，时间排得满满的，没有闲暇和个人生活。

批斗会也是思想改造和接受教育的主要方式。它有大有小。大的事先有安排，有组织设计，人数多，场面大。吴宓在梁平主要经历了5月1日和9日两次大型批斗会，小的批斗会多在同室同组举行，主要有5月20日和6月1日、11日三次。第一次批斗会是5月1日傍晚，在劳动的山坡上，专政队员（中文系革命师生）“稳坐”坡底，吴宓和魏兴南面向“所悬毛主席巨幅画像，俯首躬身肃立”，部分革命师生逐一“读出其所撰稿”，揭发他的“反党反社会主义、反毛泽东思想之罪行”，内容皆“抄录吴宓日记中之一段，构成宓一条罪状”，多属“已经揭发过”，“并无新材料”。吴宓来梁平似乎还有那么点儿希冀，批斗会再次宣布他的“反革命”“罪人”身份，来梁平“非为下农村劳动，乃因宓等是罪人，是受‘管制’之牛鬼蛇神”，“必随专政队同来，藉受‘管制’与受‘斗争’耳”③。

5月9日举行第二次批斗大会，师生20多人“各读出其撰就之稿”，“揭发、批判、斥责”吴宓“出身官僚地主家庭”，以及“三两粮二两粮”，称“党为继母”之说，内容也多摘录日记，结论也一样，他是“一贯反对毛泽东思想，尤其反对文化大革命”的“历史反革命分子兼现行反革命分子”④。小型斗争会事先无计划，因事而定。5月19

① 《吴宓日记续编》第4卷，三联书店2006年版，第98页。
② 《吴宓日记续编》第4卷，三联书店2006年版，第111页。
③ 《吴宓日记续编》第4卷，三联书店2006年版，第100页。
④ 《吴宓日记续编》第4卷，三联书店2006年版，第104页。

日，同室其他人外出劳动，吴宓因腿伤“奇痛”，无法上厕所，在房里用刊有领袖标语的《人民日报》处理粪便，再抛掷于室外尿桶里。吴宓完全没有任何政治敏感和觉悟，他不知道包裹污秽之物的报纸的神圣性，这样的行为会让他陷入灭顶之灾。他完全从个人生活角度考虑问题，觉得自己没有麻烦到其他人，“所行甚轻巧”，当晚还将此事告知同室。这件事很快就招来了5月20日的同室操戈，工宣队汤师傅率专政队员到“牛鬼蛇神室”举行“临时斗争会”，批判他对毛主席“大不敬”的严重罪行，顺便还提到3月10日他用案头印有毛主席语录的日历记日记，日记里有“如厕”一事。吴宓也做了检讨，但很“简短、空虚、无力”，令“众甚不满”①。

被批斗揭发对吴宓是常有的事，特别是在他腿残以后的6月份，没有办法到室外参加大型批斗会，同室的牛鬼蛇神们就变得有些乐此不疲了。6月1日记载，同室者“终日在舍不说他事，而惟揭发及斥责吴宓；晚间10时后，亦不乐就寝，而共揭发、斥责宓至深夜”，“你一言，我一语，甲道此一事，乙举彼一端”，想描绘出吴宓的“真面目、真精神”。吴宓也听得疲倦之极，但“亦不得不强勉支持而陪侍、恭听”②。在组长带领下大家一起斥责吴宓，只是郑思虞和曹慕樊常“假装敷衍”，其他人都积极发言。他们与专政队和革命师生不同，他们比较了解吴宓的历史既往，熟悉其现实生活，熟悉吴宓在西南师范学院的角色身份，不用抄录吴宓日记内容，只结合自己感受，征引国家政策文件，提刀上马就可开干。他们也是“牛鬼蛇神”，熟悉批斗揭发程式，也有被批斗的经历，从被审判者转为审判者只是瞬间的事。也许他们缺乏吴宓的学术地位，缺乏吴宓丰富的情感生活，其批判的动力更为提劲打靶，批判的方法更为隐蔽，更显粗略，引经据典，自由发挥，穿凿附会，各显神通，对吴宓的思想、学术、道德和生活来了个总揭发、大批判。他们批判吴宓思想“顽固、保守”，“多年之思想感情，一贯是反党、反社会主义、反毛泽东思想”；政治上是蒋介石的干儿子、刘少奇“修正主义路线”之先锋；在学术上“毫无专长，亦无实学”。他们批判吴宓编辑《学衡》自己撰述的文章少，《吴宓诗集》“庸劣幼稚，韵律恒错，无一文法通顺之句”，“善于营私而巧于沽名，窃据他人研究、著作之成绩，宣扬自己”，于旧学“毫无根柢”，西学“未见”“著成一书”，其英文“可为中学教员”，其他语种只是“浅尝欺人”，所以不配作“反动学术权威”，质问吴宓“‘学者’当如是耶”③？他们批判吴宓生活上“多年优裕享受”，“个人道德实极败坏，卑劣不堪言状”，“尤其在男女关系上”，以“精神恋爱”为幌子，“达肉欲之目的”，还一一列举出与吴宓有过婚姻爱情、在现实生活里有过交往接触的女性名字。他们

---

① 《吴宓日记续编》第4卷，三联书店2006年版，第108页。

② 《吴宓日记续编》第4卷，三联书店2006年版，第113页。

③ 《吴宓日记续编》第4卷，三联书店2006年版，第112页。

最后得出结论："吴宓乃欺世盗名之人：无学问，无著作，品行道德卑劣，而男女关系尤有不堪言者。"① 面对上纲上线的政治批判，吴宓只能无话可说，特别是对其学术妄断、道德审判，吴宓除了愤怒和悲哀以外，除了发出"甚矣，知人论世之难也"的感叹外，他还能说什么呢？同室诸君每天"愈晚""发言愈多而立论愈刻"，如"老吏断狱，深文入罪"②，平常不甚友好的也借机发难。批判斗争特别是挑起群众斗群众的批斗会，会使人情和人性发生异化，出现奴隶总管，培养善于表演的伪饰者。在检举揭发和相互监视的环境里，相互防范，人人自危乃至幸灾乐祸等事情会越来越多，久而久之，也会形成社会上互害相残的悲剧现象。同室操戈的相斗互害是"文化大革命"时代留下的精神隐疾，从强者与强者、强者与弱者到弱者与弱者之间，演绎出一幕幕你输我赢的悲喜剧。吴宓还特别记载了一件小事。5月8日，吴宓被安排与魏兴南一起抬筐运煤，吴宓身矮行在前，魏在后，但吴"不服魏君之才学"，认为魏不适合担任中文系主任，而魏此时也"两腿有病"，行步"蹒跚迟缓"，吴宓"不得已"被安排与他"合作劳动"。吴宓"故意缓行"，魏兴南则发议论，牢骚满腹，吴宓也"极力忍让"，但"终不免与魏君感情不恰"，后也成为"魏迫害宓之原因"③。

吴宓在梁平做得最多的事就是撰写了11份交代材料。5月5日，写1966—1968年"反对文化大革命、反毛主席之罪行"交代材料"梁平（一）"。5月6日晚写"与成都百花诗社及宓与穆济波之关系"交代材料"梁平（二）"。5月8日写交代学习体会材料"梁平（三）"。5月9—16日写与"穆济波、王鸿韶、刘泗英、童济龄"等有关交代材料"梁平（四）"。5月18—21日写"1951年《国庆节》诗和《送女生邹兰芳参加土改》诗及思想批判"交代材料"梁平（五）"。5月22日—6月1日撰写"自解放前多年，宓之见解始与毛泽东思想相违背"之"检查"，1919年在美国留学时对"五四"运动的错误认识，对毛主席的"大不敬"，如用《人民日报》包粪便、用刻有毛主席语录"为人民服务"的搪瓷碗盛装尿液，成交代材料"梁平（六）"。5月29日写与胡剑琴及"乐天诗社"之关系交代材料"梁平（七）"。6月2日，同室诸君讥责吴宓"不能洗衣、缝补、助厨"，为自己"一生剥削人民，在自己的生活中全不劳动之罪行"撰写交代材料"梁平（八）"。6月4日，专政队员命令其背诵讲说《愚公移山》要旨而不满意，要求写体会和感想之交代材料"梁平（九）"。6月9—11日，全组写思想总结，检讨"来梁平劳动、学习之成绩与收获"，并依次在小组发言，他人作评议。11日，吴宓作发言，他"以坦白之态度、真实之感情"，"不矫不饰"，叙述数十年来之重要经历与活动，称

① 《吴宓日记续编》第4卷，三联书店2006年版，第113页。
② 《吴宓日记续编》第4卷，三联书店2006年版，第113页。
③ 《吴宓日记续编》第4卷，三联书店2006年版，第103页。

自己的所言所行全出于“自然与合情合理”，“可谅解、可宽恕”，虽没有“早即趋从人民、革命，奔赴延安，亦非专意效忠‘蒋家王朝’，留恋‘白区’，甘与同亡共尽者”，思想感情也“爱中国、爱中国文化，不求利、不营私，始终一贯，则实昭然可与世人共见”①。6月12—13日，吴宓将它作为交代材料“梁平（十）”上交。6月16日，专政队员到小组宣布回校本部时间，训话道“汝等此时必须下定决心，改造世界观，重新做人，与资产阶级及刘少奇修正主义反革命路线完全断绝，而回到毛主席无产阶级、社会主义革命路线上来，则遵照毛主席最新指示，汝等必蒙收容，而得免罪开释。惟时机紧迫，不容迟疑，必须立即抉择、实行”②，还督导他们学习《毛选》篇目。吴宓自学了毛主席《关于淮海战役的作战方针》，并对“挽黄维诗”的感受和自我批判写成了交代材料“梁平（十一）”。为了撰写这些材料，吴宓可是花去了不少精力和时间。有的写至“凌晨1时”，有的连续写了10多天，有的达上万字。因多种原因，我们今天已经无法看到这些材料了，当然，它们，尤其是有关吴宓的思想感受多为大同小异，至少是模式化的内容表述。

三、施暴与受困：身体的炼狱

吴宓在梁平最严重的遭遇是因批斗而左腿致残，这让吴宓直接感受到生活的不便，产生了多疑而无望的精神心理。有关细节，吴宓日记有这样描述：5月9日，“半阴晴”，午饭后“获通知”，中文系革命师生定于下午3—6时在食堂举行第二次“斗争宓大会”。3时来二男生，“带宓至食堂门外，命宓俯首鞠躬在此立候”，革命师生在主席台宣布开会，“有顷，大呼‘将宓提入’”。吴宓一听到“提入”二字就有些发怵了，他“不惧‘斗争’，而最惧斗争前之被抓拥入会场”。接着，就有两个“凶猛”男生“分挽”住吴宓左右臂，“快步疾驰，拖宓入食堂”。走到距离主席台三分之二处，吴宓实在受不了，大喊“请缓行”，自己“赶不上”，“将跌倒”。这两人发怒了，用力将他往前推，并顺势放手，吴宓在外力和惯性之下，“直向前”倒在了砖地上。两人再从后面抓住吴宓左腿，“拖动全身”到了主席台前。吴宓已无法站立，只好跪坐在地上，接受批斗3个小时，会后由另外两个男生，“身体雄伟”但“性意和善”，将他架回宿舍，“二人不言径去”，吴宓已至“半死”状态，但仍“心极感激”。当晚，工宣队带领校医给吴宓作了治疗处理③。大半年后，吴宓还记忆犹新，在给郭斌龢的信里提到，情节内容大致相同，不同

① 《吴宓日记续编》第4卷，三联书店2006年版，第119页。
② 《吴宓日记续编》第4卷，三联书店2006年版，第120页。
③ 《吴宓日记续编》第4卷，三联书店2006年版，第103—104页。

的地方也有。如补充了“食堂内为极平整之砖铺地”，自己被推趴于砖地上，“不敢对人说，只说‘宓自己行步不慎跌倒’”，推他的两个人却“毫不在意”。到了主席台上，“半跪半坐”在由学生担任的主席“身旁”，“左腿痛极，大汗极喘”，处在“惘惘无知之状态”。他还在信里具体描述了腿伤情形，“骨虽未断，而左腿已扭折成三截，上腿（大腿）向内扭，下腿（小腿）向外扭，膝盖及髋骨两处关节脱卯”，“从此，成为残废”①。后来，在现场的彭维金先生回忆说：“农场简易礼堂地面斜坡，三人一起跌倒，跌折了吴老师的髋骨。”② 事情发生的具体情形已无法从多角度去知晓，当时的参与者应是西南师范学院中文系 1969 级学生。谁参与了？过程如何？没有更多的相关材料记载。当事者不出来说话，沉默着。这已是一件无法完全还原的事了，但我们可以讨论事件发生的病理性因素。这里之所以采取实录日记方式，意在呈现吴宓眼中的过程和参与者。实际上，很难找到当时的参与者了，他们虽是历史的见证者，但也是历史的遗忘者和隐匿者。在其他历史事件里，这样的人和事，也多选择事后逃避或遗忘方式，所以历史的磨难和痛苦总会似曾相识，总会重复地发生。

应该说，批判斗争会是导致吴宓腿折致残的根本原因，组织者和参与者都是责任相关方。但我们注意到发生在现场的一个细节，就是抓拥吴宓上台的两个“凶猛”男生，当时对吴宓的疼痛难忍却“毫不在意”，会后将他扛回宿舍的两个男生，虽“性意和善”，但也“不言径去”。也许是出于阶级情感的愤怒或是例行公事，施暴者和施救者都把自己看作革命的主人和正义的化身，他们的热情和理想背后却是人性的缺失和人情的冷漠。主席台上的主席，他身旁的吴宓被批斗了 3 个小时，他却熟视无睹，没有听见吴宓的呻吟之声，没有看见吴宓的跪坐姿势？那天晚上 20 多位发言者，没有一个人选择放弃机会，或是缩短发言时间，一切似乎都有现实的合理性，也有在手的正义，即便是热情与盲从的。偶然和必然相遇了，吴宓的身体迟早会出问题。他的精神虽没有被逼疯，但他的身体却被摔残了。当时处在病痛中的吴宓如草芥一般，完全被人们忽略了，蔑视了。在笔者看来，考验一个社会的公正与文明程度，对待妇女儿童的包容与尊重应是标准之一；追问一个国家对个体价值及思想的理解和包容，看他对待知识分子的态度和方式也就是重要尺度。如果让健康者人为地致残致病，那更是测验一个社会是否健康、是否人道的标准了。吴宓在梁平受的最大伤害还有对其人格的侮辱。6 月 8 日的日记记载：“近日中文系学生，在广场见宓拄木棍，行步艰苦，辄曰：‘吴宓，你这样痛苦地活着，实不如死去。让我们用锄挖一个坑，把你这只老狗埋了吧！’”③ 学生辱骂老师为“老

① 吴宓：《致郭斌龢》，《吴宓书信集》，三联书店 2011 年版，第 426—427 页。

② 彭维金：《我的邻居吴宓先生》，《多维视野中的吴宓》，重庆出版社 2001 年版，第 106 页。

③ 《吴宓日记续编》第 4 卷，三联书店 2006 年版，第 118 页。

狗”，已不是什么斯文扫地的问题了。

腿折致残的吴宓在梁平度过了43天，首要的问题是行动不便，生活无法自理，特别是吃喝拉撒都成了大问题。吴宓左腿摔折后，连续两天处在“昏瞀之中，似两日未饮、未食”，到了第三、四天才“神志较清”，第5天即被要求练习走路，还与同室一起“学习”，连续几天都要由他人帮助打开水，取饭菜。他上厕所很不方便，开始几天无法迈出房间，不得不使用自己的洗脸盆或瓷缸处理，由此也引起同室者的不满和愤怒，导致一次又一次作检讨和被批判。这里，就绕不开吴宓与同室“牛鬼蛇神”们的关系了。“梁平日记”也有多处记载，如牛鬼蛇神们“闲谈”，多“指斥宓之错误及缺点不休”①。对组长刘又辛，吴宓多有怨怼，使用了“日益苛刻，乃至残虐”之语②。4月26日，刚到梁平的第3天傍晚，组长叫吴宓将房间黑方桌擦洗干净，他觉得“此时众皆倦休”，“不即动作”。刘组长觉得这样的“轻微之事”，吴宓“竟违抗，不肯执行”，态度上“实大错误”，于是加以“责斥”。吴宓说“其后益变本加厉矣”③。这句话表明吴宓日记后有修改或作了添加的痕迹。5月4日，吴宓感到组长对他的“政治学习、生活表现及每日所言所行皆甚不满”④，还向工宣队作汇报。5日晚，工宣队就搜走了他的日记，并严加看管，“有所书写”便“立即索阅”。6月1日记载，组长“对宓之管制愈严，待遇愈苛。曾三次用棍棒责打宓”⑤。6月3日，吴宓食用馒头三枚，不小心将余下的一枚放在了抽屉，被老鼠啃去了一小块，众人斥责他“不重视劳动人民产出之粮食”，组长还罚他站立一小时，“四无依靠”，但10分钟不到又让他回到了床上。5月18日日记还特别记录了“牛鬼蛇神组”为了努力“挣表现”，提高政治地位，显示思想改造成绩，实现“组员们终得赎罪而获解放”的效果，采取加强学习、努力劳动等办法：一是“认真学习”，诵读“老三篇”，外加《反对自由主义》；二是“平时谈话”也“遵从毛泽东思想”，“不作个人生活及琐事、新闻等‘闲话’”，“努力劳动”，“追随农民”，下田插秧；三是“整饬生活，注重公共卫生”⑥。吴宓将此规定算在组长名下，且以揶揄口吻言述。

梁平日记详细记录了吴宓腿病之后与同室们在生活上出现了种种不和，特别是在一些生活饮食和大小便等细节问题上“时有争执”。如吴宓希望自己能够“安息，静养，卧床勿动，待伤大愈，然后出外行步”，组长却“严令”他要“忍痛”“出外”，多“练

① 《吴宓日记续编》第4卷，三联书店2006年版，第122页。
② 《吴宓日记续编》第4卷，三联书店2006年版，第106页。
③ 《吴宓日记续编》第4卷，三联书店2006年版，第98页。
④ 《吴宓日记续编》第4卷，三联书店2006年版，第101页。
⑤ 《吴宓日记续编》第4卷，三联书店2006年版，第113页。
⑥ 《吴宓日记续编》第4卷，三联书店2006年版，第106页。

习走路”。吴宓认为这是“拔苗助长”，徒劳无益，“而又害之者也”①！其实，医生在5月12日也嘱咐他“宜起身练习走路，否则恐终成残废人矣”②。刘组长不让吴宓在宿舍大小便，收走了铜面盆，“置于室隅远处”，不许他使用，还限制他每天的饮食量和种类，“勒令每日给宓馒头三枚，不准宓食其他饭菜”③，“不许进粥，恐多尿”，不许他自由选择荤素，荤菜平均每周吃一次，分量需控制，“早餐二两，午餐三两，晚餐三两”④。做出这些规定，也许是“牛鬼蛇神”们“挣表现”，也许是怕麻烦，有的合理，有的近于严苛，但吴宓对此却非常不满。《吴宓日记》随处可见吴宓比较在意自己的饮食生活，详细记载食“二鸡卵”、“坛子肉”、“猪肉馄饨”、“油炸丸子”等，虽是些大众菜，但却较为多样。吴宓将它们一一记录在案，表明吴宓在精神思想无处安放之时而转向身体的感受和需要。当然，无论在物质匮乏还是丰盛的时代，只要精神没有生长的出口，能够抓得住的也只有物质生活和身体感受了。“牛鬼蛇神室”限制吴宓的一日三餐，这对生病的吴宓来说，不仅没有满足身体的需要，还会生出抱怨和报复情绪。病痛就够折磨他的了，如果生活饮食还加以限制，身体和心理就很容易失去平衡。

6月5日，组长取消了对他的饮食限制，他抓住这个机会，让郑思虞买了三两米饭，鸡肉、猪肉各一份，郑思虞还自作主张地买了他喜欢吃的一大份芋头，“又获酌白酒”，吴宓将它们全部吃下，“食之尽”。谁知肠胃不争气拉肚子，他如厕不及拉到自己的衣裤上，事后还“从容述告诸君”，组长大怒，认为他“污秽，不洁”，“不重视本组之公共卫生”，“实不堪同居、为伍”⑤。后来，宗真甫帮他洗尽“污秽之衣”，他没有表达感谢之意，又被斥责批评。第二天，组长再次对他“从严管制”，颁布四条禁令：每天早晚在外面“行走一方圈”“否则不许早餐或晚餐”；“绝对不许在室内大便或小便”；“学会洗衣”，“恒浴身”；“限制饭菜种类”。

吴宓在梁平也得到过他人的不少关心和温暖。他刚到梁平需要搬运行李、被褥和杂什，靠了曹慕樊的帮助，“大小无失，可感”⑥。暑天需设蚊帐，“支架竹竿，细系绳钉”也“赖曹慕樊君”⑦。5月8日的运煤也“幸有曹慕樊在”⑧。5月26日，他上山坡如厕，也由曹慕樊“从右后侧”“举起”身体，“送至目的地，又助送回舍”⑨。5月27—31日，

① 《吴宓日记续编》第4卷，三联书店2006年版，第107页。
② 《吴宓日记续编》第4卷，三联书店2006年版，第105页。
③ 《吴宓日记续编》第4卷，三联书店2006年版，第109页。
④ 《吴宓日记续编》第4卷，三联书店2006年版，第110页。
⑤ 《吴宓日记续编》第4卷，三联书店2006年版，第115页。
⑥ 《吴宓日记续编》第4卷，三联书店2006年版，第98页。
⑦ 《吴宓日记续编》第4卷，三联书店2006年版，第98页。
⑧ 《吴宓日记续编》第4卷，三联书店2006年版，第103页。
⑨ 《吴宓日记续编》第4卷，三联书店2006年版，第111页。

吴宓“便秘”，同组“诸君甚不放心，曹君而外，特派李景白君数次来察看，必俟宓完毕，乃扶侍宓回舍”，还偶遇一“居民妇女”，“悯”其“艰苦”，也“毅然手扶宓抵舍”。有一次，“遇刘组长来迎宓，半途扶宓归”，总的还是“曹、李二君之助为多矣”①。负责管制“牛鬼蛇神”的专政队员蒲茂连也来过宿舍，“特致宽慰”，让吴宓感到“来梁平两月，其对宓，不加责斥，而致宽慰者，独此人而已”②！就是严苛的组长刘又辛，虽然对他的生活做出了硬性规定，但见他进门时不小心碰伤了头，也立即找来药和棉，为他“拭血、敷药”；见他行走时擦伤了膝盖，也亲自为他敷药，还“详尽”地教他如何洗衣的方法③；知道他腹泻，也“立召医来诊治”。随着返校日期愈近，他的督促愈严，“汝何能上车下车？将被遗弃于梁平矣”④。这虽然带有命令口吻，又何尝没有一份真诚的关心？在离开梁平的前一天——6 月 20 日，刘又辛和李景白还专门抬来一大桶热水，让吴宓洗澡更换衣裤，便于与他人共同乘车，他也“殊觉畅适”⑤。

1969 年 4 月至 6 月，吴宓因历史和现实“反革命”之罪名，被下放到梁平参加劳动改造，成为工宣队和专政队的斗争对象。他学习，劳动，被批斗，终致残，毫无个人权利，他的生活和身体也堕入了无着落、无自由、无尊严、无隐私的困境之中，他强烈感受到人间的苦痛和悲哀、人性的恐惧和绝望。作为罪人和病人的吴宓，写下了“梁平日记”，这也成了他的生存方式及致病因由的又一份证词。

（作者单位：西南大学文学院）

① 《吴宓日记续编》第 4 卷，三联书店 2006 年版，第 111 页。
② 《吴宓日记续编》第 4 卷，三联书店 2006 年版，第 122 页。
③ 《吴宓日记续编》第 4 卷，三联书店 2006 年版，第 117 页。
④ 《吴宓日记续编》第 4 卷，三联书店 2006 年版，第 118 页。
⑤ 《吴宓日记续编》第 4 卷，三联书店 2006 年版，第 123 页。

“罗西时代”的长篇小说论

——欧阳山早期长篇小说创作研究①

陈思广　李雨庭

谈及欧阳山与他的长篇小说创作，学界往往将关注的焦点聚集在他 1959—1985 年间创作的鸿篇巨制《三家巷》上，虽偶有谈及他 1942—1948 年间创作的《战果》与《高干大》，却几乎不涉及 1926—1930 年间以“罗西”为笔名创作的《玫瑰残了》、《桃君的情人》、《莲蓉月》、《你去吧》、《爱之奔流》、《密斯红》、《竹尺和铁锤》7 部长篇小说，也即是对人们所说的“罗西时代”视而不见②。殊不知，欧阳山“罗西时代”的长篇小说创作，在创作情态、题材选择与主题立意上不断创新深化的同时，致力于反映广泛的社会真实，形成了以“至情文学”为核心的“革命文学”的新质素，对欧阳山之后的长篇小说创作及其创作风格的形成产生了重要的影响，其创作意义不应忽视。

一、“罗西时代”及其“至情文学”

1926 年 4 月，欧阳山在其主编的《广州文学》周刊上开始连载他的第一部长篇小说《玫瑰残了》，署名“罗西”，至 1932 年 9 月 18 日《广州文艺》第 3 期发表粤语短篇小说《懒理》使用另一个笔名“欧阳山”止，他以“罗西”为笔名先后创作并出版了 7 部长篇小说、5 部短篇小说集、3 部诗歌散文集，一时声名鹊起。也因此，这 6 年被人们称之

---

① 本文系国家社会科学基金项目“中国现代长篇小说编年史（1922—1949）”（17BZW153）的阶段性成果。

② 在中国知网、中国国家数字图书馆输入关键词或文章名“罗西时代”进行检索，显示结果为零；而在具体内容上仅有 4 篇硕士论文简略提及欧阳山此时的小说创作。

为“罗西时代”。不过，为了论题的集中，本文所谈及的“罗西时代”的创作，只涉及其1927—1929年这三年间以“罗西”为笔名，以“至情文学”观念为导引创作出版的代表“罗西时代”文学创作艺术水平的7部长篇小说。

20世纪20年代的广州是革命浪潮激荡的中心。受革命浪潮的熏陶，罗西对社会问题尤其是青年革命问题有着真切的感受。1925年，已经北上报考北大的罗西因“省港大罢工”重新回到广州市立师范学校，积极参加革命工作，到韶关、新会向农民宣传革命思想，帮罢工工人组织夜校认字，参加学校的改革运动，但学校反以“操行不良，难期造就”为名将他开除。“开除以后怎么办呢？……摆在面前有两条路。一条就是干革命去，一条还是要搞文学。……结果我采取了这样一种办法，希望把这两者都兼起来，这也是一种青年人的幻想吧：我一方面坚持搞文学活动，另一方面也参加一些革命工作。这个参加革命工作实际上也包括解决生活问题在内。”① 罗西加入了国民党，并与同学赵慕鸿、冯慕韩等组织“广州文学会”，自筹经费创办了《广州文学》周刊。1926年4月，郭沫若等创造社作家到中山大学执教，罗西把自己主办的《广州文艺》和控诉广州市立师范开除他学籍的信寄给郭沫若，郭沫若很欣赏罗西，约见了他。在郭沫若的帮助下，罗西进入中山大学预科班学习。也就是在中山大学期间，罗西为郭沫若的“主情主义”文学主张和郁达夫的颓废感伤风格所吸引，将其创造性地发挥、化用到自己的小说创作中，成为“至情文学”的重要元素。

1927年1月，鲁迅到中山大学执教，旁听的罗西向鲁迅请教了很多文学上的问题。“鲁迅先生回答说，文学应成为社会活动、社会现实的一种真实反映，通过这种反应，可以把别人不知道、不了解的社会上的黑暗隐蔽揭露出来，表现出来，引起人们的思索，引起人们感情上的共鸣，鼓励人们通过文学作品的欣赏来了解人生，改造社会，跟黑暗努力作斗争。……我当时听了非常佩服他的这个看法，认为这就是真正的革命文学。”② 在鲁迅的指导下，罗西、赵慕鸿等在“广州文学会”的基础上成立了“南中国文学会”，创办了《南中国文学》杂志。不久，革命形势骤变，文学会和杂志都被迫停止。这期间，国民党“革命文学社”为配合国民党推行“革命政治”的政治需要，创作了大量表现“本党主义”的文学，“将他们的政治抉择及政治立场转化为文学叙事，使‘革命文学’成为国民党政治运动的‘传声筒’，并造成‘标语口号’式的‘革命文学’”③。这一现象引发了广州文坛持续三个多月的关于“革命与文学”的论争。在这场论争中，罗西开始认真清理和思考自己的文学观念，并先后发表了《革命与文学》、《论驾乎“广州

① 欧阳代娜：《欧阳山访谈录》，中国文史出版社2008年版，第324页。

② 欧阳代娜：《欧阳山访谈录》，中国文史出版社2008年版，第331页。

③ 黄伟宗：《欧阳山评传》，中国文史出版社2008年版，第60页。

文学”之上的政治文学派》和《至情文学论》等文章。其中，发表于1927年8月6日广州《国民新闻》上的《至情文学论》，集中展示了作者对“革命文学”的新理解。在《至情文学论》中，罗西开门见山地亮出了自己的文学主张：

> 至情文学是有力的文学！
>
> 至情文学是最广义的革命文学！
>
> 至情文学是向一切丑恶进攻的文学！
>
> 至情文学是至情人生的表现！
>
> 非至情文学不是文学！

诚然，作者的观点因情绪激动而略显凌乱，但其主情主义的思想还是一目了然的。可以说，作家所倡导的“至情文学”就是一种主情文学，一种情感至上的文学。虽然在这篇短文中，年轻的罗西没有也不可能进行系统而深刻的阐述，但这种没有被规训的理论探索，体现出一种本真的气质个性，一种将个人的情绪与时代的忧虑融入文字，用人物的感情燃烧自我的主情主义思想，还彰显出罗西对文学与生活、文学与时代的真性情与真认知。

也正是在这一明确的文学观念的指导下，欧阳山“罗西时代”的长篇小说在题材选取、主题表达、人物塑造与情绪传递等方面有了鲜明的个性：以反映社会现实和呼应文学的主潮为契机，以青年人的感情生活为主题，揭示人们在经济压迫下的艰难抉择以及青年人在污浊的社会中各种苦闷的情绪与人性的压抑和精神诉求，表现出浓郁的抒情情调和感伤的病态美，成为欧阳山“罗西时代”长篇小说创作的特殊印迹，为此后的长篇小说创作做了充分的艺术积淀。

二、“至情文学”的特质

“至情文学”的提出直接源于罗西与“革命文学社”关于“什么是革命文学”的争论，但从创作实践上考察，“至情文学”是罗西在郭沫若、郁达夫、鲁迅等文学前辈的哺育和引导下，融汇自身独特的生存体验和艺术追求以及对“革命文学”的理解而形成的理论认知。根据《至情文学论》的表述和在这一观念下的创作实践，“至情文学”的特质包含三个方面：

1. “至情文学是有力的文学”，“是最广义的革命文学”。20世纪20年代中后期的广州文坛，“革命文学社”的声势很大，尤其是为配合国民党推行“革命政治”的需要创作的大量表现“本党主义”，成为“国民党政治运动的‘传声筒’，并造成‘标语口号’式的‘革命文学’”①，占据了广州文坛的主流。以罗西为主力的“广州文学会”的作家们不满这种“革命文学”的狭隘、高蹈、空洞，以及“对于革命的实际工作，也提不出实用的效力”② 的文坛现状，认为革命文学要成为社会活动和社会现实的真实反映，要与时代、社会、人生相联系，揭露出社会问题，进而激发人们改造现实的行动（是为“有力”），“它对这冷酷的现实并没有采取置之不理，或者是自欺欺人的态度，而是把它揭露出来，和它斗争，所以我认为这就是真正的革命的文学，或者叫做革命的现实主义的文学”③。基于这一认识，罗西在创作实践上，以“革命与恋爱”的时代主题为叙述主体，来铺展20年代知识青年的社会生活和精神风貌，表达文学与革命、社会、人生等现实问题的认识，以引起青年的情感共鸣进而促进革命斗争。其小说创作的主题与人物也围绕着这个展开。在《桃君的情人》中，文艺青年、国民党员傲英在民主运动中和桃君相爱，发生了肉体关系并秘密结婚。傲英忙于革命，而桃君移情于瑞然，傲英虽很痛苦，但决然离开桃君到S县参加向农民宣传革命思想的运动。被市党部领导P安排做烟厂女工工会活动后，傲英很欣赏P对革命的忠心热情和正直理性的性格，拥护P的领导。因为B·Y派利用流氓闹事和A·Y派争夺工人党部的领导权，双方武斗，P等失败，成了危险分子而被通缉，准备逃亡香港。傲英对这种不顾人们死活的党派利益争斗的革命很失望，但仍坚持留下继续奋斗，要用满腔热情和血肉之躯去验证革命的意义。她说：“如果万一我竟被捕，正好！正好给个机会给我尝尝法律的味道，给我看看为工人谋幸福，为人民谋幸福的国民党将这个小党员怎么处置!”④ 后来傲英发动女工与奸污女工的烟厂经理斗争，但经理却利用官方力量逮捕傲英，傲英在狱中病死。作者在这里意欲表达的是：虽然傲英为革命献出了自己的生命，但她的奋斗与执着依然有价值，依然是向旧恶势力发出了有力的挑战，也将激励更多的人前仆后继。《你去吧》也是用“革命与恋爱”来探讨文学与时代、革命、爱情及人生关系的小说。文坛健将、革命者王云光爱上了同志秀娟，而秀娟的情感在云光和程仲文之间摇摆不定。程仲文是省民众会的领导，在民众会抵制日货期间，他利用职权帮亲戚私运日货，此事刚好被执行检查的云光查到，而秀娟利用云光对自己的感情让他姑息程仲文，云光对革命感到灰心失望。云光在S村写作，感受到卖唱女郭三娇的温暖和纯真，感情苦闷促进了他的性渴望进而和三娇发生了关系并同居。云光用自己的积蓄帮助三娇埋葬被英国兵打死的哥哥。他们的生存受到威

---

① 黄伟宗：《欧阳山评传》，中国文史出版社2008年版，第60页。

② 罗西：《至情文学论》，《国民新闻·新出路》（广州），1927年8月6日。

③ 欧阳代娜：《欧阳山访谈录》，中国文史出版社2008年版，第331页。

④ 罗西：《桃君的情人》，上海光华出版社1928年版，第158页。

胁，云光答应了三娇去城里卖唱的请求，自己也四处流浪。王云光坚守革命和感情的纯洁神圣，宁愿流浪也不愿同流合污、沆瀣一气。显然，罗西在革命文学功利主义泛滥之际借小说人物表达对情的坚守，反对政治因素空洞地介入文学，在肯定革命文学广义性的同时又否定文学对革命工作有直接的作用和影响，对政治保持一种理性的认知和距离，即“文学不是卑下的功利的论文”，“我反对拿文学做实际活动的武器”①！这是对当时功利性的革命文学的一剂降温良药。《密斯红》也是如此。革命青年洪佩英、廖周文、韩天斗、信甫等租住在贫民小屋里等待组织的命令，而周文和天斗都暗恋洪佩英，天斗向洪佩英表白后，佩英对周文保持礼貌的距离，于是周文向上级诬告天斗叛变革命，天斗无处申冤，逃亡广州。信甫让佩英和周文结婚以帮助天斗，而天斗看到佩英的结婚启事后非常愤怒，向当局告发了周文，周文等52名同志被捕。小说中，佩英在天斗被组织处决的时候依然坚信革命的崇高——“我是绝对的爱你，不过我怎么能够让你退出革命的行伍呢？这是我们的最大的，至高无上的，比爱情还要神圣的责任呀！我们的生命，我们的一切，不是都已经交了给我们的信仰了么？”② 然而，当她知道天斗被诬陷是因为周文想得到自己时，感到失望和滑稽——“呵，信甫，我现在在无形中变了革命的障碍物了！”“你本身当然不是，爱情也许不能不负这个责任！”③ 爱情是革命的动力也是革命的羁绊，需要将现实幸福甚至生命让位于革命的时候，她清醒了，“最后她悟出来了，她觉得这是一个生命的赌赛。非常危险的，非常靠不住的”④。“信甫总是叫她忍耐，成功就在眼前，但是眼前的痛苦使她不能信任自己所做的事。”⑤ 罗西将人物对革命与爱情的信仰和选择置于两难的极致，反映了青年们对革命的幼稚、理想化认识，而现实中人们往往抵挡不了人的本能和功利，崇高的革命成了爱情的调料，神圣的爱情成了革命的噱头。罗西的书写和考量不仅超越了时代的局限，写出了普遍的人性和生活的真实，也对“革命文学社”高蹈空洞的“革命文学”予以了有力的回击，是广义“革命文学”的一种有力补充。

2. “至情文学是向一切丑恶进攻的文学。”在鲁迅的影响和直接教导下，罗西用文学揭示社会的一切丑恶以引起人们的醒悟和警觉。“罗西时代”的长篇小说大量表现广东商业环境中小知识分子、城市下等人在经济压迫面前的人性丑恶与麻木懒惰，烛照出社会的黑暗、现实的复杂和“立人”的艰难。如：兄妹因为给别人吃了雪梨膏而争吵；

---

① 罗西：《你去吧》，上海光华出版社1928年版，第27页。

② 罗西：《爱之奔流》，上海光华出版社1929年版，第134页。

③ 罗西：《爱之奔流》，上海光华出版社1929年版，第141页。

④ 罗西：《爱之奔流》，上海光华出版社1929年版，第144页。

⑤ 罗西：《爱之奔流》，上海光华出版社1929年版，第146页。

码头苦力被日本兵殴打，船客热烈围观，兴奋喝彩；大学生V在穷困中自卑颓丧，用自戕的方式反抗社会的污浊而命赴黄泉等等（《玫瑰残了》）。作者展示社会沉闷黑暗的同时也批判组成这黑暗的众多愚昧麻木的国民，他们自身就是助纣为虐的一分子。在这样“一沟绝望的死水”里，罗西字里行间表达出“怒其不幸，哀其不争”的无奈、愤懑和望其新生的强烈感情。省民众会领导程仲文，利用职权徇私舞弊帮亲戚私运日货，女友秀娟利用王云光对她的感情让其包庇姑息程仲文；英国水兵打死人力车夫，中国警察却认为车夫该打，毫不阻拦；福根以拉黄包车为生，常常赌博喝酒，夜不归宿，回家就找老母亲要钱，在肮脏浑噩的环境中沉沦不知还自得其乐；三娇被迫卖唱，最后沦为暗娼，作为革命者的程仲文和启明不仅不同情和施以援手，反而充当嫖客并作为污辱、中伤云光的背后谈资，其卑污的行径让人发指（《你去吧》）。老奸巨猾的何父利用受过学校教育的玉琼的单纯幼稚的自尊心，背着何漫之让玉琼签下分手协议，造成了有情人之间极深的误会，而漫之在新欢的温柔乡里也逐渐忘却曾经的誓约，终于酿成两死一伤的结局，让人感慨叹息（《爱之奔流》）。同样，善良多情又懦弱无能的桃君向傲英借钱用于纵情声色，当得知傲英是用身体换来的钱时自责愧疚不已却依然一有困难就找傲英解决，自己撒手不管，坦然享受；傲英才华横溢，关心女性权益却被关进监狱，拒绝父亲安排的婚姻和人生而被赶出家门；她多才的文笔用来写工厂女工的调查报告，这种没有明确的罪人和革命对象的社会之黑暗最难打破（《桃君的情人》）。还有为得到佩英而阴险狠毒地陷害同志的周文（《密斯红》）……罗西粗线条地勾勒出这些社会的丑陋和人性的险恶，意在揭露与鞭挞他们卑劣怯懦的思想行为。他将时代的风貌投射到小说的人物身上，用冷静的笔调书写黑暗社会中人们为生存而挣扎与浑噩的扭曲状态，在传统观念与现代社会的烛照中，反衬出几千年封建文化濡染和培养下的国民性的懦弱、荒谬，体现了作者“深入的观察”，用“至情的作品以其反抗的精神，深入的观察，向一切丑恶进攻”①的革命性——用文学反映社会人心更为隐蔽的存在，把人们不了解、没有意识到的问题揭露出来，表现出来，引起人们的心灵共鸣和思索，进而改变现实和人生。可以说，这是对鲁迅等文学前辈的精神的呼应和传递，有着时代的现实性、深刻性和进步意义。

3.“至情文学是至情人生的表现”，是“充满感情的”文学。罗西认为，“充满感情的便是文学，否则非是”②。在这一理念的指导下，“罗西时代”的长篇小说，最为显著的特点便是“感情丰沛”、“以情动人”。小说常常使用大量的文字来抒发人物感情，塑造人物形象。这“情”不仅是人物的感情，更承载了作者的感情。罗西将自己对文学、

① 罗西：《至情文学论》，广州《国民新闻副刊·新出路》，1927年8月6日。

② 罗西：《至情文学论》，广州《国民新闻副刊·新出路》，1927年8月6日。

对社会和人生的认识都渗透到人物及其感情的描写中，字里行间有着生命的脉动和感情的温度。王云光是一个热心于革命的文坛健将。他出身贫民，正直善良，靠自己的才华和努力在文坛上小有名气。他敏感多疑，喜欢秀娟又不敢明说，整天在猜疑中伤怀叹息。虽然厌恶借革命谋私利的启明和仲文，但当秀娟让他姑息仲文时，他牢骚满腹，生气不已却不拒绝秀娟的请求，内心在抗争与失望中煎熬，在煎熬中消极、颓废、厌世，也厌恶自己。他远离浮躁争斗的城市到S村创作又不能真正静心，在青春骚动的相思中空耗光阴。村姑三娇到他家门口卖唱，虽然十分难听，他也不忍心拒绝，借机给钱帮助她，更将自己的稿费贴补了三娇哥哥的丧葬事宜，落得衣食无着、四处流浪。王云光的善良、敏感、多思徒增其精神负担，他的多情细腻反而精力内耗，将自己一步步推向悲剧的深渊（《你去吧》）。杜玉琼出生寒门，接受过现代教育，受到女性独立和恋爱自由的思想熏染，性别意识、独立意识都非常强烈。她自尊、自信、独立、矜持，与富家公子何漫之两情相悦后秘密结婚。何父利用玉琼对儿子的情感和过度的自信心理，指派儿子去武汉而让玉琼签了分手条约。玉琼坚信漫之对自己的迷恋和两人已经同居的事实保障，即使被同学诽谤中伤坏了名声而丢失教员职位，妊娠反应加重身体疾病，对何漫之的需求和思念有如烈火，但在给何漫之的书信中却不吐露任何感情和信息，显得风平浪静。何漫之为她的冷淡而心灰意冷，回来后便与父母安排的门当户对的胡娜成了亲。怀孕、生病、失业让玉琼形容枯槁，何漫之去看玉琼，“她的心真是很着急的，爱情之煤在胸中燃烧正炽，然而有一种无形的威力高高地临在她的头上，使她一点也不敢向冷冰冰的脸上发泄。同时她还有一种特异的自尊心理，她瞧见漫之和她中间已经显然有了一种隔膜，为保持她那始终如一的尊严，她固然不想叫他瞧出她仍痴迷着他，而且也不想自己去哀求他重复爱自己。她想，有一天他总会在她脚下跪着来哀求自己的”①！这时候，她还相信自己的魅力会让漫之回心转意。但何漫之看到玉琼干瘦、蜡黄、寒酸的形容而对其彻底失望，便完全投入到对胡娜的爱恋中。当玉琼明白自己魅力不在、秘密的婚姻是不被承认的游戏后，曾经的自信瞬间坍塌，经济的赤贫、凋谢的容颜瞬间放大，人物被强烈的感情催逼，惊心动魄的同归于尽成为必然。罗西成功地描写了杜玉琼对何漫之外冷内热的感情心理，以及其极度的自尊掩盖着的自卑与敏感，独立自信掩盖着的对社会人心认识的单纯幼稚。作者将人物感情与情节发展融为一体，相辅相成，读者被玉琼极度压抑的感情所吸引，在紧张中迫不及待地想要看到人物结局，形成一种强烈的阅读快感和张力。作者给这位美丽的知识女性安排如此惊心动魄的悲剧，也意在警醒青年：脱离现实地对新思想、新观念的模仿、跟从并不会带来命运的改变和理想的实现，反而会在生

① 罗西：《爱之奔流》，上海光华出版社1929年版，第213页。

存挣扎中付出青春甚至生命。作者在对玉琼有思想的个性给予赞赏的同时，还有善意的嘲讽——这个看似独立自主的知识女性，其实幼稚愚蠢，对“自由恋爱”的盲目跟从，使她脱离了家庭和社会实际，必将导致众多的人生悲剧和社会问题（《爱之奔流》）。革命青年洪佩英也是感情丰富，在无尽的等待组织安排的日子里完全靠心理活动和脑补来打发时间，反复比较爱慕者周文和韩天斗间的优劣。她接受了天斗的表白后，周文的满腔热情和欲望无处安放，于是周文一边继续追求佩英，一边不动声色地诬告天斗叛变革命。天斗在对革命的忠诚和对佩英的思念中煎熬逃亡，而佩英一边挂念、担忧着逃亡的天斗，一边对付周文的追求、骚扰，还看着房东丑陋强健的儿子阿秋被生理本能折磨而浑然不知、不会表达。于是，她在各种情感纠结、困囿中把处女之身给了阿秋。为让周文帮天斗昭雪澄清，佩英答应和周文结婚，天斗看到她与周文的结婚启事后，仇恨的怒火立即燃烧，向当局告发周文，致使52名革命者被捕——共同毁灭，饱满的感情才能火山般喷薄而出。小说中每个人物都被难以抑制的欲望炙烤，罗西通过直接和间接的描写，多维度地表现了佩英、天斗、周文等人物饱满的感情。当切实的爱情与空洞的信仰冲突的时候，感情的压抑必将导致激情与疯狂，而这种疯狂摧毁了一切，包括革命、信仰（《密斯红》）。罗西揭示了从传统文化中走出的女性进入现代社会所必然遭受的肉体与心灵的伤害，以此唤起青年一代对社会风尚和自身处境的理性关照和严肃思考，这在一定程度上比同时代的革命爱情小说更为深刻，对启蒙思想做出了更为理性的回应，也更广泛地揭示出青年知识分子的感情和人性在爱情与革命、信仰与欲望之间的关系的复杂性和丰富性。这种“至情”书写是一种对生活和艺术的真诚，贯穿于欧阳山一生的文学创作中。

由上观之，秉持“至情文学”创作观念的“罗西时代”的长篇小说，是以对革命、恋爱、人生、人性等复杂问题的深刻反映为中心，希望能以之引起人们的精神情感的共振以促使其改造人生和社会现状。这是对新文学革命文学观念和斗争精神的继承与深化。1930年，罗西发表的《竹尺和铁锤》，写振华纱厂女工阿菊从麻木到觉醒进而参加工人斗争的过程，表现出“新视野、新思想和新作风”①。这表明欧阳山从个人性的“至情文学”转向大众化的“普罗文学”，也在客观上宣告了“罗西时代”的结束。

三、意义

“罗西时代”的长篇小说在“至情文学”观念的引导下将个人化的人生经历、价值

---

① 李天平：《欧阳山前期创作新探》，《韶关大学学报》1990年第1期。

观念、主观情绪、思考认识等融入小说，用以回答对文学创作和社会问题的思考，是作者对文学与人生、文学与政治等关系的新的理解。“至情文学”作为新文学革命文艺观的一个组成部分，代表了20世纪二三十年代文艺青年对文坛和时事的一种回应。这些充满激情和理性的至情小说既为人生又为艺术，虽然带有明显的探索性，却为作者此后的长篇小说创作做了技术和思想的准备，是作者一生文学创作的艺术渊源和精神根基，作者此后的小说也因之打上了“罗西时代”的艺术烙印。如《战果》（1942）中的丁泰的人物塑造，既有“罗西时代”中揭示社会黑暗和丑恶的影子，又有新时代的新元素——刻画出一个懒惰泼皮、有偷窃行为的问题孩子最终走向爱国奉献的转变过程，呼应亦拓展了作者所倡导的揭示黑暗、“向丑恶”进攻的“至情文学”的创作观念。《高干大》（1947）看似写的是农村合作社的题材，但依然是“罗西时代”广义的革命文学理念的延续，只是这里多了理念的因素，少了“情”的泛滥，多了用历史发展的眼光刻画高干大与封建愚昧思想做艰难斗争的过程，以及用丰富的细节来展现农村环境以推动人物性格的发展和转变的合理性。而高干大与郝四儿的斗争则是“至情文学是向一切丑恶进攻的文学”的延伸，只不过这时的“丑恶”夹杂着复杂的政治诉求。而其五卷本巨著《三家巷》，稍加究察，就可发现，作者对时代变化和社会全貌的描绘仍不失为一种“有力”的“革命文学”，体现了作者用文学参与社会生活的现实关怀精神，其对社会各个阶层的人物尤其是时代青年周炳、区桃、胡杏等人物形象的塑造，是欧阳山“充满感情”的心血浇灌，他们独特而别致的成长历程和个性特征，正是作家历经了“罗西时代”之后才有的新开拓。也由之我们说，没有“罗西时代”“至情文学”的探索与实践，就不可能有后来欧阳山长篇小说的稳健与成熟。“罗西时代”的长篇小说的经验，为欧阳山后来长篇小说创作的承继与发展，提供了宝贵的借鉴意义，其意义不应忽视。

（作者单位：四川大学文学与新闻学院）

何其芳与祝世德交往初考

徐传东

方敬在《其芳最早的新文学朋友》一文中回忆说："有一个人是何其芳少年时期最早的新文学朋友，就其芳开始接触新文学来说，似乎应该谈到他。"① 这个出现在何其芳尚未走出万县时的"新文学方面的朋友"就是祝世德，也即诗人拾名。方敬如此介绍："一九二七年下学期，其芳和我都在家乡万县的初中读书。意外地一个外地来的小学教员突然来到我们一些初中学生中间。他来得好。给我们初次带来了新文学。可以说他是我们的第一个新文学的信使。"这篇文章为我们了解何其芳早年的文学活动提供了重要线索，同时也直接牵出另外一位诗人祝世德（拾名）的文学事迹。

在方敬的文章里，可以看出何其芳与祝世德的交往主要有两个时期：一是祝世德到万县一小学任教，与读中学的何其芳等人的交流；二是何其芳到上海中国公学读书时，祝世德亦到上海，二人有过比较熟络的联系。但是方敬的回忆有一些意犹未尽之处，比如对二人之间的文学交流介绍较少，对他们后来的分道简单地归结为祝世德"热中于仕途"后的"志不同，道不合"。笔者梳理了一些第一手材料，以期补充、丰富这一段诗人之间的交往史。

一、对方敬笔下祝世德形象的补订

方敬谈到祝世德用过的笔名，举出的实例有"祝笑我的"、"拾名"、"夏留仁"、"惠流芳"。目前的几种笔名录，如《中国现代文学作者笔名录》（徐迺翔、钦鸿编，湖南文

① 方敬：《其芳最早的新文学朋友》，《何其芳研究专集》，四川文艺出版社 1986 年版，第 29—31 页。

艺出版社，1988 年)、《中国现代文坛笔名录》（曾健戎、刘耀华编，重庆出版社，1986 年)、《二十世纪中国作家笔名录》（朱宝梁编，台北汉学研究中心，1989 年）等均收录为“祝实明：拾名”。笔者查阅这几个笔名下的诗文，发现它们都归属同一个人，即祝世德。比如 1945 年，时任汶川县长的祝世德出版专著《大禹》，在自序中他说“六年前，尝草《释浪漫》与《论双料可怜的动物》……”①，后文发表于 1938 年第 18 期《青城》周报上，署名为“祝实明”；1944 年左干臣为祝实明文集《白的悲哀》所做序文里称自己经常看到作者以笔名“拾名”发表的诗歌②；1933 年 4 月《新时代》月刊 4 卷 3 期登载《拾名的信》，“拾名”解释了自己的笔名从“惠留芳”、“留芳（女士）”改为“拾名”的原因等。这些都足见几个笔名之间互通同一的关系。不过，关于笔名还有几点需要说明。

其一，祝世德为人注目、在文坛造成一定影响的笔名是“惠留芳”、“拾名”、“祝实明”。1936 年出版的《现代中国作家笔名录》（袁涌进编，北平中华图书馆协会）收录有一条——“惠留芳（女）拾名”，将“惠留芳”指认为女作家，这是因为祝世德最初在《新时代》发表诗文时即采此名，并同时使用“留芳”、“留芳女士”，其作品也多以浪漫、感伤之爱情诗出现，故而造成文坛以其为“女作家”。《新时代》第 3 卷 5、6 合期新年号上有一则征订广告，凡订阅当年《新时代》者可获赠虞岫云、惠留芳、沈紫曼等女士的诗歌合集《女友们的诗》。可见就是直接与祝世德建立联系的《新时代》编辑也仍将“惠留芳”认作“女士”。

方敬所说“惠流芳”实际上就是“惠留芳”，在他看来，“惠流芳”的笔名与祝世德的浪漫主义形象相关。他谈到当时祝世德在上海对一个云南小姐一见钟情，但“女倔男狂，爱情似朝花夕落”，“祝世德听说那个倔女子背地里骂他‘下流’（应该说是‘浪漫’)”，“一气之下，针对着她反其意而用与‘下流人’谐音的‘夏留仁’作笔名，同时又用‘惠流芳’这个笔名在文学刊物上发表诗”，“就这样用正反两面的笔名来反击那位出言不逊的密司（Miss)”③。笔者使用“晚清及民国期刊全文数据库”查询“夏留仁”，名下诗文仅见一篇《空庙》，载于 1931 年 5 月《现代学生》第 1 卷第 7 期。又据方敬回忆，1931 年 6 月，何其芳与杨吉甫在北平仿照《语丝》办了一份刊物《红砂碛》，在第三期上便刊载了夏留仁的《闪电》（短诗六首)。可见“夏留仁”使用时间极短，只约半年。再看“惠留芳”，目前所见几乎全部与《新时代》月刊相关，使用时间从 1932 年年初延续到 1933 年 5 月，历时大约一年半。

---

① 祝实明：《自序》，《大禹》，成都晨钟书局 1946 年版，第 1 页。

② 左干臣：《序》，祝实明《白的悲哀》，大文书局 1944 年版，第 1 页

③ 方敬：《其芳最早的新文学朋友》，《何其芳研究专集》，四川文艺出版社 1986 年版，第 30 页。

“惠留芳”的作品涉及体裁有诗歌、小说、散文、诗歌翻译等，展示了祝世德此时较为全面的文学才能。方敬在谈到祝世德此时的文学趣味时，说他有“对郭沫若的《女神》之热，对丁玲女士的《莎菲女士的日记》之狂，对法国浪漫主义戏剧家罗斯当的浪漫喜剧《西哈罗》之迷”①。从“惠留芳”翻译英国诗人 Christina Rossetti、爱尔兰诗人 Thomas Moore 的诗作和他本人的创作实践来看，其对19世纪浪漫主义的不列颠诗风较为偏爱，题材重心兼有感伤的个人情恋和炽烈的爱国主义。值得注意的是，虽然在方敬的笔下，何、祝二人的文学趣味迥异，喜爱的外国作家也不一样，但是在其创作中却都流露出对罗塞蒂（Christina Rossetti）的接受与热爱，这或者可以暗示出他们曾经有一段共同的文学经历：从罗塞蒂在中国的传播史来看，正是1928年前后在徐志摩、闻一多、邵洵美等人的推动下才形成一股热潮，何、祝二人此时初接触新文学，亦是先追随新月派，便受到这一股潮流的影响。

关于爱国主义，值得特别指出的是，与方敬所说的“浪漫派头”相并存的这一点后来成为了祝世德写诗作文的一大源泉。早在1932年，他便写下了《无名英雄》、《怀屈原》、《怀荆卿》等诗歌，以古托今，表明心迹；随着日本侵华的扩大化和全面化，他又写下了《吊吴淞》、《剑吟》等缅怀十九路军英雄的作品，渴望自己能效死疆场。在抗战期间，他出版了抗战诗集《垦殖集》、文学理论著作《文学与战争》、历史著作《明季哀音录》等，都是以赤子热忱写成的爱国主义作品。这一形象，在方敬的回忆里并没有得到呈现。

“拾名”是祝世德发表诗歌作品时最主要的笔名，他以此笔名出版了第一部诗集《影像集》；在一些纪实性作品如《枫秋》中，他也以此作为自己诗人形象的名字和化身。“祝实明”主要使用在抗战之后，且多用于散文、小说、杂文等体裁和诗集、文集等专著。从当时登载的文坛消息等资讯来看，在抗战之后，时人对“祝实明”、“拾名”的认知较为牢固。祝世德也经常在诗文里通用这两个笔名，在“祝实明”的文章里提及自己署名“拾名”的作品，反之亦然。

其二，祝世德笔名拾遗。在上文提及的《拾名的信》里，祝世德提及自己常换笔名，到当时已用到9个之多。方敬文中提及，祝世德来到万县任教时，曾在《语丝》发表过讽刺小品文。1937年北新书局所出赵景深编《日记新作》，最后一篇拾名的《人间日记选录》，原载《青年界》第12卷1期。拾名在日记中提及此前在《语丝》上发表诗歌《月下歌》的过程，查《语丝》1929年9月第5卷第28期所刊《月下歌》，作者署名即“杜宇”。该笔名出现在《语丝》上有三篇作品，其中第一篇《解颐录四则》即是小

① 方敬：《其芳最早的新文学朋友》，《何其芳研究专集》，四川文艺出版社1986年版，第30页。

品文。

二、万县时期何祝交往史的背景（1927～1930）

祝世德使用“杜宇”的笔名在《语丝》发表作品的时候，正是其与何其芳、方敬等人密切交往的时期。祝世德此时的年龄、籍贯等，方敬的文章里并没有交代。从笔者整理出的线索来看，祝世德是今四川省巴中市恩阳区人，出生于1908年5月或6月，父亲早亡，早年便到上海求学①。

巴中与万县之间的直线距离不超过200公里，一个在大巴山南麓的丘陵地区，一个处大巴山东端与长江交合的峡谷地带，同属四川盆地东北角，民情相近，风俗相通，共同的生活环境使祝世德与何其芳、方敬等人有了相知相交的基础。后来祝世德与何其芳反复在文章中提及当时川东北的两大苦难：一是匪多；二是军阀暴虐。在《还乡杂记·街》中，何其芳回忆道：“我七八岁时，四川东部匪徒很多，或者说成为匪徒的兵很多。在X县这素称富足的一等县里，更骚扰得人民不是躲避在寨子里便逃往他方。”② 何其芳所说的“寨子”并不是一般意义上的村寨，而是为躲避匪患在地势险要的山地建成的避难所。在《还乡杂记·我们的城堡》里，他这样详细描述道：“在二十年以前我们家乡开始遭受着匪徒的骚扰，避难者便上洞上寨，所谓洞是借着岩半腰的自然的空穴，筑一道城墙以防御”，“寨则大小总是一座城了”，“居住着数十家人”③。对这样的独特的土匪记忆，祝世德也以“拾名”的笔名描述过。不过在他的笔下，土匪问题略显复杂与特殊。在小说《德政碑》中，祝世德讲述了川东北一个叫梁县禹镇的地方在1925年所经历的一次剿匪变屠杀的悲剧。在写到土匪绑架勒索的情形时，祝世德镜头式地扫描：“一间墨一般黑的房间里，‘横列十字’地躺着几十只并不十分肥的肥猪（人质），这些肥猪们不知道昼夜，因为那房里永远是黑暗。”④ 本来梁县的“棒老二”（土匪）就层出不穷，在经历了空前大旱灾之后更是四乡皆匪，而所谓的知事、团总更是出于各种私心而对“过去当过匪的”、“现在正当匪的”、“将来一定要当匪的”以及因藏匿等“与匪同罪的”都举起剿灭的屠刀，身后却是滚滚的银圆掉入当权者的口袋。

---

① 关于祝世德生平，可参见喻汉文《草鞋县长祝世德》，《巴中故事》，四川人民出版社2006年版，第78—81页。但喻文存在错讹，如祝世德生年，其称为1910年，但笔者考其发表在《青年生活》1948年2月第22期上。

② 何其芳：《街》，《何其芳全集》（第一卷），河北人民出版社2000年版，第257页。

③ 何其芳：《我们的城堡》，《何其芳全集》（第一卷），河北人民出版社2000年版，第281—282页。

④ 拾名：《德政碑》，《新时代》月刊第7卷第3期。

20世纪20年代的四川处于军阀连年混战的黑暗时期，所谓“速成系”与“保定系”之间的派系争斗，川军与滇军、黔军等的内侵与外斗，拥护广州革命政府与北京北洋政府的“革命”与“反动”轮番登场，烽火连天。万县与巴中正处于各种势力犬牙交错的东线，暗流涌动，冲突激烈。何其芳的《还乡杂记·县城风光》描写了此时的杨森及其治下的万县：“他到了这县城不久便把那一圈石头垒成的古城垣拆毁，以从人民的钱袋里搜括来得金钱，以一些天知道从哪儿来的冒牌工程师开始修着马路，那些像毒蟒一样吞噬了穷人们的家的马路。”① 何其芳在文章里自陈“提起这件事并不是责备那位现在已流落到川省偏僻处的军阀”，“倒是想说明他在当时的军人中还算一个维新党”，“不仅拆城墙修马路”，“而且还礼贤下士”。“他设立一个政治训练学校，想把他统治的区域‘系统化’起来”，“他对那些未来的县长，教育局长，或团练局长常常举行‘精神谈话’”。这样的“维新”做派，祝世德也并不陌生。在《德政碑》中，他刻画梁县学监的“东洋派”作风是在礼堂训话，“那讲话姿式在我们这一股儿就从来没有看见过”，张口闭口便是“X总司令”、“保国卫民”等等大而不当的词汇。对军阀带给民众的苦难，祝世德在小说《偷鸡贼》里开头便写军阀为了打仗而下乡拉壮丁，“没有学会拿枪打靶”就要“开到前线”；在诗歌《乱后》里，他面对满目疮痍的故土感叹道：“屋后，有一堆一堆的坟墓，/墓里，花蛇在爬，髑髅在叫苦，/于吗这慎终追远的民族/也没有人管，没有人看护?”②

1927年前后，正是北伐军胜利北挺、席卷长江南北之际。而四川此时刚刚经历1925年的倒杨（森）战争，1926年春夏刘湘、杨森联手驱逐黔军袁祖铭的驱袁战争。在1926年8月、9月之交，更是发生了英军炮击万县的“万县惨案”。蜀中局势之动荡、社会之飘摇可谓达到极点。1927年下半年，当19岁的祝世德刚刚跨出校门来到万县以“新文学使者”的形象出现时，后来“万县文学圈”的代表人物何其芳15岁，方敬13岁，吴天墀14岁。年龄相近的何、祝二人无疑有更多共同关心的话题。关于到万县任教，祝世德有过这样的回忆：

> 记得我跨出大学时，眼看同学们都高就了，自己因为不善钻营，简直就要空闲下来，那时心里的确有些发慌。一天，一个朋友来看我，言谈中，说是某一个乡村小学需一位教员，我当时便表示我可以去。那位朋友吃了一惊，随即表示决不相信的样子。我即刻诚恳地告诉他，说是我一生最怕闲，一闲便感到无聊，无聊便要找

---

① 何其芳：《县城风光》，《何其芳全集》（第一卷），河北人民出版社2000年版，第268—269页。

② 拾名：《乱后》，《青年界》月刊第4卷第3期。

方法来消遣时候，这一来便是堕落的开始了。因此我得找事做。小学教师虽然清苦，但有事可做却是真的，因此我愿他就介绍我去。后来那朋友相信了我，我便算第一次找到了职业①。

1927 年，第一次走上工作岗位的祝世德当然是来到一个新的环境，而从私塾进入到新式学校的何其芳显然也是“带着一种模糊的希望，生怯的欢欣，走进了新奇的第一次的社会生活”。何其苦回忆道：“那时候人们对于学校教育仍抱有怀疑和轻视的态度，尤其是乡下人，他们总相信这种混乱的没有皇帝的时代不久便要过去，而还深深的留在记忆里的科举制度不久便要恢复起来，所以他们固执的关闭他们的子弟在家里读着经史。”②

祝世德带来的新文学无疑打开了何其芳等人的视野，一个崭新的世界敞露在他们面前。在方敬的回忆里，祝世德在万县的文学活动包括给学生“开了新文学，介绍新文学书刊，提倡写白话文”；“他自己已开始文学习作，爱写新诗”等。据祝世德在诗集《不时髦的歌》自序里所述，他“学新诗开始于民国十三年”③，也即 1924 年，此时当为其在上海求学时期。目前所见祝世德最早发表的作品是 1929 年 3 月以“杜宇”为笔名发表在《语丝》上的小品文《解颐录四则》，而何其芳最早发表的作品是 1930 年 3 月以“禾止”的笔名发表在《新月》上的小说《摸秋》。在此之前二人的作品见刊与否，与笔名的收录情况、期刊的保存状况等密切相关，目前我们只能揣度，万县时期何、祝等人的文学创作主要还是同人之间的交流切磋。但二人在《语丝》、《新月》上发表作品的时间如此接近，又都在二人先后离开万县到达上海之际，说明万县时期的习练正是他们文学才能总爆发的酝酿期，期间的互动对于彼此都十分重要。

三、上海、北平时期何祝二人的交往（1930～1933）

1929 年秋，何其芳与方敬等中学朋友东出夔门，来到上海中国公学求学。1930 年 5 月 19 日何其芳在写给吴天墀的信里谈及此次出川到沪读书的友朋，结尾补写道：“祝世德君亦来上海，前来校相晤。”④ 此说明至迟 1930 年 5 月，祝世德也离开万县，重返上

① 拾名：《我以为》，《青年界》月刊第 9 卷第 1 期。

② 何其芳：《街》，《何其芳全集》（第一卷），河北人民出版社 2000 年版，第 258 页。

③ 祝实明：《自序》，《不时髦的歌》，成都晨钟书局 1945 年版，第 1 页。

④ 何其芳：《致吴天墀信六封 · 信一》，《何其芳研究专集》，四川文艺出版社 1986 年版，第 151—154 页。

海。据祝世德后来的文章回忆，1930年自己在上海一所学校读书，当年下半年又离开上海，“在九江汉口一带营谋衣食”①。

祝世德在万县教的是小学，这在当时作为职业并不被看好，对个人的发展也颇多局限。何其芳便在给吴天墀的一封信中，为他脱离乡村小学到成都谋划继续深造而高兴。他说：“知道你已到了成都，准备升学了。这是好的，老在涪陵住着教小学不是办法。”②据祝世德自述，“我虽然也勉强算是一个大学生，却做过一月十八元薪金的乡村小学教师，也做过月薪一百余元的高中教员”③，此处的“做乡村小学教师”正是指其在万县任教的经历。1930年《新月》的征订广告显示，一份《新月》零售为三角，全年为三元；而同期的征稿启事显示，当时的稿酬为每千字二至五元，佳作从优。也就是说，一个小学教员一月的工资仅够订阅6种《新月》这样的期刊一年，也不及五六千字文章的稿酬（中位数）。

1930年秋，何其芳去往北平，先后就读于清华大学和北京大学，进入一段相对稳定的校园生活。而祝世德则以上海为中心，在沪汉、江西等地颠沛流离，直到1932年在九江一中学谋得教职才安定下来。不过，这段时期二人还是通过书信等方式保持着联系。方敬回忆何其芳与杨吉甫办《红砂碛》时曾向祝世德约稿，在第三期上发表了他的《闪电》（六首）即是一例。在刊载于《新时代》的多篇诗文中，祝世德提及与何其芳的友情，如《拾名论诗》里，他举出自己就诗作《相思树》征求何其芳的意见，“记得其芳曾在我未发表这诗以前写信来告诉我说：‘形容得有些矛盾似的。’我的回信却辩护道：‘你忘记了宋玉的着粉则太白，施朱则太赤了吗？’当时不知是为了护短或是为了没有那才干修改而这样地回答了他，但从此便有些不放心这两句”④。这是1932年底（诗歌写作时间）至1933年4月（发表时间）之间发生的事，说明两人此时仍多信函往来。

在这篇论文里，祝世德还将何其芳的《夜行歌》⑤与自己的《剑吟》一诗做了诵读时声音效果的比较，这也间接地反映了二人在诗歌创作上气质的不同。在祝世德看来，首先，在内容上，何其芳的《夜行歌》“是因为一个幼年时的朋友从几千里以外给他写了一封长信去，诉说‘社会的黑暗’和‘自己前途的渺茫’，又加上一些‘人生意义的纠纷’，而结局于‘我要走哪一条路才好？’于是他为这一个朋友写下这一首诗。诗句的

---

① 拾名：《西行笔砚录序》，《青年生活》半月刊1947年第16期。

② 何其芳：《致吴天墀信六封·信二》，《何其芳研究专集》，四川文艺出版社1986年版，第154页。

③ 拾名：《我以为》，《青年界》月刊第9卷第1期。

④ 拾名：《拾名论诗》，《新时代》月刊第5卷第4期。

⑤ 根据《何其芳全集》（第六卷），此诗是1931年7月，何其芳以“秋若”的笔名发表在《红砂碛》第三期。

温和中正，恰如其人，但如不细细地诵读，我相信也不会‘看’得出的”。而《剑吟》是自己“在庐山过了将满两月的类似隐士的生活，其实山下的事有许多是须得我去作的，因此耐不住了，便这样地叫了起来，不久便下了庐山。诗里是用的侠士的口吻，那一种豪爽的语调……显出一种沉雄的气概来”。其次，从吟诵的声音效果来说，“我那首《剑吟》恰像我们川戏中的大花脸，秋若这首《夜行歌》却像京调中谭派的须生。前者不吝惜他的声音，几乎令人担心他会叫破喉咙；后者却音调娴熟，抑扬有致，使人听着时感到中心悦服。这两种不同的作风，不诵读确不能感到呵”！

《新时代》月刊是祝世德早期发表作品最主要的阵地，也是与何其芳共同亮相的舞台。《新时代》月刊的主编曾今可是祝世德的文学伯乐之一，他不仅在《新时代》及旗下刊物、出版社为祝世德提供展示其诗歌、小说、评论等多方面才能的机会，而且还积极把祝引荐给赵景深、邵洵美等海上文学大佬。在《新时代》月刊，祝世德使用“惠留芳（女士）”、“留芳（女士）”、“拾名”的笔名从1932年1月到1937年4月①共发表诗歌37篇、小说9篇、翻译作品2篇、评论3篇、散文及其他4篇。何其芳使用本名在《新时代》月刊也发表了诗歌5篇、散文1篇，时间是1933年2月到1933年7月。

四、何祝二人诗中的相互致意

在诗歌《梧桐词》开篇题注里，祝世德写道：“这首诗题献给：/上海的今可，/北平的其芳，/和常在我意念中/注视着我的那人。”② 此时，祝世德刚从江西回到四川璧山（今属重庆）中学任教，写作此诗的时间是1933年10月。而稍后的12月，远在北平的何其芳便写下《岁暮怀人（一）》，同样怀念着朋友祝世德。

关于《梧桐词》，有两点或许可以引起读者的注意。其一是梧桐，对祝世德和何其芳来说，这正是他们共同熟悉的校园环境中的标志性景观。在《还乡杂记·街》里，何其芳如此描述万县中学：“学校的地址是从前县考时的考棚。一条又宽又长的石板甬道的两旁，立着有楼的寄宿舍和教室和几株高及瓦檐的孤零的梧桐。这便是我的新世界，照样的阴暗，湫隘，荒凉，在这儿及两百人的人群中我感到的仍是寂寞。”而在诗里，祝世德以感伤没有凤凰驻足的梧桐立意来抒发自己才能不能伸展、知音难求的心绪。他写道：“春不属于你；你总相信/草的柔软，蝶的轻佻，/卖弄风情的柳腰，/若即若离的莺莺鹂鹂，/迷不了你，媚不了我，/似笑非笑的花花朵朵/也不配使我唱春的赞歌。”全诗多次

① 《新时代》月刊1931年8月1日创刊于上海，中途1934年3月至1936年12月停刊，1937年4月后因战争、经费等因素最终完全停办。

② 拾名：《梧桐词》，《新时代》月刊第6卷第1期。

出现“别了吧，窗前的梧桐”，弥漫了一股浓郁的失落伤怀之情。何其芳随后写下的《岁暮怀人（一）》则回应了这种失意和悲痛——“驴子的鸣声吐出/又和泪吞下喉颈，/如破旧的木门的呜泣，/在我的窗子下。/我说，温善的小牲口，/你在何处丢失了你的睡眠？”① 最后，何其芳鼓励他这位亦师亦友的亲密文侣道：“我曾在地图上，/寻找你居住的僻小的县邑，/猜想那是青石的街道，/低的土墙瓦屋，/一圈古城堞尚未拆毁，/你仍以宏大的声音/与人恣意谈笑，/但不停地挥着斧/雕琢自己的理想……”

需要注意的第二点是，祝、何二人这两首诗都不是单一的怀念诗，两诗写作时间距离如此之近，一定是有什么原因使得一人对另一人的发声必须及时做出回应，来抚慰和鼓励对方。祝世德写作《梧桐词》时已从江西回到四川，这次回归不是探亲或走访，而是他遭遇了一次重大的人生打击。祝世德此一时期写成的《枫秋》一文中透露了些许线索。《枫秋》写的是“诗人拾名”从江西回到重庆寄居在友人家中的事，在文中祝世德毫不避讳地写道：“像被人驱逐一般，我从江西回到四川来。”② 在表露这一段经历的心路时，他回忆道，在“九一八”事变后，自己参与抗日救国会的讲演，暗自发誓要献身祖国，“以后我在江西，因此便做了一些可以问心无愧的事。然而结局呢？却是江西当局变象地放逐了我”！

祝世德是进步青年吗？为何遭遇如此迫害？早在1928年，祝世德便写成一篇小说《梦》来表明自己的国家主义信念。国家主义是20世纪20年代由少年中国会、大江会等社团积极倡导的一股思想潮流，因代表刊物有《醒狮》又被人称为“醒狮派”。国家主义以主权国家概念出发，主张塑造“国魂”，振兴国权，反对破坏国族文化，反对分裂，反对列强的侵略与干涉，反对内战……国家主义与社会主义、无政府主义并称为当时的三大思想潮流。1929年，该派成员公开中国青年党党名而与国民党分庭抗礼。在小说《梦》③ 中，祝世德讲述了主人公子筠在梦中参与国家主义的武装活动，结果在巷战中受伤昏迷，苏醒过来发现梦想已经成真，不但中国人过上了安宁幸福的生活，世界也统一成“地球共和国”，而就在他陶醉时却被人从梦境中叫醒。1938年12月，祝世德在中国青年党所办报刊《国论》上发表《我们应有的建国运动》，清楚明白地阐述了自己的国家主义主张：“建立十族以上的真正民主共和国，对内平等联合，互助互惠，对外不欺弱小，不畏强圉。”④ 这些材料说明，祝世德的国家主义信念萌芽早，思想成熟，意志坚

① 何其芳：《岁暮怀人（一）》，《何其芳全集》（第一卷），河北人民出版社2000年版，第36页。

② 拾名：《枫秋》，《国论》周报1938年第7期。

③ 参见拾名：《梦》，《新时代》月刊第6卷第1期。

④ 祝实明：《我们应有的建国运动》，《国论》周报1938年第9期。

定，而且切实地参与到了中国青年党的组织活动中。

根据曾辉的博士论文《中国青年党研究（1923～1945）》，1932年11月，国民党中宣部公布宣传品审查标准，将国家主义与共产主义视为反动而禁止，在查禁的过程中，不少青年党籍的公教人员被辞退或逮捕①。又据《江西省政府公报》1932年第11期，当年6月江西省政府颁布训令开展查禁《民声周报》等国家主义“反动宣传品”②；同时由于时值国民政府围剿苏区，江西此一时期前后发布了一系列“整肃戡乱”的法令，阴云密布，空气凝重。正是在这种背景下，祝世德才说自己“做了问心无愧的事”，却反被“江西当局变象地放逐”。何其芳《岁暮怀人（一）》诗中第二节“饮鸩自尽者掷空杯于地，/一声尖锐的快意划在心上”刻画的正是一个变态的加害者实施阴谋的形象，或许便与祝世德遭受迫害一事相关。

五、1938年何祝二人最后的分道

1938年初，何其芳从家乡万县来到成都，这时的祝世德也已结束璧山的教职在成都觅事。他们有没有见面，目前没有看到公开可信的文字材料。不过，当年6月成都学生创刊的《雷雨》杂志同时登载了何其芳的《给雷雨周刊社的一封信》和“拾名”以台儿庄大捷为题材的抗战诗歌《前线》。这是他们的名字最后一次同时出现在同一张民国期刊的纸页上。

到了8月，何其芳与卞之琳、沙汀夫妇四人北上延安，最后找到了一条光明的道路。关于这次事件，1946年7月上海的《青年生活》半月刊创刊号上却有这样一条短讯：“与方敬、何其芳齐诗名之祝实明（拾名），渠与方何二人本属中学同学，且极友好，惟中途志趣相异，方何另入阵营，名益大噪。实则祝诗较彼等高明，其近作《不时髦的歌》在蓉出版，颇为风行……”③ 考虑到该年何其芳受党派遣，在重庆任《新华日报》副社长，此时又是国共和谈前夕，各路舆论纷杂，有着青年党背景的《青年生活》不免带有偏见和有色眼镜，但其中透露的一个信息却也并非空穴来风，那就是，方敬所说的何、祝“志趣相异”和“道不同”其实是各人的政治选择不同。

而关于何其芳、祝世德、方敬与中国青年党的关系，1948年2月《青年生活》第2卷第3期上又有这样一条短讯：“中国青年党之前期文艺作家，有胡云翼、刘大杰、田汉、唐槐秋、左干臣、袁道丰、何仲愚、宋树人、李辉群、庐隐、徐懋庸、方敬、何其

① 曾辉：《中国青年党研究（1923—1945）》，华东师范大学2014年博士论文，第188—189页。

② 参见江西省政府秘书处编译室：《江西省政府公报》1932年11期。

③ 郭：《文化公园》，《青年生活》半月刊创刊号，1946年7月。

芳、姜华、魏思慜、侯曜、春晖等人。后期文艺作家有张葆恩、左华宇、拾名、陈秋萍、辛郭、徐沁君、许杰、周蜀云、田景风、王秋逸、王维明、王慧章等人。"① 这里将方敬、何其芳标为中国青年党的早期作家，将拾名（祝世德）标为后期作家虽然有"一面之词"的嫌疑，也不排除中国青年党的宣传刊物有把持国家主义主张的人士同正式党员相混淆的情况，但这或许提供了一条了解何其芳等人与国家主义之间联系的线索。一个可以肯定的事实是，在国难当头的关口，何其芳、祝世德都为国家的前途深深担忧，他们都用文字写下了或激愤或激昂的抗战诗篇：何其芳不愿自我沉沦而喝道"成都，让我把你摇醒"；祝世德眼见空袭后的惨况而喊出"成都，你不过受了重伤"②。虽然立意不同，其爱国的出发点与内心的真诚却是无可置疑的。

在方敬的文章里，祝世德"热中于仕途而对文学和写诗若即若离，后来竟至完全撒手了"。事实却并非如此。在祝世德的回忆里，1938—1940 年三年间正是生活最为困窘的三年③。查《历届高等考试及格人员题名录》④，祝世德参加的是 1939 年第五届高等科考试。此是国民政府改革文官考试的第一届，初试通过后考生须集中培训，再经复试通过后才能录用。而从当时的报考及审核情况来看，祝世德当时拟定的类别是教育行政人员，这说明祝世德对"仕途"并无特定的兴趣，此时仍寄寓了从事教育与文化事业的职业理想。但天不遂人愿，到了 1942 年，他被安排出任汶川县长。

虽然情非得已地步入地方官场，但祝世德对文学的热爱却不减一分。1946 年第 10 期《青年生活》的文坛消息栏目"文化公园"刊登短讯："熊猫产地'汶川'县长祝拾名，长汶四年，境内称治。祝氏原为文人，近于公余之暇，又恢复写文工作，已脱稿者有《明季哀音录》、《战斗语录》、《娑罗树》、《大禹》等作。"⑤ 笔者梳理这一时期祝世德的著述情况，发现他在《青年生活》、《青年中国》、《国论》、《青城》、《鬼》等刊物发表了大量的爱国诗歌、小说、杂论等。这些刊物多有中国青年党的背景，或带地方刊物的色彩，但运用文学场域的眼光回到当时的历史时空，成都作为大后方中与重庆、昆明等并立的文化中心之一，其发出的激励抗战、鼓舞士气的铮铮铁音同样是中华民族艰苦卓绝、浴火重生征途中的伟大诗篇。

---

① 浪：《文化公园》，《青年生活》半月刊第 2 卷第 3 期。

② 参见何其芳：《成都，让我把你摇醒》，收入《何其芳全集》（第一卷），河北人民出版社 2000 年版，第 325—328 页；祝实明：《成都，你不过受了重伤》，收入《垦殖集》，文通书局 1944 年版，第 7—9 页。

③ 拾名：《西行笔砚录序》，《青年生活》半月刊 1947 年第 16 期。

④ 《历届高等考试及格人员题名录》收于国立政治大学编《国立政治大学高等科第十一期毕业同学录》附录二。

⑤ 浪：《文化公园》，《青年生活》半月刊第 1 卷第 10 期。

这一时期，祝世德另一个令人注目的成就是出版了不少专著，包括文艺理论著作《文学与战争》（1939）、《新诗的理论基础》（1947）；诗集《垦殖集》（1944）、《不时髦的歌》（1944）；小说集《白的悲哀》（1944）；史学专著《明季哀音录》（1942）、《大禹》（1946）等。此外，祝世德在任职汶川县和筠连县期间，编著有《汶川县县志》（1943）、《汶川图说》（1945）、《筠连县志》（1948）等地方志书。另据学术公论社丛书之一的《法国革命时代之物价问题》所附广告内页，祝世德有一本署名“祝实明”的学术专著《陈子昂年谱》拟定于1944年作为该丛书第一期四种之一出版，但此书目前不存。这些创作实绩为我们展示了此时祝世德作为地方文人与新文学作者的两幅面孔。可以看出，他对文学与诗歌的热爱始终如一。

随着滚滚的历史汹流向前狂飙，国家的历史选择与个人的命运深深交织在一起，何其芳与祝世德在1938年的分道也最终成为生死殊途。1951年，祝世德因其县长任上的一些问题被处决。中华人民共和国成立之初，已经转向文艺理论和古典文学研究的何其芳似乎已经淡忘了早年的文坛旧事，在1956年写成的《写诗的经过》里不再提及自己如何进入文学圈，同样也没有了祝世德的身影。1983年2月，何其芳去世近6年之后，方敬写下《其芳最早的新文学朋友》，对这段历史做了回顾式的、同时也是负责任的陈述。

（作者单位：西南交通大学人文学院）

顾城海外生活、创作月表

刘 美

1987 年 5 月 29 日，顾城夫妇自北京飞往德国明斯特，开始海外生活。据他们一些朋友的说法，出国之前他们已有打算不再回来。当年底，他们从欧洲回返到香港，经过犹豫和彷徨，终过家门而不入，接受新西兰奥克兰大学闵福德（John Minford，1946 ~）教授邀请，应聘教职。1988 年至 1992 年 3 月，他们以工作移民方式，定居新西兰，生养儿子，在激流岛上买房，养鸡，画画。用顾城的话讲，经过了从“采撷业”、“农业”、“畜牧业”、“商业”，又回归“文艺事业”的人类社会发展史，一门心思要“靠自己双手劳动养活自己”。1992 年，顾城接受德国学术交流中心（Deutscher Akademischer Austausch Dienst，简称 DAAD）邀请，赴德创作和访学一年；1993 年 3 月申请到德国伯尔基金（Heinrich-Böll-Stiftung，简称 HBS），可继续留德工作一年。顾城创作小说，接受德国法兰克福大学“人与自然——世界各文化哲学研讨会”邀请，准备并完成关于中国哲学的报告任务。但才过四个月，他们又急忙离开欧洲，飞渡大西洋，经美国做短期停留，匆忙回到新西兰的家。海外六年，仅 1993 年 3 月 15 日至 23 日回过一趟北京。1993 年 9 月，顾城夫妇离世。顾城这段海外生活，因为他自动滞留国外、定居遥远的南半球，加之不愿引人注目、回归自然生活的心态，国内读者了解极少。本文以月表的形式梳理了顾城海外生活和创作的情况，以期让读者了解顾城海外生活和创作轨迹。

1987 年

5 月

5 月 27 日　作诗《护照》。

5 月 29 日　赴德国参加明斯特“国际诗歌节”。

5 月 31 日　在明斯特诗歌节，朗诵了《生命幻想曲》、《无名的小花》等诗，配以简短演讲并答问。作《哪怕无声也能听见》演讲答问片段。

作诗10首：《复有笑容》、《兼毫》（组诗《水银》第6首）、《日晕》（组诗《水银》第45首）、《男子》（组诗《水银》第27首）、《河图》、《归属》、《青铜器》、《总会有风》、《还有三日》、《护照》。

作短篇小说1篇：《想象力》。

6月

在德国德明斯特。

6月2日　在Osnabrück大学做讲演，片段收入《哪怕无声也能听见》。

6月16日　接受丹麦记者访问，留存访谈录音《个人的奇异性弥漫人间》。

作诗2首：《毕加索的画》、《往世》。

在奥地利作诗3首：《直塘》、《异邦》、《诉求》。

在德国作诗3首：《苏维埃》、《河田（一）》、《河田（二）》。

作旧诗1首：《汉堡临渡谢梁君》（德国汉堡）。

7月

赴丹麦、瑞典，接受《文化新闻》等采访，留存访谈稿《“最初只有爱情”》，谈自己的创作与生活。

作诗5首：《丹麦》、《红麦》（《水银》组诗第39首）、《电传》（《水银》组诗第43首）、《理》、《中门》。

8月

赴瑞典斯德哥尔摩、德国波恩。在德国，接受写作新诗博士论文的何致瀚访问，留存问答录《生命是一树鲜花》。

作诗5首：《境外》、《呼应》、《白帆所指》、《镇尺》、《暖天》（《水银》组诗第34首）。

9月

赴英国伦敦、利兹，在英国汉学会上发言，现存发言提要《大游戏·小人间——从一个被忽略的传统看“文化大革命”及朦胧诗的产生、分衍》。

作诗4首：《关在诗里》、《阳光下的人》（《水银》组诗第26首）、《连锁》、《探讨》。

10月

在英国伦敦、法国巴黎。

作文艺随笔《江上一棵树》、一首诗和五篇散文，都是关于诗、文化、古代经典作品的随感。

作诗 10 首：《卑微》、《蒙雪》、《法国》、《铁矾》（《水银》组诗第 37 首）、《机关》（凡尔赛，《水银》组诗第 14 首）、《核桃》、《餐桌》、《法门》（组诗《水银》第 40 首）、《上学》（《水银》组诗第 11 首）、《箭》（《水银》组诗第 42 首）。

作旧诗 3 首：《遥念》、《远望》、《“江上一棵树”》。

11 月

11 月 11 日　在伦敦作《声音的道路》的演讲，现存“手纲”一份。

11 月 26 日　作《恢复生命》的演讲，现存讲稿。

月底启程回国。

作诗 3 首：《衢》（《水银》组诗第 43 首）、《利若》（组诗《水银》第 41 首）、《风向》。

12 月

回到香港，参加香港“中国当代文学与现代主义研讨会”，会见了汉学家、奥克兰大学亚语系主任约翰·闵福德先生，受其邀请到新西兰讲学。随即接受新西兰奥克兰大学亚语系聘请。

12 月 10 日　参加香港“中国当代文学与现代主义研讨会”，会议发言刊载于《文艺报》1988 年 4 月 23 日，题“新诗话”，有自记稿留存；会议期间，接受与会的伊凡（香港中文大学中国文化研究所翻译研究中心主任）、高尔登（西班牙巴塞罗纳大学中文系讲师）和闵福德（新西兰奥克兰大学亚语系主任）访问，谈自己的诗歌创作和翻译问题，有《金色的鸟落在我面前——同伊凡、高尔登、闵福德问答（一）》、《那么“死”也该有克有死——同伊凡、高尔登、闵福德问答（二）》留存。另接受香港电台张先生“天乐卷”节目访谈，留存《香港电台问答》，谈自己写诗的感受和经验。

作诗 3 首：《歧途》、《何意》、《废》。

作旧诗 2 首：《此是人间》、《聊斋》。

1988 年

1 月

1 月初　获工作签证移居新西兰，任职奥克兰大学亚语系研究员。在其后的两年半中讲授中国古典文学、当代文学，并一度兼日语课。

在香港、新西兰奥克兰作诗 8 首：《除非》、《鳊》、《拔地》、《落地》、《梦中人》、《开白花的故事》、《墓床》、《奥克兰》。

2 月

在奥克兰作诗 13 首：《明示》、《依山》、《新境》、《生丝》、《压刨》、《说梦》、《他工作得很好》、《迷路》、《风》、《下午（二）》、《值日》、《开放》、《求知》。

3月

儿子诞生。

作诗13首：《此刻》、《三月》、《我买帽》、《淡水湾》、《原作》、《桌子》、《铜人》、《神说》、《木梯》、《大清》（组诗《水银》第17首）、《暗》（组诗《水银》第35首）、《众人游戏》、《内文》。

4月

作诗16首：《又一诞生》、《堤防》、《小旗》、《医务室》、《开始》、《雨时》、《回乡》、《骄傲》、《盦》、《梦隔（一）》、《梦隔（二）》、《美鱼》、《斑布》、《讲理》、《铁罐》、《气象》。

5月

作诗6首：《微小的心意》、《译》、《点化》、《楼梯》、《铜盘》、《埕》。

6月

以符合技术移民条件获签永久居留。

作诗6首：《沙河》、《你看我的时候》、《声音》、《困》、《退隐》、《执行》。

7月

移住岛上，顾城称该岛为激流岛。

作诗10首：《两点两分》、《遇》、《锯了很多柴》、《不愁》、《新居》、《海水涌入内层》、《笔记720》、《字典》、《好事》、《矩》。

8月

作诗9首：《酲》、《天音》（讲唐代三诗人李白、杜甫、王维课提纲）、《鲮鲤词》、《不错的八月》、《拂磨歌》、《意义》、《白语〈杂诗〉》（讲授唐无名氏《杂诗》白话演绎）、《一派》、《但丁》。

9月

台湾新地出版社出版《顾城诗集》。

作诗13首：《花就这样开了》、《九月一日》、《有楼》、《梦字三题》、《吃饭》、《村里的事》、《木桩》、《居安》、《鸡啼》（旧体）、《改变光色》、《梦后》（9月25日录梦字）、《万一》、《往事》。

10月

作诗8首：《瞬息》、《傍晚》、《想些往事》、《写真》、《这样》、《圆明园》、《真理》、《大集》（旧体）。

11–12月

11月8日至12月10日　在奥克兰大学放假期间，应邀赴美参加诗歌交流活动，11月初到纽约，12月初到洛杉矶。

11月作诗5首：《安家》、《答案》、《憨语》（赴美记）、《顶梢》（纽约）、《支票（纽约）》。

12月6日　在美国洛杉矶朗诵并讲说自己的诗，现存录音片段《需要一个答案》。

12月作诗8首：《柴棚（与雷、娃归）》、《西红》、《催眠》、《我的地》、《虱子·狮子》、《生生》、《寒烟寒》（旧体）、《瓶歌》。

1989年

1月

1月12日　作散文《七节虫》，后收入《梦魇集》。同题诗亦当此时作。

作诗13首：《窗子》、《白菜》、《憨罕》、《七节虫》、《我转动手指》、《娃娃》、《银娃》、《我最后的日子》、《渔声一》（旧体）、《渔声二》（旧体）、《至地》（旧体）、《一月二十八》、《日光》。

2月

作诗10首：《门里消息》、《生存》、《怎么办》、《梦字2.11》、《实现阳光》、《灵物》、《爱美》、《鉴》、《没哲》、《计谋》。

3月

作诗7首：《气势——老爷爷祭》、《不入》、《驻马店》、《忘事》、《精细的鸟叫》、《初秋》、《一个夏天》。

作短篇小说《在世》，后编入《梦魇集》（未单独出版）。

4月

作诗9首：《我锯了一个电杆》、《中将》、《绿眼睛》、《屋子一》、《屋子二》、《历史性》、《木偶》、《亲人文化》、《亚乙米西多》。

5月

作诗7首：《一边》、《时辰》、《这个时节》、《十九日》、《五月二十》、《地界》、《走了很久》。

6月

作诗9首：《书说》、《切铁》、《悼词》、《每天》、《三纺店》、《不想》、《报档》、《事变》、《大国》。

7月

作诗14首：《在雨里》、《关灯》、《尘土间》、《动兵》、《本待》、《忘钱》、《茶叶》、

《年》、《诗经》、《有别》、《崇元观》、《断页》、《课上》、《墓门》。

8月

作诗10首：《实话》、《德印》、《试行》、《筑》、《真民兵》、《在这之前》、《不疑》、《法语》、《东京》、《风声》。

9月

作诗12首：《遮蔽》、《连衔》、《周末（二）》、《为学》、《魇》、《天堑》、《梦字》、《山上》、《就是这样的人》、《絮（3首）》（旧体）、《永在——给台湾学生》、《礼拜》。

10月

10月5日　《香港文学》总58期发表散文《明神》，写作时间不详。

作散文《两端》，记述在龙德遭遇的一个移民家庭。有随感《青夜》，记录秋夜里个人对生死的感悟。

作诗9首：《取自〈青夜〉》、《平凡》、《迹象》、《断梦》、《近处的故事》、《濒临（一）》、《濒临（二）》、《散文》、《做梦》。

11月

作诗12首：《土篮》、《大个》、《漏洞》、《一盏灯》、《结果》、《临近》、《提纲》、《弹弓》、《卷棚》、《阴历》（曾题《莉莉》）、《盲人渡海》、《娴歌》（旧体）。

12月

作诗6首：《青玄》、《长律》、《展览路》、《写经》、《城上》、《建设》。

本年作散文《“半”字歌》一至四，第四节残稿不全，具体时间不详。

1990年

1月

作诗8首：《悲哀有鲜艳的蓝色》、《相信未来》（深知食指兄长20年前就写过《相信未来》，亦命此题无毁敬意，谓为应合，同含辛而茹苦）、《城垛》、《白猫》、《镰》、《分合》、《驾驭》、《无题》。

2月

作《我有一个天国：一封信》，收信人不详。

作诗6首：《无栏》、《疑问》、《有铜》、《迎宾》、《存心——存心告我们吗不是》、《这可真是》。

作旧诗2首：《点》、《一二》。

3月

帮助谢烨的弟弟来到新西兰。

作散文《又写了一首诗》，文中所记诗即《海篮》。

作诗 12 首：《海篮》、《薄云》（旧体）、《小礼老霍》（旧体）、《风鸣荒丘》（旧体）、《与命不违》、《梦里的人有一种态度》、《与乡公所说鸡》、《永在（二）》、《法令》、《坪》、《人证》、《公事》。

4 月

作散文《边上有板：梦一、梦二》，记一首梦里所得的诗，即《梦里有板》，后编入《梦魇集》。

作诗 12 首：《波光粼粼》、《也能》、《一切从痛哭开始》、《零星》、《光华西里》、《思凡》、《最硬的泉水》、《梦里有板》、《长进》、《红》、《素子钱》、《言外》（旧体）。

5 月

作随感《“上帝”危机——蚂蚁篇》、《“进化”危机——蚂蚁篇》。

作诗 6 首：《合弦》、《家中多雨》、《奏》、《隔海》、《石头触动》、《言礼》。

6 月

辞去大学教职。

作诗 7 首：《开瑞售》（英文 Garage sale 的音译并意译。岛上的人家想清理什么东西，同时还想卖一卖，就做个广告，然后将东西摆出来，通常摆在车房［Garage］内外，供人前来欣赏选购，称 Garage sale）、《这些时刻》、《鸡春卷》（鸡没了，变成春卷了）、《退守》、《过节》、《阻击》、《把握》。

7 月

月初帮助李英来到新西兰。

作诗 10 首：《煮月亮》、《轮廓》、《听雨》、《老家》、《节》、《莫名（一）》、《莫名（二）》、《走得干净》、《疼痛》、《从心》。

8 月

作《命呓：一封信》，初刊《自立晚报》1990 年 12 月 3 日《名家谈命》专栏。

作诗 10 首：《梦可了得》、《青果》、《老是》、《这类话》、《蛋糕》、《梦歌》、《正面》、《九号楼》、《当》、《花是这样落的》。

9 月

帮助姐姐来到新西兰。

诗集《水银》由德国波鸿大学出版社出版。

作诗 13 首：《低处》、《中午》、《城门》、《树林里》、《角度》、《花纹》、《退衍》、《花骑（一）》、《花骑（二）》、《白雪照相》、《马相》、《硬》、《看见》。

10 月

作诗10首：《麦田》、《小说》、《南口》（梦字）、《木屋》、《心意》、《此情此景》、《开枪》、《士兵》、《有时很容易》（寓言诗）、《咒语惊梦》（寓言诗）。

11月

作诗8首：《周围》、《签名》、《小井》、《离地》、《边缘》、《备考》、《桥》、《瞳》。

12月

作诗12首：《扫瞄》、《边境上芦苇很深》、《交错》、《无依》、《显现》、《梦中梦》、《点滴》、《焉知》、《尽头》、《简明》、《需要长睡》、《集市》。

1991年

1月

作诗13首：《重名》、《证词》、《戒令》、《海盗》、《打开窗子的声音》、《有些灯火》、《特征》、《读经》（旧体）、《唱》、《驷》、《小红门》、《念》（四言诗偈）、《非幻》。

2月

作诗9首：《回文面面观》（4首：一面观、二面观、三面观、四面观）、《回文几何》、《坐椅》、《九月》、《叶子》、《新开胡同》、《有念》（取自作者小说《有念》，其三、四行可见作者引写于稍前的《念》）、《切口》、《陶》（摆摊小记）。

短篇小说《有念》应完成于本月，后收入《梦魇集》。

3月

作诗6首：《摇动》、《墓碑》、《因为思念的缘故》、《曼》、《台阶》、《日历》。

4月

作诗12首：《报道》（组诗《布林的档案》第15首）、《今天》、《过了很久》、《定陵》、《窗子（二）》、《寰》、《奇遇》（取自作者散文《奇遇》）、《取锄》、《中华门》（组诗《城》第1首）、《叶子（二）》、《省（一）》、《省（二）》。

5月

作散文《德外德内》，与诗《德胜门》一起，后编入《梦魇集》。

作诗13首：《恍惚》、《光华》、《军博》、《新街口》（组诗《城》第13首）、《德胜门》（组诗《城》第5首）、《人儿》（组诗《城》第6首）、《常谈》（寓言）、《土拨鼠》（寓言）、《预报》（寓言）、《邻居》、《般》、《即心》、《钉房》。

1月至5月　作系列杂感散文《城点问答》5篇，现只找到首篇《“根本问题”》和第五篇《“一线希望”》。

6月

作诗14首：《结构》、《活命歌》、《曳》、《梦为梦想之先》、《五分钟》、《不见》、

《温暖的叹息》、《凡俗》、《不得》、《操持》、《平常》、《苹果螺》（寓言）、《一张画》（寓言）、《劝告》（寓言）。

7月

作诗16首：《莲花池》、《信》、《小灰》、《33号》、《东华门》（组诗《城》第3首）、《后海》（组诗《城》第13首）、《剪贴》（组诗《城》第18首）、《倚天》、《青虹》、《一人》、《世上》、《蓝》、《负》、《人云》、《复习》、《有天》。

8月

本月至10月，陆续写成长篇纪实散文《养鸡岁月》68节初稿，记述在激流岛安家及生活的情况。

作诗21首：《家乡的树》（歌词）、《堪》、《镜台》、《紫叶》、《火》、《怨》、《树活了两次》、《没顶》、《说》、《天坛》（组诗《城》第2首）、《午门》（组诗《城》第4首）、《琉璃厂》（组诗《城》第9首）、《西单》（组诗《城》第11首）、《紫竹院》（组诗《城》第14首）、《七日》、《邓肯》、《首都剧场》（组诗《城》第10首）、《倾》、《本意》、《无累》、《纵深》。

9月

9月2日　作散文《课堂》，忆童年往事。

作诗12首：《许多河水》、《你喜欢歌谣》、《零》、《呆》、《鸣》、《暗中的美丽》、《纷繁》、《树枝的疏忽》（取自同名散文）、《远村》（旧体）、《树上长着小鸟》（时间存疑）、《中关村》（组诗《城》第17首）、《油画》（组诗《城》第15首）。

10月

作诗11首：《彩墨》（组诗《城》第19首）、《栀》、《大风》、《牵挂》、《有禁不止》、《偏差》、《维系》、《顿》、《春当秋感》、《游泳》及失题残篇1首。

11月

作诗7首：《雪的和平》、《可能》、《昌平》（组诗《城》第20首）、《敲》、《对墙讲故事》、《卡娃卡娃》（毛利语Kawa kawa的音译，新西兰国的一种土生植物，可以入药）、《婆罗》。

12月

作诗9首：《忽然》、《六里桥》（组诗《城》第13首）、《缘》（组诗《城》第30首）、《胃儿胡同》、《静界》、《净界》、《绕鼻》、《暴风雨使我安睡》、《树也有脚心》。

本年作散文《非序》，其中说："每个梦我都在原地。/我不说另一种话，我不说。/如你所写/——这是唱给我的哀歌。"另有散文《奇遇》（残稿），追溯和思考自己的童年、青年生活；《读诗》，记述个人对好诗的感动和记忆；《树枝的疏忽》（自题诗话集），记述对古典诗词名句、名家如李煜的随感。

1992 年

1月

应邀作杂感《影响你的一句话》，谈及法布尔《昆虫的故事》里的一句话：“它来到世界上，没有谁欢迎它，石头是摇篮。”

作诗5首：《手印》、《敬界》、《要用光芒抚摸》、《醒》、《四声》。

2月

作诗4首：《北京图书馆》（组诗《城》第21首）、《南池子》（组诗《城》第7首》、《宜》、《日入薄暮染黄沙》（旧体）。

3月

3月3日　由奥克兰机场起飞经香港赴德国。应德国DAAD学术交流基金会邀请，赴柏林从事文学创作。其后一年半的工作为世人留下了逾百万字的文作、诗作及几百幅书画作品。

3月16日　抵柏林，进入DAAD工作。

3月24日至11月24日　先后收到李英发自新西兰激流岛来信11封，后收入小说《英儿》。

3月25日　收李英激流岛来信一封。

作诗5首：《临别》、《间离》、《太平湖》（组诗《城》第29首）、《云向太阳开去》（香港）、《故宫》（柏林，组诗《城》第11首）。

4月

4月10日　再次整理组诗《城》，作序，其中说：“在梦里，我常回北京，可与现代无关，那是我天经地义要去的地方。太平湖或中华门，现在都没有了；晴空中的砖和灰土筑的坡道、酸枣树，都没有了；可我还在上面行走，看下边和以后的日子。”“《城》这组诗，我只作了一半，还有好多城门没有修好，但是我想先寄给你看看。这也许是一本新的《西湖梦寻》，我不知道，我只是经常唱一句越南民歌：可怜我的家乡啊——”

4月13日　收李英激流岛来信一封，后收入小说《英儿》。

本月下旬至5月初，在柏林寓所多次和来访的学者、友人谈论诗学、哲学、文化问题，留存有《安宁的核心——同苏联中西方比较文学学者M的对话》、《人性与未知——与友人谈》（4月25日）、《那是光明升起来的时刻——同友人的两段谈话》（4月26日）、《它的注视之下——与友人谈》（4月26日）、《〈浮士德〉·〈红楼梦〉·女儿性——与高利克先生的对话》（4月26日）、《此时此刻的诚实和从容——与烨谈理想、安想及其他》(4月29日)、《生命充满启示——与友人谈》(5月1日夜)、《艺术之初——与友人谈》(5月2日) 等答问录。

作诗4首:《丰台》(组诗《城》第28首)、《月坛北街》(组诗《城》第22首)、《知春亭》(组诗《城》第25首)、《有一刻》。

作散文《我不能想得太多:一至五》;阅读《红楼梦》,陆续批点,后辑成《〈红楼梦〉翻读随笔》。

作短篇小说《思忆朦胧》草稿。

5月

5月5日　收李英激流岛来信一封,后收入小说《英儿》。

5月9日　飞抵美国,参加诗歌朗诵活动。

5月11日–15日　在纽约和多多、北岛、舒婷参加诗歌朗诵活动,在会场内外,甚至在餐桌旁,和听众、友人谈话、答问,存留录音片段《也是创造的旅程——与友人谈》(11日)、《在中间有一段生活——朗诵答问之后》(12–14日)、《生命创造诗歌——聚会片断》(12日)、《看见鸟飞你也飞了——餐间与说英语友人谈》(12日午餐)、《神灵贯穿其间——餐间与友人谈》(12日晚餐)、《真理是简单的——朗诵之后答听众问》(13日)、《沿着痛苦和希望的指引——朗诵之后答听众问》(14日)。答听众问时所言"我觉得诗便是这光的变象,当我们干净透明时,光便会通过我们,显现为诗",引起听众兴趣。

5月16日–22日　在旧金山参加诗歌招待会,继续朗诵诗歌、发言、谈话,存留录音片段《越过界限——朗诵并发言》(16日、21日)、《生命本质中的戒律——与烨谈(五篇)》(16–17日)、《每个字都是一个独立的生命——安妮夫妇AB来访》(5月19日下午旧金山住所)、《我将和诗在一起》(19日晚)、《"习惯了这个形式"——餐间与友人A、S谈》(20日、22日)。

5月22日前后　与若干友人谈自己的岛上生活,现据录音整理为《养鸡和生活散谈(二)、(四)》。

5月27日　在柏林与学者对话,有录音《生生之境——同德自由大学车先生谈》。

作诗1首:《白石桥》(组诗《城》第26首)。

6月

6月2日　在德国自由大学举办演讲、朗诵、答问活动,存留录音片段《冥冥的人间游戏》。

6月5日　在伦敦大学"中国现代诗歌讨论会"上发言,存留录音片段《"等待这个声音……"》、《是水还是光?——讨论会后与友人谈》。

6 月 6 日　与英国汉学研究者 Simon Patton 访谈，存留录音整理稿《唯一能给我启示的是我的梦——同西蒙谈〈颂歌世界〉〈海篮〉及其他》。

6 月 6 日–7 日　和友人谈话，有《真读一首诗的时候——与友人谈》（7 日凌晨）、《神明留下的痕迹——从〈我不能想得太多〉谈起》（7 日）录音和笔录整理稿留存。

6 月 9 日–11 日　在阿姆斯特丹“中国现代文学讨论会”上发言、答问，存留录音片段《看见睡莲之后》、《是不是活着》。

6 月 9 日　和德国友人谈诗，有《“创造已经成功的东西”——同德汉学友人餐间谈》。

6 月 11 日　收李英激流岛来信一封，后收入小说《英儿》。

6 月 12 日至 20 日　在荷兰鹿特丹参加第三届荷兰国际诗歌节，有谈话录音《真理没有“好”“坏”——与汉学友人谈》（13 日）、《这书忒宝贵了——与友人谈》（12 日、13 日）、《为了有一天到树上去歌唱——诗歌节开幕式前散谈》（13 日）、《麦地在阳光下一片平坦——与友人谈》（17 日）、《最端正的杯子，是桔子——与汉乐意餐间谈》（18 日）。

6 月 12 日　作随笔《给 Today 的信》。

6 月 21 日　回到柏林，在住处接待来访友人和研究者，存留一系列谈话录音《写诗就是一个赤子之心——与友人 L、S 谈美英荷之行》（21 日）、《那个声音他们能懂——友人来访》（22 日柏林住室）、《诗人只面对上帝——同劳拉谈》（7 月 1 日柏林住室）、《理想、实现与人性——与友人 Z、C 等散谈》（7 月 5 日）。

6 月 22 日前后　与柏林来访友人散谈自己的过去和岛上生活，现据录音整理为《养鸡和生活散谈（六）》。

作诗 3 首：《公主坟》（组诗《城》第 24 首）、《打磨厂》（组诗《城》第 27 首）、《不知》、（取自《挫折》）。

作《激流岛画话本》（18 首）：《岛爷》、《姊妹易嫁》、《灯火化渔图》、《好事好商量》、《大傻子提亲》、《大傻子定亲》、《鱼网飞天图》、《神山古庙说鱼图》、《天然凤鸟如愿图》、《天意图》、《二踢脚升天》、《雪天白头发》、《大秃顶闹事》、《太阳焚身图》、《我们所能悔过的》、《思乡曲》、《没发（法）落地的石头》、《天之净土》。

写成《〈顾城寓言童话诗选〉后记》，是一篇关于童话、寓言写作的自述，表达对《昆虫记》和《西游记》的热爱。

重写完成短篇小说《思忆朦胧》。

7 月

7 月 4 日、24 日、25 日　收李英激流岛来信三封，后收入小说《英儿》。

7月9日　在德国参加学生座谈会，存留发言、问答片段《“别有天地非人间”》。

7月31日　同留德学生聚会，谈西方汉学等，有《实境·虚境·幻境——同留学生朋友聚会》录音。

作诗4首：《东陵》（组诗《城》第31首）、《尾巴断了》、《茶盘问花》（寓言诗）、《两个兄弟》（寓言诗）。

8月

8月6日，接受加拿大《太阳报》采访，有《因为土地才有天空——加拿大〈太阳报〉采访》录音。

8月9日，收李英激流岛来信一封，后收入小说《英儿》。

8月17日，与友人作漫谈《只要诚实，就能到达——与K林中散步谈美、英、荷之行》。

8月25日，在柏林住室与汉学友人K谈当代中国文化，有《说出来，就说出来了》录音。

作诗11首：《平安里》（组诗《城》第32首）、《石舫》（组诗《城》第37首）、《钟楼》（组诗《城》第38首）、《邮》（组诗《城》第23首）、《碑》（访墓地）、《取自〈国语妙境〉》、《然若》、《园雨》、《我做了一个梦》（歌词）、《多少往事如烟》（歌词）、《我们的日子》（歌词）。

9月

9月3日，接受德国新闻署采访，有《灵魂　艺术　环境——德国新闻署采访》录音。

作诗5首：《虎坊桥》（组诗《城》第33首）、《地坛》（组诗《城》第35首）、《怀仁堂》（组诗《城》第36首）、《厢红旗》（组诗《城》第39首）、《堤防》。

10月

10月8日，收李英激流岛来信一封，后收入小说《英儿》。

本月中旬至下旬　为准备下月开展的前卫艺术展，和友人多次谈论现代艺术问题，有《光使万物枯萎，又使万物生长——关于前卫（现代观念）艺术展》（16日前后）、《与起点合一的终点——关于前卫（现代观念）艺术同J谈》（22日前后）、《关于现代主义——前卫艺术展筹备期间与友人谈》（22日前后）、《解释概念我不擅长——与汉学友人谈》（25日）录音。

本月下旬　在德国和若干来访友人谈岛上的养鸡生活，现据录音整理为《养鸡和生活散谈（一）》。

作诗14首：《柳荫街》（组诗《城》第40首）、《献花》（组诗《城》第41首）、

《环》、《鞋王》、《白塔寺》（组诗《城》第34首）、《鬼进城》（9首）。

11月

11月初　谢烨完成《你叫小木耳》初稿。11、12月，顾城在德国巡回讲诗时推荐此篇，并请谢烨朗诵。

11月15日至12月4日　在柏林参加前卫艺术活动及前卫艺术展，先后在开幕式、会议上主持发言，现存留发言草纲《天地一指，万物一马——东方艺术的灵性与背景》、录音片段《感性即自然的理性——前卫艺术展主持发言几则（一）》、《艺术：灵性的选择——前卫艺术展主持发言几则（二）》。

11月22日　为准备23日DAAD举办的作者朗诵会，在柏林住室和译者谈自己的近期作品，有《它诞生另一个世界——与译者谈组诗〈城〉中的〈德胜门〉〈人儿〉〈剪贴〉〈西单〉〈新街口〉〈紫竹院〉及〈鬼进城〉中的〈星期一〉〈星期二〉》的谈话记录。译者为德国汉学家。

11月24日　收李英激流岛来信一封，后收入小说《英儿》。

11月24日-26日　接受媒体、友人采访，有《筑一个小城——栗子采访》（初发表于海外杂志，题“顾城采访录”，顾城后对其有所修正。栗子为大陆旅欧学人）、《因为气质不同——与友人谈》（24-25日）、《与光同往者永驻——德国之声亚语部访谈（一）》（25日）、《“人可生如蚁而美如神”——德国之声亚语部访谈（二）》（26日）、《是前所未有的，又是久已存在的——采访谈话》（26日）。

作诗3首：《魅》、《定法》、《建国门》（组诗《城》第42首）。

12月

12月初　参加前卫艺术展。

12月8日　在慕尼黑大学汉学所讲演，存留讲演答问录音《生命与生活无关》。

12月9日至16日　参加德国巡回演讲诗朗诵活动及中国文学研讨会，先后在芬宾根（Fübingen）、佛莱堡、海德堡、波恩、波鸿发表讲演，朗诵自己的诗作，存留《于小城书店》、《树枝轻轻动，屋里有灯光》、《这一瞬间破译出全部飞翔的奥秘》、《自然在心里，心在自然中》、《语言是自己的就好》、《从自我到自然》等讲演、发言、朗诵录音片段。

12月18日　在波恩，有《来自命运感中的认识——与汉学友人谈》访谈录音。

12月19日　全天接受汉语学者张穗子采访，存留《与穗子谈》（19日上午）、《无目的的“我”——张穗子采访》（19日下午。初题“无目的的‘我’——顾城访谈录”，文由张穗子访谈整理，随即刊于德文杂志 minima simica［袖珍汉学］l/1993，S 18—26. 题：Das ziellose Ich：Dasziellse Ich：Gesprach mit Gu Cheng）。

12月29日–30日 在巴黎与友人谈话，有录音《“排着队，突然我就走出去了”》留存。

作诗3首：《甘家口》（组诗《城》第43首）、《会城门》（组诗《城》第44首）、《象来街》（组诗《城》第45首）。

本年，在德期间，完成回忆性散文《醒二则》（后编入《梦魇集》）、《挫折》（后编入《梦魇集》）、《我早期的“革命斗争”》、《采桑》、《臼》、《相亲》、《木凳》、《画中人》、《纸》、《铜》、《铅》、《吃》、《半梦》、《城墙》、《依莲娜和黑子、福子、花子》（残篇）等；同时有生活随感《说“份儿”》、《国语妙境》、《植物人》、《鬼技多端》等。

完成短篇小说5篇：《母亲》、《厂外》、《皂角》、《侃山》、《亨米》。

年底，自编小说集。

1993 年

1月

1月1日 在巴黎朗诵，讲诗，答问。和友人谈过去的生活，现据录音整理为《养鸡和生活散谈（三）》。

1月9日 在柏林，有《如同拾一片落叶——与车先生谈》谈话录音。

作诗2首：《万泉寺》（组诗《城》第46首）、《西市》（组诗《城》第47首）。

本年初，作散文《宋垒垒》。

2月

2月10日 办理入境西班牙签证（2月16日起有效，逗留10日）。

2月22日至24日 入境西班牙巴塞罗那，受邀在为时一周的大型诗歌活动中重点发言，共进行了三场主题不同的演讲，并答问，反响热烈，留存讲演、答问录音《我们是同一块云朵落下的雨滴》、《它对我来说就有了季节》。

作诗9首：《叩头虫在跳板上翻跟头》、《豁口》（组诗《城》第48首）、《娥皇》、《很少》、《府右街》（组诗《城》第49首）、《半壁店》、《马车》、《将台路》（组诗《城》第50首）、《油漆座》（组诗《城》第52首）。

3月

3月初 在德国参加伯尔基金艺术活动，留存有讲演录音《我就看它是不是真的》。

3月15日至23日 同谢烨返回离开近6年的北京，期间应天津百花文艺出版社约整理出诗集《海篮》（于作者身后出版，出版时被题作“自选集”）。

3月16日 在北京为《英儿》写作《时间》一文，后未收入书中。此后至4月9日，另有《锯》、《屋顶上又有雪了……》、《变异》、《忏悔》（一）至（十三）共16篇散文未入集。

3 月 30 日　办理赴德签证，获伯尔基金再赴德，继续在德写作。

本月下旬　开始《英儿》的写作。最先完成《遗嘱》一篇。先口述录音，后经谢烨建议而开始写书。初未以小说形式，而似情感强烈的忆述性散文。或录入简单笔稿，或面对谢烨和录音机直述，再由谢烨输入电脑（此为初次使用电脑），后打印出来据录音校改。

本月　河南海燕出版社出版《顾城童话寓言诗选》。

作诗 8 首：《遮月胡同》（组诗《城》第 51 首）、《你在等海水吗》、《不觉》（北京）、《忆》、《双榆树》、《核》、《阿曼》、《第一日》。

4 月

4 月 9 日至 6 月中旬　迁居柏林“磨坊”，全力投入《英儿》写作，除收入定稿作品以外，另有《忏悔（十四）》、《忏悔（十五）》、《忏悔（十六）》、《忏悔（十七）》、《忏悔（十八）》、《忏悔（十九）》、《忏悔（二十）》、《早晨（一）》、《早晨（二）》、《宝石》、《印证》、《借口》、《钟声》、《四月十五日》、《四月十七日》（1–7 节）、《四月二十日》（1–2 节）、《四月二十二日》等篇目未收书中。

4 月 23 日、25 日　作《给晓南的信》二封，后收入《英儿》。

本月　在德国完成短篇小说《有心》。

作诗 2 首：《灯市口》、《长城饭店》。

5 月

5 月 5 日，晓南给顾城、谢烨来信一封，顾城作《给晓南的信》一封，后均收入《英儿》。

《人民文学》刊发《激流岛画话本》“话本”部分。

本月　在德国完成短篇小说《梁和》。《英儿》确定为小说形式，开始新的撰写和修整。

作诗 2 首：《五大人》、《热爱生活》。

6 月

6 月 17 日，作《背离》，未收入《英儿》定稿；此篇之后，暂停《英儿》写作，转入哲学研讨会报告写作阶段。

6 月 18 日至 21 日　法兰克福大学神学系主办的“人与自然——世界各文化哲学研讨会”将于 7 月间举行，定 7 月 10 日为顾城演讲报告日。18 日–21 日，和谢烨就讲演报告作准备，有《这是“没有目的的‘我’”——〈没有目的的‘我’——自然哲学纲要〉撰写与烨谈》谈话录音。

6月21日，作《终于》，未收入《英儿》定稿。

6月24日、25日以及7月12日　作一些零星记录的散片，未入集。

6月24日　写完哲学手稿《没有目的的“我”——自然哲学纲要》。

作诗3首：《你到过么》、《此生》（旧体）、《梵蒂冈》。

7月

7月初　作散文《兔子》，回顾新西兰养兔子、杀兔子事，后附诗《真没想到后边还有盛大的岁月》。

7月10日　应法兰克福大学“人与自然——世界各文化哲学讨论会”邀请，做《没有目的的“我”——自然哲学纲要》学术报告并答问。

7月14日　回复晓南5月5日来信，写《复晓南》信二封，后收入《英儿》。

7月16日　回复顾乡11日岛上来信，作《复乡伊》及《发信以后》，后收入《英儿》。

7月20日　办理赴美签证（入出境时限为7月20日-10月19日）。

本月　顾工从报刊上得知深圳青年杂志社和广东省期刊实业公司发起成立了’93深圳（中国）首次优秀文稿公开竞价组委会举办文稿竞价活动的消息，转告当时在德国的顾城和谢烨，并将组委会制定的章程及附件的复印件寄给顾城和谢烨。

作诗3首：《岛》、《兔子》、《尼石》。

8月

8月4日　有一段对话录音，为《英儿》写作接近结尾处的一段对话，未收入《英儿》。

8月5日　作《撞车》，记录和谢烨骑车去小镇换零钱，被一个大拖拉机的拖斗给挂倒，胳膊撞青了一块。

8月9日　作《牧场》，收入《英儿》。

8月26日　作回复组诗《城》译者、中文编辑提问的一封信，解说诗中部分字词、用语和人名。

8月30日　离开德国入境美国。

本月初　《英儿》大体完稿，个别章节先行寄往杂志社。8月中下旬，取消于书中明确表达的死的决定，开始撰写《英儿》“全书演义”，计划将之列为书中继“上篇”、“下篇”、“篇外”之后的第四部分。

作诗1首：《睡眠是条大河》。

本月　顾城、谢烨自德国向’93深圳（中国）首次优秀文稿公开竞价组委会寄出署名为顾城、雷米的《英儿》文稿及“著作权说明书”。又通过顾城在德国的经纪人史明另寄一份《英儿》打印稿给组委会。顾工代《英儿》的著作权人向组委会报名参加文稿竞价活动，填写了《英儿》参加竞价活动的“授权委托书”和“著作权说明书”等，并在这些文件的著作权人签名处剪贴上顾城已预先写好的签名，连同报名费从北京寄给组委会。“著作权说明书”中写明：“《英儿》，22.6万字，纪实小说。”

9月

9月1日　'93深圳（中国）首次优秀文稿公开竞价组委会发布新的活动章程，在强调组委会拥有对作品参加公开竞价会的审读权的同时，明确表示一些作品可以不参加公开竞价会进行交易。9月中旬，顾工接到组委会的电话，问《英儿》能否在公开竞价前私下交易，顾工回答一定要公开竞价，不能私下交易。

9月3日　于自德至美飞机上写诗《回家》（后于10月5日修改，并于10月8日自岛上寄给父母）。

9月17日　在美国和多位友人谈岛上和过去在国内的日常生活，后据录音整理为《养鸡和生活散谈（八）》。

9月18日　就《英儿》的问世问题于洛杉矶与谢烨一并接受记者曾慧燕的电话采访。

9月21日　离开美国。

9月22日　于塔希提岛转机，走访高更故址。

9月24日　重返新西兰激流岛。

9月27日　写给父母返岛后的第一封家书。其后于9月30日和10月5日、6日、8日均写有家书。

10月

10月2日至7日　开始为儿子写一本书，至10月7日晚草成十二篇。

10月8日　给父母的家书写成遗书。顾城夫妇双双辞世。

1993年另有旧体诗作5首，具体写作时间不详：《青山》、《生也平常》、《渺渺大水》、《空山不为空》、《鸟与声俱去》。

注：《顾城海外遗集》辑录者、我的老师荣挺进为该文提供大量的史料支持。

（作者单位：重庆三峡学院文学院）

《黄人之血》考论①

姜 飞

在新诗的演进序列中，黄震遐（1910-1974）及其长诗《黄人之血》（1931）长期处于幽暗地带，时隐时现。然而诗人和诗曾卷入 20 世纪 30 年代的国共文学话语权竞争，作为历史标本有其显著的重要性。

《黄人之血》共 2 千余行、3 万余字，虚构了分属不同民族的所谓“黄种人”四兄弟，即蒙古人哈马贝、汉人宋大西、契丹人罗英和女真人白鲁大。他们率领蒙古帝国的“探马赤军”，西侵“白种人”的国家斡罗斯（即俄罗斯），倾覆南俄大城计掖甫（即基辅）。“四兄弟”因“团结”而所向披靡，因“分裂”而被欧洲联军所乘，最后在“白种人”的土地上流尽了“黄人之血”。“四兄弟”的“分裂”，与计掖甫的郡主、“欧洲之月”华兰地娜有关。罗英和居普罗司（即塞浦路斯）王子，也就是诗中神秘的“海中人”，都爱慕华兰地娜，然而蒙古人破城之后却将华兰地娜献给了大汗窝阔台，这既促成了罗英的反叛和“黄种人”之间的自相残杀，也导致了“海中人”率领欧洲联军发愤复仇。诗的结局叙述是悲剧性的，然而诗歌给人最显著的印象却是“西征”的快意和“吃人”的豪情，语词的喧哗泄露了民族主义的真实意旨。

《黄人之血》发表于《前锋月刊》第 7 期（1931 年），而《前锋月刊》是国民党方面的党务干部朱应鹏等人主办的民族主义文艺杂志，因此，文艺界倾向于将其视为表现国民党官方民族主义意识形态的作品。虽然最早的倾向性评论断言《黄人之血》是“中国新诗坛的一个惊人的霹雳”②，然而左翼对《黄人之血》的打击则是毁灭性的。最早出

① 本文系 2018 年度国家社会科学基金西部项目“中国共产党与国民党的文学话语权斗争研究（1925—1949）”（18XZW020）阶段性成果。

② 白：《介绍给读者一篇历史诗剧：黄震遐的〈黄人之血〉》，《星期文艺》1931 年第 9 期。

现的是茅盾的批评，在《黄人之血》发表半月之后行世①。随后是鲁迅的批评②。茅盾和鲁迅的观点，与1929年“中东路事件”以后共产党方面对苏联、日本和国民党的三方关系的理解和宣传有关，认为《黄人之血》里的“斡罗斯”即是影射现实的苏联，诗中强悍的蒙古人即是影射现实中强悍的日本人；认为黄震遐在《黄人之血》中叙述汉人、契丹人、女真人在蒙古人的统率之下征服斡罗斯，实质上是主张中国与日本实行“黄种人”的联合，在日本的指挥之下进攻“白种人”的俄罗斯，也就是进攻无产阶级的祖国、社会主义的苏联。《黄人之血》发表之后不久，“九一八事变”爆发，于是茅盾、鲁迅所批评的所谓联合日本进攻苏联的“黄震遐路线”便处于极为尴尬和反动的境地，他们的批评注销了“民族主义文艺运动”的信用。随后的左翼批评（譬如钱杏邨③、瞿秋白④），以及“托派”的批评（譬如余慕陶⑤），还有自由主义的批评（譬如胡秋原⑥）等等，都在诗中的蒙古人与现实中的日本人之间建立了转义的联系，在日本入侵中国的“九一八事变”和“一·二八事变”，以及建立伪满洲国的背景下，彻底否定了《黄人之血》，连带也否定了“民族主义文艺运动”。

茅盾、鲁迅的观点塑造了大陆出版的中国现代文学论著和教材在相关问题上的基本解释模型，即认为《黄人之血》“宣传反共、反苏、反人民的法西斯反动思想”，“宣传拥护帝国主义的侵略和国民党反动集团的横暴统治”，“媚日求降”⑦。然而晚近的学者则以文本为中心，认为《黄人之血》中13世纪的“斡罗斯”和“蒙古”毕竟不是20世纪30年代的“苏联”和“日本”，“当年左翼批评家对黄氏的批评大多断章取义，存在严重误读”⑧。鲁迅、茅盾的“谴责”，“很多与事实不符，或无法自圆其说”，“关键是否用俄罗斯比附苏联，如果用‘比附法’，似很有力，但如用文学分析，则没有生命力了”⑨。

晚近关于《黄人之血》的大多数研究，是对盛行多年的茅盾、鲁迅批评模式的反

① 石崩（茅盾）：《〈黄人之血〉及其他》，《文学导报》1931年第5期（9月28日）。

② 晏敖（鲁迅）：《“民族主义文学”的任务和运命》，《文学导报》1931年第6、7期合刊（10月23日）。

③ 钱杏邨：《一九三一年中国文坛的回顾》，《北斗》1932年第2卷第1期。

④ 司马今（瞿秋白）：《狗道主义》，《北斗》1932年第2卷第3、4期合刊。

⑤ 余慕陶：《朝阳集》，光华书局1932年版，第90-92页。

⑥ 胡秋原：《钱杏邨理论之清算与民族文学理论之批评》，《读书杂志》1932年第2卷第1期。

⑦ 刘绶松：《中国新文学史初稿》，作家出版社1956年版，第247页。复旦大学中文系1957级文学组学生集体编著：《中国现代文艺思想斗争史》，上海文艺出版社1960年版，第181-182页。李何林：《我的教与学的文学生涯》，《新文学史料》1984年第2期。薛绥之主编：《鲁迅杂文辞典》，山东教育出版社1986年版，第146页。《中国现代文学词典》，上海辞书出版社1990年版，第544-545页。侯健：《中国小说大辞典》，作家出版社1991年版，第18页。钱振纲：《论黄震遐创作的基本思想特征》，《中国文学研究》2002年第3期……

⑧ 李钧：《生态文化学与30年代小说主题研究》，中国海洋大学出版社2006年版，第252页。

⑨ 陆耀东：《中国新诗史》第2卷，长江文艺出版社2009年版，第357页。

拨，立论似乎更加符合文本的“实际”。然而晚近以文本为中心的立论，虽有一望而知的说服力，却多有不假思索和不假考辨的简单化断言。以文本为中心的封闭式阅读(close reading)，在将文本经典化的同时，其实很难发现黄震遐和民族主义文艺更为深刻的问题。或许有必要在细读《黄人之血》文本的基础上，展开关联性考证，在黄震遐的阅读经验和叙事选择之中，在黄震遐思想观念的源流之中，以及在左右两翼的文学话语权竞争的历史现场之中，发现问题，并寻求解释。

一

黄震遐的写作，强调“事实根据”，“资料都要经过查证”①。然而在《黄人之血》中，黄震遐虽然在历史背景和地名等方面尊重“拔都西征”的历史记载，却又承认在“史料方面”存在“许多颠倒”②。不过，从茅盾、鲁迅当年的意识形态批判，到晚近的学术研究，皆不曾注意其“史料”的“颠倒”：他的“颠倒”有何指涉？为何“颠倒”？既然意识到了“颠倒”，又为何不纠正其“颠倒”？

检阅《黄人之血》一诗，黄震遐多次写到并强调一个词——大元。譬如：

> 大元帝国的西征军就是在这种领导之下——
> 洪水般地向着欧罗巴倾泻。(《前锋月刊》第7期，第12页。后文只注页码。)

> 万岁哟，马上的鞑靼！
> 永久哟，神武的大元！(第39、164页)

> 踏平了斡罗斯八千里的山河，
> 挥着我大元征服的铁索。(第127页)

拔都西侵，征服基辅罗斯，毁灭“计掖甫”的时间在公元1240年前后。这一时间，黄震遐在诗中也屡次写到。然而当时是窝阔台大汗统治的蒙古帝国，与忽必烈大汗建立“大元”的时间相差30来年。《黄人之血》是服务于民族主义意识形态的长诗，叙述蒙古帝国的故事与叙述元朝的故事，意味当然不同。准确地说，蒙古帝国征服斡罗斯，实与中国无关。然而元朝是中国历史序列中的一环，如果将蒙古帝国的西侵和征服模糊处

① 黄百合、熊志琴：《黄震遐与沙千梦》，《文学世纪》(香港)2004年第4卷第7期。

② 黄震遐：《写在〈黄人之血〉前面》，《前锋月刊》1931年第7期。

理为元朝的西侵和征服，则无疑更加符合民族主义叙事的效果期待。显然，黄震遐写作的时候对蒙古帝国与元朝之间的概念差异或者是有所轻忽，或者是视而不见，从而导致了他自己也承认的“史料方面”的“颠倒”。当然，从逻辑上看，诗中的“颠倒”也有可能是由于黄震遐的记忆差错，并非刻意用“元朝”取代“蒙古帝国”，抢夺“西征”的霸业，唤起中华民族虚幻的自信和自豪。然而再进一步考察，却基本可以确定黄震遐的“颠倒”并非无意。

黄震遐在学问和思想方面的导师是傅彦长，在黄震遐与傅彦长交往密切的数年间（1927–1931 年），傅彦长曾热衷于研读蒙古史，尤其是曾经阅读李思纯所著的《元史学》①。黄震遐或是由于傅彦长的推荐，或是受其议论的影响，也研读了《元史学》，而据《写在〈黄人之血〉前面》一文交代，在写作《黄人之血》的当时，《元史学》甚至是其参阅的书籍中较为“得力”者之一。再看李思纯的《元史学》，开篇即写道：“所谓‘元朝’者，乃自忽必烈（世祖）迄脱欢帖木儿（顺帝）之以蒙古大汗而兼为中国皇帝者而言。至若成吉斯汗（太祖）阿阔台（太宗）贵由（定宗）蒙哥（宪宗）之尚未定中国者，与奇卜察克汗国，伊儿汗国，察哈台汗国之离中国而建邦西域者，皆不得名之曰元朝。”② 开篇居要，黄震遐当非未见。所谓“奇卜察克汗国”，即“金帐汗国”或“钦察汗国”，即便是在元朝建立之后，也不能“名之曰元朝”，何况在公元 1240 年前后尚无元朝之际。这些事实，研读过《元史学》的黄震遐当非不知。由此基本可以判断，黄震遐更有可能是有意“颠倒”史实，以实践其民族主义的文学设计。

在《黄人之血》中，作为西侵前锋，“探马赤军”的首领是蒙古千户哈马贝，统率三个百户，即汉人宋大西、契丹人罗英和女真人白鲁大各部。各部虽然归哈马贝统领，然而按照黄震遐的叙述，蒙古人、汉人、契丹人和女真人，一道结成了“黄种人”的“盟军”。细考载籍，黄震遐的这种叙述方式，是在“史实”上的另一例“颠倒”。白鲁大是自愿追随蒙古人西侵，罗英是被蒙古人掳掠而加入（“一小队北方的胡人突然在山岗上出现，/母亲最后的呼声还留在耳畔，/我便被掳到长城之外瀚海之边”，第 21 页）。从蒙古帝国发展史看，如果仅仅考虑时间和空间的可能性，如此虚构，似乎问题不大。不过，宋大西却是作为江南的宋朝人（“自从离开了那江南绿色的平原，/自从告别了我那美丽的家园”，“六载的风尘，忘了故国的哀怨，/江南的绿野，神圣的扬子江边”，第 15、137 页），是在宋亡之后加入“盟军”的（“足下是西海的游子，我是亡国的老兵”，第 30 页）。然而在公元 1240 年前后，蒙古大军并未兵临江南，而宋朝也尚未灭亡，宋大西岂是“亡国的老兵”，又岂能无缘无故成为蒙古人的盟军？关键还是《黄人之血》的

---

① 参阅傅彦长在 1927 年 1 月 16、17 日以及 5 月 10 日的日记。傅彦长：《傅彦长日记》，《现代中文学刊》2015 年第 1 期、第 2 期。

② 李思纯：《元史学》，中华书局 1927 年版，第 1 页。

模糊叙述。黄震遐似是故意由此而让宋大西从“亡国的老兵”莫名所以地变成“大元的兵”（第38页），然后代表汉人去征服斡罗斯。不过，翻遍黄震遐所参阅的《元史》、《新元史》、《元史学》，即便是在宋亡以后，也未见宋大西这样被蒙古人歧视的“南人”作为蒙古人的盟军参加征服的霸业，何况是在拔都西侵的1240年。

当然，除了《元史》、《新元史》和《元史学》，黄震遐还参考过浩华德（Henry Hoyle Howorth）的《蒙古史》。据黄震遐《写在〈黄人之血〉前面》所述，“今年春间，于无意中找到了我久寻未获的浩华德所著的《蒙古史》，一口气将三大本读完”。《蒙古史》是黄震遐“最得力”的参考资料，浩华德曾在书中讨论过蒙古人西侵的盟军问题。浩华德认为蒙古人西侵欧洲的盟军主要是偏处西方的乃蛮人（Naimans）和黑契丹（Kara Khitai）①，并无南方的汉人。至于西侵盟军中的黑契丹，也不是罗英那样的长城以内的契丹人。蒙古人的盟军甚至也不包括白鲁大那样的女真人。实际上，契丹人和女真人，在当时已经被蒙古人视为汉人②——这一资料出于《元史学》，黄震遐当曾寓目。晚近的学者考证，拔都西侵的确没有汉人部队参与③，较为有力的依据便是宋子贞《耶律楚材神道碑》：“乙未，朝议以回鹘人征南，汉人征西，以为得计。公极言其不可，曰，‘汉地西域相去数万里，比至敌境，人马疲乏，不堪为用。况水土异宜，必生疾疫。不若各就本土征进，似为两便’。争论十余日，其议遂寝。”言必有据的黄震遐，所写到的宋大西、罗英和白鲁大等汉人盟军却于史无据。按照其所参阅的史料所述，拔都西侵虽足以鼓荡“黄种人”的自信，实与汉人无关。黄震遐乃是出于民族主义意识形态的考虑，刻意安排三支汉人部队协助蒙古人，组成亚细亚“黄色的猛虎”，扑向欧洲，以分享西侵的伟业和同为“黄种人”的光荣。

黄震遐为了凸显出“黄种人”的兵威，还曾在诗中反复歌咏西侵斡罗斯的“五十万”蒙古大军：

> 二百万马蹄奏着天下最雄武的音乐，
> 五十万喉咙唱着沙漠的悲歌。（第7页）

> 五十万凶暴的心打成一块铁，
> 狂澜烈火都无其猛烈！（第12页）

> 我们这五十万黄色的猛虎，

① H. H. Howorth, *History of the Mongols*, 02. 01., London: Longmans & Co., 1876, p. 39。

② 李思纯：《元史学》，中华书局1927年版，第4页。

③ 刘迎胜：《“拔都西征”决策讨论及相关问题》，《历史研究》2016年第2期。

便可带你进城去接见一丈五尺高的圣母。（第57页）

拔都西侵的军队人数，不同的著述主张不同。威泽弗德认为蒙古人是五万人，另有十万同盟军，总数为十五万①。不过更能说明问题的应当是黄震遐曾研读过的史料，即浩华德《蒙古史》所记载的西侵人数。据浩华德考订，蒙古西侵的军队应为四万人②。诗自然可以夸饰，而黄震遐的夸饰，则是与“蒙古帝国”、“元朝”的史实“颠倒”一样，服务于其壮盛而虚高的民族主义激情。其实，将四万夸大为“五十万”，固然场面远为宏阔，富有美感，但要更有效地夸饰“黄种人”万夫莫御的力量，何如将征服辽阔的斡罗斯的四万人“缩编”为八百人。然而八百人乃至四万人，在阅读心理上，的确不如“五十万”那般更能写出蒙古人或者“黄种人”震慑全欧、横绝天下的效应。黄震遐是以诗人而兼民族主义者的体察，有意识地处理史料和诗句。

二

《黄人之血》的关键词当然是“黄人”，与之相对的则是“白人”。“黄”、“白”问题似乎构成《黄人之血》的核心问题。晚近的学者认为，在《黄人之血》中，“黄种人”征服“白种人”的叙事模式，源于近代中国的“种战”观念③，同时，也有混同种族主义和民族主义之嫌④，这自然是实情。不过种族主义与民族主义在一定程度上的纠缠和混同，实际上在国民党官方意识形态的表述中就存在。孙中山的民族主义演讲和大亚细亚主义的观念，即是如此。孙中山似乎有一种“黄种人”危机感，同时，由于在日俄战争中，日本人战胜了俄国人，因此又为“黄种人”感到自信和自豪⑤。在意识形态上倾向于国民党的黄震遐，与之类似。

然而有一个问题需要注意：在蒙古西侵的13世纪，所谓“黄种人”和“白种人”的区隔以及相应的种族观念是否存在？实际上，从科学上区分欧洲人与其他地域和肤色的人类是17世纪以降的近代人种观念。学界认为最早的人种分类学者可能

---

① ［美］威泽弗德：《成吉思汗与今日世界之形成》，温海清、姚建根译，重庆出版社2017年版，第247页。

② H. H. Howorth, *History of the Mongols*, 02.01., London: Longmans & Co., 1876, p.48。

③ 陈曦：《黄人是谁——黄种观念在晚清与1930年代》，清华大学硕士论文，2009年。

④ 倪伟：《“民族”想象与国家统制》，上海教育出版社2003年版，第154-157页。

⑤ 孙中山：《对神户商业会议所等团体的演说》，《孙中山全集》第11卷，中华书局2006年版，第401-409页。

是弗朗索瓦·贝尔尼埃（Fransois Bernier），他的区分依据是地理分布和人体特征①。直到18世纪末，布鲁门巴赫（Johann Friedrich Blumenbach）将人类分为高加索人种（“白色人种”）、蒙古人种（“黄色人种”）、马来人种（“褐色人种”）、亚美利加人种（“红色人种”）和尼格罗人种（“黑色人种”）。在19世纪中期以后，所谓“黄种人”与“白种人”等人种观念才定型，随之从欧洲向全世界扩散。在黄震遐的时代，也有汉文专著讨论“黄”、“白”等人种问题②。

所谓的“黄”、“白”人种观念，人类在17世纪以前的认知与近代的看法迥然不同。直到16世纪，到过中国或东亚的不少欧洲人，包括利玛窦，还坚持认为中国人是“白人”。甚至到了18世纪，曾为美国开国总统的华盛顿还说“我认为中国人无论是从身材上还是外貌上，都是白人”③。至于蒙古帝国征服俄罗斯的时代，自然也不可能有“黄种人”征服“白种人”的种族主义的“自觉”，以及种族主义的“自豪”。在《黄人之血》中，所谓“黄人歌颂着威震天下的蒙古，/白人跪求着贪生怕死的救主”（第57页），“黄人再一度威风凛凛地骑上战马，/白人红肿着眼时时刻刻提防被杀”（第87页），无疑是以今律古的想象，目的在于把一场掠夺和征服的战争，转化为“黄种人”对“白种人”的战胜，以此而曲折地表述民族主义意识形态。

其实，不论是谈论“黄种人”与“白种人”的问题，还是探讨蒙古人与俄罗斯人的问题，黄震遐都对某些历史信息做了篡改和规避。黄震遐写作《黄人之血》着重参考了浩华德的《蒙古史》，然而浩华德几乎在该书的每一卷都以大量的笔墨讨论种族志（Ethnography），讨论复杂的种族“混合”问题，尤其是在黄震遐所着重参考的叙述拔都西侵和金帐汗国历史的第二卷（*History of the Mongols*：*So-called Tartars*），浩华德非常注意鞑靼人与俄罗斯人的种族融合问题④。然而黄震遐却无视所见，固执地在血统问题上强调“黄种人”与“白种人”之间的征服与被征服、掠夺与被掠夺的壁垒分明、并未融合的对峙关系。

黄震遐的选择和写法是有道理的，因为从文学叙事的艺术效应看，战争优于和平，融合莫若对峙。不过，在特殊的时代语境中审视，黄震遐在史料抉择上的固执偏向还有更深刻的意味。不论民族主义还是种族主义的意识形态，都有其族性纯化、

① ［法］皮埃尔-安德烈·塔古耶夫：《种族主义的源流》，高凌瀚译，北京三联书店2005年版，第80页。

② 黄新民：《世界人种问题》，光华书局1927年版，第3-10页。

③ ［美］奇迈可：《成为黄种人——亚洲种族思维简史》，方笑天译，浙江人民出版社2016年版，第49、60页。

④ H. H. Howorth, *History of the Mongols*, 02.01., London: Longmans & Co., 1876, p. XV, p. XVI。

本质化的倾向①，强调与其他民族、种族之间泾渭分明的区别和壁垒分明的对峙，以此强化自身的认同，增进民族或种族的内部一致性，确立共同体意识。沟通和融合，所指向的必然是世界主义，这与特殊时代民族主义或种族主义的整合意图相悖。然而在另一方面，由于特殊的家世，尤其是其父母的缘由②，黄震遐对世界文化持开放的态度，曾是世界主义者，几乎没有民族主义和种族主义意识。更有甚者，黄震遐曾经欣羡和崇仰在艺术和文明上更为高明的“异族”而歧视“本族”，自视“高等华人”而鄙视中国百姓。在《我们底上海》中，18 岁的黄震遐曾写道：“我们真觉得很荣耀能够住在这包罗万象的上海……上海是我们的，老百姓丝毫没份，它们不但没份，并且还不配住在上海。上海是一个 Cosmopolitan，只有 Cosmopolitan 才是上海真正的市民。我在上海越久，越觉它好，我那许多臭味相投的狐群狗党们也都如此，无论是异国情调底接触或是艺术文化底享受，我们都应该三呼上海万岁。”黄震遐特别说明，这无关乎“国家政治思想”③。

从欣羡和崇仰“白人”，在内心深处认同“白人”及其“艺术文化”，到在《黄人之血》中赞美“黄人”对“白人”的征服、俯瞰和奴役，从世界主义者到民族主义者、种族主义者，黄震遐的转变耐人寻味。年轻的黄震遐从世界主义者转变为民族主义者，可能与他的成长以及对现实生活的注意有深刻的关系：走出上海，甚至仅仅走出租界，一个世界主义者所看到的风景便有巨大反差；黄震遐的世界主义思想无法改变其东亚“黄种人”的外貌和境遇；从 20 世纪 20 年代到 30 年代，从上海到周边，世界主义者看到的不仅是文明国家的“艺术文化”，也包括文明国家的帝国主义行径。在特别的时代，在不对等的国际关系中，坚持世界主义并非易事。20 来岁的黄震遐敏感而有可塑性，在世界主义的虚幻表象之下，在上海，他能够意识到他是他所崇仰的欧洲“艺术文化”的他者，也能意识到，对他和与他一样的外貌和境遇的中国人而言，“艺术文化”高明的欧洲更是帝国主义的他者。近代欧洲，意大利人“对法兰西事物的艳羡，混和着反法兰西的民族情绪”④——在较为平等的欧洲内部尚且如此，何况在并不平等的中西之间，在黄震遐与欧洲之间。当然，黄震遐的转变或许也与他接受了傅彦长、朱应鹏等人的民族主义观念影响有深刻的关联。

黄震遐借道种族主义而抵达民族主义，有其自身的逻辑，是不得已而为之。不论是观察民族身份还是观察国家身份，与黄震遐所膜拜的欧洲相比，中国的情形都

① ［法］塔基耶夫：《种族主义源流》，高凌瀚译，北京三联书店 2005 年版，第 43–47 页。

② 沙千梦：《黄人之血·序》，《黄人之血》，台北天华出版事业有限公司 1979 年版，第 1–3 页。

③ 黄震遐：《我们底上海》，《申报》1928 年 12 月 30 日，第 27 版。

④ 葛兰西：《论文学》，吕同六译，人民文学出版社 1983 年版，第 29 页。

在动摇和摧折黄震遐的自信和自尊。现实中国及其黯然无光的近代史，使得黄震遐的民族主义热情难以抒发。同时，近代中国和现实中国的黯淡，在国民党官方意识形态表述中，与欧洲有关。于是，黄震遐将目光投向历史和“大元”。正是蒙古帝国和“大元”，“以亚洲有色人种，震轹西欧，亦为吾东方民族足以自豪之历史”①。因此，黄震遐“在几年以前，就想拿元朝蒙古人西征的事迹来做一篇小说”（《写在〈黄人之血〉前面》，第1页），却在1931年春天写成了更长于抒发抑郁不平之气的长诗《黄人之血》，企图通过“颠倒”、生造和选择性的历史叙述，将“黄种人”的自信和骄傲，植入现实中国。

三

《黄人之血》中的“黄祸”问题也是值得研究的，这与黄震遐特殊的民族主义观念之间有密切关联。在《黄人之血》第一节，黄震遐写道：

> 绝望吧，你们这些哀求饶命的手，
> 快点死吧，何必多皱眉头?
> 逃呀，斡罗斯颓靡的王侯；
> 躲呀，欧罗巴失魂的猛狗；
> 倾倒呀，莫斯科万重的高楼；
> 滚呀，高加索人长着黄毛的头；
> 恐怖呀，煎着尸体的沸油；
> 可怕呀，遍地的腐骸如何凶丑；
> 死神捉着白姑娘拼命地搂；
> 美人螓首变成狰狞的骷髅；
> 野兽般的生番在故宫里蛮争恶斗；
> 十字军战士的脸上充满了哀愁
> 千年的棺材泄出它凶秽的恶臭；
> 铁蹄践着断骨骆驼的鸣声变成怪吼；
> 上帝已逃，魔鬼扬起了火鞭复仇；
> 黄祸来了！黄祸来了！
> 亚细亚勇士们张大吃人的血口。（第5-6页）

① 李思纯：《元史学》，中华书局1927年版，第8页。

晚近有学者认为，黄震遐“是以批判的口吻”叙述“黄祸来了”，因为使用的都是“贬义词‘凶丑’、‘野兽般的生番’，‘蛮争好斗’，‘凶秽的恶臭’，‘怪吼’，‘魔鬼’，‘张大吃人的血口’等等”，“无一是褒义的颂词”①。然而以用词的褒义、贬义之别判断抒情主体的倾向性，略显简单肤廓。细读全诗可以发现，黄震遐并不是在“批判”，而是在夸饰“黄色军的威猛和恶辣”②，诚如鲁迅在阅读中所感知的那样。诗语的快节奏喧哗，有移情的阅读效果，而可怖的贬义词恰好最具表现的效能，裹挟着欣赏的情感疯狂倾泻。抒情主体是“黄种人”，且有民族主义、种族主义缠绕如麻的强烈情绪，因此，“黄祸来了”引发的只是欧洲“白人”的恐惧，而抒情主体则从“白人”恐惧的瞳孔里看到了强悍的自身，沉浸于臆想的激情、征服的幻觉和席卷八荒的力量想象。

文学作品的倾向性，常常泄露于抒情和叙事的视角，小说如此，叙事长诗亦然。视角泄露倾向性是因为它源于作者主体的倾向性，同时，它也可以从根本上决定读者主体的情感态度和理性认同③。在《黄人之血》中，黄震遐用“我们”一词，填平抒情主体与西侵欧洲的蒙古帝国主义军队之间的认同鸿沟，以“我们”为抒情和叙事的视角，实现力量和信心的代入，也实现骄傲的共享。

我们已听见了鞑靼人自矜自赞的颂声；
我们已践遍了魔鬼征服的血痕；
我们已望见了半个世界在铁鞭之下颤震；
我们已看见了冒火的铁蹄在尸身上奔腾。
凶残的手执着血剑到处开垦；
除尽了醉生梦死的人群；
惊醒了英雄意志的消沉；
拔清了腐烂的害草之根；
烧净了黑暗淫秽的古城；
铁蹄将罪恶踏成了粉；
剑锋点着了自由的灯！（第9-10页）

诗中多次提到“黄祸”，并且着意渲染“黄祸”。然而“黄祸”（Yellow Peril）一词

① 陆耀东：《中国新诗史》第2卷，长江文艺出版社2009年版，第357页。

② 晏敖（鲁迅）：《“民族主义文学”的任务和运命》，《文学导报》1931年第6、7期合刊（10月23日）。

③ ［英］戴维·洛奇：《小说的艺术》，卢丽安译，上海译文出版社2010年版，第30-34页。

及其观念，其实源于19世纪末、20世纪初的欧洲人对东亚人的戒心和偏见，尤其是在中日甲午战争之后，德皇威廉二世从日本人身上看到了“黄种人”的力量，于是多次写信给沙皇尼古拉二世谈论亚欧、佛耶和黄白，其中一封信要求俄国“教化亚洲大陆，并捍卫欧洲，使它不致被庞大的黄种人入侵”，而另一封信则强调“俄国在教化亚洲、捍卫十字架和古老的基督教欧洲文化以抵抗蒙古人和佛教的入侵”的责任。威廉二世还与克纳科弗斯合作了一幅“黄祸图”赠给尼古拉二世，图上画的是“欧洲列强以它们各自的护守天神为代表，被天上派下来的天使长米迦勒召集在一起，联合起来抵抗佛教、异端和野蛮人的侵犯，以捍卫十字架”①。而在日俄战争期间和之后，由于“黄种人”的小国日本战胜了“白种人”的大国俄罗斯，威廉二世乃至西方多数强国更进一步看到了作为“黄种人”的日本人的强大力量，于是更加关注所谓“黄祸”问题，主张白种人团结起来对抗黄种人。

“黄祸”一词显然是污名化的，桑原隲藏也曾为此感觉不平。在1913年，他说：“受害于白人的黄色人种不说‘白祸’，迫害黄色人种的白人却大叫‘黄祸论’”，“白祸是客观存在的一种事实，而黄祸则是一种虚妄之想”，“被误认为是黄祸之首的中国人和日本人，连自己的权益也难以保护，怎会有余力加害白人”②。然而黄震遐在“黄祸”一词中看到的却并非不名誉的污蔑和别有居心的暗示，相反，《黄人之血》中的大量诗章，无疑是将“黄祸”形象化了。站在黄种人的立场，黄震遐的想象和抒情不是对“黄祸”指称的拒绝，而是对“黄祸”力量的夸耀，表面上似乎是授予欧洲人把柄，实则是企图振作民族自信，实现黄震遐所理解的民族主义，这是“力量型”的民族主义。

黄震遐的这种民族主义观念，可能既源于傅彦长等人的“指教”或“熏陶”（《写在〈黄人之血〉前面》，第4页），也源于他的阅读选择。他偏重于欧洲的战争史和军事史，因此他的民族主义观念中多有与军事相关的勇气③、好战④、功利性⑤和贼性⑥（即侵略性）等民族精神想定。在黄震遐的民族精神想定中，没有国民党官方民族主义思想中的公理、正义、平等和王道意识，只有对武力和强权的绝对尊崇。而在《黄人之血》的抒

① 《德皇威廉二世致沙皇尼古拉二世的书信：论国际形势与“黄祸”》，《“黄祸论”历史资料选辑》，吕浦、张振鹍等编译，中国社会科学出版社1979年版，第112-114页。

② ［日］桑原隲藏：《东洋史说苑》，钱婉约、王广生译，中华书局2005年版，第240-241、244页。

③ 黄震遐：《非洲的苏鲁民族》，《申报》1928年4月5日，第27版。黄震遐：《勇敢民族最后的死斗》，《申报》1928年5月15日，第30版。

④ 黄震遐：《民族思想与战争》，《申报》1928年4月28日，第25版。黄震遐：《所谓世界主人》，《申报》1928年6月28日，第27版。

⑤ 黄震遐：《往西跑朝东去》，《申报》1928年8月11日，第25版。

⑥ 黄震遐：《贼性与奴性》，《申报》1928年6月4日，第25版。

写中，黄震遐沿袭了他一贯的观念，触目所及，皆是悬置了意义深度的杀戮、毁灭和奴役。按照小寺谦吉的观点，蒙古人作为攻击欧洲的第七次“亚细亚”力量，是历史上最大的“黄祸”①。黄震遐所推崇的正是其野蛮的力量和民族精神，也就是勇气、好战、功利性和贼性。

以《前锋月刊》为标本的民族主义文学阵营，的确推崇权力意志和霸道，对所谓王道、互助的理念以及大同理想甚为轻蔑②。王道、互助和大同理想，正是孙中山“三民主义”的核心观念。傅彦长是黄震遐的“导师”，也是民族主义文艺阵营的理论发动机，他的民族主义观念与作为国民党官方意识形态的孙中山三民主义中的民族主义截然不同。三民主义中的民族主义有价值深度，对民族主义的力量有特别的规定性，本质上追求民族平等，而在争得民族平等之后，则奉行王道，“济弱扶倾”，反对帝国主义，且反对自身走向帝国主义③。然而傅彦长等人主张“艺术文化”享受，甚至不妨“穷奢极欲”；推崇强力与征服，甚至不妨帝国主义。其观念与国民党的政治正确的官方意识形态，在某些方面甚至相反。他们反对普罗文艺，反共，所以官方支持；然而他们的思想本身缺乏价值关怀，从而没有道德感和防护力，一旦受到左翼知识分子和自由主义文人的批判，则基本只能承受而无力反击。

《黄人之血》被茅盾、鲁迅等人批判之后，黄震遐没有反击，而他的民族主义战友也未见救援。多年以后，台湾方面的历史叙述为黄震遐感到不平：黄震遐“被当时的左翼文人攻击得体无完肤”，“可是主持民族主义文学的先生们，有谁加以照顾过”④，“打胜了，连给你喝彩声都吝啬，就不必说什么奖励了，万一你打得伤痕累累，谁让你去捅马蜂窝呢”⑤。其实，非不为也，是不能也：不论是相对于左翼的阶级解放意识形态，还是相对于国民党官方的民族主义意识形态，黄震遐的思想观念都是政治不正确的，因此也无法救援。

（作者单位：四川大学文学与新闻学院，四川大学中国诗歌研究院）

---

① ［日］小寺谦吉：《大亚细亚主义论》，百城书社译，商务印书馆1918年版，第191-194页。

② 穆罗茶（傅彦长）：《看〈美人世界〉后之感想》，《申报》1925年10月14日，第19-20版。

③ 孙中山：《三民主义·民族主义》，《孙中山全集》第9卷，中华书局2006年版，第253页。

④ 周锦编著：《中国现代文学作品书名大辞典 》（二），台北智燕出版社1986年版，第1207页。

⑤ 姜穆：《三十年代作家论》，台北东大图书股份有限公司1986年版，第36页。

文化生态与现代文论的体系话语嬗变①

贺根民

一部代际递嬗的现代中国文论书写史，镌刻了现代文人突破古典主义的封闭体系去拥抱世界文化的艰难历程，其间夹杂着他们在接纳西方现代文明之时所产生的无法消解的阵痛，以及对传统文化不可排遣的眷念。晚清以降的西学思潮刷新了国人的认知谱系，传统/现代、本土/域外、体/用等一系列错综复杂的矛盾，绘制了文论书写由古典形态迈向现代形态的文化跋涉之路，既苦苦寻觅文论书写的现代性，又高扬民族文化本位。缘于现代大学教育制度的影响和现代人文研究方法的制约，现代文人选择性地吸收传统与西方文论的有效质素，打造了中国文论多声复义的现代品格。

一、知识结构与认知谱系的转型

中国是一个传统意义上的大陆—海岸型国家，地理环境的多样性勾勒了一幅各具特色的地域文化图像，稳定持重的农耕文明培育了安土重迁的民族文化品性。相对于晚清士人而言，汉唐气象渐行渐远，逐渐幻化成一个飘逝的文化记忆。明清两朝竞相厉行海禁，特别是清代乾隆一朝正式实行闭关政策，未能跟上世界前进的文化步伐。一旦割断了与世界的联系，天圆地方的地理认知又会滋生中国中心意识，文化上的中国优越论和政治上的天下一统思想强化了民族主义传统，略近狂妄的传统士子往往以华夷之辨的眼光来打量世界。至少在第二次鸦片战争之前，传统士大夫大多抱持这种盲目的自豪，这种有限视野阻隔了他们去获取广阔丰富的思想文化资源，斤斤于自我熟稔的传统文化模式去认知异质文化。在一定意义上说，社会的开放与士人的觉醒总与某一社会危机相关

① 本文系国家社会科学基金项目“民国文论的体系话语研究”（13XZW001）成果。

联。鸦片战争的炮火震醒了部分酣睡的士人，睁眼看世界的结果在客观上给国人树立了一个批判自省的参照坐标。

抖露部分的傲慢与偏见，洋务运动开出各种“中学为体、西学为用”的强国方案，被动地适应世界优胜劣汰的竞争法则，但还多停留在器械、工艺上的效仿层面。尽管少数士人如严复、梁启超等人已将学习的视角由单纯的工具层面推向制度改良高度，却也难以消释甲午海战中清朝政府一败涂地的噩梦。同样是学习西方，泱泱大国竟败于蕞尔小国之手，痛定思痛，战争失败的惨痛加速了正视自我的进程，强化了国人的批判力度。职是之故，明治维新后的日本也成为国人就近取法的对象，特别是多重并存的日本对待西方文化的开放姿态，其所承载的西学容量成为国人即时选择的资源。缘于冥思求索新知与反省厌弃传统所导致的双重学问饥荒，一场并非耽于器械、制度，亦包含文化观念在内的文化自省思潮全面铺展开来，晚清以降国人趋向现代的种种调适行为稀释了文化传统的经典话语色彩，质疑或游离于文化传统之外，传统文化逐渐由知识资源演变为学术资源。

从唯我独尊的宇宙中心到被动地迈入万国时代，批判理性的激化刷新了国人对强国之本的认识。改造国民精神、重塑国民灵魂成为晚近文人拯救国难新的文化指向。梁启超认为一个民族的根底在于由民力、民德、民智综合而成的国民素质，培育新民的独立品格是国家救亡图存的关键。现代文人接续这股个性解放思潮，推崇人性，高举“立人”的大纛，彻底反思基于器械和制度的改良运动。尽管维新派如康有为、谭嗣同均有阅读西学书籍的经历，但其阅读范围却多限于兵、农、制造等实用技术书籍，还停留在技不如人的观念层面，接触西学的广度和深度十分有限，其知识视域中的传统成分仍占主要地位。洋务运动以后，外派留学生逐渐增加，特别是甲午海战的刺激，自费留学逐年递升。民初文人如王国维、陈寅恪、吴宓、胡适、陈独秀、鲁迅兄弟、朱光潜，他们或有国外求学的经历，或在国外长期居住。他们耳濡目染西学，西学养分成为能够叫板传统的潜在力量，由此滋生的检讨和反省成为重新设定知识结构的契机。即以晚近蔚然成风的日本体验而言，庚子事变以后，留日学生剧增，至 1905 年年底留日人数已近万人，梁启超等寓日文人虽惊羡于邻邦文化的先进，却多将目光投向日本社会中文学与政治的关系，而别立新宗的鲁迅借以翻译科学小说和关注东欧弱小民族的小说，在“苦闷的象征”中找就抒发新文化信念的表达方式。知识结构一旦增加新的元素，便催生了新的文学批评理念，人本主义思潮与中国传统朴学精神化合，突破了由印象式、评点式所支撑的文学批评旧格局。王国维的《红楼梦评论》、鲁迅的《摩罗诗力说》和周作人的《论文章之意义暨其使命因及中国近时论文之失》等具有严密逻辑结构的长篇论文发表，奠定了现代文论体系书写的基础。

西学东来，输入了新的思维和方法，为晚近文人检讨旧学提供了新的理念。1904年，梁启超梳理近世学术流变，简练地概括了科学精神的特质："所谓科学的精神何也？善怀疑，善寻间，不肯妄徇古人之成说与一己之臆见，而必力求真是真非之所存，一也。既治一科，则原始要终，纵说横说，务尽其条理，而备其左证，二也。其学之发达，如一有机体，善能增高继长，前人之发明者，启其端绪，虽或有未尽，而能使后人因其所启者而竟其业，三也。善用比较法，胪举多数之异说，而下正确之折衷，四也。"① 其一破中体西用的流俗，全面接纳包括社会科学在内的西方现代科学。职是之故，传统的道/器、本/末等观念积习出现明显的松动，进一步刷新了国人的认知谱系。王国维对比中西学术思维的差异，也礼赞西学重思辨、尚逻辑的学术品格。其1905年《论新学语之输入》云："抑我国人之特质，实际的也，通俗的也；西洋人之特质，思辨的也，科学的也，长于抽象而精于分类，对世界一切有形无形之事物，无往而不用综括（Ceneralization）及分析（Specification）之二法，故言语之多，自然之理也。吾国人之所长，宁在实践之方面，而于理论之方面则以具体知识为满足，至分类之事，则除迫于实际之需要外，殆不欲穷究之也。"② 西学的综括和分析之法，为中国传统学术提供了改弦更张的武器。

较以晚清士人对科学的有限认知，现代文人凸显了人文科学的重要性，超越了晚清士人推崇自然科学的无限法度。鲁迅早期的《科学史教篇》就高扬了"非科学"的精神力量："盖科学发见，常受超科学之力，易语以释之，亦可曰非科学的理想之感动，古今知名之士，概如是矣。阑喀曰，孰辅相人，而使得至真之知识乎？不为真者，不为可知者，盖理想耳。此足据为铁证者也。英之赫胥黎，则谓发见本于圣觉，不与人之能力相关；如是圣觉，则名曰真理发见者。有此觉而中才亦成宏功，如无此觉，则虽天纵之才，事亦终于不集。"③ 非科学的理想有利于增强民族文化的创造力，中华民族的新生、中国传统文学的转型有赖于文化精神的指引。人文层面的科学品格给予现代中国文论以新的思维原则，科学精神的发扬助推了传统学术现代转型，领袖群伦的新文化人胡适亦不遗余力地推崇科学，并将其与"输入学理"、"再造文明"联系起来捆绑认知，培育质疑精神，这正扣住科学思维对传统学术的重构力度。郭绍虞作为中国文学批评史学科的奠基者，大力提倡旧学系统化思想，也反映了草创时代中国文学批评史学科整理传统文学的整体期待。西学知识的熏陶，改写了现代文人的认知结构，既非简单地一成不变地照搬传统文化，也不是毫无主见地顶礼膜拜西方文化，进入民国文人思想视域中的异质

① 梁启超：《论中国学术思想变迁之大势》，上海古籍出版社2006年版，第92页。

② 王国维：《王国维文集》（第3卷），中国文史出版社1987年版，第40页。

③ 鲁迅：《鲁迅全集》（第1卷），人民文学出版社1981年版，第29—30页。

文化不断地融合，逐渐成为他们创造新文化的有效质素。

二、进化论与纯文学观念的影响

几乎自人类社会诞生之日起，就有了文学的书写，传统文学奉行诗文为正宗的文坛尊卑观，文史哲不分的杂文学观念铺设了中国传统文学演变的轨辙，传统文学的“向后看”取向又常常滋生文学的复古观念。诗文评作为古典形态的文论样式，位于《四库全书总目提要》集部类之尾的存在现实标示着传统文论的边缘化地位。文论书写的自信有赖于外力的刺激。晚清以降积贫积弱的国情，致使国人常以实用主义眼光来遴选和接受西方思潮。近世思想和文学的介绍，改变了国人的传统思维习惯，晚近之际纷至沓来的各种西方思潮中，进化论打破了历史循环论，允符了国人重构认知世界的需要。进化论备经康有为发倡、严复等人的鼓吹，以致在晚近之际而蔚为风潮。1897 年，严复、夏曾佑《〈国闻报〉附印说部缘起》从人类的“公性情”上破译小说的接受效应，遥开“小说界革命”之先声。该文的进化论背景引领了重建文学观念的行动，促进了传统文学观念的更新。晚清“林译小说”风行，掀开了一个崭新的文学世界，展示了一个有别于大团圆模式的审美文化趋向。而梁启超的《译印政治小说序》、《论小说与群治之关系》诸文的发表，已形成进化论指导文学实践的具体表征。其后他所标领的“三界革命”和戏剧改良运动均能发现其中所蕴含的革新色彩。

胡适是晚近思想界推崇进化论的典型代表，他以西方文学为参照，抱持历史的文学进化观念。其《介绍我自己的思想》一文明确将赫胥黎和杜威视为影响自己思想最深的两个人物，抖露自我对进化论的膜拜态度：“达尔文的生物演化学说给了我们一个大教训：就是教我们明了生物进化，无论是自然的演变，或是人为的选择，都由于一点一滴的变异，所以是一种很复杂的现象，决没有一个简单的目的地可以一步跳到，更不会有一步跳到之后可以一成不变。”① 胡适自觉援引进化论来建构新的文学书写模式，却不能完全割舍对传统文论的眷念。1935 年，《中国新文学大系》的《建设理论集》编撰成功，胡适为它作一《导言》，云：“这种思想固然是达尔文以来进化论的影响，但中国文人也曾有很明白的主张文学随时代变迁的。最早倡此说的是明朝晚期公安袁氏三弟兄。清朝乾隆时代的诗人袁枚、赵翼也都有这种见解，大概都颇受了三袁的思想的影响，我当时不曾读袁中郎弟兄的集子；但很爱读《随园集》中讨论诗的变迁的文章。”② 现代文人对

① 胡适：《胡适文集》（自述卷），长春出版社 2013 年版，第 115 页。

② 胡适：《胡适古典文学研究论集》，上海古籍出版社 2013 年版，第 223—224 页。

进化论的推崇，加速了其成为一种新的传统而沉淀的可能，进化论有力冲击了“文以载道”传统和“向后看”的复古思想积习。

毋庸讳言，进化论对于我国这样一个后发现代性的国家亦存有一定的负面影响。奉行竞争法则的进化论强化了国人的自信，为文论“新传统”的确立提供了理论前提，却促使国人将文学、文论的中西之争置换成古今之别。因破除好古之成见，在各种“革命”话语的旗帜下，传统文论的光彩被大面积消磨，文论“进步”的喧嚣成为难以消释的焦虑。一旦进化与“革命”挂钩，阶级斗争论逐渐影响到社会和文学的演进，现代文论便走上政治助推文论发展的模式。以致在20世纪80年代，学界从文化视角来重新体认文学的现代性痼疾，便成为时代之需。

如果说进化论给予现代文论体系书写以纵向梳理的理论武器的话，那么纯文学观的树立则廓清了现代文学、文论的文史哲观念缠夹等问题。古代文笔不分、文史混杂的文学生态，影响着历代文人的观念建构步伐。德行、言语、政事和文学构成孔门四科，其中“文学”一科，是指一种注重政治教化的文章之学，归属为杂文学观的范畴。直至民初，章太炎《文学总略》还在沿袭传统文学观：“文学者，以有文字著于竹帛，故谓之文；论其法式，谓之文学。凡文理、文字、文辞皆称文。言其采色发扬谓之彣，以作乐有阕，施之笔札谓之章。”① 发轫于魏晋六朝的文笔之辨，拉开了文学同学术的分离历程，从而导引文学观杂、纯之分的驳议趋向。1902年清廷颁布的《钦定京师大学堂章程》，依照日本大学的体制，设置政治、文学、格致、农业、工艺、商务、医术七科，又在“文学”一科下细分成经学、史学、理学、诸子学、掌故学、词章学、外国语言文字学七目，这种官方意识的文学导向，仍未脱离杂文学观的笼盖。

西方现代学术研究方法的多元化奠定了现代中国文论体系建构的基础，经学思想一统天下的局面不再，在“五四”新文化运动的推动下借以引进西方学术思想，现代学术打破传统的杂文学观而建构起以审美为本质的纯文学观。王国维崇奉“文学独立说”，其1905年的《论哲学家与美学家之天职》清晰地亮出“纯文学”这一概念：“甚至戏曲小说之纯文学亦往往以惩劝为旨，其有纯粹美术上之目的者，世非惟不知贵，且加贬焉。于哲学则如彼，于美术则如此，岂独世人不具眼之罪哉，抑亦哲学家美术家自忘其神圣之位置与独立之价值，而葸然听命于众故也。”② 他援引康德、叔本华的哲学思想，侧重以文体独立来标举纯文学观，显露出其理论先觉的孤独姿态。以此为度，王国维《文学小言》就认为“《三国演义》无纯文学之资格，然其叙关壮缪之释曹操，则非大文学家

---

① 章太炎：《国故论衡》，上海古籍出版社2003年版，第49页。

② 王国维：《王国维文集》（第3卷），中国文史出版社1997年版，第7页。

不办”①。在他看来，叙述天下纷争的历史演义《三国演义》，仍带有相当浓厚的史学色彩，自然不能归结到纯文学阵营，只有崇尚“游戏精神”和纯美本质之人才有文学家之资格。

晚近纯文学观的形成，即以文学挥手告别史学、政治和伦理等话语畛域，呈现出自我独立姿态的历程。1907年，鲁迅《摩罗诗力说》对文学自律特质进行理论上的阐释。1908年，周作人尖锐批判儒家的载道论文学观道：“夫文章者，国民精神之所寄也。精神而盛，文章固即以发皇，精神而衰，文章亦足以补救。故文章虽非实用，而有远功者也。第吾国数千年来一统于儒，思想拘囚，文章委顿，趣势所兆，邻于衰亡，而实利所归，一人而已。”② 他对载道论的反叛，在一定程度上意味着要凸显文学的本体地位。周作人清点文学跟学术和哲学的关系，以“纯文章”与“杂文章”对举，确立了其卓尔不群的划分标准——“文章中有不可缺者三状，具神思、能感兴、有美致也”③，凸显文学性的划分原则，抒写着国人感应西方近代文学观念进而本土转化的新篇章。刘半农《我之文学改良观》通常被誉为文学革命中第一篇厘定纯文学与杂文学的专论，其云：“虽不能明定其属于文字范围，或文学范围，要惟得已则已。不滥用文学，以侵害文字，斯为近理耳。其必须列入文学范围者，惟诗歌戏曲、小说杂文、历史传记，三种而已。（以历史传记列入文学，仅就吾国及各国之惯例而言。其实此二种均为具体的科学，仍以列入文字为是。）酬世之文（如颂辞、寿序、祭文、挽联、墓志之属），一时虽不能尽废，将来崇实主义发达后，此种文学废物，必在自然淘汰之列。故进一步言之，凡可视为文学上有永久存在之资格与价值者，只诗歌戏曲、小说杂文二种也。”④ 他不嫌其烦地区别“文学”与“文字”的界限，破旧与立新并举，凸显了文学的审美自足性。1917年，陈独秀《文学革命论》将文学二分为以古文、诗歌、骈文为代表的“文学之文”和以碑、铭、墓志等为代表 的“应用之文”，基本设置了纯文学的文体范围。凡此种种，王国维和周氏兄弟等现代学者的审美眼光由外向内转，张扬了纯文学观的自足性原则。

纯文学观的指引确立了现代文论遴选材料的基础，突出表现在晚清以来的文学史、中国文学批评史的材料选取上。早期文学史家遴选材料带有浓郁的文体尊卑观，小说、戏曲通常被拒之于文学门庭之外。1904年，林传甲的《中国文学史》历述中国文字的流变，涉及音韵、训诂、修辞等领域，诸子、史学、经学均被划归文学范畴，而对后世影

① 王国维：《王国维文集》（第1卷），中国文史出版社1997年版，第29页。

② 周作人：《论文章之意义暨其使命因及中国近时论文之失》，《中国文论选·近代卷》（下），江苏文艺出版社1996年版，第714页。

③ 周作人：《论文章之意义暨其使命因及中国近时论文之失》，《中国文论选·近代卷》（下），江苏文艺出版社1996年版，第699页。

④ 胡适等：《中国新文学大系· 建设理论集》，上海文艺出版社1981年版，第65页。

响深远的小说、戏曲却没有进入其遴选视野。黄人的同名著作，运用真、善、美的批评标准来历述文学现象，显出其文学观念的时代前瞻性，不但对诗、词、曲三种文体给以足够的尊重，而且单列“明人章回小说”一章。这些都体现了他选录标准的近世特征。但是，时代的影响也不容忽视，一些应用文体，如诏告、书表、碑帖、制艺也被其收罗到文学的旗帜之下，折射出杂文学观强大的影响力。1915 年，曾毅《中国文学史》编排凡例仍“以诗文为主，经学史学词曲小说为从，并述与文学有密切关系之文典文评之类”①。直至 1928 年陈子展《中国近代文学之变迁》这部近代文学研究的开山之作，就其第七章“从政务文学到政论文学”和第八章“翻译文学”而论，前者主要论述梁启超、谭嗣同等人鼓吹变法维新的宣传文字，后者有不少篇幅围绕着严复的近世思想而展开，基本上仍持杂文学的选录标准。晚近文学的递嬗代变，总体趋向是以纯文学为指归的，“现代意义上的文学史学科的成立，正是‘纯文学’取代‘杂文学’为前提的”②。1934 年，刘经庵的《中国纯文学史纲》已经将纯文学的论述范围设置为诗、词、曲、小说四种文体，引领了以后文学评价的基本规范，却又遮蔽了颇具“文学性”的散文等文类的地位。这些恰从侧面反映了纯文学观建构的曲折和艰难。

草创时代的中国文学批评史家，如陈钟凡、郭绍虞、罗根泽、方孝岳等学者基本持杂文学观念。郭绍虞《中国文学批评史》下册以八股文作为明清“一代之文学”的代表，即为一有力的注脚。相对而论，朱东润《中国文学批评史大纲》秉持纯文学观，更显其理论的超前与现代。现代文人对纯文学观的接受和认知，铺设了现代文论体系话语的书写基础。纯文学观视野下的文体分类又有二分法、三分法、四分法之分野，并最终以四分法来标举现代文体分类的准衡。章太炎《文学说略》以集内文和集外文来界定文学疆域，谢无量则分为句读之文和无句读之文，二者并未确立文学分类的内在逻辑。“五四”新文化运动以降，学人多援引亚里士多德、别林斯基的三分原则，在叙事类、抒情类和戏剧类等文学体裁分类中打转，像 1925 年潘梓年《文学概论》、1928 年李笠《中国文学述评》、1930 年马仲殊《文学概论》、1933 年夏炎德《文艺通论》、1935 年陈君冶《新文学概论讲话》诸作均遵循了诗歌、小说和戏剧的文体三分原则。1924 年刘永济《文学论》将描写、表演、反射视为文学三原质，共得六类，总体上仍为三分法。1925 年马宗霍《文学概论》、1930 年卢冀野《何谓文学》则标举四分法，即将文学分为诗歌、小说、戏剧、散文四类。20 世纪 40 年代以后，四分法逐渐成为文学、文论的主流分法。文学类型四分法的确立，为杂文学观趋向纯文学观转型之路画上一个圆满的句号，奠定

① 曾毅：《中国文学史》，泰东图书局 1915 年版，第 2 页。

② 董乃斌等：《中国文学史学史》（第 1 卷），河北人民出版社 2003 年版，第 35 页。

了晚近乃至中华人民共和国成立以后文论书写、文体分类的不二法则。但是，片面推重纯文学观，就不可避免地会陷入私人写作的模式。纯文学观的不及物性导致文论与纷繁复杂现实的严重脱节，20 世纪 90 年代出台的大文学观便是救赎纯文学观的产物。

三、现代大学体制与文论书写模式的改变

中国大学的现代化进程实质上是借鉴西方文化精神重塑中国传统文化及教育制度的过程，其间包孕着西方现代文明与中国本土传统的激烈交锋，这一转型过程展现了中西异质文化的理解、融合和创新。在一定程度上说，中国现代大学是西学东渐的产物，其创办往往带有拯救民族文化危机的自觉色彩。晚清以降的西学东渐促使科技观念在神州大地持续发酵，人竞西学的思想潮流刷新了中国传统文化格局。1905 年清廷废除科举，士人学子垂直上升的仕宦之路被陡然截断，无所指归的文化迷茫激活了晚清大学（堂）转型的步伐，加剧了近代大学传统对接西方文化资源的力度。陈平原对于教育改革与文学革命的关系，下过一精辟的论断。兹录于下："十九世纪下半叶开始的'西学东渐'，进展最为神速、影响最为深远的，在我看来，当属教育体制——尤其是百年中国的大学教育。谈论'文学革命'，无论如何不该绕过此等重要课题。"① 新式教育制度为大面积接纳西学提供了制度保障，狂飙突进的文学革命刷新了文论书写观念的认知路径。

《钦定京师大学堂章程》、《奏定大学堂章程》、《钦定大学堂章程》所规定的管理制度和分科建制，打破了传统的经、史、子、集的学术分类体系，晚清大学堂对专业及课程设置、教员资格及职责的种种规定，奠定了现代大学体制的基础。较于《钦定京师大学堂章程》，1904 年颁布的《奏定大学堂章程》在"文学科大学"里设置"中国史学门"、"万国史学门"、"中外地理学门"、"中国文学门"、"英国文学门"等九类学科体系，单是中国文学门旗下又有"文学研究法"、"《说文》学"、"音韵学"、"历代文章流别"、"古人论文要言"、"周秦至今文章名家"、"周秦传记杂史周秦诸子"等九门主课。其中，"文学研究法"重在"研究文学之要义"；"历代文章源流"的编纂以日本的《中国文学史》为摹本，注重体系，自行讲授；"历代名家论文要言"则以《文心雕龙》为参照，"凡散见子史集部者，由教员搜集编为讲义"②。有异于在"四书五经"内掏摸、打转的科举模式，晚清的大学堂章程体现出注重逻辑的体系趋向。1913 年民国教育部颁布的大学规程，将文学科分为八类，后人习见的"中国文学史"、"文学概论"已经出现

---

① 陈平原：《中国大学十讲》，复旦大学出版社 2002 年版，第 102 页。

② 璩鑫圭、唐良炎：《中国近代教育史资料汇编·学制演变》，上海教育出版社 1991 年版，第 355—356 页。

于科目设置之中。现代大学机构的建立是现代文论书写的重要背景，学人的治学理念、文学观念以及研究成果均依赖现代大学得以大面积体认。大学作为新知识、新思想、新方法的传播阵地，以一整套的相对完善的大学制度取代昔日耳提面命的私塾教育，现代大学的文学教育模式为现代文论的体系化生产提供了制度上的保证。

再现大学的文学教育现场，大学讲义提供了现代大学教坛的原始镜像。辑录昔日先贤对某一问题的具体看法，还原几近消逝的文学景观，大学讲义的编纂允符了大学集中授课之需，也能唤起学子对传统文论的美好记忆。如此直达古人心扉的对话，最易彰显大学教师的个人学识和才情。1902 年执掌京师大学堂的管学大臣张百熙《奏筹办大学堂大概情形折》认为，学堂不单要翻译西学书籍、整理传统文献，更应兼收并蓄，编写讲义，“然欲令教者少有依据，学者稍傍津涯，则必须有此循序渐进、由浅入深之等级。故学堂又以编辑课本为第一要事”①。京师大学堂对各科教习大都有编纂讲义的规定，这便推动了大学讲义的流行。在很大程度上，大学教员甚至主动承担此任。1904 年林传甲《中国文学史》道明撰述之由：“撰中国文典，为练习文法之用，亦教员之义务，师范必需之课本也。”② 林氏此作，本应京师大学堂优级师范馆开课之需，不足十万字的著作凡十六篇，其论修辞的第五篇和述作文之法的第六篇，凸显了文学史理论述说和操作实践的结合。即以北京大学为例，上课之前发讲义，先到先得，几成北大授课的惯例。虽然多数教师并不拘囿于讲义而自由申发，但是对于那些听不懂教师授课方音的学子而言，纸质文本的讲义为其提供了课余解惑的最好途径。当年的北大学子田炯锦真切感受到讲义的妙处：“虽然他们的口才有巧有拙，表述的有条理或乏系统，但令人觉得他们所讲均系内容充实，并有独到的见解。其所编讲义之文字亦很优美。”③ 大学教师编撰讲义，大都与其所授课程有关，又密切关合其抱持的文化立场。

大学讲义各取所需，各就其用。大学讲义当初多是应课堂讲授之需，备经课堂实践，日后不断修饰，强化其内在逻辑，遂成彬彬称盛的大学教材，但亦不乏有一锤定音而成为经典的，譬如刘师培的《中国中古文学史讲义》、黄侃的《文心雕龙札记》。无论是照本宣科，抑或即兴发挥，大学讲师的精彩表演改变了传统教育漠视人性的痼疾，并影响到知识体系的更新。张中行依稀记得钱玄同当年的授课情形：“绝大多数有条理，有规矩，如钱玄同先生，讲义只是个纲要，上课讲，往广、深处发挥，范围不离开纲要。”④

---

① 璩鑫圭、唐良炎：《中国近代教育史资料汇编·学制演变》，上海教育出版社 1991 年版，第 67 页。

② 林传甲等：《早期北大文学史讲义三种》，北京大学出版社 2005 年版，第 29 页。

③ 陈平原、夏晓虹：《北大旧事》，北京大学出版社 2009 年版，第 182 页。

④ 张中行：《话说老北大》，人民中国出版社 1998 年版，第 43 页。

有所指归的教育方式，打破了传统的笺注或漫谈积习，有利于凸显教育的问题导向。这适如陈平原所论：“围绕某一学术领域（或专题），展开深入细致的系统论述，无意改变了‘中国很少精心结构而有系统的著作’，大都只是语录、札记或文章结集的尴尬局面。”① 看似无心插柳的行动，却成了现代大学教师的常规武器，研习既久，势必影响到现代文论书写既定轨辙。从文苑传、文章源流、文学通变说到各种文学史（文学批评史）、文学概论的书写，汗牛充栋的文学作品、纷繁复杂的文学思想如同一个个生机跃然的艺术生命，在“文学史”或“某一专题”的框架内各归其位，自然有序而富有逻辑。晚近社会的大学讲义成为教师名利双收的事业。

1904 年，京师大学堂的林传甲和东吴大学的黄人出版同名的《中国文学史》各一部，是为《中国文学史》编撰之始。照实说来，民国之初文学史教材的编撰，很大程度上缘于外来的刺激。《中国文学史》的编撰发轫于外国学者，如 1897 日本古城贞吉的《支那文学史》和英国人翟理思的《中国文学史》，这确实令国人无地自容。受民族自尊心的驱使，林传甲《中国文学史》虽借鉴 1898 年日本笹川种郎的《支那历朝文学史》的体例，其间却不无填补国人自编文学史的考虑。文学史的编撰较以罗列习见材料见长的笔记、沿袭前人之说而推衍的旧体诗话或词话而言，不只是材料容量的增加，更有理论上的攀升。将传统知识嵌入新型的论述框架之中，或者以某一问题为中心、某一范畴为逻辑起点来建构颇具现代色彩的知识体系，1912—1949 年间的中国文学史成为当下最典型的言说模式。

肩负文学教育的重任的文论教材，在现代大学教育制度影响下，具有很强的被接受性。1914 年姚永朴《文学研究法》的思维视域还在桐城义法内打转，属于传统文章学的范畴，但其发凡起例以《文心雕龙》为参照、注重词章的特点，已显露现代文论色彩。1920 年周作人在北大讲授“文学概论”和梅光迪在南京高师开设“文学概论”，导引大学课程中“文学概论”的讲授脉络。尽管马宗霍《文学概论》以中西话语的并行不悖来求得“中体西用”效应，但其更侧重对中国传统材料的发申。潘梓年《文学概论》、沈天葆《文学概论》和张崇玖《文学通论》等教材则套用西方模式来组织材料。无论操持何种模式，文学概论允符了广大学子对理论的热切期待。1918 年北京大学课程一览“通科”中的“文学概论”的课程说明就有“略仿《文心雕龙》、《文史通义》等类”的文字；黄侃当年在北大讲《文心雕龙》，其课程名称即为“文学概论”。冯友兰依稀记得黄侃的讲学情形：“当时北大中国文学系，有一位很叫座的名教授，叫黄侃。他上课的时候，听讲的人最多，我也常去听讲。他在课堂上讲《文选》和《文心雕龙》，这些书我

① 陈平原：《作为学科的文学史》，北京大学出版社 2011 年版，第 73 页。

从前连名字也不知道。黄侃善于念诗念文章，他讲完一篇文章或一首诗，就高声念一遍，听起来抑扬顿挫，很好听，他念的时候，下边的听众都高声跟着念，当时称为‘黄调’。在当时宿舍中，到晚上各处都可以听到‘黄调’。”① 与大学制度有着必然联系的现代学术评论，改变了以往序跋依附作品的书写生态，各种书评、读后感均以相对独立的形式见诸各种学术期刊、报纸，譬如1931年《文艺月报》刊载张长弓《读〈中国文学批评史〉（郭绍虞）》、1934年《文学季刊》发表李长之《王国维文艺批评著作批判》。学术评论独立品格的获就，为现代文论体系话语的批量生产提供了优良的文化生态。一般来说，1912—1949年间的“中国文学史”注重梳理历代文学之变迁，“中国文学批评史”凸显古代文学理论的历史演变，而“文学概论”偏重文学性质和作文的技巧的讲述，这种分工使得1912—1949年间的文论书写呈现各具特色的体系风貌。

四、白话文运动与话语言说方式的转变

文论书写是民族思维方式的形象折射，中国几千年的文化积淀铸造的文论思维讲究即兴体悟、绝少严密逻辑论证的文论表达习惯。传统文论乐于将形象相似、情境相关的事物，借以比喻、联想等比类修辞来传达文论观念。话语表达尚含蓄、重模糊，具有极大的弹性空间，注重“形在江海之上，心存魏阙之下”的寂然凝虑式的神思，强调“登山则情满于山，观海则意溢于海”的直觉体悟。非理性的言说方式积累了丰富厚重的批评经验，中国文论史上虽不乏如《文心雕龙》借鉴佛学思维而成的体大思精之作，但它毕竟是中国文论长河中一束特异的艺术奇葩，中国文论领域充斥着散漫即兴的简约之言，文论家往往不在意于对中心范畴的论述，而依靠自身体验或感悟去阐释作品的美感。西学东来和传统文论的自新改变了现代文人掌控艺术世界的方式，从单纯的经验总结到逻辑分析话语的表达，这种时代的进步给予文论书写更趋严密而系统的话语表达方式。

语言是文学的肌肤，民族文化传统或理论形态的差异之根源在于语言，语言转型促进了文论书写方式的改变。1912—1949年间所形成的白话，源于唐代变文以来古白话传统，晚明以来的西方传教士的贡献也不可低估。为了顺利传教，实现上帝面前人人平等的教旨，西方传教士逐渐使用白话来对接低文化水平中国信徒的需要。1920年，周作人《圣书与中国文学》提到“我记得从前有人反对新文学，说这些文章并不能算新，因为都是从《马太福音》出来的；当时觉得他的话很是可笑，现在想起来反要佩服他的先觉：《马太福音》的确是中国最早的欧化的文学的国语，我又预计他与中国新文学的前

① 冯友兰：《三松堂自序》，生活·读书·新知三联书店1984年版，第37页。

途有极大极深的关系”①。西方传教士的欧化白话文是现代白话文的先驱，现代白话的确立为现代文论体系话语的最终定型起到了关键作用。

出于启蒙和救亡的双重需要，晚清以降逐渐壮大的白话文运动成为国人现代性体验的重要表达。梁启超《小说丛话》载：“文学之进化有一大关键，即由古语之文学，变为俗语之文学是也。各国文学史之开展，靡不循此轨道。”② 尽管白话古已有之，历史上也有过多次的语言革新，譬如韩愈、柳宗元标领的古文运动、宋元话本的崛兴，但其只是古典语言体制内的改良、部分的修补而已。1898 年，裘廷梁《论白话为维新之本》亮出“崇白话而废文言”的主张，渐开白话文风气；《中国白话报》、《无锡白话报》、《宁波白话报》、《绍兴白话报》等一系列白话报纸的发行，更推动了国语运动的开展。1918 年，影响青年学子至深的《新青年》开始以白话发表文章，导引书写新风。单是 1919 年，全国各地创办的白话报刊达四百多种。1920 年素以持重和适时著称的商务印书馆，其馆办杂志《东方杂志》、《小说月报》也采用白话，就是白话文盛行的一个风向标。

白话文取代文言，在断裂中延续话语言说姿态，刷新了文论主客的言说习惯，以更加自由的方式建构文论的体系脉络。晚清以降的文学翻译兴盛，特别是周氏兄弟推崇的“直译”，其先进的翻译理念推动了文论书写的语言革新，翻译文本带来的新范畴、新方法造成语言表达中古代与现代的断裂，也为现代文论书写借鉴严密整饬的西文章法提供了参照。西方现代学术思想代替经学知识系统，成为支撑文学观念转型的理论构架。晚清白话文运动未能彻底改变文白并存而以文言文占统治地位的局面，文言仍是士子文人便于操持的武器。通常来说，传统与现代的分野往往以“五四”为分水岭，现代白话取代文言文，不只是言说方式的变迁，还包含诸如文学思维、语言取向等丰富的文化内涵。正如学者所论：“现代文学传统的建立在很大程度上得力于它所确立的语言体系，这包括文学创作所依恃的语言资源、语言策略和语言观念，以及由之而来的语言结构、语法、词汇等等。”③ 扬弃文言书写的封闭性痼疾，充分吸纳异质文化元素，现代语言对接了文论书写的新要求。

有别于梁启超的三界革命，“五四”新文化人编织了一整套以白话为中心的文学革命构想，确立了以白话为中心的新文学史观。胡适提出“以白话为文学之正宗”的主张，关注语言形式，突出文学的审美特质，引领文学史家的白话文学（论）书写，颠覆了文高白下的价值认定。费正清认为：“在五四运动中形成的‘国语’是一种口语、欧

① 周作人：《艺术与生活》，岳麓书社 1989 年版，第 45 页。

② 陈平原、夏晓虹：《二十世纪中国小说理论资料》（第 1 卷），北京大学出版社 1997 年版，第 82 页。

③ 温儒敏等：《现代文学新传统及其当代阐释》，北京大学出版社 2010 年版，第 202 页。

化句式和古代典故的混合物。”①“五四”运动中形成的国语深受西方句法和韵律的影响，承载过多的西方词汇，甚至比传统文言文更远离大众，因而一度成为学人批判的目标，但其话语表达上的精密之长也是不争的事实。傅斯年《怎样做白话文》认为有逻辑、有情感、能表达科学思想的白话文才是“理想上的白话文”，而其又必取外国的榜样：“照我回答，就是直用西洋文的款式，文法，词法，句法，章法，词枝（figure of speech）……一切修词学上的方法，造成一种超于现在的国语，欧化的国语，因而成就一种欧化国语的文学。”② 如前所论，西方传教士的欧化语言提供了最早的欧化白话文文本，语法精密的欧化语言适合表达精深的文化底蕴，促进了文论书写的现代化。胡适认为欧化的白话适应了时代的需要：“欧化的白话文就是充分吸收西洋语言的细密的结构，使我们的文字能够传达复杂的思想，曲折的理论。”③ 欧化的白话文改变了学人的思维习惯，为建构文论体系作了语言上的铺垫。胡适甚至承认“初期的白话作家，有些是受过西洋语言文学的训练的，他们的作风早已带有不少的‘欧化’成分，虽然欧化的程度有多少的不同，技术也有巧拙的不同，但明眼的人都能看出，凡具有充分吸收西洋文学的法度的技巧的作家，他们的成绩往往特别好，他们的作风往往特别可爱”④。中文的欧化，与其说是语言交流中强势语言渗透的结果，毋宁说是现代学人吸纳新思想、表达新观念的一种自觉的选择。

白话文学正宗观的发扬，部分实现了国语运动与文学革命的汇合，宣告了文论书写的现代体系的形成。有异于胡适白话文文学工具论的发扬，周作人在提倡“人的文学”和“平民文学”的基础上适时提出“思想革命”的主张。其《思想革命》一文载：“文学革命上，文字改革是第一步，思想改革是第二步，却比第一步更为重要，我们不可对于文字一方面过于乐观了，闲却了这一方面的重大问题。”⑤ 周作人视域中的思想革命，不仅包括文学内容的更新，还涵盖作者思想和思维方式的变革，文学革命扬弃文言所造就的传统思维，白话文逐步成为文学书写的正宗，客观树立文论的现代话语表达形式。这适如学者所论：“晚清以来，白话文之所以伴随西学浪潮而逐渐盛行以至渐成时势，恰是因为现代理性的逻辑系统难以用文言文来圆满显现，甚至连西学的一些概念都无法在文言中找到对应物。”⑥ 文明的演变不只是新旧的简单替代，也是传统被不断改写的过程。现代白话是传统文言、民间口语、欧化语言不断融合的产物，它预设了现代文论拥

---

① 费正清：《剑桥中华民国史》（上卷），中国社会科学出版社 1994 年版，第 528 页。

② 胡适等：《中国新文学大系 · 建设理论集》，上海文艺出版社 1981 年版，第 223 页。

③ 胡适：《胡适古典文学研究论集》，上海古籍出版社 2013 年版，第 229 页。

④ 胡适：《胡适古典文学研究论集》，上海古籍出版社 2013 年版，第 229 页。

⑤ 胡适等：《中国新文学大系 · 建设理论集》，上海文艺出版社 1981 年版，第 201 页。

⑥ 许纪霖、陈凯达：《中国现代化史》，上海三联书店 1995 年版，第 311 页。

抱世界的文化进程。文论书写工具被刷新，这为文论体系建构奠定了坚实的基础。

1912—1949 年间的文学史、文学批评或文学概论的书写，大都采用白话文来组织文论材料，以相对严密的章法来表达文论观念。大范围地使用白话文，客观上铺设了现代中国文论体系书写的语言基础。郭绍虞《中国文学批评史》言明编撰的动机时就云："我屡次想尝试编著一部中国文学史，也曾努力搜集材料，也曾经努力着手整理，而且有时也还自觉有些见解，差能满意。"① 编史观念的牵引，却无意奠定中国文学批评史学科的基础。就语言而论，这已是地道的白话文。1943 年，程千帆《文论发凡》取精用宏、以今构古，以传统的选文、笺注方式来对接某一文论专题，将原本分散的传统文论话语嵌入一个现代话语体系之中，传统文学思想和命题被纳入新的言说脉络，其逻辑起点、外在框架均非传统所能概括，话语言说的现代色彩呈现了一部富有特色的文选和专题结合的中国文学理论之作。

五、现代文论体系书写的典范效应

诗文评是中国古代文学理论的集体标名，从诗文评、文苑传到颇具现代性质的文论书写，体现了现代学人孜孜不倦的学术追求。现代学人立足时代潮头，充分汲取西方现代人文科学的优秀质素，然后依据现代学术方法和视角来重新审视传统学术，确立新的学科规范，推动传统文论的现代转换。现代中国文论的体系书写是民族文化自信的突出表现，从援西学以资立论到皈依本土，建构具有中国特色的文论体系，这是一条重新设置文论的文化坐标、确立现代学术话语的民族文化的创造之路。相比于传统文论的边缘化地位，现代文论的体系书写具有鲜明的时代特点，现代文论体系书写的逻辑起点是重新确立"文学"观念，进而逐步确立学科规范，其体系书写是一个以科学化为向度的文化进程；"五四"新文化运动开启了检讨中国古典学术与建构现代新型学术传统之路，缘于社会转型的多样和复杂性，现代文论的体系书写带有新旧并存的文化镜像，从早期的热情礼赞西方学术观念到后期的回归本土，实现文论书写话语的本土化，晚近中国走上一条从借鉴模仿到本土创造的文化征程；1912—1949 年间，异彩纷呈的文论思想争相上演，打破了传统文论自我闭合的经学系统，而以开放的胸襟、恢宏的气度吸纳新知，形成思想和方法的多元并存。

现代学人的文论书写展示了现代文学观念视野下的文化认同路径。现代学人斤斤于"文学"的概念分析，文学观念的古今之别、中西之分。厘定文学观念是建构学科体系

① 郭绍虞：《中国文学批评史》（上卷），百花文艺出版社 1999 年版，第 1 页。

的基础。现代文学观念的自律和审美特质正是在西学烛照下，借以学科建构实践而逐步得以确立的。从卷帙浩繁的学术典籍中抽绎文论资料，挖掘其规律，这需要认知路径的革新。早期的中国文学批评史家，像陈钟凡、郭绍虞、罗根泽、朱东润诸位，其文学界定虽带有杂文学色彩的印痕，却也展示出追步纯文学观的色彩。陈钟凡《中国文学批评史》认为："文学者，抒写人类之想像，感情，思想，整之以辞藻，声律，使读者感其兴趣洋溢之作品也。"① 罗根泽虽将文学观念一分为三：广义、狭义、折中义，却大力推荐使用文学的折中义，即一个涵括诗歌、小说、戏剧及传奇、书札、游记、史论在内的文学定义。这已是一个准现代的文学观念。文学观念从经学体系回归文学本位，从功利趋向审美，这使得在新型文学观念的框架下确立学科规范、明确文学四分法变为可能。职是之故，对文学观念的科学认知奠定了现代中国文论体系书写的文化原点。对此，王瑶的观点很值得肯定。他说："经过'五四'以来对传统文学的反观和整理，文学内涵和范围明确了，叙述的条理清晰了，对作品的评价不是只凭直观意会而重视逻辑论证了，这就为中国文学史的研究成为一门科学奠定了坚实的基础。"② 西方科学观念和新史学方法的影响，现代文学观念的确立，这些都为现代学者除旧布新、建立现代文论的学科体系，奠定学科规范作了理念上的准备。

学术是时代的风向标，陈寅恪综括古今学术通义，呼吁打破闭门塞听的研究态度："一时代之学术，必有其新材料与新问题。取用此材料，以研求问题，则为此时代学术之新潮流。"③ 新观点、新方法的输入，刷新了国人的认知途径。现代中国文论的体系建构过程是西方学术体制和中国传统体制相互碰撞、对话、融合的过程，经历现代科学方法的冲刷，传统经典被剥下神圣的华衮。现代学人在汲取西学营养之时，仍未隔裂其与传统文化的脐带，20 世纪 20 年代发凡起例的整理国故运动又为文论书写提供了新的资源，促使学人去重新把捉中西文论的地位。胡适《中国哲学史大纲》倡导的经、子平等的学术识见，为陈钟凡、郭绍虞等民国学人同等对待儒释道思想开辟了先路。在中西文化汇流中坚守民族文化本位，又吸纳新的学术方法，并以新的观念去考察中西文论，从而建构富有本土色彩而又不失时代特质的文论体系，往往是现代学人企羡的目标。本土文论范畴至少在马宗霍的《文学概论》中已大量使用，像文机、载道、命意等话语。1931 年陈怀《中国文学概论》虽只有一万五千余言，却以文性、文情、文才、文识、文德、文时等本土范畴来建构地道的中国特色的文论体系。由外缘刺激到迎难而上，现代学人书写本土话语，孜孜不倦地致力于文论的体系建构，自是现代中国文论体系自觉意识的折

① 陈钟凡：《中国文学批评史》，江苏文艺出版社 2008 年版，第 4 页。
② 王瑶：《王瑶文论选》，人民文学出版社 2009 年版，第 311 页。
③ 陈寅恪：《金明馆丛稿二编》，生活·读书·新知三联书店 2001 年版，第 266 页。

射。但是，过分强调文论建构的“现代性”，又会忽略文论精神的有效传承。1934 年老舍的自警之论足可参考：“我们何必一定尊视西人，而卑视自己呢！要回答这个，我们应回到篇首所说的：我们是生在‘现代’，我们治学便不许象前人那样褊狭。我们要读古籍古文；同时，我们要明白世界上最精确的学说，然后才能证辨出自家的价值何在。”①注重挖掘中国本土文化资源，进行现代阐释，并敢于跟西方强势文化一比高下，有别于“外缘现代性”② 的文化高下之别，这种平等对话的欲求彰显了传统文论“自发现代性”③ 的内在生机。

侧重本土文化传统和当下体验，文论书写的本土追求展示了现代文论的多声部特征。历史风云际会，文论从古代形态走向了现代形态，在追求现代性体验和坚守民族文化本位的艰难磨合中，现代学人抒写着民族文化的自信。就理论渊源而论，或借鉴西方文论框架，或取资俄苏社会历史方法，或吸取传统文化元素，中国古代文论、西方文论和俄苏文论成为民国文论体系建构的主要理论来源；备经数代人的努力，逐渐创建了文学史、文学批评史、文学概论三足鼎立的文论局面，预设了日后文论书写的基本路径。就编撰体例而论，或以人物为纲，不无“文苑传”传统的印痕；或以文体为目，吸取“文章志”的有效质素；或以时代为序，不无“通变说”的折射。而以问题为导向，则搭建起纵向演绎的批评体系。20 世纪 30 年代的现代文论书写多受胡适明变、求因、评判等观念的影响，形成侧重因果关系来梳理文学（论）史的习惯，即在某一问题牵引下，勾勒事物的起源流变，并遴选相应的文学材料来展示某一时代的文学风貌或阐释某一文学命题。这就为日后的文论书写提供了一整套可资借鉴的书写模式。中华人民共和国成立之后，文论体系的三分格局进一步明晰，文学四分法更成为文论编撰中遴选材料的主要准则，既客观尊重文论书写的外来文化影响，又坚守民族文化本位。童庆炳主编的《文学原理》、游国恩主编的《中国文学史》、袁行霈主编的《中国文学史》、王运熙和顾易生主编的《中国文学批评通史》（七卷本）、罗宗强主编的《中国文学思想通史》（八卷本）均有效继承了现代中国文论多元开放的文化视野，既在学科史的基础上深入总结文学（论）的自身规律，又适当地体现文学（论）有补世用的功利追求，有效传承了现代学者一以贯之的求真和求用的理念。

现代中国文论的体系书写是晚近文化生态的具象折射，时代危机迫使国人追逐现代性体验，而现代学人在器械、制度和文化等层面的“外缘现代性”体验中，重构认知谱

① 舒舍予：《文学概论讲义》，北京出版社 1984 年版，第 2 页。

② 罗云锋：《现代中国文学史书写的历史建构》，法律出版社 2009 年版，第 35 页。

③ 罗云锋：《现代中国文学史书写的历史建构》，法律出版社 2009 年版，第 35 页。

系，在纯文学观的指引下确立了现代人文研究方法。一旦获就历史的文学进化观念，文论书写就改变了以往诗话、词话中常见的随意点评的传统方式，趋向对文学历程、文论演变的整体把握。有别于诗文评的直觉体悟，文论家的批评识见被大面积强化，这客观树立了现代文论体系书写的操作范式。借以日本体验，现代学人逐步接受西方强调情感、审美的文学观念，并以此来反观和重新审视传统文学、文论资源，以凸显自律的纯文学观念并以此来创建体系。晚清学堂以来的大学学术体制逐步完善，其分科教育模式强化了学科分类意识，国人自编讲义（教材）蔚为风潮，或以时序为线，或以问题为中心，大学课堂上的文学史、文学批评史和文学概论讲述，作为一种著述体例或者知识体系，借现代大学的传播效应，改变了传统文论的书写方式和认知途径，或开辟新途径，或引进新方法，现代文人的体系书写附着于现代大学特定的文化生产机制，成为现代中国文坛一道亮丽的人文景观。现代人文研究方法的完善，白话语言形态得以确立，隐寓着文论话语的权力转移。现代学人借以勤劬的学术实践，依托诸如刘永济《文学论》、谢无量《中国大文学史》、郭绍虞《中国文学批评史》等现代中国文论经典的榜样力量，形成文学概论、文学史、文学批评史三足鼎立的文论格局，从而标举了文论书写的现代形态和科学品格。

（作者单位：广东技术师范大学文学与传媒学院）

中国现代小说风景书写的时空机制①

郭晓平　魏　建

读者，在18世纪的西方作家们眼中，就是“乘坐马车的旅行者”。阅读小说就好像是在旅行，他从“移动着的观点来看世界”，从而在记忆中建立一个连贯性的模式。“他在这个旅行的每一个阶段所付出的注意力的程度”②，决定着他对世界的认知程度。如何打造一个个富于话语意义的风景点，等在读者必经的路边，并且适时地让读者与它们相遇，从而在读者的心灵记忆中将被动接受的一个个有意义的风景点，变为积极响应的有意味的风景画？这种风景安排，就是风景修辞的叙事策略，即W·伊泽尔所说的“策略的功能是组织这种具体化”，它是“读者形成等效系统”的基础，它们为读者“提供了一个相遇点”。也就是说，“策略不仅组织本文材料，也组织制约这些材料使之得以交流的那些条件”③。风景修辞策略既是打造和组织特定风景的方法，又是正确引导读者与话语意义“相遇”的技巧。中国现代小说风景书写的时空机制就是风景修辞的一种策略。

纵观目前的风景书写研究，研究者们自觉地借鉴国外的风景理论，但更注重立足于“解决中国学术当下的问题”④，在风景的发生、生产、叙事模式等方面都做出了有益的探索。本文从风景修辞策略的角度对中国现代小说风景书写展开分析，为进一步考察风

---

①　本文系教育部人文社会科学规划基金项目“中国现代小说风景书写研究”（15JYA751010）和山东省社会科学规划研究重点项目“中国现代文学视野下的齐鲁风景书写研究”（14BWXJ01）的研究成果。

②　［德］W·伊泽尔：《审美过程研究——阅读过程：审美响应理论》，霍桂桓、李宝彦译，中国人民大学出版社1988年版，第21页。

③　［德］W·伊泽尔：《审美过程研究——阅读过程：审美响应理论》，霍桂桓、李宝彦译，中国人民大学出版社1988年版，第117页。

④　魏建：《近十年来走向世界的郭沫若研究》，《山东师范大学学报》（人文社会科学版）2018年第4期。

景发生和呈现机制问题，应该说提供了一个新的研究维度和思路，有益于进一步拓展“中国现代文学的研究疆域”①。

一、双重架构的风景

中国现代小说在产生之初，就被置于一种时空架构中。如果说“现代”在新文化运动的先驱们眼中，主要就是一种时间范畴，体现为一种时间价值②，那么中国现代小说，则更多是对中国社会与“现代”关系的时空想象。但由于“现代”的超前性，这种想象更多表现为一种时间与空间的错位。中国现代小说的风景，既是聚合轴上的空间概念，又是处在组合轴上的时间维度。在现代中国的特殊语境下，风景或者被表述为新旧杂陈、传统与现代并存的“参差感”，凸显时空错位所带来的生命“苍凉感”；或者抹杀“现代”的时间意义，将风景置于一种超时代的哲学文化层面；或者为弥补“现代”在中国社会和文化中的缺席，强行对空间性风景进行现代话语的时间化整编和赋值，以消除时间与空间之间的空洞感。

具体来说，在时空错位的现代中国语境下，中国现代小说的风景是一个双向度的建构过程。一方面它是一个风景话语化，将现代话语赋予风景的过程；另一方面还是一个话语风景化，即风景内涵能被读者感知的过程。风景话语化，获得意义赋值的同时，还必须通过一定的叙事手段将话语风景化，使得风景意义得以呈现并为读者所感知。在这个过程中，修辞机制不仅是重要的助推力，而且还提供了话语实践的途径和策略。

风景空间在本质上的虚空性，不仅使得它可以容纳多样性的话语元素，而且在作者的排列布局和修辞机制的导引下，使它具有意义的可感知性。作为风景的感知主体是“通过内嵌在空间内的时间流来把握自身的存在”③。存在于时间线性发展过程中的时代历史内容，在中国现代小说叙事中转化为一幅幅风景空间的组合画卷，立足于人的观照，不断将政治、人文、社会等意识形态内容、作家的创作意图和情感态度、价值观念等油彩涂抹到自然地理的风景空间；并且打通了外在空间和内在空间的界限，“在场”的现实风景与“不在场”内在精神心理风景，在风景机制的推动下自由转换，不断发展又不停回溯，将风景书写深入人的意识和精神心理的深层。

---

① 魏建：《中国现代文学期刊研究与学派传承》，《山东师范大学学报》（人文社会科学版）2017年第3期。

② 孟悦：《中国文学“现代性”与张爱玲》，《批评空间的开创：二十世纪中国文学研究》，东方出版中心1998年版，第335页。

③ 李璐茜：《翻转的元风景——简评芦原义信〈街道的美学〉之空间叙述》，《符号与传媒》2013年秋季号，四川大学出版社2013年版。

从书写策略和技巧上来说，中国现代小说主要是通过对风景事物的拣选、组合和排列，以及风景空间并置关联因果意义、人与风景之间的交互作用、风景的意象化等手段，将丰富的意义内容赋予风景的各个空间。这使得中国现代小说中的风景，在时空不断转化的机制中，真正成为了物理空间、精神空间和社会空间三层叠加，在叙述的时间轴上不停奔跑又不断回溯，在空间层面不断并置、叠加、位移和转换，形成立体而丰满的意义场域。

时间的一维线性发展，使得风景空间具体可感；时间的多维性，使得风景空间被情感化和历史化。在对“时间现在的观照”，对“过去的透射”和对“未来的返照”中，小说中的风景被赋予了“升华、膨胀、变为半透明性的可能”，最终，风景“成为与整个小说世界不可分割的一个部分”①。中国现代小说的风景在风景话语化和话语风景化两个向度上的成功转化，最终使得作者的风景建构与读者的风景阅读在时空架构上达到成功交汇与融合。

（一）“第三维度”的建构——风景书写与阅读

在这里，我变成了一幅装饰画
多愁善感的画轴
螺旋形的画卷
黑白构图的画面
可是，我刚刚听见了呼吸声
不知道是画
还是我自己②。

这是皮埃尔·阿尔贝—比罗的《写给另一个我的诗》中的诗句。风景空间的意义就在铺展画轴的时间维度里产生。画卷的“螺旋好像用它相连的手将我们抱住”，在“我”转动画轴的过程中，“我”也被“印”在了画作里。画卷所表达的空间意义，不仅在作者所创作的画卷本身，还在阅读者“打开”和“体悟”的过程中。因此，对于小说来说，风景不仅具有“空间意义”，而且作者的描写意图也会不断拓展风景的空间意义③。作者用某种因果关系，在叙述中将风景空间里的景物与景物、景物与人等元素，按照自

① 李裴：《小说自然背景的形态——小说空间论之二》，《贵州大学学报》（社会科学版）1988年第3期。

② ［法］加斯东·巴什拉：《空间的诗学》，张逸婧译，上海译文出版社2013年版，第186页。

③ 王志明：《环境描写与小说空间》，《南宁师范高等专科学校学报》1999年第3期。

己的意图拣选并依序排列。风景元素本身并没有什么因果次序，但是在作者的组合排列中却将因果关系编织在其中。而在编织小说风景的叙述中，因果关系本身就是作者的创作意图、情感态度、价值倾向的体现。

正是在这个意义上来说，风景的主人，首先是对风景进行因果次序排列并用叙述进行编织的作者自己。于是，作者在叙述中勾勒风景画作的同时，也在营造另一个空间，那就是内在的空间。这种“内心空间的广阔性”① 难以想象，它被赋予了强大的扩张力和生长力。小说风景所具有的外在与内在的两重空间，相互渗透，相互转化，共同成长并营造出小说阔大的意义内涵。中国现代小说的风景由作者的灵魂幻化而来，并在不同时代的读者心里生根发芽，生长和传递。这种被作者灵魂点化的意义精灵，使得风景之树无限生长和扩张。所以说，“空间不在任何地方。空间在自己心中，就像蜂蜜在蜂窝里”②。

与此同时，作者不仅要在叙述中描绘画卷，用灵魂点染风景，同时还要考虑到读者接受的心理。作者还需要运用一定的修辞机制，将空间意义的铺展，回收到时间维度的叙述中，从而引导读者由风景空间的叙述层面直抵风景的意义深层。可见，读者阅读风景的过程与作者创作和建构风景的过程刚好是相反的。读者阅读的过程就是将时间纬度里的叙述转化为空间想象，然后把感知到的风景进行二次化整理，重新放置在时间纬度里。在时空的坐标轴中，读者的“二次化整理”再次建构起属于自己的“第三维度”的风景。由此，风景最终挣脱小说的平面束缚，成为立体多元的意义空间。

这样，在作者建构风景与读者阅读风景之间，就需要一定的修辞机制，导引读者“正确”打开风景卷轴，由风景的外在空间逐渐深入到风景的内在意义。在此，读者与作者的灵魂相遇，并进一步将读者的自我灵魂与作者交融，进行意义的传递，从而获得二次生长、升华和扩张。在这样的过程中，读者的自我不仅深深地印在了风景画作中，而且在他的阅读中，又再次创造出自己的风景。正是在这样的重造中，风景意义不断扩展和丰富，在不同时代得以生长和壮大。

因此，我们说，风景话语的意义建构不仅存在于作者布置风景空间的因果次序、编织自我灵魂的叙述技巧，还包括导引读者由外部风景抵达其内在意义深层，最终将自我情感与作者的灵魂交融，将二次意义叙述纳入到小说风景内的修辞策略。

风景在中国现代小说中常常被作者置于各种时空架构中，建构物理、精神和社会的

① ［法］加斯东·巴什拉：《空间的诗学》，张逸婧译，上海译文出版社 2013 年版，第 199 页。
② ［法］加斯东·巴什拉：《空间的诗学》，张逸婧译，上海译文出版社 2013 年版，第 261 页。

复合型、立体性的意义空间。但是，由于读者阅读风景、感知意义的过程与作者建构意义的过程刚好相反，这就要求作者必须将意义内涵编织到一个个的风景空间形式中，通过风景空间的并置或者转换等修辞机制，运用“内与外的辩证法”① 赋予风景以“流动性”，引导读者由外部风景到达内在风景，感知风景“内心空间的广阔性”②。正是在读者对风景空间的“二次叙述”中，风景空间又还原回时间维度中，风景意义最终得以显现和凸显。

（二）建构与感知：以《鷟鹭湖的忧郁》为例

> 一轮红橙橙的月亮，象哭肿了的眼睛似的，升到光辉的铜色的雾里。这雾便热郁的闪着赤光，仿佛是透明的尘上，昏眩的笼在湖面……
>
> 一群鷟鹭，伸长了脖颈，刷刷的打着翅膀，绕着田滕边的灌木飞过……③

端木蕻良是风景书写的圣手，“雄放中和着一缕忧郁，辽阔中渗着一点哀愁”④。这种忧郁是如何建构并被读者感知到的呢？或者换句话说，作者是如何在风景中将忧郁的情愫感染读者的呢？

《鷟鹭湖的忧郁》是端木蕻良早期短篇小说的代表作。整篇小说，首先映入读者眼睛的就是鷟鹭湖这一风景空间。由于作者在风景空间中有意设置了特定的人物视点——玛瑙，将风景物象进行“体验化”和“主观化”的点染，鷟鹭湖成为一种社会空间的同时，也与人构成了一种压迫和紧张的对峙关系。读者打开风景，首先看到的就是被玛瑙“过滤”过的风景：月亮带着血色，湖的四周被浓雾所包围。这雾“还一卷一卷的卷起来”，压迫着自己。连偷藏着的暗影也在凝视着人，比大紫杨本身似乎大了一倍的黑影，将对人的窒息感加倍。这种暗影将一切自然物象的善意和美感吞噬，将自然变换成了一种窒息、压迫甚至敌视和攻击。此时，风景对玛瑙所构成的有敌意的、威胁性的权力关系，很容易转移到读者的体验中。在读者的意识中，风景与人自动进行了组合、排列，并且对其进行了关系归类和定性。这种在“第三维度”建构起的风景与人的对立和紧张的权力关系，已经是超脱在具体文本之上的、读者的再次建构。此时，作者的风景话语建构策略宣告成功。读者找到了作者“希望他站立的地方”，找到了打开风景的正确方

---

① ［法］加斯东·巴什拉：《空间的诗学》，张逸婧译，上海译文出版社 2013 年版，第 273 页。

② ［法］加斯东·巴什拉：《空间的诗学》，张逸婧译，上海译文出版社 2013 年版，第 235 页。

③ 端木蕻良：《鷟湖的忧郁》，《中国新文学大系（1927–1937）》（小说集三），上海文艺出版社 1984 年版，第 589 页。

④ 赵园：《端木蕻良笔下的大地与人》，《论小说十家》，浙江人民出版社 1987 年版。

式，并且在“第三维度”的话语建构上，与作者的创作意图完美对接，最终实现了风景修辞叙事中“书写—阅读”相反而又同一的两个向度的融合。

风景“铺展”与“打开”完美融合的叙事惊喜，在小说中随处可见。作者还通过对鹭鹭湖的拟人化书写，在读者打开风景时，再次将其视线与鹭鹭湖重合。“湖是风景最美丽和最富表现力的特征。它是大地的眼睛，观赏者在把自己的眼睛潜入湖下时窥探到的是他自己的本性深处。”① 儿子为生计守青，年迈的父亲却成了偷青贼，和好友厮打在一起；为了活路，母亲牺牲贞操用身体作为交换，女儿趁机可以多偷一点粮食。一幅幅生存惨象铺展在读者眼前，这种巨大的视觉震惊，必将转化为巨大的心理和情感冲击。读者的悲悯最终和作者一起，化为对不公平社会的愤怒。此时，在读者“第三维度”的视线下，鹭鹭湖不仅是底层民众生存的社会环境的隐喻化写照，同时还是造成人间惨剧的刽子手。读者的情感向度和价值评判尺度，成功与作者融合。鹭鹭湖的忧郁，成为弥漫在不同时代读者心头的浓重阴云，具有了穿透时代的历史感。虽然端木蕻良的出生地确实是东北辽宁省昌图县鹭鹭树村，但是在风景时空机制中的鹭鹭湖，早已飞到一种象征和哲理层面，汇入整个中国现代小说的意义建构中。“端木本服膺于30年代左联的路线，写地主与佃户的阶级斗争，全民抗日，可是草原风光和钗光黛影乱了他的心，满纸是骚愁和柔情，脱离了政治要求。”② 这一对端木蕻良的批评，恰恰印证了他的独特性所在。

正如王富仁先生所说，端木蕻良笔下的风景，“不是一种人物活动的背景”，或者“单纯的自然景物”，而是“这个现实世界的基本图式”，它未必美丽，却比现代都市更具有生命活力③。作者在风景话语叙事中的内外两重视点设置、风景空间的对立、风景的情感化和性格化等叙事策略，在成功建构了风景空间意义的同时，还使得这种内涵指向和作家的情感态度，最终在读者的“二次叙述”中获得了成功交融。

二、时间形态与风景空间的关联建构

小说风景的建构和阅读在时空转换机制方面是一个相反的过程。因此，对于作者来说，小说的风景书写不仅是将空间形式转化成叙述时间的过程，同时还要实现读者在将叙述时间还原为空间形式的过程中，能够更多地感知到作者的情感态度和价值取向的修

---

① ［美］梭罗：《瓦尔登湖》，北京理工大学出版社2015年版，第158页。

② 曹革成：《〈科尔沁旗草原〉与〈红楼梦〉的创作比较》，《端木蕻良小说评论集》，北京出版社、文津出版社2002年版，第253—269页。

③ 王富仁：《文事沧桑话端木——端木蕻良小说论》（下），《中国现代文学研究丛刊》2003年第4期。

辞目的。也许这种时空转换的修辞机制，未必为每位作者所自觉意识，但是，它却成为风景书写中潜在的因素。

“空间的关系性连同其开放性意味着空间常常包含着一定程度的未预料性和不可预料性。于是，空间除了具有不确定结局外，也常常包含着某种‘混沌’元素（违背系统规定的元素）。这一‘混沌’来自于那些偶然并置、那些意外分离、那些地理结构中的矛盾性，确切地说，存在很多重要的路径在其中交织，有时还发生相互作用。空间，换句话说，被内在地‘干扰’了。”① 考察中国现代小说的风景书写，作家们善于在时间形态的变化中来建构关联性的风景空间形式：有时它们是同一时间节点的不同风景空间的并置，有时它们是不同时间点上的同一风景空间变换的不同图景的比照，有时它们还是时间前行中风景空间的绵延，甚至他们还是时间停滞中外部风景空间和内在精神空间的不停游走和转换。“加以表现、抵抗、规训和压迫”② 的风景，正是作者的创作意图和修辞目的之所在。读者游走在这些时间节点的风景空间中，不断在“混沌”中找寻风景的意义指向标，在“干扰”中探知风景空间的意义关联，在风景的二次叙述和还原中最终又将风景空间交付给时间维度，在时间的前行中将空间意义推向更远。

（一）双重时间化的风景空间

作者的创作意图存在于风景空间形式中，但是其意义的叙述化呈现仍然是时间性的；读者在阅读作品时需要将时间化的叙述还原为空间想象，在二次化叙述中最终将空间意义交付给时间。所以说，小说风景并不是纯粹的空间，反而是经过双重时间化的对象。当读者发现“被叙述”的风景空间，并且回到风景叙述原点去探求原因时，才会与作者的主观意图相遇，从而最终获得风景空间的意义内涵。因此，风景的叙述形式可以是空间性的，但是风景的意义内涵却是时间性的。因此，在时间一维和多维的塑造下，风景被中国现代小说叙述为各种空间形态，在各种风景空间的关系中隐含丰富的意义。与此同时，时间也只能存在于空间之中，空间的变化直接反映的是时间的流逝。

> 东方渐渐发白，窗缝里透进银白色的曙光③。

对于单四嫂子来说，日子就是窗缝里射进来的银白色光线，不知它从哪儿来的，也

---

① ［英］凯·安德森，［美］莫娜·多莫什，［英］史蒂夫·派尔：《文化地理学手册》，商务印书馆2009年版，第302—303页。

② ［澳］罗宾·朗赫斯特：《导言　主体性、空间和地方》，《文化地理学手册》，商务印书馆2009年版，第415页。

③　鲁迅：《明天》，《鲁迅全集》（第一卷），人民文学出版社2005年版，第474页。

不知它又到哪里去了。时间自然形态的无意识存在，正是单四嫂子茫然的、不自觉的精神状态和生存状态的写照。

> 四面的白壁，一天的微光，屋角几堆的黑影。时间一分一分的过去了。……
>
> 黑影漫上屋顶去，什麽都看不见了，时间一分一分的过去了①。

而对于何彬来说，时间就是屋角的黑影。他在黑影移动的空间变化中，感知到了时间的流逝。可是，这份有意识却带给了他更深切的苦痛，他无法挽留这一切。在时间面前，他充满了无力感和挫败感、孤独感。

中国现代小说的风景常常就是时间流逝中凝结的美丽化石，叙述风景空间的方式中常常深埋着作者的创作意图和精神向度。

> 连翘花的清香散在四月的绿槐荫下寂寂的草径中，印空法师正一个人在那里彳亍着②。
>
> 正是一个枫丹露冷的晚秋，山上的树木有少半数已经枯黄了……印空法师……从卧室中踱了出来到弥勒殿上。仿佛是去看看山上的秋光③。
>
> 冬令也象是人之残年似的，沉冷而黯淡，朔风密雪弥漫住山峰，涧，谷，秃林。……很奇异，除了身体的痛苦之外，他的精神烦扰直是有生以来一个稀有的期间。……他本来湛明无一物的心中总似乎有个沉重的东西在坠拖着……④

王统照的早期小说《印空》是其创作中为数很少的以佛教为题材的一篇小说。整篇小说在一维的线性时间组合轴上顺序展开，辅以短暂的时光回溯；同时在空间的聚合轴上，选取了三个跳跃性的时间节点的风景画面。小说无论是时间机制还是空间机制，都充满了内在的矛盾和张力。

在《印空》中，存在着双重的时间机制和空间机制。这种双重的时空机制，在由人

---

① 冰心：《超人》，赵家壁主编《中国新文学大系》（小说一集），上海良友图书印刷公司1935年版，第11页。

② 王统照：《印空》，《中国新文学大系（1927—1937）》（小说一集），上海文艺出版社1984年版，第144页。

③ 王统照：《印空》，《中国新文学大系（1927—1937）》（小说一集），上海文艺出版社1984年版，第148页。

④ 王统照：《印空》，《中国新文学大系（1927—1937）》（小说一集），上海文艺出版社1984年版，第157页。

与自然组成的风景组合中呈现出来。小说按照时间线性顺序展开，其中物理时间跨度达到20多年，即从印空法师下山到他离世。物理时间按照自然的节奏，周而复始地轮回着，由春到秋，由秋到冬。但与物理时间相对应的，是人的心理时间，是人的生命体验的变化。对印空法师来说，生命始终停留在对那个春天的追忆，佛理与人事的纠缠，生理与心理的苦闷压抑。花开花落，草枯鹰飞，时间长河流逝的平静中，印空法师内心却深藏着深切的痛苦和煎熬。

与此同时，在空间建制上，小说由三个时间节点的季节风景组成。春天山花烂漫，生机勃勃；秋天树叶枯黄飘落，万物渐趋凋零；冬天沉冷暗淡，朔风密雪。这是自然季节变化应有的样子、生命必然经历的过程。在三幅季节风景空间的画面中，总有一个人矗立在那里。他看似与自然风景是谐和的，其实他的身体和心理却总是在与自然生命抵牾与搏斗。在春天，带着对佛理实证的求知欲和对自我修行的理性自信，印空法师体悟了一番人事的“颠倒”。但深谙佛理的印空法师在人性面前显然是过于傲慢了，他低估了春天里生命力勃发的伟力。他把自己藏在自然风景的静谧里，但是，他的内心世界与自然风景充满了内在的排斥性张力。他用佛理不断地在内心里自我挣扎，但越挣扎越被束缚在其中，难以自拔。从此这颗人事因缘的种子，不断地消耗着他的心力与生命力。他的身体渐渐走向枯竭，内心的煎熬却愈来愈激烈。

印空法师不能把控的不仅是自我，还有人事的因果。“时间是予人以休息与变化的。有时因为年光的关系将人间一切幕后的戏剧颠倒开演出来，将人与事的纷复奇妙的因果偶合地自然地凑泊出来。这是宇宙中最能永把持住的最高威权，一切的变化都在听时间之神的支配，运用搏合分解。”“平山的山色自春徂秋仍然是旧有的状态；禅悦寺也是耸立山岩与丛林中不失其尊严。”① 时光一成不变地向前飞驰，自然按照自己的年轮循环往复，在这样的时空中，人事沧桑不断上演，又终于在时间中沉寂，成为云烟。

《印空》是王统照小说创作中独特的一篇，表面上看是一部佛教题材的作品。但其实，它的意蕴不仅于此。王统照在风景的时间和空间维度中，还建构了人的维度。这就使得王统照对人事沧桑的思考具有了比其他作家更阔大而深邃的眼光。这种眼光不是仅仅聚焦在人的悲欢离合上，更为重要的是，他站在了不断前行的时间和亘古不变的自然空间的维度上，来观照人。他发现了人在时空面前的傲慢，他发现了人对时间因果次序的挑战，他发现了人的卑微与弱小，他发现了人间苦痛的根源。这一切的思考，唯因有了时空维度，才具有了超越性的广度与深度，其内涵早已超脱了佛教范畴，飞升为一种

① 王统照：《印空》，《中国新文学大系（1927—1937）》（小说一集），上海文艺出版社1984年版，第157页。

对生命的哲理思索，并在不断飞逝的时间中，具有了透射过去和返照未来的恒久意蕴。

> 浓绿森森的叶中，发出来的蝉声，把时间空间叫得无边无限。烈日之下，宇宙好像要在这种状态中，从此终老。他懒懒地对着寂寞的，轻轻蒙住一层暗淡轻纱的“晚祷”，他一句也说不出来，心境异常平淡……①

像老舍的《月牙儿》中的月牙儿、沈从文的《一个女人》中的雪、端木蕻良《浑河的急流》中的浑河等，这些编织在时空维度中的中国现代小说的风景，不但具有立体而阔大的现实空间，而且具有超越性的、深邃的意义内涵；它不仅具有特定时代的鲜明印痕，更具有跨越时空的穿透力和哲理意蕴。置身具有内在张力的风景中，读者在为风景叙述中的矛盾、冲突而深思的同时，也把自我置身其中。作者和读者对于风景意义的建构和追索，共同使得中国现代小说的风景书写超脱了时代和地域的束缚，具有了超越性的深邃魅力。

（二）“无地方的地方”——差异性的风景空间

福柯把镜子当作“无地方的地方（a placeless place）”②，镜子把空间分为了真实和不真实这样两个差异性空间。镜子的魔力在于：真实空间的我，看到了镜子背后虚像空间的“不在场”的我；而那个处在虚像空间的我，在“不在场”的地方看见了自己；镜内的“不在场”的我与镜外的“在场”的我形成了一种抵抗的张力；镜内的不在场的我，凝视着镜外的在场的我，这凝视是如此专注，透过其眼睛，镜外的我得以意识到自己的存在，得以回到自我本身。

中国现代小说中，常常出现一些类似于镜子乌托邦的风景，它们是一些“在场”和“不在场”的风景时空机制。这种时空机制，或者是时间和空间共同的“不在场”；或者是“在场”的空间与“不在场”的时间组合；或者是“在场”的时间与“不在场”的空间的错位。这种时空机制的错位书写，营造了差异性的时间和差异性的空间。风景意义内涵和作家的创作意图在这种时空的差异性并置和错位中，得以凸显；而读者在阅读这些差异性的风景时空时，很自然地就会在这种差异性中来寻找风景意义的所在。

> 感觉在身体的周围，有一种怕人的冷气袭来，薄弱的，黄昏的阳光照在那黑的

① 冯至：《蝉与晚祷》，赵家壁主编《中国新文学大系》（小说二集），上海良友图书印刷公司1935年版，第112页。

② ［法］米歇尔·福柯：《不同空间的正文和上下文》，陈志悟译，包亚明主编《后现代性与地理学的政治》，上海教育出版社2001年版，第22页。

土墙上，浮着一层凄惨的寂寞的光。人就像处在一个幽暗的，却是半透明的那末一个世界，与现世脱离了似的①。

这种“在场”的物理风景与“不在场”的心理风景的并置和叠加，互为映照，共同构成双重、立体的“在场”风景空间。这种立体的“在场”风景空间，在镜外“不在场”自我目光的逼视下，由现实的外在环境，直抵人物的心理和意识的深层。正如波德莱尔所说，“生命的深度”常常在“灵魂的某些超自然状态中”完全显现出来，此时，“景象成为了生命深度的象征”②。

丁玲擅长在风景书写中将“在场”时空与“不在场”时空并置，两种风景时空既是排斥的又是统一的，既是静止的又是互相转化的。透过风景里“不在场”的自我对“在场”的自我的凝视，丁玲将时间的“在场”，推进到时间的“不在场”；将风景外部空间的客观描写，推进到空间意义的内在广阔性的挖掘；将客观风景的书写，推进到主观心理的层面。从这个意义上才可以理解，丁玲的风景从来都是心灵的风景、自我的风景。唯因抽离了具体时空的现实束缚，自我对自我处境的审视，自我对自我意识的体察，自我对自我内心的剖析，才会格外深刻和清醒，才会真正具有击碎现实虚幻假面的力量，才会直抵真实现实和自我的底层。

月亮还没出来，织女星闪闪的在头上发出寒光。天河早已淡到不能揣拟出它的方向。清凉的风，一阵一阵飘起她的头发。沉寂的夜色，似乎又触着她那无来由的感动……③

但有时“在场”的风景成为一种时间停滞、空间遗世的“绝对的环境”。

这种环境可以是一种由外在到内在空间位移和转化的触发机制。它促使“在场”的自我由现实世界的烦躁沉入自我世界的宁静。这种沉思也许是痛苦的，也许是艰难的，可是“在这环境里，目光凝成光亮，在那里这光亮是看不到的却始终在看着的眼睛的绝对闪光，因为这是镜中我们自己的目光，这个环境是最佳的吸引人、诱惑人之处：光亮，它也是深渊，那种人们深陷其中吸引人的，使人恐惧的光亮”④。

① 丁玲：《在医院中》，《丁玲文集》（第3卷），湖南人民出版社1983年版，第261页。

② ［法］波德莱尔：《私密日记》，张晓玲译，湖南文艺出版社2007年版，第29页。

③ 丁玲：《梦珂》，《丁玲文集》（第2卷），湖南人民出版社1983年版，第18—19页。

④ ［法］布朗肖：《文学空间》，顾嘉琛译，商务印书馆2003年版，第15页。

星星在繁密的叶子中灿烂着，潮湿的草香，从那蔷薇花，罂粟花丛中透出。等梦坷感到冷时，椅背早已被露水湿透了①。

这样的“绝对风景”与现实环境之间常常是断裂的和分割的，或者说它存在于现实风景的缝隙。通过现实风景空间的缝隙，自我得以跳出“在场”场域，超脱自身，进入时空“不在场”的意识深层，进而实现更理性的反观“在场”。

窗外的空间只有错杂的屋脊和尖顶……四处都寂静了，我却听见微风吹动窗叶的声音，好像是大自然在那里幽幽叹气的样子②。

郁达夫的《青烟》中，存在着多重的“在场”与“不在场”的空间并置：窗内与窗外、城市风景与乡村风景、外在现实与内在意识。在这些空间并置和对立中，郁达夫又设立了时间维度回溯过去和返照现在。双重的时间维度和多重的空间维度，构建出了郁达夫小说充满冲突与错位的意义空间，而多样性的景物最终都统一于并从属于内部空间，最终凸显出风景的深刻性。

与透明的清水相似的月光，平均的洒遍了这县城……黄昏的影子，各处都可以看得出来了。……今晚的月亮，几乎要被小巧的人工比得羞涩起来了③。

在多重的“在场”与“不在场”的风景空间并置对比中凸显出的意义内涵，最终又在时间的“不在场”中走向虚无。这就使得在不停闪回的风景空间中不断追寻意义的读者，突然遭遇了断崖式的意义悬空和断裂。此时，读者不仅能体会到小说主人公灵魂的苦闷和窒息，自我追索意义奔跑的喘息，还可以更真实地感知到自我心灵的失落和失重。这种心灵的失重感的升腾，也赋予了小说风景意义在时间维度上以过去的积累返照和冲向未来的惯性和力度，并在时空的加速度中具有了抽象的哲学意蕴和内涵。

在半醒半觉的意识里，他只朦朦胧胧的知道世界从此就要黑暗下去了，这荒野的干燥的土地就要渐渐的变成带水的沼泽了，他的两脚的行动，就要一刻一刻的不自由起来了。但是他也没有改变方向的意思，还是头朝着了幽暗的天空，一步一步

---

① 丁玲：《梦珂》，《丁玲文集》（第2卷），湖南人民出版社1983年版，第34页。
② 郁达夫：《青烟》，《郁达夫全集》（第1卷），浙江大学出版社2007年版，第268页。
③ 郁达夫：《青烟》，《郁达夫全集》（第1卷），浙江大学出版社2007年版，第269—270页。

的走去……①

在《怀乡病者》中，郁达夫直接将风景塑造为“在场”或“不在场”的阔大时空。“在场”的时间和空间都是凝滞不变的，整篇小说始终停留在下午5点钟的那一时刻和主人公寄寓的那间小楼。但是，风景却被打造成“不在场”的、在凝滞时间中流动的、多维的叙事空间。自我在“不在场”的流动的空间中艰难跋涉，风景与“孤独的内心状态紧密联接在一起”。而只有在“‘内在的人’（inner man）那里，风景才能得以发现”②。“白云来往”、“残春碧落”、“樱花小片无风飞坠的微声”……“内在的人”于质夫捕捉着自然界微小的变化和声响，而这些正呼应了人物寂寥、惆怅的情感状态。

更耐人寻味的是，“在场”与“不在场”的多维风景的空间建构，反过来又重新塑造了小说的叙事时间。一个个并置、错位的风景空间相互叠加，从而赋予了凝滞的时间以线性发展的生命；而获得了生命质素的时间进程又给予了风景意象以历史感和纵深感，具有了穿透时空的恒久魅力。在多维的风景空间架构中，主人公小我的心绪和情感，此时上升为大我——对民族、历史和国家观照；而在时间的线性历史发展中，风景穿越了过去、现在，并向未来飞升，从而获得了超越时代和地域、政治等的文化内涵和属性。

在沉浊的夜气中间走了几步，他就把她忘记了；……他一个人只在黑暗中向前的慢慢走去，时间与空间的观念，世界上一切的存在，在他的脑里是完全消失了③。

郁达夫再次抹杀了时间和空间的存在，将一切归为虚无，最终将风景意象内涵定格。穿越时间和空间的风景建构，抽离了外在的一切附着，赋予了孤独、迷茫的思绪以哲学化的恒长意蕴和思索。主人公的随波逐流，既是对现实的无奈，也有对自我的放逐，从而为作品涂抹上浓重的悲剧意蕴。

这样的风景时空机制，在郁达夫的小说《青烟》、《落日》、《离散之前》、《微雪的早晨》等作品中都有设置。而这种时空机制的多重建构，不仅赋予了风景书写的多重内涵，丰富了人物形象的塑造手段，而且成为读者阅读的导向标和指示图。读者在时空机制的回环中按图索骥，感知作者的创作意图，最终完成风景的二次叙述；而读者的时间维度的二次叙述，又再次将风景意义汇入历史的长河中，不断流淌，生生不息。

---

① 郁达夫：《怀乡病者》，《郁达夫全集》（第1卷），浙江大学出版社2007年版，第170页。

② ［日］柄谷行人：《日本现代文学的起源》，赵京华译，生活·读书·新知三联书店2003年版，第15页。

③ 郁达夫：《怀乡病者》，《郁达夫全集》（第1卷），浙江大学出版社2007年版，第175页。

(三)"编织"与"打散":风景记忆的张力变奏

从某种意义上说,文学"既是人类记忆的产物,也是人类记忆的组成部分"。一个作家在写作的任何阶段,"总会以这样或那样的方式走进记忆",将尘封的往事揭开,"接受记忆的邀约"①。在中国现代小说中,风景书写常常是"接受记忆的邀约"的一种方式,或者说,记忆常常在风景中浮现和建构,它不仅仅是时间维度上由现在向过去的回溯,还是对过去"特定的时代"位置的拣选和空间的特定呈现方式。

> 我冒了严寒,回到相隔二千余里,别了二十余年的故乡去②。

《故乡》写于1921年1月,记述的是鲁迅返乡的一次真实的经历。鲁迅在日记中明确记载,1919年12月他回绍兴省亲,接母亲和朱安进京。因此,小说中就存在着1921年这个叙述时间和1919年这一故事时间。但是除了这两个时间节点外,其实还有第三个时间就是"20余年前"。在时间维度上,以叙述时间为"现在"的话,时间回溯中,就出现了两个"过去"的节点。在这两个过去的节点上,鲁迅展开了两幅风景。

一幅是省亲时看到的:

> 时候既然是深冬;渐近故乡时,天气又阴晦了,冷风吹进船舱中,呜呜的响,从篷隙向外一望,苍黄的天底下,远近横着几个萧索的荒村,没有一些活气。我的心禁不住悲凉起来了③。

一幅是20多年来留存在记忆中的:

> 这时候,我的脑里忽然闪出一幅神异的图画来:深蓝的天空中挂着一轮金黄的圆月,下面是海边的沙地……其间有一个十一二岁的少年,项带银圈,手捏一柄钢叉,向一匹猹尽力的刺去,那猹却将身一扭,反从他的胯下逃走了④。

本雅明在《普鲁斯特的意象》一文中分析了普鲁斯特的杰作《追忆逝水年华》,认

① 洪治纲:《文学:记忆的邀约与重构》,《文艺争鸣》2010年第1期。
② 鲁迅:《故乡》,《鲁迅全集》(第一卷),人民文学出版社2005年版,第501页。
③ 鲁迅:《故乡》,《鲁迅全集》(第一卷),人民文学出版社2005年版,第501页。
④ 鲁迅:《故乡》,《鲁迅全集》(第一卷),人民文学出版社2005年版,第502页。

为普鲁斯特在其作品中，“不是按照生活的实际面貌来描写生活”，而是根据回忆来描写生活。对于作者来说，他所经历过的事情并不重要，重要的是“对回忆的编织”，“因为白天拆散的就是夜晚编织的”①。在本雅明看来，普鲁斯特的价值就在于“非意愿记忆”赋予了“震惊的体验”以“一种诗的结构”。从而使得“震惊便成为震惊的形象”。正是“震惊”以及诗人试图躲避震惊的企图被诗人打造成“虚张声势的攻击”②。在《故乡》中，两个记忆点的风景打造的就是这样的两种记忆——“意愿性记忆”和“非意愿性记忆”。省亲时亲眼看到的，显然是一种“非意愿性记忆”，它猝不及防地给了作者以“震惊”，是作者所企图躲避、拆散和否定的：

> 阿！这不是我二十年来时时记得的故乡？
>
> 我所记得的故乡全不如此。我的故乡好得多了③。

而后者，20年来一直留存在记忆中的是“意愿性记忆”，只要需要，随时调取。“现在我的母亲提起了他，我这儿时的记忆，忽而全都闪电似的苏生过来，似乎看到了我的美丽的故乡了。”④

线性发展的时间，必然将不同时间节点上的两种风景空间自动排列，从而在风景空间的交替对比中，呈现时间维度上的风景空间的变化。这种发展对比，将某种价值判断和情感态度赋予或隐藏在对风景空间变化的动因中，从而启发读者进行历史主义的追溯；但与此同时，作者还将两种风景空间进行了压缩，同置于记忆空间的考量之下，从而使得两种故乡风景之间充满了悖论性、排斥性和否定性的张力。在掀起被遮蔽的风景一角时，故乡真正是什么面目已不重要，重要的是由风景的外部空间，直接走入了人的意识空间。作家把注意点由风景空间的对比变化，转移到对风景空间建构主体的人的思索，并以此放大为对人类历史和命运的思索。这种对回忆者的质疑，对思考者的思考，所达到的艺术高度和思想深度，在中国现代小说中可以说是不多见的。这种对自我的拷问，叶灵凤的《女娲氏之遗孽》中三个自我对同一事物的不同评价，郁达夫的《青烟》中分裂的两个自我，潘训的《心野杂记》叙述者的梦境所割裂出的两个自我，黎烈文的《舟

① ［德］本雅明：《普鲁斯特的意象》，《作品与画像》，文汇出版社1999年版，第80页。

② 张旭东：《发达资本主义时代的抒情诗人中文序言》，生活·读书·新知三联书店1989年版，第22页。

③ 鲁迅：《故乡》，《鲁迅全集》（第一卷），人民文学出版社2005年版，第501页。

④ 鲁迅：《故乡》，《鲁迅全集》（第一卷），人民文学出版社2005年版，第504页。

中》中人称的转换等，都有一定的叙事设计。

> 但要我记起他的美丽，说出他的佳处来，却又没有影像，没有言辞了。仿佛也就如此①。

作者立足现在，回望过去，表面上看是对过去时间点上的风景空间的审视，对故乡记忆的真实性辨析，其实是在“意愿”与“非意愿”的对比呈现中，对自我心灵的拷问，是对记忆编织的抵抗和对记忆遗忘的拒绝，表现出作家面对“震惊”现实的勇气和面对虚妄希望的清醒。鲁迅先生对回忆的警觉极具现代性，和本雅明不谋而合——“回忆是一种基本的现象；它旨在给我们时间来组织我们原本无法接受的刺激”②。也就是说，回忆有时是一种对震惊的缓冲，其实质类似于遗忘。但鲁迅先生是拒绝“忘却的逃避”的，他“一面挣扎着，还想从以后淡下去的‘淡淡血痕中’看见一点东西，誊在纸片上”③。

但历史的车轮毕竟是向前发展的。

> 老屋离我愈远了；故乡的山水也都渐渐远离了我，但我却并不感到怎样的留恋。我只觉得我四面有看不见的高墙，将我隔成孤身，使我非常气闷；那西瓜地上的银项圈的小英雄的影像，我本来十分清楚，现在却忽地模糊了，又使我非常的悲哀④。

此时，作家从时间的回溯和闪回中转过身来，再次面对未来。那个“意愿性记忆”中编织的故乡风景变成了虚无的梦幻，但对被遮蔽的、试图拆散的“非意愿的”风景记忆，作家保持着足够的清醒而拒绝遗忘。这样两种风景空间构建的过去的两种记忆，就构成了一种巨大的张力。两种风景记忆的矛盾、错位与冲撞，创造了风景无限丰富的现代意义空间。风景此时已不是具体的空间意象，也不是具体的时间概念，而是被赋予了超越性的意义存在，是一种超越时间和空间而存在的“精神堡垒”。正是在这样的层面上，小说结尾再次出现的风景——“我在朦胧中，眼前展开一片海边碧绿的沙地来，上

---

① 鲁迅：《故乡》，《鲁迅全集》（第一卷），人民文学出版社2005年版，第501页。

② ［德］本雅明：《发达资本主义时代的抒情诗人》，张旭东、魏文生译，三联书店2007年版，第133、135页。

③ 鲁迅：《而已集·答有恒先生》，《鲁迅全集》（第三卷），人民文学出版社2005年版，第477页。

④ 鲁迅：《故乡》，《鲁迅全集》（第一卷），人民文学出版社2005年版，第510页。

面深蓝的天空中挂着一轮金黄的圆月”①，最终飞升为一种哲学意蕴的恒久存在——“我想：希望是本无所谓有，无所谓无的。这正如地上的路；其实地上本没有路，走的人多了，也便成了路”②。

巴赫金说：“记忆对我来说是对未来的记忆，对他人来说是对过去的记忆。”对鲁迅来说，亦是如此。“如果人不知道自己去哪里，那么很快他就不知道他正在哪里。”③ 在《故乡》中，正是因为有了现在的坐标点，风景记忆才有了透视过去和前瞻未来的现代性。这种现代性使得作家对风景记忆保持着高度的警觉，他穿透风景空间的表面，直抵其风景记忆建构的实质。作者在对风景记忆空间不断编织、建构又不断拆散、否定的张力变奏的辨析中，展开了对于风景记忆主体——人的剖析和对现实社会的深刻透视。

时间不断延伸，现在终将成为过去，未来也终将会被现在所取代。风景意义在这样的时间发展维度上不断绵延，张力性的时空机制使得风景具有了某种膨胀力和冲向未来的惯性。对过去的返照，必然成为一种冲向未来的前瞻性的思索力。这使得风景最终收获的是一种现代意义上的“广阔性”：“广阔性就在我们心中。它关系到一种存在的膨胀，它受到生活的抑制和谨慎态度的阻碍，但它在孤独中恢复。一旦我们静止不动，我们置身别处；我们在一个广阔的世界中梦想。广阔性是静止的人的运动。广阔性是安静梦想的动力特征之一。”④

正如陈平原先生所说，“过去的故事进入现在的故事，不仅仅在于故事自身的因果关系，而在于人物的情绪与作家所要创造的氛围，借助于过去的故事与现在的故事之间的张力获得某种特殊的审美效果”⑤。《故乡》中对风景记忆的张力性时空设置，不仅有利于故事情节的发展和突出小说的情感氛围，而且在回忆与拒绝回忆的相互撕扯中，彰显了作品的主题内涵，体现出了作家的创作意图，一定程度上实现了作家的修辞目的。

（四）时空同一的诗意编织

中国现代小说的风景记忆比比皆是，尤其是对故乡风景记忆的书写更是数不胜数。除了鲁迅之外，还有诸如沈从文、萧红、废名等。但是，对风景记忆持如此怀疑态度的作家并不多。同样是立足现在对过去的回望，沈从文回避对于张力性风景记忆的建构，更注重对风景的和谐性的诗意编织。

槐化镇在沈从文的创作中多次出现，比如在《自传》和《我的教育》中都出现过，

① 鲁迅：《故乡》，《鲁迅全集》（第一卷），人民文学出版社2005年版，第510页。
② 鲁迅：《故乡》，《鲁迅全集》（第一卷），人民文学出版社2005年版，第510页。
③ ［法］加斯东·巴什拉：《空间的诗学》，张逸婧译，上海译文出版社2013年版，第237页。
④ ［法］加斯东·巴什拉：《空间的诗学》，张逸婧译，上海译文出版社2013年版，第237页。
⑤ 陈平原：《中国小说叙事模式的转变》，北京大学出版社2010年版，第50页。

但出现的面貌迥然不同。沈从文对风景记忆还是有着现代性的警觉的。在意识的深层，他意识到了存在着“意愿”与“非意愿”的挣扎与搏斗。但是“在白天打散的，就是在夜晚编织的”，无论是风洞、泉水还是铁炉，都让作家难以忘怀。作家自觉拣选了美的、和谐的风景，而自觉屏蔽和过滤掉了“不愉快”的记忆。因此，在沈从文的风景记忆中，难有张力性的时空设置，而是一种和谐的、合目的性的、整体的编织和建构。

魏巍说这是一种“抵制记忆”，这是有一定道理的。但同时这也是一种有意识的选择。首先，沈从文的大部分乡村小说虽然都是从回忆中拣选而来，但是在时光回溯中，却鲜有明确的时间标示，可是却都有明确的湘西地域和地理标志。

> 把船停顿到岸边，岸是辰州的河岸①。

> 辰河中部小口岸吕家坪，河下游约有四里一个小土坡上名叫“枫树坳”，坳上有个滕姓祠堂。祠堂前后十几株老枫木树……②

这些作品中，沈从文在时光回溯中设置的以湘西风光为背景的风景空间中，不存在相互矛盾、冲突的差异性空间对峙，在每个空间内部也几乎不存在异质性的元素。因此，在沈从文的小说风景中，无论是自然元素之间、人与自然之间、人与人之间都保持着高度的和谐，构成了完美的生命形态。因此，流连于沈从文的小说风景，时间反而好像是凝滞不动的，永远定格在最和谐、完美的状态里。沈从文自称“这种又妩媚，又野蛮，别有风光的情形”，“简直是一种梦中的神迹”③。“满眼是诗，一种纯粹的诗。生命另一形式的表现，即人与自然契合，彼此不分的表现，在这里和感官接触。”④

在这样的风景空间中，自然与人交互影响，互相渗透，不仅自然风景被人格化，人也被风景化。《边城》中的渡船、白塔和通灵性的狗，《阿黑小史》中那独具意味、目睹了生命哀乐的碾坊，《媚金、豹子与那羊》中纯白的羊羔、铺满鲜花的山洞，这些形象在沈从文笔下是作为自然景物的组成部分而出现的，但他们无一例外地打上了人的烙印和生命的烙印，体现了自然所具有的生命灵性。人的自然风景化不仅体现在心理、生理上，同时也体现在情感、观念上。在沈从文笔下，最美的人是与生机盎然的自然一样，

---

① 沈从文：《柏子》，《沈从文全集》（第9卷），北岳文艺出版社2002年版，第39页。

② 沈从文：《长河》，《沈从文全集》（第10卷），北岳文艺出版社2002年版，第22页。

③ 沈从文：《在私塾》，《沈从文全集》（第2卷），北岳文艺出版社2002年版，第56页。

④ 沈从文：《泸溪·浦市·箱子岩》，《沈从文全集》（第11卷），北岳文艺出版社2002年版，第376页。

拥有蓬勃生命力的人。首先，他们是一种力与美的化身，外表上是优美的，体魄上是健壮的。翠翠、阿黑“皆在风日里长来”，皮肤晒得黑黑的，如同山中小兽一般地清灵，自由自在地流动着鲜活的生命，眸子也如山涧水一样地清明，在生命的流动中编织着梦；而傩送、大佬、二佬、神巫、龙朱等人身上，更是洋溢着雄强的生命力。作者把他们活化成一种力的象征：“‘年龄’在这个神工打就的身体上，增加了些更表示‘力’更像男子的东西……一颗心，则同样因为年龄所补充的，更其能顽固的预备承受爱给予爱了。”① 其次，与自然完全契合的人们，有着和自然万物一样的蓬勃生命活力。这种生命力可以冲破一切束缚和压制，达到生命本真的自由与和谐。当然，沈从文的湘西世界里也有哭泣和悲伤，但被他仅仅看作生命本来的一部分而坦然接受。

但这样的风景空间建构，绝不是一种原始状态，而是一种人性的自然形态。他欢喜的是人顺适自然的黄麂似的生动跳脱处，而不是为所谓文明所侵染的媚俗之举。因此，在沈从文的风景空间建构中，始终有一个“参照物”；在其风景时间中，也始终有一个“现在”的叙述时间的比照。回忆的时空起点，已经决定了回忆时空的建构。

湘西的和谐性风景建构，看似与空缺的都市空间格格不入，而是截然相反地充满矛盾张力，其实，却是一种补偿性的平衡机制使然，最终走向的仍然是一种和谐状态。这种状态，有作家个人生活层面的，也有民族国家命运层面的；有地域层面的，也有文化层面的。

在作家的精神尺度中始终存在一个对照物。正如南方的槐化镇，有一个对照的北方的北京；槐化镇的远，有一个比照的对象就是“很多北方人的思想之外”。

> 槐化是个什么地方？我不说。这地方是有的，不过很远很远罢了。这地方，虽然在地图上，指示你们一个小点，但实际上，是在你们北方人思想以外的，也正因其为远到许多北方人（还不止北方人）思想以外，所以我才说远②！

“北方人的思想之外”成为早期沈从文选取记忆、描写风景画面、叙写故乡风情的有意识的标准，甚至在早期带有小孩子般的赌气。后来在1934年沈从文匆匆返湘探母的途中写给张兆和的书信里，这样的意气用事还随处可见。“你若见了这里的山，你就会觉得劳山那些地方建筑房子太可笑了。也亏山东人好意思，把那些地方也当成好风景，而且作为修仙学道的地方，真亏他们。”③ “真亏他们”的口气透着善意的嘲笑，但更多的

① 沈从文：《龙朱》，《沈从文全集》（第5卷），北岳文艺出版社2002年版，第327页。

② 沈从文：《槐化镇》，《沈从文全集》（第1卷），北岳文艺出版社2002年版，第106页。

③ 沈从文：《湘行书简》，《沈从文全集》（第11卷），北岳文艺出版社2002年版，第145页。

是一种文化的自信。

凌宇认为沈从文的乡村题材作品“都是都市里的田园之歌”。“乡村生命形式”的坐标，来自都市人生。他构建的湘西世界，“全部都是都市人生思考的反拨”①。作家回望的姿态，本身就带有补偿现实缺失和获得某种生存自信的目的性。回忆时空机制的出发点也正是来源于现实。时间回溯的回忆机制，使得存在于两个时空层面上的风景空间并置在一起，观看主体和观看对象不仅是此在的同一，而且常常融为一体。回忆的湘西世界的温情和温馨，抵御了作家现实中的凄冷和凄惨；湘西世界不受现实文明羁绊和束缚，自由、和谐的生命形式和生存方式的诗意建构，对应的正是被现代文明窒息的都市社会的癔症。这样的小说建构，不仅使得作家以地域书写蜚声文坛，而且使得湘西成为一种文化理想，与北方文化具有一定的并列性资格。从这个意义上来说，乡村风景空间与都市风景空间在对立的同时，也存在着某种补偿关系；在对立统一中，共同建构和调和着作家的生命意识。

其实这种风景建构企图，沈从文自己也曾谈道：“我的作品稍稍异于同时代作家处，在一开始写作时，取材的侧重在写我的家乡，我生于斯长于斯的一条延长千里水路的沅水流域。”②

沈从文看似在写湘西的历史变迁，其实，其中隐含着作家差异性湘西风景建构的演变：首先，这是与同时代作家的创作题材迥然不同的诗意化湘西；其次，这是与北方文化并置、甚至有着生命形态优越性的湘西；第三，这是中国的湘西，它不仅仅具有文化优越性，在特殊的时期，它还可以占据地理和政治的优势。

“想象力是先于记忆的。”③ 沈从文也不例外。他的“湘西风景”正是接受了“记忆

---

① 凌宇：《沈从文传》，北京十月文艺出版社1988年版，第137—139页。

② “三十年代，我又有机会两次回到我家乡那片土地上，后一次且在我少年时代第一次离家停留处沅陵住下三四个月。人事接触多一些，并较深明白家乡的变化和不少问题，因就我熟悉热爱的故乡种种见闻，写了一组散文，题名为《湘西》。当时抗日战争正在发展中，南京业已沦陷，战事正向长江中部武汉逼近，湘西成了军事后方，许多公私机关和大批逃难人民正向沅水流域迁移。我受了一位老革命家的启发，深深感到必须加强团结，巩固后方安定，方不至于影响整个局面。有关苗民问题，负责当局更必须重新考虑，应当有个新认识，纠止过去把集中在凤凰、乾城、永绥三县的苗族同胞当成被征服者的错误看法。必须把湘西当成中国的湘西，才不至于出问题。至于湘西人民，也应当有一种新的认识，充满热情勇气，怀着信心自重，才可望支持抗战到底，为将来当家作主建设国家作准备。只有这样，才可望改变社会面貌。这些意见，当时说来、还近于荒唐的希望。可是，抗战结束不多几年，从全国解放开始，湘西逐渐在前进在改变。湘西土家族和苗族已成立了联合自治州。过去绝大部分人是文盲，目前自治州已有了吉首大学，副校长及部分教师已由苗族担当。前后对照看看，起了多大变化！”沈从文：《沈从文散文选　题记》，《沈从文全集》（第16卷），北岳文艺出版社2002年版，第385页。

③ ［法］加斯东·巴什拉：《空间的诗学》，张逸婧译，上海译文出版社2013年版，第153页。

的邀约”的结果。但是，当沈从文在都市揭开尘封的往事，建构和编织他的湘西风景空间时，记忆的符码不光指向过去，当下的一切包括时代环境、现实处境和作家的情绪状态、情感体验、文学观念等都会影响着记忆的选择和呈现的方式。当下的“某一时刻”促使沈从文“打开了记忆的闸门”，并用文学的笔将他握住①。“土绅士”是沈从文当下的现实经验，也是触发他回忆的基点。在历史的回望中，“乡下人”给了“土绅士”得以在都市安身立命的文学自信和生命自觉；而有了“土绅士”的高度，在对湘西世界的回望俯瞰中，就有了得以升华和超越的哲思。湘西成了作家思考和解决现实问题的镜像。回忆湘西，是沈从文调和自我与现实冲突的一种方式。沈从文的小说表面上看似是一种记忆的时空机制建构的“希腊小庙”，其实是补偿机制下对现实的一种抗争。而这样的一种机制，隐含在了作家对湘西世界“回望”的方式中。因为，看风景的方式就是“看世界的方式”。风景看似无意为之，但却隐含着我们的“趣味”、“价值”、“渴望乃至我们的恐惧”②。

“唯一的空间通过所有存在展开，内心空间在世界中展开……”③ 风景在中国现代小说中是一个被赋予意义的动词，它诞生在作者的笔下，却会在每一个读者的心里生长、壮大、传播；它呈现的外在风景是客观实在的，但走向的却是更广阔的内在空间。在时间维度中，外在风景与内在风景的相互交融，共同营造了和谐、丰满的中国现代小说的意义空间。正如叔本华所说，“世界是我的想象”。中国现代小说的风景，就是在再现性的想象中，构建着中国现代文学独有、独立的存在。

（作者单位：泰山学院文学与传媒学院　山东师范大学文学院）

① ［德］本雅明：《发达资本主义时代的抒情诗人》，张旭东、魏文生译，三联书店 2007 年版，第 129 页。

② 张箭飞：《译后记》，《风景与认同——英国民族与阶级地理》，译林出版社 2011 年版，第 361 页。

③ ［法］加斯东·巴什拉：《空间的诗学》，张逸婧译，上海译文出版社 2013 年版，第 260—261 页。

"新文学" 何以进入 "新时期"

——民国新诗选本在20世纪80年代的重印重版①

白　杰

一、选本及文丛对新文学的重叙

20世纪80年代，共有5种民国新诗选本重印重版：

一是陈梦家编选的《新月诗选》，1931年新月书店初版，1981年由上海书店影印重版，并列入"中国现代文学史参考资料"。该丛书在"文化大革命"后历时十年，共影印出版160多种，涉及小说、诗歌、散文、传记、文学评论等多种文类，覆盖了现代文学30年间丰富多样的社团流派、创作潮流，兼及不同立场，既有正统或偏"左"的鲁迅、文研会、郭沫若的文学创作，也有相对中立客观的吴原、张若英等编纂的史料集，当然更多还是偏"右"的京派、海派作品集。《新月诗选》承续"五四"自由主义文艺，在此丛书中亦当归属偏右一派。

二是朱自清编选的《中国新文学大系·诗集》(1917—1927)，1935年上海良友图书印刷公司初版，1981年由上海文艺出版社影印重版，列入"中国现代文学史资料丛书"(乙种)。该丛书起初主要致力于革命文学刊物的影印出版，早在20世纪50年代末60年代初就推出40余本，绝大多数是30年代前后的左翼文艺刊物。80年代后丛书恢复影印，开始关注新文学第一个十年后半期的社团流派刊物，如《新潮》、《文学周报》、《莽原》等，同时还陆续影印了赵家璧组织编选的《中国新文学大系》(1917—1927)十卷本。

① 本文系山西省高等学校人文社会科学重点研究基地项目(201801038)的阶段性成果。

“大系”与期刊相互印证补充，较大规模地重现了“五四”文坛的繁盛景观。

三是孙望编选的《战前中国新诗选》，1944 年绿洲出版社初版，1983 年由江西人民出版社重印重版，列入“百花洲文库”。该丛书以旧书翻印为主，少数属于新编新译；内容主题上分新文学、古典文学、外国文学三个系列。其中新文学方面主要重印“五四”时期和三四十年代的优秀文学创作及论著。《战前中国新诗选》主要辑录的就是承续“新月”又与现代诗派存在交集的金陵诗人群的诗作。

四是刘半农编选的《初期白话诗稿》，1932 年星云堂影印初版，1984 年书目文献出版社影印重版，列入“中国作家研究资料丛书”。该丛书围绕革命色彩较弱的现代作家，如沈从文、石评梅、刘大白等辑录作品和史料，一般都对原刊、原著做了新的编排，以简体字排印，但例外地将《初期白话诗稿》影印出版，主要考虑就是要保留原稿中刘半农的手迹，“这本诗稿是研究作者本人和初期白话诗发展情况的很珍贵的参考资料，亦可作为书法研究与欣赏的读物”①。

五是许德邻编选的《分类白话诗选》，1920 年崇文书局初版，1988 年人民文学出版社重版，列入“中国现代文学作品原本选印”。该丛书着力推出现代文学原著，以文学创作为主，兼及理论和资料集，收纳了许多一度被革命话语放逐边缘的作家作品，如张资平、叶灵凤、穆时英等。其根据著作早期版本重新编排校订，再辅以原本封皮的插页，适于普通读者阅读。《分类白话诗选》虽然在内容上略芜杂，分类也不够明晰准确，但保存了相当丰富的早期白话诗作品，有较高的史料价值。

所述选本都有如下特点：其一，多以“史料”或“参考资料”的名义推出；其二，都依照初版本影印或重新编印；其三，都归属于有强烈“重叙”新文学意图的大型书系文丛。这几个特点彼此关联，突出体现了“新文学”在突入“新时期”的特殊方式。其复杂性和重要意义远远超出了孙望在重版《中国战前新诗选》时所说的“保存初版本的本来面目，是更符合作为史料的要求的”②。

二、作为“史料”复出的民国选本

这些重印、重版的民国新诗选本及其所归属的丛书，竭力标明自己的史料性质和教学研究功用，譬如“《中国现代文学史参考资料》辑集我国现代文学史上各社团、流派、著名作家的流传较为稀少的著作，以及作家传记、作品评论、文学论争集等，依原样影

① 刘半农：《初期白话诗稿·出版说明》，书目文献出版社 1984 年版，第 1 页。

② 孙望：《战前中国新诗选·重印题记》，江西人民出版社 1983 年版，第 2 页。

印，供研究者参考"①；"考虑到此书（注：朱自清编《中国新文学大系·诗集》）对于现代文学研究与教学有相当的参考价值，上海文艺出版社已将它列入该社《中国现代文学史资料丛书》（乙种）选题规划"②；"这本诗稿（注：《分类白话诗选》）是研究作者本人和初期白话诗发展情况的很珍贵的参考资料"③。表面来看，这似乎延续了20世纪五六十年代即已开展的新文学史料的搜集编选工作。当时编写这些史料的目的也是满足教学科研之需。1958年中国人民大学以"新闻系文学教研室"的名义编写了两卷本《中国现代文学史参考资料》，1959年北京师范大学以"中文系现代文学教学改革小组"的名义编写了三卷本《中国现代文学史参考资料》，1960年山东师范学院中文系编印了"中国现代作家研究资料丛书"。上海文艺出版社在1958年启动"中国现代文学史资料丛书"（甲种、乙种）出版工程后，又于1962年陆续推出"中国现代文艺资料丛刊"。但"十七年"期间编定的新文学史料，主要呈现的是鲁迅、郭沫若、后期创造社、太阳社、"左联"等进步文艺力量的历史印迹，以及它们与反动文艺斗争所取得的辉煌战绩，"主要内容包括五四以来中国现代文学发展中的一些重要文献和两条道路斗争的重要资料"④。至于那些资产阶级文艺，非但不会因史料搜集而得以存留，反倒在意识形态筛选过程中被大量清除。经由政治权力的切割、组接，许多史料失去了历史的真实面目，"出于所谓'政治需要'，收录的原文往往被删节、改动到遍体鳞伤、'惨不忍睹'的地步"⑤。

对比"十七年"，新时期在重印重版民国选本时，坚持以初版本为底本，并采用影印、原本编印的技术手段，避免了史料的篡改，对还原现代新诗的历史现场起到了非常积极的作用，"这样有利于人们的研究工作从第一手材料出发，不至于根据后来修改的版本得出错误的结论，也有利于人们根据作家的修改，研究作家思想和时代氛围的变化"⑥。更重要的是，人们从这些真实、原始的民国选本中看到了中国新诗别样的发生方式、演进轨迹和艺术风貌。这为新时期诗歌跳出"十七年"的单一模式，获取更为丰富的艺术质素，开辟更加多元的发展路向创造了机会。但对于正统的革命诗歌来说，这些

---

① 尚英：《上海书店辑印〈中国现代文学史参考资料〉》，《中国现代文艺资料丛刊》（第7辑），上海文艺出版社1983年版，第19页。

② 曹新：《〈中国新文学大系〉今年起陆续影印出版》，《中国现代文艺资料丛刊》（第4辑），上海文艺出版社1979年版，第449页。

③ 刘半农：《初期白话诗稿·出版说明》，书目文献出版社1984年版，第1页。

④ 北京师范大学中文系现代文学教学改革小组编：《中国现代文学史参考资料》（第1卷 上册），高等教育出版社1959年版，第1页。

⑤ 严家炎：《世纪的足音》，作家出版社1996年版，第297页。

⑥ 黄修己、刘卫国主编：《中国现代文学研究史》（下册），广东人民出版社2008年版，第859页。

选本多少带有一些异端色彩，在20世纪五六十年已被打入另册的诗人，如胡适、周作人、李金发等频频闪现其间。如果直接将它们批量置入“新时期”体内，极有可能引发严重的排异反应。为了有效控制重印重版选本与意识形态之间的冲突，出版者、策划人等为选本贴上了“史料”、“参考资料”的标签。

及至新时期，当人们逐步突破传统的意识形态禁区，试图观览一个真实的“新文学”场景时，却发现其所栖身的书刊资料已遭严重破坏。“新文学”遭受的最大灾难不是意识形态对它的价值贬斥，而是大量作品散佚、失传。即便日后社会环境、文学生态得以改善，也无法依靠坚实的创作成果来为自己平反，难以以较为完整的面目浮现历史地表。客观来讲，经历了长期的战争环境和变幻不定的政治格局，新文学阵营中无论哪一政治倾向的文学派别，都面临着发掘、抢救史料的重任。只是在“十七年”时期，人们对“新文学”的抢救，重心是在无产阶级革命文艺，“在我国新民主主义革命时期，由于反动统治者的摧残革命文化和革命斗争的艰苦杂复，许多革命文艺期刊保存极为不易，现在许多刊物已经流传很少了，有些已成海内孤本”①。可到了80年代，最亟待抢救的变成了曾遭革命进步文艺严厉批判的资产阶级文艺。如赵家璧组织编选的《中国新文学大系》（1917—1927）初版当时已存世无几，即便是诗坛元老臧克家都为拥有一本《中国新文学大系·诗集》而引以为傲——“因为‘四人帮’横行当道的时候，把文化传统打断了，把旧日出版的一些书籍禁止了，使它不得见天日。北京大学搞诗歌理论的谢冕同志，听到我弄到一部《新文学大系》第一集，十分羡慕”②。

要让新文学精魂不散，首先得让其肉身不死。面对快速沉陷的新文学板块，把那些重要的文学作品，特别是能体现一时代之文学精华、诗学秩序的重要选本，以“史料”的方式加紧保存下来，是很有必要的。正如胡适在编选《中国新文学大系·建设理论集》时所说，“一个文学运动的历史的估价，必须包括它的出产品的估价。单有理论的接受，一般影响的普遍，都不够证实那个文学运动的成功。所以在今日新文学的各方面都还不曾有大数量的作品可供史家评量的时候，这部历史是写不成的”。20世纪30年代，《中国新文学大系》从十卷中辟出七卷作为文学选本，也有以“史料”存录创作的动机，“理论的发生、宣传、争执，固然是史料，这七大册的小说、散文、诗、戏剧，也

① 周天：《关于现代文艺资料整理、出版工作的一些看法》，《中国现代文艺资料丛刊》（第1辑），上海文艺出版社1962年版，第274页。

② 臧克家：《新的长征路万千　诗人兴会更无前——在全国诗歌座谈会上的发言》，《臧克家全集》（第12卷），时代文艺出版社2002年版，第415页。

是同样重要的史料”①。

把选本当作“史料”，表达了“新时期”试图从物质形态上修复新文学的积极意愿。但与此同时，又隐含着另外一重意思，那就是依“史料”来处理选本，把它们限定在比较纯粹的学术空间内，仅仅用于教学科研，而不允许其携带与主流观念不相一致的思想因子进入意识形态领域、社会公众空间。这是“新时期”在处理那些颇有建树的资产阶级人物时惯常持有的辩证态度：可以在学术空间内相对客观地承认其学术地位和专业技术，并尽可能利用他们的专业成就来推动政治上的拨乱反正、经济上的现代化建设，但同时要防范他们溢出学术空间而对新时期政治建设产生消极影响。只有以“史料”、“参考资料”之名主动限制、贬低自己的价值、功用和影响力，选本才有可能通过意识形态的安全检验，有机会在新时期亮相，“整个出版过程采取了细水长流的办法，不张扬、不显露，始终是在以提供参考资料的名义下进行的”②。

把这些从新民主主义土壤中成长起来的民国新诗选本，移植到较为封闭的史料界域内，并以参考资料加以束缚，仅限专业研究者去接触它、批判它，“为我所用”而又不会大规模扩散。其动机与20世纪六七十年代印行“黄皮书”是非常相近的，“对于西方资产阶级的反动文学艺术流派和现代修正主义的文艺思潮，要注意了解和研究，并且有力地加以揭露和批判。应该有条件地向专业文学艺术工作者介绍这方面的作品”③。重印重版的选本和其归属的资料丛书，以高校文科师生、专业研究者为主要读者。他们有较高的理论素养和政治觉悟，能够做到去芜取精、批判性继承。但问题的关键是，“黄皮书”曾在“文化大革命”中大批流入民间。日后思想解放运动的蓬勃兴起，都与它的催生有关。许多新时期的作家知识分子都谈论过“黄皮书”对自己的启蒙之功。那么到了80年代，还需严格限定选本的读者群吗？事实上，重印、重版选本都获准公开发行，而且发行量远远超出专业的学术研究群体，覆盖更多的社会民众、普通读者。《新月诗选》、《中国新文学大系·诗集》、《初期白话诗稿》的印数都超过了1万，《战前中国新诗选》、《分类白话诗选》也分别起印7000册、6080册。重版选本凭借“史料”之名争取到了合法的政治身份，但又没有受到太过严格的政策限制，其影响力穿透了学术空间，广泛辐

① 胡适：《中国新文学大系：建设理论集》(第1集)，上海良友图书印刷公司1935年版，第21页。

② 俞子林：《艰难的历程：出版〈中国现代文学史参考资料〉的回忆》，《出版史料》2009年第1期。

③ 《中共中央批转文化党组和全国文联党组〈关于当前文学艺术工作若干问题的意见（草案）〉》，中共中央文献研究室编：《建国以来重要文献选编》第15册，中央文献出版社2011年版，第313页。

射于诗界文坛。

除以“史料”作庇护，重版选本还无一不寄身于大型的新文学资料丛书。以丛书、文库、书系等方式大规模发掘“新文学”，足以见出“新时期”在批判“文化大革命”、修正“十七年”过程中对于“新文学”的迫切需求。但“新文学”不是铁板一块，其中相当一部分资源，虽有利于疏通新时期的血脉，却疏离乃至偏离革命正统。《分类白话诗选》与《初期白话诗稿》浸染着“五四”时期的自由民主精神。《新月诗选》、《战前中国新诗选》专注于新月派、现代派及金陵诗人群。就连《中国新文学大系・诗集》也是将胡适放在首位，“胡适之氏是第一个‘尝试’新诗的人，起手是民国五年七月”①。它们标举的诗学观念、所呈现的诗学秩序都迥异于革命话语体系中的“新文学”叙事，直接重版推出，容易让人误解为“解冻”信号。但如纳入丛书系列，辅以更加多样的艺术派别，思想观念、意识形态倾向上也做一些平衡，对“新时期”的刺激就会小很多。

上海书店推出较为敏感的《新月诗选》时，就非常注意这一点，“一些所谓反面人物或有争议人物的作品也不采取集中推出的办法，尽量避免引起麻烦”；在组织“中国现代文学史参考资料”丛书时，有意淡化政治偏向，“辑集我国现代文学史上各社团、流派、著名作家的流传较为稀少的著作，以及作家传记、作品评论、论争集等”②。其历时十年推出160种新文学书籍，其中既有自由派陈梦家《新月诗选》、胡适《尝试集》、周作人《知堂文集》等，也有中间派夏丏尊《平屋杂文》、杨振声《玉群》等，还有革命派巴人《论鲁迅的杂文》、霁楼《革命文学论文集》等。当出版者借助史料丛书系统性恢复新文学的多元状貌时，重版民国新诗选本也就不那么突兀了。

三、以“史料”修复新文学版图

在民国选本重印重版过程中，有一点需要特别注意，那就是主导重版工作的不再是教育部、文化部、宣传部等国家权力部门，或中国作协、中国文联等体现国家意志的人民团体，而更多由出版社自发组织。“文化大革命”结束后，出版系统逐渐得到恢复，出版社的自主权利也日渐扩大。与此同时，一度被严重遮蔽的新文学也显现出巨大的开掘价值。它既可以填补“文化大革命”留下的艺术真空，缓解人们长期的精神饥渴，也可在思想文化深层为新时期的拨乱反正提供支持，“‘五四’以来的新文学作品和史料，

---

① 朱自清：《中国新文学大系：诗集・导言》，上海良友图书印刷公司1935年版，第2页。

② 俞子林：《艰难的历程：出版〈中国现代文学史参考资料〉的回忆》，《出版史料》2009年第1期。

是广大文艺工作者和读者喜爱、借鉴和研究的对象，但时代变迁，有关书刊多已绝版，有的出版单位也不存在了。新中国成立后幸存的一部分，在‘文化大革命’内乱中又几乎销毁殆尽，市场上已难寻遗迹”①。“文化大革命”结束后，着手重印重版民国新诗选本的，有前面谈到的5家出版社：上海书店、上海文艺出版社、江西人民出版社、书目文献出版社、人民文学出版社。

重版民国诗选，难度很大。它们都依托书系、文库、丛书问世，工程浩繁，需投入大量人力、物力和资金，承担较大的市场风险。寻找、择取初版本的善本影印重版，或原版重印，对专业技术也有特殊要求。像上海书店就有得天独厚的条件，它长期经营古旧图书业务，1979年又成为最早一批取得授权可以影印、复制古旧书刊的出版单位——“中国书店、上海书店在当地出版行政机关的领导下，根据读者的需要，可以影印和复制部分流传稀少，较为珍贵的古旧书。其他各地古旧书店原则上不再开展影印、复制图书业务”②。另外，上海文艺出版社早在20世纪五六十年代就影印了大批文学史资料，也积累了丰富经验。书目文献出版社隶属北京图书馆，虽然1979年才正式成立，但主司图书情报、古籍文献、文史资料的出版，有一定的专业优势。

除物质保障、技术支持外，出版社还邀请许多拥有丰富新文学经验的作家、文人、学者、出版家担任顾问或策划人。《新月诗选》从属的“中国现代文学史参考资料”，聘请贾植芳、施蛰存等担任顾问、主编；《战前中国诗选》从属的“百花洲文库”，也是由施蛰存任顾问；《分类白话诗选》所属的“中国现代文学作品原本选印”由牛汉提议；《中国新文学大系》及十卷本的完整重版得到原大系主编赵家璧的支持。

看似静态的选本重版、史料编纂，实则为新文学力量集结创造了机会。贾植芳和牛汉都是七月派成员，1955年受胡风事件牵连入狱，平反后，前者继续任职复旦大学，后者任职人民文学出版社。施蛰存20世纪30年代主编大型文学刊物《现代》，是现代诗派、新感觉小说派的代表人物，1957年被贬为右派，“文化大革命”结束后继续任职华东师范大学。赵家璧因组织众多名家编就《中国新文学大系》而闻名出版界，“文化大革命”中也受到了冲击。

这些声名响亮的文坛前辈，1949年前都深度参与了新文学的规划与建设，只是在日后的文学一体化进程中，在革命文艺“提纯”、“净化”过程中，相继被剥夺了发言权。他们为新文学发展所做出的贡献，所提出的设计方案，也遭全盘否定。“文化大革命”

① 喻建章：《我的七十年出版生涯》，江西教育出版社2008年版，第163页。

②《文化部关于影印、复制图书的补充规定》，新华书店总店编：《图书发行工作文件选编（1982—1987）》（内部文件），1988年编印，第90页。

结束后，他们在获得个人的政治平反后，又积极为“新文学”平反，力图恢复曾被遮蔽掉的某些重要景观，但1979年前后社会政治依然复杂多变，新文学进入新时期还有很多限制。许多新文学亲历者，在历经多次社会政治运动、思想改造运动后，选择了不同的发展路向。保守者如臧克家，其1979年修订《中国新诗选》，可谓新文学家在新时期重述新文学史，但始终脱不开“十七年”的叙述框架。与臧克家长期占据“十七年”文坛中心不同，牛汉、贾植芳、施蛰存等在50年代中后期就被逐至边缘。当事人在承受巨大生存苦难之时，也与意识形态主流拉开了距离，保留了一份“众人皆醉我独醒”的独立意识、批判精神。他们被政治劫难甩出了正常社会轨道，却也提前获得了反思历史的契机，时间上远远领先于七八十年代之交的思想解放运动。

不过在“文化大革命”结束初期，触碰新文学版图中的“资产阶级”地带还是非常危险。1980年《新月诗选》及《中国新文学大系·诗集》重版当年，就有人站出来，坚决反对为资产阶级文艺翻案：“‘五四’以来，以鲁迅和文学研究会为代表的现实主义流派和以郭沫若为旗帜的积极浪漫主义是现代文学的正宗、主流。后来二者殊途同归，走向革命现实主义道路。与它们相对立存在的是逆流，如唯美主义与‘新月派’、象征主义与‘现代派’等。”① 将这些“逆流”限定在专业研究领域，实属特殊情境下的权宜之计，否则很难避开意识形态指控。

以“参考资料”之名获准出版，但要想公开发行，还需要继续努力。《中国新文学大系》在列入重版计划时，要求其“内部发行”。1979年11月《中国现代文艺资料丛刊》第四辑（复刊号）刊载一则通知《〈中国新文学大系〉今年起陆续影印出版》，其中谈到“上海文艺出版社已将它列入该社《中国现代文学史资料丛书》（乙种）选题规划，从今年起，全部照原本陆续影印出版，由新华书店与上海书店内部发行”②。参照相关出版物管理规定，“内部发行图书是指在某一领域具有一定研究价值，但不宜公开发行和传播，仅供部分特定读者阅读的出版物”③，只能在特定范围内做内部发售，不得在媒体上公开刊登发行广告，亦不得随意公开陈列。“内部发行”突显了主流意识形态对“新文学”原貌出场的高度警惕，“大系”重版的意义会因之大打折扣。

其实“大系”所归属的“中国现代文学史资料丛书”，在20世纪五六十年代就已经

① 甘海岚：《一九八一年中国现代文学研究概况》，北京市社会科学研究所、北京文艺年鉴编辑部编：《北京文艺年鉴：1982》，工人出版社1982年版，第269—270页。

② 曹新：《〈中国新文学大系〉今年起陆续影印出版》，《中国现代文艺资料丛刊》（第4辑），上海文艺出版社1979年版，第449页。

③ 新闻出版总署出版管理司编：《图书、音像、电子出版物出版管理手册》，中国法制出版社2013年版，第273页。

以甲、乙种系列推出许多新文学史料，诸如《鲁迅研究资料编目》、《左联五烈士研究资料编目》，影印期刊《北斗》、《十字街头》、《萌芽月刊》、《时代文艺》、《拓荒者》等。它们都是无产阶级革命文艺的重要组成，都获批正式出版发行，且有较大发行量。但也有部分资料属于“内部发行”，一类是有待完善的，如《中国现代文学期刊目录（初稿）》、《中国现代戏剧电影期刊目录（初稿）》；一类是对象本身“有毒”，仅供特定范围内批判使用，例如《鸳鸯蝴蝶派研究资料（史料部分）》。只是及至新时期，曾被“五四”新文学视作死敌的鸳鸯蝴蝶派竟然与集粹“五四”文坛最高成就的“大系”共同跻身“内部发行”之列，这是极具戏剧性的。

以“内部发行”方式重版“大系”，这则已在《中国现代文艺资料丛刊》上公布的消息，赵家璧不可能不知情。时任上海文艺出版社社长的丁景唐曾就大系重版，与赵家璧保持密切联系。但从1980年6月29日赵家璧致丁景唐的一封信，我们看到“大系”的发行方式在此后一段时间里又有反复。信件节录如下：

> 《文汇报·笔会》听说《新文学大系》要重印出版，前星期特来约我写篇短文。但昨据陆梦生同志告我，上级决定该书改为内部发行。现在许多过去规定内部的都改为公开，这部影印书有此新规定，不知上级领导有何新指示？我是否可以应《笔会》之约，公开写有关此书重印发售的文章？务希于百忙中抽闲赐一便条，是所至盼①。

先是政策整体放松，“许多过去规定内部的都改为公开”，“大系”也在其列，但乍暖还寒，时隔不久就又有新的指示，改为内部发行。朝令夕改，让赵家璧不得不向丁景唐了解情况，并希望设法争取公开发行。在“文化大革命”已经结束三年半的“新时期”里，“三十年代中期，在旧社会堂堂正正问世的《大系》，收录的是一九一七至一九二七年的作品”，到现在却被列为“内部发行”、“不宜公开发行和传播”之列，这令赵家璧愤怒不已②。后经丁景唐、赵家璧的反复交涉、据理力争，大系十卷本终于出版，各卷发行量达到13000册至24000册。“大系”在1981年以大印数公开出版发行，对新时期文学秩序的重建影响深远。在此仅就朱自清编选的《中国新文学大系·诗集》来看一下对新时期诗坛的冲击。

《中国新文学大系·诗集》的关注对象并不限定于单一的诗歌派别、创作群落，而

① 丁景唐：《犹恋风流纸墨香：六十年文集》，上海文艺出版社2004年版，第661页。

② 丁景唐：《犹恋风流纸墨香：六十年文集》，上海文艺出版社2004年版，第661页。

是高屋建瓴，对以胡适为开山、以1917年为起点的十年新诗做了整体扫描，在极为有限的时空距离内辨识了经典诗作。其“导言”也具有宏大的史述性质，既有对诗史脉络的细致梳理，又有对诗人诗作的精到点评，对新诗演进机制也做了深刻剖析，比较准确、完整地呈现了“五四”诗坛的诗学秩序。其种种的权威性已在今天的诗史写作、诗歌研究中得到了充分体现。但就当时来说，它的意义主要是，首次在共和国语境中展现中国新诗在新文学阶段即已成型的诗学坐标系。其以胡适为原点，以个体生命、艺术审美为纵横坐标轴，许多状貌迥异的诗人诗作闪烁其间，都有自己合法的坐标点。这与臧克家《中国新诗选》所勾勒的新诗轮廓差别甚大，后者以郭沫若为中心，以社会现实、阶级斗争为坐标轴，红色幕景上清一色的是革命诗人、进步诗人。

《中国新文学大系·诗集》重版后，凭借上万册销量打破了《中国新诗选》对现代新诗叙述的垄断。其所确立的诗学坐标系以及布局其上的诗人诗作、创作流派亦有了相当的合法性。许多未被《中国新文学大系·诗集》所包纳的诗史段落、诗歌派别也从中寻找到了自己的谱系，20世纪30年代崛起的现代派、40年代异军突起的九叶派，都承续象征派、新月派而归入现代诗脉中。甚至80年代的朦胧诗都由此获得来自历史深处的强力支持。当然，《中国新文学大系·诗集》之外的其他选本也并非可有可无。

《初期白话诗稿》、《分类白话诗选》细致生动地记录了20年代前期新诗的萌生过程，虽然未对作品作严格剔汰，却存留了当时诗歌创作的真实风貌。《新月诗选》是新月诗派的第一部选本，也是中国新诗史上第一部诗派选本。在新时期语境中重印、重版该选本，有力改变了“十七年”、“文化大革命”期间新月诗派的文学史形象，“作为新月派主要诗人的徐志摩、朱湘等，在他们的政治思想和文艺思想上，一开始就表现了和无产阶级思想和文艺观的对立……它是和当时革命文学对立斗争的一个反动的资产阶级文艺作家的集体”①。对于新时期读者、研究者来说，他们在接触重版选本后，将有可能立足自己的阅读感受去获取更加真实、更加丰富的情感体验和审美认知，并进而积极调整当下的诗学观念、艺术准则、文学秩序。续接《新月诗选》，《战前中国新诗选》主要辑选1931—1937年间大约7年间的作品，关注20年代中后期至30年代中后期的现代主义诗脉。其在选篇上尽力避免与《中国新文学大系·诗集》、《新诗年选》、《新月诗选》等早期选本重复，主要收录了聚拢在“土星笔会”周边、以《诗帆》为创作阵地的诗人，如汪铭竹、程千帆、孙望、常任侠等，对以《现代》杂志为中心的现代派创作构成新一重的补充、修正和拓展，进一步丰富了30年代的现代主义诗风。《战前中国新诗选》

① 臧克家：《在文艺学习的道路上》，新文艺出版社1955年版，第93页。

容量虽小，仅取50家71首诗，但许多选文在今天都已成为公认的经典名作，如艾青的《大堰河——我的保姆》、戴望舒的《我的记忆》、卞之琳的《尺八》等等。总而言之，以《中国新文学大系·诗集》、《新月诗选》、《战前中国新诗选》等为代表的这批民国选本，以重印重版、公开发行的方式，有效还原了曾被“十七年”改写、为“文化大革命”所遗弃的现代新诗历史；在“参考资料”身份的掩护下，民国诗坛的丰富状貌、多元格局在选本空间内渐然显露，胡适、新月派、现代派等串联起迥异于传统史述的发展链条，深度参与了新时期的文学史重叙。这对新时期诗歌的生态结构、价值标准、发展趋向都产生了重要的示范作用，如诗歌生产的非意识形态化、诗歌流派的多元纷呈、诗歌迭代的加速推进等等。

四、浮出地表的策略与意义

民国选本能够冲破“十七年”和“文化大革命”的意识形态壁垒，重印重版原样进入“新时期”，自然得益于80年代日趋自由开放的公共空间，但也离不开一些独特的编选、出版策略。这些策略对于包括诗歌在内的整个新时期文学，都有重要启迪。譬如前面已反复论述的，把选本归为“史料”，以“参考资料”之名出版。“参考资料”，仅作“参考”而已，是非主流的、非正统的，它们是“资料”而非“作品”，不会对革命诗歌经典构成威胁。如此来做，仅是权宜之计，是在抵抗意识形态过程中不得不做出的妥协。待时机成熟，即文学场域足以维系自身边界、捍卫自主性原则时，就可以摘去“参考资料”的帽子了。其实1988年《分类白话诗选》重版时，就直接以“作品”面目出现了。其所属丛书的名字就是“中国现代文学作品原本选印”，在出版宣传中也毫不讳言“为保存现代文学资料，满足研究、教学工作者的需要，也为广大读者能饱览以往的文学作品”①。既已恢复“作品”身份，那么也就名正言顺地要顾及“广大读者”了。看似只是字样的微小变化，实则折射出新时期文学在观念上的一大进步。这正如施蛰存后来所说的，“《中国现代文学史参考资料》这个名称，当时是出于一种政治考虑，它意味着这些书都是反面教材，仅能作为文学史的参考资料。那么，中国文学史上的作家作品在哪里呢？为什么李、杜等人的著作，《金瓶梅》，不算是中国古代文学史参考资料呢？我认为，今后可以不必再考虑这个问题，还是把‘参考资料’四个字删掉，就称为‘中国现

① 《〈中国现代文学作品原本选印〉丛书》，中国电影家协会编：《中国电影年鉴：1987》，中国电影出版社1990年版，第52页。

代文学丛刊'，比较适当些"①。

施蛰存的话，折射出许多知识分子对新时期文学的理想期待。新时期文学应当跳出政治框架，摒弃意识形态偏见，真正贯通"五四"以来中国文学的精神血脉。一切文学生产活动，无论是作品辑选，还是文学史写作或文学批评等等，都应归位于作家作品，而不为观念化叙述、意识形态评判所左右，不能依政治标准去划分文学的三六九等，去区分"进步"与"反动"。那些游离意识形态主流的创作，仍有资格在文学体系内部求取合法身份，或者说文学作品的合法性只能在文学场域之内确认，任何场域之外的因素都无权干涉。作家、知识分子在设法进入由意识形态实际控制的，甚或"名存实亡"的文学场域后，要尽快洗脱留在身上的政治权力印记，尽最大可能展现文学的真实状貌，恢复艺术法则对文学场域的支配作用；而不能满足于意识形态授予自己的某些权利或权力，以及公共空间在自由边界上的有限拓展。概而言之，无论意识形态表现出多大的热情与善意，文学场域都不能放弃独立自主的基本要求。新时期文学场域的重建，依靠的不是仅仅获得政治平反的知识分子，而是真正精神觉醒的知识分子。赵家璧在大系重版问题上的表现，即可做一范例。

早在1957年3月，中国青年出版社就已与赵家璧商定重版大系。可几个月后，"双百"结束，"反右"开始，大系重版无疾而终。不过因祸得福，赵家璧也因此没被抓住什么把柄，侥幸逃脱"反右"。自此以后，他完全否定了大系。直到1977年底，他在一则回忆文章中，还就"大系"做检讨："现在我自己回顾检查，我当时的编辑思想存在着严重的错误。今天，对照毛主席在《新民主主义论》中的教导，我当时既没有认识到五四运动是当时无产阶级世界革命的一部分；也没有认识到中国新文学运动是无产阶级领导的新民主主义革命的一个组成部分。因而错误地把第一卷《建设理论集》交给当时运动中的右翼分子胡适去担任编选。"② 但到了1980年，他不仅积极支持大系重版，还极力争取公开发行。一代长期接受批判改造，以致面对政治权力时犹如惊弓之鸟的知识分子，正迅速摆脱传统意识形态的羁绊，努力推进新时期文学与新文学传统的续接。这一转变，与新时期政治上推动拨乱反正、文艺上标举艺术民主有直接关系。

"文化大革命"结束后，中国的社会政治经历了从"两个凡是"到"实践是检验真理的唯一标准"的切换，工作重心也从揭批"四人帮"转移到社会主义现代化建设，但

① 俞子林：《艰难的历程：出版〈中国现代文学史参考资料〉的回忆》，《出版史料》2009年第1期。

② 赵家璧：《从一段鲁迅佚文所想到的——回忆鲁迅编选〈中国新文学大系·小说二集〉》，《山东师院学报》（社会科学版）1977年第5期。

“双百方针”得到意识形态领导者一以贯之的积极倡导：批判“四人帮”时，高举“双百”利刃——“‘四人帮’用‘文艺黑线专政’论这把刀子，疯狂地扼杀毛主席的‘百花齐放，百家争鸣’的方针……只有砸碎这个沉重的精神枷锁，毛主席的‘双百’方针才能真正得贯彻执行，社会主义文艺百花齐放的春天才会到来”①；解放思想，拨乱反正时，也祭出了“双百”法宝——“作家写什么和怎么写，应有自己的自由，领导不要横加干涉，而要善于诱导；要鼓励不同意见的相互讨论和争辩，要允许犯错误和改正错误，允许批评和反批评”②。1979年10月召开第四次文代会，邓小平重申了“双百方针”，文艺政策进一步自由宽松，这些都强化了作家文人对“知识分子”身份的自信，对文艺自由时代的美好期待。民国新诗选本得以在1980年以后大量重版，离不开文艺政策上的支持。

但另一方面，“双百”又必须在意识形态的边界内展开。1978年2月华国锋在第五届全国人大会议作《政府工作报告》时强调，“双百方针”的着重点要以毛泽东的“六项政治标准”为前提③。邓小平在四代会后特别提出，“不能不考虑作品的社会影响，不能不考虑人民的利益、国家的利益、党的利益”④。在此框架内，意识形态可以根据社会政治形势、知识分子的思想状态以及文艺创作情况、学术讨论话题等，有效把控“双百”的自由尺度。在许多具体的文学事件、文学场景中，“双百”都是以特殊的政治修辞而存在，不同语境下拥有不同的内涵和阐述重点。像1980年“大系”在能否公开发行问题上的反复，其实就反映了“双百方针”在意识形态漩涡中的调节，“关于《中国新文学大系》十卷本影印发行问题是在‘乍温还寒’时发生的”⑤。

面对这样的情况，知识分子一方面要在大方向上与意识形态保持一致，以保护自己的发言机会，“多请教专家学者，争取他们的指导和帮助，其中也包括出版行政领导和舆论的支持”⑥，另一方面又要不避摩擦碰撞，敢于利用“双百”为自己辩护，以“双百”推动意识形态的变革，努力建立对话合作关系。简单来说，就是借力政治而逐步实现文

① 《坚决推倒、彻底批判“文艺黑线专政”论——本报编辑部邀请文艺界人士举行座谈会》，《人民日报》1977年11月25日。

② 周扬：《继往开来，繁荣社会主义新时期的文艺——在中国文学艺术工作者第四次代表大会上的报告》，中国文学艺术界联合会编：《中国文学艺术工作者第四次代表大会文集》，四川人民出版社1980年版，第38页。

③ 华国锋：《团结起来，为建设社会主义的现代化强国而奋斗——一九七八年二月二十六日在第五届全国人民代表大会第一次会议上的政府工作报告》，《人民日报》1978年3月7日。

④ 邓小平：《目前的形势和任务》，中共中央文献研究室编：《三中全会以来重要文献选编》上册，中央文献出版社2011年版，第281页。

⑤ 丁景唐：《犹恋风流纸墨香：六十年文集》，上海文艺出版社2004年版，第662页。

⑥ 俞子林：《艰难的历程：出版〈中国现代文学史参考资料〉的回忆》，《出版史料》2009年第1期。

学自立。“大系”在1979年准备重版时，给出的出版理由是“这套选集出版至今已有四十余年，由于战火以及四人帮人为的毁坏，全套的《大系》已有世不多”①。强调“大系”与“四人帮”的对立关系，让重版获得了更充分的政治意义，顺应了揭批“四人帮”、拨乱反正的政治任务，“回顾以前在极左路线下批判所谓‘文艺黑线’，打倒一切，否定一切，现今能够影印出版现代文学书刊，是一次历史的回归”②。在获准出版，并最终公开发行后，“大系”带来的深远影响已超越了具体的政治任务。对于这一结果，意识形态部门应当早有预料，或者说本就是默许的，否则不会批准其上万册的印数。

很多情况下，文学与意识形态并非全然地水火不容、此消彼长、你死我活。文学无须总是站在意识形态的对立面去争取话语权力，更无须把它想象为一成不变、时刻想欺凌自己的暴徒，“人们习惯将‘政治’与‘权力’当成了一个负面的东西，尤其对于文学来说是一种负面的力量，因而也就将权力当成一种可以经过努力加以摆脱的东西。这还是中了‘文学自主性’的毒”③。文学、政治两大场域虽然在价值观念、运行法则上千差万别，在力量对比上更是悬殊甚大，但支配它们运转、发展的都是权力。按照福柯的话来说，“哲学家，甚至知识分子们总是努力划一条不可逾越的界线，把象征着真理和自由的知识领域与权力运作的领域分隔开来，以此来确立和抬高自己的身份。可是我惊讶地发现，在人文科学里，所有门类的知识的发展都与权力的实施密不可分……人文科学是伴随着权力的机制一道产生的”④。权力是推进秩序建立、推动机制运行、确立利益分配模式的必要手段，它弥散在社会空间的各个角落。文学经常呼吁的抵制意识形态，其实质只是抵制政治权力对艺术法则的干扰，一旦彼此间有了共同的利益诉求，还是可以相互借力，寻求合作的。

文学场域在自身建设过程中，既要勇于对抗意识形态中的压抑性倾向，防范政治权力越界泛滥，又要积极挖掘、利用其中的建设性力量。民国新诗选本为争取重版而采取的诸多策略，就很好地体现了文学与意识形态相互试探、博弈、妥协、合作的复杂关系。顺应思想解放潮流、借用拨乱反正的政治需求，新时期文学巧妙地以民国选本、“新文学”的重新出场而强化了自身的场域边界和艺术审美原则（当然也可理解为文学权力的

① 曹新：《〈中国新文学大系〉今年起陆续影印出版》，《中国现代文艺资料丛刊》（第4辑），上海文艺出版社1979年版，第449页。

② 俞子林：《照片里的故事——记改革开放初期的一次文学家集会》，《出版博物馆》2011年第3期。

③ 李杨：《重返八十年代：为何重返以及如何重返——就“八十年代文学研究”接受人大研究生访谈》，《当代作家评论》2007年第1期。

④ ［法］福柯：《权力的眼睛——福柯访谈录》，严峰译，上海人民出版社1997年版，第31页。

建构过程)，文学的自主意识、知识分子的独立意识都有了明显提高。重版民国新诗选本，对象虽然是新文学，但却为新时期文学设定了新的历史根基和价值标尺，与此同时也较好地调整了文学与意识形态的关系。其以具体的诗学实践印证了卡西尔的名言：“‘历史’一词在双重意义上被使用着。一方面它意味着过去的事实、事件、行为举止，而在另一方面，它又意味着我们对这些事件的重组与认识。”① 民国新诗选本，不仅仅以“史料”的形式浮出地表、修复现代新诗版图，更以“作品”的身份将新文学的基因带入了新时期文学体内。80年代诗歌发生的诸多裂变、转型、先锋突破，都与民国新诗选本所推动的“新文学”与“新时期”的基因重组，有重要而隐秘的关联。

（作者单位：太原师范学院文学院）

① ［德］恩斯特·卡西尔：《符号·神话·文化》，李小兵译，东方出版社1988年版，第85页。

为了现代的人生：高校中国现代文学教学谫论[①]

邓　艮

一、回顾与反思：现代文学教学的历史与现状

不可否认的是，中国现代文学的发生、传播与研究，与晚清以来的新式学堂这一制度性的场域密不可分；而它作为全国高校中文专业的基础与核心课程，并成为一门独立的学科，更是与中华人民共和国成立初期的教育体制有着重要关联。在20世纪50年代，教育部曾两次修订颁布“教学大纲”，不仅推动了20世纪50至70年代中国现代文学的历史建构，而且从此让国家意识形态在中国现代文学的教学和文学史写作中获得了具体化、制度化的重要地位，并落实到现代文学教学和现代文学史教材的编写中，使现代文学自然而然地成为新中国文化建设的一部分，并最终被纳入服务于新的国家意识形态的轨道。因此，在20世纪50年代，尽管出现了像王瑶《中国新文学史稿》、蔡仪《中国新文学史讲话》、丁易《中国现代文学史略》、张毕来《新文学史纲》、刘绶松《中国新文学史初稿》等5部我们所熟知的现代文学史教材，除了王瑶本文学史在一定程度上“反映了作者个人的学术见地”，并“在很大程度上体现了当时教育机关的要求”② 之外，其余四部通常被称为“三部半”的文学史的急遽政治化可谓昭然若揭。

改革开放40年来，中国现代文学史课程正发生着一个从中心向边缘移动的过程变化。从改革开放之初到整个20世纪80年代，不夸张地说，现代文学史课可以说一直是

---

① 本文系西安外国语大学教学改革研究项目“中国现代文学课程价值论、本体论和方法论的教改研究”（15BYG01）的阶段性成果。

② 黄修己：《中国新文学史编纂史》（第二版），北京大学出版社2007年版，第87页。

高校中文专业最受欢迎的课程之一，其教学方法的革新和研究领域的拓展曾带动了比较文学、外国文学、文艺学、语言学、历史学、哲学、社会学等广大人文社会学科的复兴；从事现代文学教学和研究的学者站在时代、政治、思想的前沿引领思想潮流，成为当时社会颇受大学生追捧和尊崇的对象。尽管20世纪初的头十年曾经一度掀起过“八十年代热”，比如查建英《八十年代访谈录》、洪子诚等《重返八十年代》、甘阳《八十年代文化意识》等的出版，不管人们赋予80年代多少渴望与憧憬、理想与热情，甚至反思与质疑，也不管对80年代的追忆究竟有多少是出于想象而与历史真实不可避免地发生了错位，我们都难以绕过20世纪90年代以来中国社会生活各方面发生的变动。进入20世纪90年代以后，知识分子遭遇了政治和经济上的复杂境遇，整个社会文化的转型剧变使现代文学学科面临挑战。一部分不甘心退出思想广场的学者发动了“人文精神大讨论”，另一些甘于寂寞的学者则高举回归学术的旗帜，开始自觉收敛思想的锋芒。于是就有了对20世纪90年代“思想淡出、学术回归”这一通行的时代断语，用李泽厚的原话说叫作“思想家淡出，学问家凸显”①。这两种姿态和取向，正反映了广大学者在时代新形势挤压下的内心焦虑和对自身身份的自我调整。在当时，又因这一时代命名的暗自龃龉恰恰发生在中国文化界两位名声显赫的大家王元化与李泽厚之间，似乎更具有了某种难以撼动的权威性。王元化在90年代初编辑《学术集林》时多考证训诂之文，反对当时“把学术和思想截然分开”的“流传起来的说法”，希望多发一些“有思想的学术和有学术的思想”②。差不多20年后，李泽厚在一次访谈中依然强调学术与思想的差异，认为王先生“这讲法意义不大，有哪个真正的思想家没有学问作根底，又有哪个学问家没有一定的思想呢？难道陈寅恪、王国维他们没有思想了？难道鲁迅、胡适他们一点学问也没有？王先生的话恰恰把当时那重要的现象给掩盖了”③。对此，邓晓芒“颇不以为然”，觉得“思想淡出，学术凸显”只不过是学界中一些自以为很有思想的人“走投无路时的自我欺瞒的说法”④。但不管我们今天如何评价，也不管在当时选择哪种姿态和取向，都不可否认也难以改变现代文学课程在高校日趋冷落的现实。

进入21世纪之后，中国现代文学的这一形势并没有多少缓解，反而在新的时代和社会情境下变得更加严峻，面临的挑战也更多。从教育体制上来说，当前大学教育变得更加功利化和追求实用主义，因此在课程设置上增加通识课、公共课，现代文学史的课时普遍被压缩，给课程教学带来很大压力。从学生角度来看，当前大学生与20世纪80年

---

① 李泽厚：《思想家淡出　学问家凸显》，《二十一世纪》1994年第3期，第159页。

② 王元化：《〈学术集林〉卷一编后记》，上海远东出版社1994年版，第370页。

③ 张明扬：《李泽厚再谈思想与学问》，《东方早报》2010年10月24日。

④ 邓晓芒：《思想中的学术与学术性的思想》，《学术月刊》2001年第10期，第9—11页。

代甚至90年代的大学生有着很大不同，他们“重实用、轻素质，重功利、轻人文”，他们不去感受、不愿感受也无力感受现代中国文学和文化底蕴对塑造人的巨大潜力，转而花费时间和金钱费力追求各种外语和计算机等级证书，“已没有多少人怀着对文学的酷爱走进文学的课堂，而大都出于拿学分、应付考试以及获取学位的目的”①。从教育者角度来说，由于许多高校对教师考核实行科研量化要求，以及教师面对职称晋级等的压力，教师也就为了完成教学任务而忽视了课堂教学的内涵和质量。从社会文化环境来说，新旧世纪之交日趋升温的“国学热”和学术通俗化愈演愈烈，前者兴起的“文化保守主义”思潮对“五四”现代文学传统的否定，使现代文学的学科合法性都遭受到质疑；而“百家讲坛”式的学术通俗化则在娱乐化、庸俗化和实用化潮流下，放弃了现代文学文化对人心和精神自由的追求，降低了对现代人的生命存在感知和理想教育。从海外中国现代文学的研究和教学来看，90年代末期以来，海外汉学家的研究和教学路径极大地影响了国内现代文学的状况。虽然海外现代文学教学和研究为我们提供了许多独特的视角，开拓了现代文学学术生产空间，但其总体上是以西方知识生产和消费为中心，疏离于现代文学学科的中国现实。

在这样的背景和现状之下，仅仅在新世纪的第一个10年里，学界专门就中国现代文学的教学开展了几次国际和国内的重要讨论。《北京大学学报》在2003年第5期、《中国现代文学研究丛刊》在2006年第3—5期上，先后发表了温儒敏、吴晓东、孔庆东、何锡章、李怡等十几位知名教授关于现代文学教学的体会或笔谈，其层次之高，讨论之深广，学者之众，皆是少见的；而《中国现代文学研究丛刊》更是在其创立的近40年里，不时刊登关于现代文学学科的教学笔谈和教学研究。更令人瞩目的是，2008年6月20日—21日，“中国现代文学教学方法与教材国际学术研讨会”在上海举行，来自海内外的专家、学者就现代文学教材、教程和教学方法等6个议题展开讨论。这是中国现代文学通过教学实现“中国被呈现”的高端论谈，也是中国现代文学教学改革国际化趋势的标志。

21世纪以来对现代文学教学研究的探讨固然反映了学界对该学科教学问题的逐渐重视，但也折射出该课程目前遭遇到了前所未有的发展瓶颈。尤其是对于该学科在具体的教学实践中，如何将现代文学与学生的人生联系起来、如何处理现代文学史教材与文学作品的关系、如何通过本课程的教学对学生加强能力培养和思维训练的教学方式革新等重要问题，也即中国现代文学教学的价值论、本体论和方法论问题，既需总结经验，更要在网络无所不达、手机微信等移动终端无时不见的现代传媒新形势下做出合适的调整

① 王卫平：《师范大学文学课教学的困惑、问题与出路》，《北京大学学报》（哲学社会科学版）2003年第5期，第28页。

和创新探究。

二、"人本"：现代文学教学的价值论

我们为什么要学习中国现代文学？或者换言之，我们为何需要中国现代文学？这是关涉中国现代文学意义与价值的问题。价值论即是解决现代文学"为什么教"的问题。这个问题表面看起来似乎无须追问，因为高校中文专业开设现代文学这一基础和专业课程，是20世纪50年代初期教育部"教学大纲"规划的科目，带有一定的制度强制色彩，而且现代文学的性质也被纳入自中华人民共和国成立以来的国家新意识形态中来考量，现代文学顺理成章成为我国社会主义文化建设的重要组成部分。但随着20世纪90年代中国社会、经济和文化的急遽转型，现代文学"为什么教"的问题成为困惑许多从业者的共同追问。上海大学王晓明教授如此质问："你们都是大学老师，几乎每周都要在课堂上讲授20世纪中国文学。倘若不是仅仅出于谋生的需要，你们为什么有兴趣讲这门课？又为什么每日孜孜、费心劳神去做这方面的研究？对今天的社会来说，20世纪中国文学的教学和研究究竟有什么意义？"①

因此，这一质问在某种意义上说已关涉到现代文学学科存在的合法性。我们为什么需要中国现代文学，这是任何一个从事现代文学研究和教学的人，在第一次现代文学课上不得不给学生讲清楚的问题。而仅在本学科开始受到危机和挑战的20世纪90年代的十年前，即在难以"重返"的20世纪80年代，现代文学的"辉煌"即便附加了多少后来学人的想象和一厢情愿，今天也恐怕没有人能轻易抹杀现代文学与我们的现代人生建立起的关联，把这个密切的关联甚至说成一种传统也毫不为过。回顾百年中国现当代文学历史，事实上，现代文学与我们正在进行的人生一直保持着时而密切交织时而藕断丝连以及或隐或现、或远或近的关系。正如四川大学李怡教授所言，"中国现代文学的存在主要不是作为一种'学科知识'而是自我人生追求的有意义的组成部分"，就像鲁迅并没有离我们远去，因为他关于"任个人而排众数，掊物质而张灵明"的立人理想，为一个"重返人性"时代的正常的人生目标作了理直气壮的张扬②。"五四"作家兴起的具有明显"为人生"的写实倾向的"问题小说"热，如婚姻问题、贞操问题、家庭问题、儿童问题、妇女问题、劳工问题、家族礼教、知识前途等问题，在艺术上虽然流于概念化而失形象化之弊，但这些问题本身的尖锐性却将中国现代人生以文学的方式推到了前

---

① 王晓明：《20世纪中国文学史论·序》，东方出版中心1997年版。

② 李怡：《中国现代文学教学所面临的挑战》，《中国现代文学研究丛刊》2006年第5期，第272—279页。

台，中国现代文学从一开始就这样与人生结下了难解之缘，具有了与古典文学不同的现代特征与现代意识。以致周作人如此明确地宣称，“问题小说，是近代平民文学的出产物。这种著作，照名目所表示，就是论及人生诸问题的小说”，并指出在“素以小说为闲书”的古典文学中是“难以发生”问题小说的，因为“中国从来对于人生问题，不大关心”①。今天，这些问题虽然与我们的社会生活已经有了很大的时代差异，我们却不得不承认它们依然是我们“人生”问题的主体。无论是文学研究会倡导的“为人生”而艺术，还是创造社宣称的“为艺术”而艺术，本质上都与现代中国青年既需要“为人生”也热忱于“为艺术”相合入扣。即使是在被誉为“中西合璧”的20世纪40年代的“九叶派诗人”的现代主义诗艺里，我们也能感受到那份深邃冷峻的现代人生经验与生命意识。姑且不说辛笛“列车轧在中国的肋骨上/一节接着一节社会问题”所透露着的感时忧国，单是穆旦“在门口，那些用旧了的镰刀/锄头，牛轭，石磨，大车，/静静地，正承接着雪花的飘落”所积蓄的无言的痛苦与伟大的承担，在最个性化的内向式表达里也最大限度地与民族国家、时代集体交织着。更不用说在20世纪80年代，卢新华的《伤痕》、刘心武的《班主任》、贾平凹的《鸡窝洼的人家》、张贤亮的《男人的一半是女人》、路遥的《人生》，刘宾雁的报告文学，北岛、舒婷、芒克、食指等人的朦胧诗，与最广大人们的心灵与人生诸种问题都是如此的契合。

中国现代文学的这一人文精神传统，清楚地告诉我们，现代文学课程教学一定要与“现代”青年学生的心灵结合，与“现代”青年学生的“人生”结合并发生作用，才能培养出高素质的“现代”新型人才，这是现代文学教学的核心价值体现。作为表达现代中国人思想、感情和心理的文学，中国现代文学不仅勾连着现代民族国家的集体意识和想象，也召唤着现代中国人独立个体的记忆与感受；因而，我们自身的人生存在、鲜活体验、生命律动与现代文学就有了更为切近的交流、沟通、对话和撞击，现代文学的世界也就成为了我们现代人生的一部分。在这个世界里，我们发现自己的过去，确证自己的现在，谋划自己的未来。在此种意义上说，中国现代文学不是外在于我们的现实人生，而是我们就在其中，阅读现代文学，就是阅读我们自己；学习中国现代文学，就是为了更好地认识作为现代中国人的我们自己。

三、“文本”与“三项训练”：现代文学教学的本体论与方法论

21世纪以来，北京大学中文系温儒敏教授多次在《中华读书报》、《光明日报》、

---

① 周作人：《中国小说里的男女问题》，《每周评论》1919年2月2日第7号第二版，署名“仲密”。

《人民日报》等大众媒体以及现代文学学科各大小会议上疾言直陈：本是文化味浓厚的中文系学生，如今也变得和经济系、社会系、历史系的学生没有两样，对文字的感悟能力越来越差，尤其不怎么读原作，对“文学的感悟、审美的感觉、那种个性化的真正文学性的东西”越来越少，“离文学越来越远”①。中国现代文学史的教学是侧重历史的梳理还是文学作品的审美鉴赏，是钩沉封闭的史料堆积还是引导学生进入开放的人生叙述？本体论要解决的恰是现代文学“教什么”的问题。今天，对这个问题的回答，任何企图单一或二元对立式的解决办法，显然都会与我们变化了的并正在经历着的现实方枘圆凿。如果说“人本”教育是现代中国文学教学的核心目标，那么“文本”则是现代文学教学渗透“人本”理想的主要载体。

在相当长的历史时期，尤其在20世纪50至70年代，现代文学课程从教材到课堂教学都强调以文学“史”为线索，要求对所谓文学史“规律”的基本把握，强调对文学史“性质”的清楚认识，对每个历史时期文学的相关背景、主要论争、文艺思潮、文艺现象讲得很多，对文艺制度、思想观念的宣讲远比文学作品鉴赏能力、感受能力、评判能力等审美能力的训练更要受到重视。21世纪以来，在通识课的挤压下，现代文学等专业基础课程的课时普遍压缩，文学史与文学作品的关系处理更成为一个紧迫的问题，这既是对授课教师的综合考验，也对学生的自觉阅读提出了更高的要求。较多业内人士认为，对本科生来说，现代文学史知识的讲授固然不可少，但比其更重要的是培养学生对文学作品的感悟、鉴赏和评价能力。因为任何一个民族国家某一时期的文学史，实际上就是风格迥异、个性鲜明、流派纷呈、千姿百态的文学作品生产和呈现的历史，没有文学作品就谈不上什么作家，没有文学作品就谈不上文学“史”。对于高校基础课程的中国现代文学而言，对于一个现代大学生而言，现代文学课程的核心就是要激发学生阅读作品的兴趣，提高阅读作品的能力，引导学生进入一个无限繁复广阔的作品世界中去。这个百年现代文学的世界，与中国现代化的总体进程是一致的，与现代中国人的生活与人生是契合的。无论是从鲁迅到穆旦到洛夫，他们作品体现出的对现代人生的铭心体验和精神自省，还是从20世纪20年代的乡土文学、30年代的都市“新感觉派”小说到21世纪以来阎连科、贾平凹、莫言、王安忆、徐则臣等小说的城乡重构与精神探寻，都生动呈现着乡土中国儿女跋涉在现代化长途上的面貌与背影，心灵的颤动与交响。

不管后现代主义式的各种“后”观唯颠覆、解构是尚裹挟了多少人的判断，不管“重写文学史”的实践取得多丰硕的成果，一个不得不承认的基本事实是：是现代文学作品为我们保留了这一段壮阔而惊心的历史。如果历史都是“叙述”出来的，但文学作

① 温儒敏：《中文系应当有“文气”》，《文史知识》2008年第8期，第4—7页。

品作为作家独特精神活动的产品，其“叙述”与历史叙述就有了很大的不同，它的虚构与想象本质让它更能无限接近丰富的历史真实。只有以文学作品为本，才能使广大青年学生通过作品的世界，建立起从未经历年代和逝去年代的文学表现与我们当下人生的连接，并在文学作品的世界发现与自己人生相关切的种种“影像”。我们不是不要“史”，不是只要“文本”，而是倡导通过细读作品，培养学生的审美能力和解读作品的能力，使学生从阅读作品的感性认识上升到文学史的理性把握。“事实上，文本细读是提高学生学术水平的重要途径，是引领他们进入文学世界的重要渠道，也是培养他们工作能力的重要手段”①，大学文学教学绝不是中学语文教育。而今一个不容乐观的事实是，从小学到大学，文学作品的“阅读”成为一个“问题”，我们从阅读中获得的快乐早在小学阶段就被老师粗暴地“纠正”了。比如我们小时候在课堂上摇头晃脑、左顾右盼、坐姿不端的朗读方式（无论齐读还是自读的时候，儿时小伙伴之间简直像玩你追我赶、此起彼伏的游戏），却被老师呵斥为“读望天书”而当面受罚；不止于此，放学后又被告状于父母：你娃在学校整天读的是望天书呢，于是，又免不了一顿臭骂或竟至于挨打。老师和大人们哪里知道，在那东倒西歪、念念有词、挤眉弄眼以及伴随木头桌凳被摇晃得咯吱咯吱发声的阅读方式中，我们柔弱的心灵一定朦胧感受到了文学阅读的快乐，文学也一定以某种我们当初无法说出的方式进入了我们稚嫩的生命和情感，这是多么宝贵的文学体验！今天，我们喜欢以应试教育的压力、社会上功利实用主义的推波等理由来解释，虽不无道理，但根本上我以为是文学教育者的理念本身出了“问题”，是对“人本”与“文本”认识偏差的问题。一个比较普遍而尴尬的事实是，大一新生对文学的认知大多还停留于中小学的语文课，中国现代文学又是中文专业大一新生第一学期就开设的课程，因此，现代文学工作者更应在对大学生的文学教学中对此纠偏而责无旁贷。

接下来的问题便自然而然：现代文学到底“怎么教”？尽管中国现代文学教学改革的国际国内研讨会议都时有召开，但我们能企望一个普适的方法或模式一劳永逸地解决这个问题吗？显然不符合实际。时至今日，改革开放40年来现代文学课堂教学经过多轮探究，尽管一讲到底的课堂模式早有所改变，一些教师也采取了较通行的“讲授+提问+讨论”式的授课方式，但由于大学教学的特殊性，比如多班集体授课、学生课外时间比较充裕、教师的研究成果不能期待学生通过讨论就能获得等多种原因，这一模式并不一定是最好的方法。其他如启发式、研究式、网络式、多媒体教学法等虽丰富了现代文学教学，但在具体的管理细节和实施方面仍然有流于形式的弊端。姑且不谈这种种所谓的

① 张全之：《改革开放30年来中国现代文学史教学研究和实践的反思》，《中国现代文学研究丛刊》2009年第3期，第34—44页。

模式，恐怕在当今学子的中学阶段就早不是什么新鲜的事物，可实际效果真有我们期待的那么让人惊喜吗？更何况，不管什么方法，必然都有其自身的有效限度。

就现代文学教学而言，怎么教的方法，只有与为什么教的目标（“人本”）和教什么的对象（“文本”）统筹在一个整体中，谈论现代文学教学方法才是切实有效的。我们认为，现代文学教学应该顾及当今大学教育的特征，鼓励学生充分、合理利用课外时间，激发学生对作品的阅读兴趣，培养中文学子读、说、写、思“四大能力”，并建立相应灵活有效的考核体系。“读”的能力，即会读，爱读，选读，读作品，读经典；“说”的能力，即会说，能说，说得出，说作品，口头表达强；“写”的能力，即笔杆子，会写作品评论；“思”的能力，即阅读中及阅读后的思考，反思，自省，有思想。这四大能力，“读”是出发点，“说”是加油站，“写”是强化营，“思”是目的地。四者互为支撑，统一于“文本”，旨归于“人本”。其具体的可操作方法，以本人所授现代文学课程为例，采取“三项训练”的教学模式，充分激发学生主体活力，并进行积极引导和适时评价，效果良好。“三项训练”是对中文学子“四大能力训练”的简称，其具体内容包括“说”作品、“议”作品、“写”作品。

（一）“说”作品。文学史与文学作品的关系，是现代文学史教学中必须解决好的一对难题。尽管现代文学史课程及教材名称都重在“史”的脉络，但如果离开对现代文学作品的阅读和熟悉，学生就无法清楚地把握这个“史”的线索，更无法进一步感知和理解“史”的感性力量与内在形式。因此，在开学之初第一次课就给学生开出本课程需要阅读的“必读”作品书目，提前分配给每位学生，由学生自行认领篇目，当轮到课堂需要讲解分析该作品时，由认领学生讲述作品内容及相关阅读感知。由于现代文学史课程课时的限制（我校虽设置为72学时，实际授课只有64学时），这里的“必读”，只能是“经典”作品。但这个“经典”，不能只是我们熟悉的作品史上的经典，由于现代文学史课程“史”的特性，还应包括不是作品史却是文学史上的经典。比如胡适《尝试集》，算不得文学作品上的经典，但谈论现代文学尤其现代新诗的发生又无法绕开，因而又可说是文学史的经典。“必读”作品除了这两类“经典”外，还要注意那些通常被我们“二元对立”到“另一边”或因课时限制而“旁落”的作家作品，所谓“小家”、“通俗”、“边缘”、“非文艺”等。以乡土小说为例，就必须在鲁迅—沈从文—赵树理之外，兼顾鲁彦、彭家煌、台静农、蹇先艾、许杰、冯文炳、沙汀、艾芜、吴组缃、罗淑、芦焚、李劼人等人的作品。只有如此，学生对“史”的把握才会立体丰满起来。在时间控制上，学生说“经典”一般限时10分钟左右，“旁落”作品限时5分钟左右；同时，还要给5—10分钟其他同学自由言说。这样既督促学生必须阅读作品，又训练学生言说的表达能力，更节约了教师复述作品内容的课堂时间。

（二）“议”作品。每学期分出4—6个学时由学生主讲，教师开学之初布置学生主讲的具体对象，一般多为学生喜爱的作家作品，如沈从文、张爱玲、萧红、徐志摩等。具体要求是：将上课学生自由组合成3—4个小组，每组推举代表上前台主讲，其余几个小组就所讲内容进行提问或质询，由主讲人或该小组成员回答。每组主讲时间限定20分钟，提问和质询10分钟，因为小组之间互有竞争，如此极大调动了学生的参与意识，有时问答双方的争议相当激烈，并时有思想的火花迸现。在某种程度上，“议”作品环节是对“说”作品环节自由言说时意犹未尽的弥补。主讲人不是上台随意说说，他代表的是本小组集体的智慧和思想，要在20分钟里呈现小组经过准备而集中关注的几个点面和看法。同时为了预防在10分钟的问答环节被其他小组给难住，小组内部此前要围绕主讲对象的多个可能方面开展讨论。通过课前与课上的两“议”，印象至为深刻。在此过程中，教师并不因为学生主讲而松懈，教师既要关注学生所讲内容，以便在接下来的时间里对主讲者纠偏、补漏和评点，还要调解问答过程中的相互纠缠，导引争议话题的集中性、有效性，保证“议”作品的质量。

（三）“写”作品。在“说”作品、“议”作品之外，每位学生本学期要完成20篇中国现代文学作品的阅读笔记，名称虽叫“读书笔记”，但要求并强调尽量写成“文学评论”，一篇尽量只写一个主题，避免面面俱到，务必与中学时期的读后感区别开来。大一新生普遍不知作品评论与读后感的差异，光靠老师讲二者的区别或如何写评论，没有学生自己写作评论的尝试和实践，甚至没有一定量的积累，评论写作不会那么容易上手。尽管我们相信一个学生的文学评论写作不全是靠教会的，但反复演练和学习确实有效。当然，老师对学生所“写”还要有一定反馈，才能激发学生“写”的积极性。每个学生的20篇中，我一般抽评该生1—2篇代表性的评论，指陈优点与不足。通过作品评论写作，学生的逻辑思维、演绎归纳、思考判断、情感表达与语言组织等综合素质都得到了整合与淘洗。不仅如此，从大一中国现代文学课程开始的“写”作品评论，为四年后毕业论文的写作奠下了较为扎实的基础。

显而易见，“三项训练”的前提是文本阅读，同时每一项训练都要求读、说、写、思四大能力中的其余三种能力的进入。“三项训练”看似简单无奇，其实在现实的实践过程中，每一个环节都离不开教师的精心与智慧，每一个环节都不能少了教师的评价。全国高校中文专业普遍都在大一第一学期就开设中国现代文学课程，如何评价，并非小事，学生其实非常在意。比如“说”的环节，在学生说完之后，教师如何鼓励，又如何指出其不足，对其接下来的大学生活都可能发生影响。比如“议”的环节，当问答双方针锋相对，教师如何平衡又如何自圆其说，甚至处理的时机等，都非常重要。比如“写”的环节，教师除了预先讲清文学评论与读后感的差别，还要指陈各自评论的问题，更要发现个体差异性的特点等。如此一来，有人不免会问：在如今大学老师尤其青年教师本就科研教学任务普遍增重、晋职压力增大的情况下，怎么保证这“三项训练”有效操作？确实，要让“三项训练”真正对接“四大能力”，必然要占去教师更多的时间和精力。从高校教育的本质来说，这是以本为本，大学回归教育本位；从专业学科来说，文学教育以文本为本，也算回归文学本位。换个角度看，也未必真的耗费更多精力和时间，因为“三项训练”均可纳入学生平时成绩考核之中。比如我校的学生成绩考核办法规定，一门课程的最终成绩必须由期末卷面成绩的60%加上平时成绩的40%构成。40%显然并非无足轻重，而这40%完全可以落实到“三项训练”中来核算，真正扭转传统的对学生的终结性评价为形成性、过程性考核，既促进了中文学子“四大能力”的培养得以提升，又保证了中国现代文学教学的活力。

总之，面对21世纪以来全国高校通识课、公共课增加而中国现代文学等专业基础课课时受到挤压的状况，加之社会上实用功利思想的助澜，我们要坚持发扬学科一贯洗涮人心、荡涤灵魂的人文传统，确保“中国现代文学”教学过程的“中国”经验与“中国”书写真正与我们的“现代”人生相关联，确保现代“文学”世界与广大青年的心神呼应。我们既要正视现代文学学科与课程教学的历史传统，又要考虑国家教育体制与文化政策变化对课程教学的影响，还要兼顾在新的时代语境和社会整体环境下的教与学双边关系。但我们明白：无论在人本、文本、方法还是其他诸多层面，中国现代文学课程教学的一些问题既要端本正源，又要与日俱新；而“三项训练”也只是我在具体的现代文学教学实践中逐渐确立起的有一定个性和活力的尝试，其每一环节都还有更多值得去探究的空间。由于高校生源多样、学校类型有异、教学定位不同等等，任何方法的推广就有了限度，这一点当无须赘言。

（作者单位：西安外国语大学中国语言文学学院）

论现代外省作家在哈尔滨的文艺活动

教鹤然

外来者进入哈尔滨文学场域，对哈尔滨文化产生了不同程度的震颤与影响。与此同时，外省作家自身的文学经验、既有思想认识及原乡体验，都在文化冲击的过程中不可避免地受其冲撞与形塑。现代外省作家入哈这一文化现象促成了他们对于现代性问题的思考和新作品的在地化书写，其中有丰富而复杂的可阐释空间值得我们去探索与挖掘。

19 世纪末，沙皇俄国推行远东政策并与中国签订《中俄密约》，西伯利亚大铁路最后一段在中国东北境内开始修筑。20 世纪初期中东铁路正式开通以后，哈尔滨成为沟通中国与俄国、与欧洲的重要政治、经济、文化及交通枢纽，其社会文明、文化、文学、教育等诸多问题都成为入哈外省作家关注与描述的对象。首先，有必要先将“外省”与“本省”概念在这一论题范畴内的所指进行初步分析，以应论述之便。1903 年中东铁路建成时，哈尔滨地区的滨江段为吉林、黑龙江两将军协领辖区，松花江北岸地区归黑龙江管辖。1906 年 5 月 11 日，清廷批示滨江关道于哈尔滨傅家店（现道外区）正式设置道台府办公，启用“滨江关道兼吉江交涉事宜”关防，哈尔滨地区隶属吉林将军。次年，哈尔滨开埠后，俄国中东铁路公司在哈成立哈尔滨自治公议会，企图将哈尔滨埠头区（现道里区部分街区）、铁路市区（现南岗区部分街区）划入俄国统治辖区势力范围。同年，清政府改组东北地区行政制度，设立吉林、黑龙江及奉天三省。1921 年 2 月，中国政府宣布哈尔滨中东铁路全线附属地为东省特别区，并设立市政管理局。1932 年 2 月 5 日哈尔滨沦陷后，伪满洲国成立哈尔滨市政筹备处，次年成立伪哈尔滨特别市公署，辖境包括原滨江市（滨江地区）、松浦市（松北地区）、东省特别区等全部地区。1937 年 7 月 1 日，伪满洲国改革地方行政制度，将伪哈尔滨特别市公署改为哈尔滨市公署，为黑龙江省省会城市，辖区无变动①。至此，现代意义上通行的哈尔滨市才真正成形。由此可见，严谨来说，1937 年以前所谓“哈尔滨市”是一个伪称，应称为“哈尔滨地区”更准确。并且在该地区一直存在着吉林、辽宁及黑龙江三省行政区划的交叉与变动，同时还是日、俄两国争夺殖民权力的重灾区。因此，本研究所指涉的在哈尔滨的现代“外省”作家，其相对应的“本省”概念显然并非是现代通行意义上的狭义的“黑龙江省”，而应是考虑到当时当地行政区划特殊性的广义的“大本省”概念。

一、“文明”与“文化”

最早进入哈尔滨并与之产生交互影响的作家是瞿秋白。1920 年，瞿秋白以记者身份访苏俄时，因白俄将领谢美诺夫与远东革命军在满洲里与远东共和国首府赤塔市之间交战，火车不通而被迫滞留哈尔滨。自 1920 年 10 月 20 日晚八九点到哈尔滨车站，至 1920 年 12 月 10 日离哈，瞿秋白共滞留哈埠 50 余天光景。在滞留哈埠的这段时间内，瞿秋白完成了《饿乡记程》的写作。除瞿秋白以外，随后胡适赴英及徐志摩、朱自清旅欧，亦曾以哈尔滨为中途短暂滞留的换乘地，但是，几位作家近距离对哈埠俄式社会文明与文化风貌的体悟略存差异。

1925 年 3 月 10 日徐志摩由北京经沈阳、长春，于 12 日经哈尔滨当晚乘车去满洲里，20 日到达苏联莫斯科后游历欧洲诸国。徐志摩在哈尔滨暂留时间不足 12 小时，3 月 12 日他在哈尔滨写给陆小曼的信中以一种敏感而好奇的外来者眼光审视这种异质文明，与此同时也透露出被异质文明所审视的惊慌：“我爱这儿尖屁股的小马车，顶好要一个戴大皮帽的大俄鬼子赶，这满街乱跳，什么时候都可以翻车，看了真有意思，坐着更好玩……今天早上在一家钱铺子里一群犹太人，围着我问话……中午我闯进一家俄国饭店去，一大群涂脂抹粉的俄国女人全抬起头看我，吓得我直往外退出门逃走了。”② 按日记开篇行程的记录“早到哈，韩侍从甚盛。去懋业银行，予犹太鬼换钱买糖，吃饭，写信”③，这一群围着他问话的犹太人，应是懋业银行的员工。此处提到的“懋业银行”是 1919 年 4 月于北京成立总行，并在同年 11 月于哈尔滨成立分行，地址在道里中国大街（现中央大街），主要处理赴俄外币兑换业务。非常有趣的是，徐志摩在中国的边境城市哈尔滨接触到的无一例外都是外国人，对比之下本是中国人的他反而产生出一种陌生感，这从侧面呈现出当时哈尔滨特别区的商贸、交通、餐饮及服务行业大量被白俄及犹太流民侵占，

---

① 参考哈尔滨市地方志编纂委员会编：《哈尔滨市志 · 总述》，黑龙江人民出版社 2000 年版。

② 徐志摩：《徐志摩书信集》，天津人民出版社 2006 年版，第 82—83 页。

③ 徐志摩：《徐志摩书信集》，天津人民出版社 2006 年版，第 82—83 页。

本地平民的生存空间在异质文明的挤压下举步维艰。瞿秋白在哈广泛地接触各方各界人士，撰写了大量的文章报道，大都与哈尔滨本地社会情形相关，包括《哈尔滨四日之见闻》、《哈埠见闻中之珲春事件——日本总领事与张使直接交涉》、《哈埠工会联合会会长访问记》、《哈尔滨之劳工大学》、《哈尔滨俄侨之舆论》、《哈埠俄人庆祝纪念之情形》及《哈尔滨俄国工人实况》① 等数十篇。这些文章寄回去后陆续在北京《晨报》上发表②，从其作品中我们可以看到他来到哈尔滨以后的所见所闻，以及对这种特殊文明现象的所思所感：目及这北方边境城市纯俄国式的车站中“三等待车室里，横七竖八的行李，满地泥水，头二等待车室里还供着希腊教的神像”③，暂住地车站旁福顺栈客栈里“闻得一种臭不可当的‘北边人’气味……空气坏极”，面对如此恶劣而粗陋的生活环境，瞿秋白做出了这样的感慨——“可怜，可笑，‘我们’这样‘文明化的’中国人，一入真正的中国生活，就着实觉得受不了；而且半欧化的俄国文明也使我们骇怪：原来‘西洋人’也有这样的”④。由此瞿秋白联想到自诩为“文明化”的青年知识者，其脑海中构筑的理想“文明”乌托邦，是与现实中受到西方文明浸染的哈尔滨社会环境格格不入的。在《饿乡记程》中，瞿秋白曾记录过一个他乘坐俄国人力车夫拉的洋车回客栈的微妙细节，两人因哈尔滨街区地名的俄中称谓不明而出现交流障碍，因绕路耽误时间，临下车时车夫要了昂贵的车费。联想到之前酒店既贵且差的饭食，瞿秋白感慨哈尔滨所谓的“欧化文明”，盛名之下其实难副。

有意思的是，在 1931 年 8 月与多位教授一同经哈赴欧的朱自清笔下，关于“文明”的体验却截然不同。朱自清于 24 日早到达哈尔滨并在道里北京旅馆暂住，余下几日赴俄领事馆办事并游览中央大街、松花江畔及太阳岛，于 26 日下午 3 时乘车去往满洲里。他在 26 日的日记中写道：“俄人衬衫束带，领与襟袖，俱有花，亦别有风致。又有黑外衫亦束带，亮扣，亦佳。”⑤ 显然，他对哈尔滨街头俄国人的服饰装束的考究颇为欣赏，而对于哈尔滨本地松花江景点的印象则是“我不大喜欢这地方，因为毫不整洁，走着不舒服”，唯一可称许的是在江上划船倒是感觉非常痛快，因为“船夫管着方向，他的两桨老是伺候着我的”⑥。显见的是，朱自清仍然带有一种知识青年对于欧化文明的浪漫想

① 其中《哈尔滨俄国工人实况》为一篇新发现的佚文，最初发表在 1920 年 12 月 11 日上海《实事新报》第三版“劳动界调查”。材料来源为刘小中、丁言模编著，江苏省瞿秋白研究会编：《瞿秋白佚文考辨》，中国文联出版社 2013 年版。

② 张琳璋：《瞿秋白》，中国华侨出版社 1999 年版，第 83 页。

③ 瞿秋白：《瞿秋白文集》（第 1 卷），人民文学出版社 1953 年版，第 36 页。

④ 瞿秋白：《瞿秋白文集》（第 1 卷），人民文学出版社 1953 年版，第 36 页。

⑤ 陈竹隐、李钢钟：《朱自清日记（1931. 8. 22—1931. 11. 3）》，《新文学史料》1981 年第 1 期。

⑥ 朱自清：《朱自清游记》，东方出版社 2006 年版，第 176 页。

象，享受哈埠浓郁俄式风情的同时，对本地人生活的脏乱环境很是鄙薄。《西行通讯》中写到“我们第一天在一天津馆吃面，以为便宜些；那知第二天吃俄国午餐，竟比天津馆好而便宜得多”①，结合朱自清26日日记中记“饭于环瀛家常饭馆，甚廉。犹上海之东华。哈埠此种饭店极多”②，当天中午就餐的俄国餐馆应该是环瀛家常饭馆，味道好且价格便宜。除却饮食文化方面，《西行通讯》中亦记录了朱自清在哈尔滨街头乘车的经验：“在这儿街上走，从好些方面看，确是比北平舒服多了。因为路好，汽车也好。不止坐着平稳而已，又多！又贱！又快！满街是的，一扬手就来，和北平洋车一样。这儿洋车少而贵；几毛钱便可坐汽车……”③ 汽车平稳而廉价，饮食便宜且味美，这显然与瞿秋白的在哈体会迥然相异。

倘若追问几位作家关于“文明”差异性体验的个中因由，我们不妨结合胡适到哈尔滨后的所见所感来进行辨析。1925年英国国会通过退还庚款的议案，组织“中英庚款顾问委员会”，胡适作为中方三委员之一，于1926年7月17日由北京启程经长春、哈尔滨、满洲里和莫斯科前往英国伦敦。7月22日到达哈尔滨，住在马迭尔宾馆，停留3日，期间拜访哈埠各重要人物，考察市容及风土人情。1927年8月13日，胡适在发表于《现代评论》第六卷第一百四十期的文章《漫游的感想（一）东西方文化的界限》中，记录了在哈尔滨关于“电车、汽车与洋车（人力车）”及其背后“西方与东方”文明的思考：“‘道外’街道上都是人力车。一到了‘道里’，只见电车与汽车，不见一部人力车。道外的东洋车可以拉到道里，但不准再拉客，只可拉空车回去……我到了哈尔滨，看了道里与道外的区别，忍不住叹口气，自己想道：这不是东方文明与西方文明的交界点吗？东西洋文明的界线只是人力车文明与摩托车文明的界线——这是我的一大发现。”④“道里”范围区域是原哈尔滨租界，“道外”则是本地村庄在其影响下发展起来的区域，现在哈尔滨仍然沿用这一称谓。朱自清主要的活动区域基本在“道里”租界一带，而瞿秋白的活动区域则集中在“道外”。两位作家体验差异的背后，隐藏着哈尔滨本埠城市文明的巨大断裂：以“汽车”及工业文明为代表的租界区是上层阶级的主要聚居区，以“洋车”及“作牛马的文明”为代表的本地城区是下等侨民和贫民阶层的主要聚居区，哈尔滨所谓的“半欧化”文明是在殖民暴力的挤压之下形成的“异化”而且虚假的文明形态，真正的普通中国民众仍然过着下等人的生活。胡适的“汽车文明说”敏锐地发现了这一文明断裂问题，也成为后人批判这一现象所绕不开的论断，但真正最早体悟其本

---

① 朱自清：《朱自清游记》，东方出版社2006年版，第174页。

② 陈竹隐、李钢钟：《朱自清日记（1931.8.22—1931.11.3）》，《新文学史料》1981年第1期。

③ 朱自清：《朱自清游记》，东方出版社2006年版，第174页。

④ 胡适著、朱正编选：《胡适文集》（第2卷），花城出版社2013年版，第310页。

质的应是20年代初来哈的外省作家瞿秋白。

不仅如此，瞿秋白还预见性地观察到哈尔滨俄国资产阶级经济文明的衰落。街上印着俄文的商铺里售卖的是日本绸布和工艺品，日本警察、记者随处可见，日本报馆、客栈、餐馆甚至妓院充斥着哈尔滨的街头，甚至日本人“对于哈尔滨市政，调查得比中国人俄国人都清楚”①。而资金流通方面，日本金票大有取代俄国卢布而占据哈尔滨商业活动主流的趋势，日本势力控制的南满铁路使得南满物资难以运入哈埠，更造成哈尔滨本地生活物资呈现国货贵、日货贱的窘况。瞿秋白在1920年末就已经极为敏感地注意到日本计划殖民侵略哈尔滨的迹象，表示现在作为“俄国的殖民地”② 的哈尔滨，在不久以后的将来，“日本人若得中东（铁路），哈尔滨很快变为日本的殖民地了”③，可谓是提前预言了抗战爆发哈尔滨沦陷以后不久苏俄将中东铁路北段北满铁路卖给日本、哈尔滨彻底沦为伪满沦陷区的悲剧历史，可惜的是，这一预见性的论断并没有引起文艺界与思想界的足够重视，此番呐喊也并未能在事实上延宕国土的沦陷。

关于哈尔滨的本土文化教育状况，朱自清在离哈后写就的《西行通讯》中有过这样的评价：“这里虽有很高的文明，却没有文化可言……这里没有一爿像样的书店，中国书外国书都很稀罕；有些大洋行的窗户里虽放着几本俄文书，想来也这是给商人们消闲的小说罢……中等教育，还在幼稚时期的，已是这里的最高教育了！”④“有文明没有文化”是他从三日哈尔滨生活体验中得出的结论。朱自清在哈尔滨的两三日匆促行程，只是惊鸿一瞥式的粗略印象，或许有一叶障目之嫌，尚可以此作为解释。然而值得注意的是，瞿秋白在文教状况方面也有相似的判断。在《饿乡记程》中，他将途经的东三省省会社会风貌形容为“奉天是中日相混，长春哈尔滨又是中俄日三国的复版彩画。哈尔滨简直一大半是俄国化的生活了”⑤，并进而做出“满洲三省文化程度几等于零”⑥ 的论断。作为“游俄”绪言的哈尔滨一游，瞿秋白见到在俄国人所谓的“中国大街”（现中央大街）上沿街叫卖报纸的人，口中呼喊着的是“Novoctijizni”（《生活日报》）、“Vperiod”（俄新党机关报《前进报》）、“Zarya”（《柴拉报》，即俄市民报纸《霞光报》的音译名）、“Russky Golos”（俄旧党机关报《俄声》）等俄文报纸⑦。据瞿考察，相比于俄文报纸文化的繁荣，哈埠的中文教育和纸媒发展程度欠佳：“全哈中国学校不过三四处，报馆更其

---

① 瞿秋白：《瞿秋白文集》（第一卷），人民文学出版社1953年版，第39页。
② 瞿秋白：《瞿秋白文集》（第一卷），人民文学出版社1953年版，第49页。
③ 瞿秋白：《瞿秋白文集》（第一卷），人民文学出版社1953年版，第39页。
④ 朱自清：《朱自清游记》，东方出版社2006年版，第173页。
⑤ 瞿秋白：《瞿秋白文集》（第一卷），人民文学出版社1953年版，第37页。
⑥ 瞿秋白：《瞿秋白文集》（第一卷），人民文学出版社1953年版，第48页。
⑦ 瞿秋白：《瞿秋白文集》（第一卷），人民文学出版社1953年版，第47页。

大笑话。其中只有《国际协报》好些，我曾见他的主笔张复生，谈起哈尔滨的文化来，据他说，哈尔滨总共识字的人就不多；当真，全哈书铺，买不出一本整本的庄子，新书新杂志是少到极点了。”① 然而，实际上哈尔滨的文化情况却并非如此不堪。中国学校教育方面，在瞿秋白入哈的1920年及此前，幼教方面只有基督教会办的贵族式“崇俭幼稚园”，大量平民百姓的子女是无法接受幼儿教育的。小学方面，道外滨江县在清末兴办新式小学堂的基础上，进行民国新学制初高级小学的改建，县内小学有29所，学生2122名，教职员工82人。1921年东省特别区（原道里租界区）建立以后至1930年，在原俄国管控的哈尔滨自治市及中东铁路附属地建立了21所小学，共有学生5076名，教职员工283人②，其中在朱自清来哈时东省特别区教育厅所属第一学区已建13所小学。虽然当时并没有形成规范、统一的教学纲要，但在1922年民国政府颁布《壬戌学制》后，特区小学的国文课改为包含语言、读文、作文、写字等四项的国语，小学语文教育从文言转为白话③。近代文化方面，第一家中国人创办的报纸《东方晓报》在1907年创刊，每周6期，每期对开4版，每期发行量可达千份左右④。此后，《滨江日报》、《东陲公报》、《新东陲报》、《东陲商报》等相继出现，并持续与由沙俄控制、中东铁路协办并斥资的机关报《远东报》不断论战，努力争夺中文民办报纸的话语权。瞿秋白所提到的《国际协报》于1918年在吉林长春创刊，1919年迁至哈尔滨，社长为张复生，每期对开8版，每期发行量为每月1200份⑤。瞿秋白来哈前后，《国际协报》不断刊登抨击和揭露日本侵略势力的文章，抗议国际争夺中东铁路管理权。至朱自清来哈的1925年，《国际协报》由于办报经费接受地方政府的资助，因此对奉系军阀倒戈的新闻不作报道，后续也存在多次屈从当局政府禁令而“谢绝刊布”信息的事件。此外，还有1921年创刊的《滨江时报》以反苏反共为主要办报方针；1923年由爱国青年自发创刊的《晨光》报，对日本侵华及俄苏势力都表示出敏感批判的态度，并与1921年创刊的《东三省商报》同时开辟栏目刊发新文学作品。虽然不可否认的是，20年代哈尔滨的文化空气复杂而紧张，本土文化的力量和影响范围有限，但是在俄文报纸之外，多种立场各异的中文声音仍然持续不

① 瞿秋白：《瞿秋白文集》（第一卷），人民文学出版社1953年版，第40页。

② 哈尔滨市地方志编纂委员会：《哈尔滨市志·教育、科学技术》，黑龙江人民出版社1998年版，第30页。

③ 哈尔滨市地方志编纂委员会：《哈尔滨市志·教育、科学技术》，黑龙江人民出版社1998年版，第60页。

④ 哈尔滨市地方志编纂委员会：《哈尔滨市志·报业、广播电视》，黑龙江人民出版社1994年版，第16页。

⑤ 哈尔滨市地方志编纂委员会：《哈尔滨市志·报业、广播电视》，黑龙江人民出版社1994年版，第22页。

断地在为自己努力争夺文化话语权和参与权，这显然被外省作家“没有文化”或“几等于零”的武断结论遮蔽了。

二、“红色”哈尔滨

哈尔滨先得俄苏红色文化空气，部分与哈尔滨建立文学联系的外省作家也与红色文化密切相关，经由哈尔滨将这一空气传播至中国的其他地方。鲁迅与以萧红、萧军为代表的哈埠作家关系亲密是学界共识，他一生并未真正踏上哈尔滨的土地，但在他的帮助和扶持下第一本全面介绍苏联文艺论战的书——《苏俄的文艺论战》初版本作为“未名丛刊”之一由北新书局1925年出版，其作者是祖籍辽宁而时任中共哈尔滨地下党市委书记的任国桢，两人就书稿的编校问题有多封信件往来。不仅如此，也有材料显示，1928年前后，鲁迅通过与1926年春来到哈尔滨参与党组织工作的楚图南（云南文山人）的通信获得了部分关于马克思主义文论的书单信息，对他了解和加深理论认识起到了一定帮助。鲁迅可以视为“精神入哈”的外省作家代表之一。瞿秋白记录他在离哈前参加哈尔滨工党联合会庆祝十月革命三周年的纪念盛会活动：“宣布开会时大家都高呼‘万岁’，哄然起立唱《国际歌》（International），声调雄壮得很。——这是我第一次听见国际歌。”① 此处瞿秋白第一次将歌名翻译为《国际歌》，此后他又第一次将该歌曲的歌词及曲谱进行中文翻译和介绍，全歌译文连同曲谱最初刊于1923年6月15日《新青年》季刊第一期“共产国际号”上。虽然最初歌词为文言译本，并非后世广为流传的白话版，但在歌词的翻译过程中，他考虑到“歌时各国之音相同，华译亦当译音”，而将“国际”（英文International）一词首创性地音译为“英德纳雄纳尔”（现译为英特纳雄耐尔），也成为后续所有歌词版本的最初范本。

1923年9月，中国共产党决定在哈尔滨建立共产党组织，1926年中共北满（哈尔滨）地方委员会成立，使得20年代中期至30年代初期，大批外省作家因工作需要调入哈尔滨，与本省作家共同为哈尔滨地下党组织工作及哈尔滨左翼文学活动的展开助力。尤其值得指出的是，这一批外省作家对哈尔滨文学生态的介入，直接带来黑龙江省最早的翻译文学的繁盛起步。最有代表性的作家应属楚图南，他是云南文山人，1926年加入中国共产党并被北方区委派遣至哈尔滨，以中学教员身份从事地下党组织工作和革命活动。1928年，黑龙江省专门从事文学翻译的社团“灿星”首次出现在哈，时任吉林第六中学（地点在哈尔滨）国文教员的外省作家楚图南联合几位懂俄语的学生高鸣千、张逢

① 瞿秋白：《瞿秋白文集》（第一卷），人民文学出版社1953年版，第52页。

汉、均风等人，以及哈尔滨工业大学、东省特别区法政大学及其他学校的文学爱好者，成立了“灿星”文学社团，这是“哈尔滨自有现代文学以来最早组成的、也是存在时间最长、影响最大的文学社团”①。社团刊物《灿星》从1928年创刊到1930年年底，中途为《国际协报》出资接办为副刊之一，共出版了三卷数十期，每期都有半数左右的篇幅刊载翻译的俄国文学作品，这些作品大都是社团成员翻译的。鲁迅的《集外集·通讯》中，还有回复1929年灿星社张逢汉关于《奔流》期刊译诗问题的来信，由此也可间接证明此时哈尔滨的翻译文学风潮与现代主流文学未曾疏离。1936年至1937年间，楚图南先后翻译了惠特曼的《大路之歌》、《草叶集》中的部分诗歌、涅克拉索夫的长诗《在俄罗斯谁能快乐而自由》及《苏俄的诗歌》、《德米尔诗抄》等作品，并通过题记、附记等方式在译著前后加以自己的评价与看法。

与此同时，哈尔滨的俄苏文化也成为这一批作家接受中、高等教育及学习、锻炼俄语水平的绝佳环境，并影响着他们离哈后的文艺活动方向。祖籍江苏常州的姜椿芳是其中的代表作家之一。他于1928年随家人北上哈尔滨谋生计，在黑龙江省第三中学读初中时，利用课余时间在白俄侨民处学习俄语，随后在中东铁路工务段负责俄文账单和日常事务的抄录，1930年在“哈尔滨光华通讯社”担任《俄文晚报》消息的翻译。中共满洲省委迁至哈尔滨后，在中共哈尔滨市委书记杨靖宇的介绍下，他加入中国共产党，一面组织地下抗日活动的宣传和开展，一面同本省作家舒群等人一起组织哈尔滨左翼文化运动，进行抗日文学写作与俄文影片、俄文报纸翻译工作。30年代中后期，姜椿芳南迁至上海以后，仍然利用在哈尔滨时期习得的俄文专长，在苏德战争期间用林陵、什之等笔名翻译了许多苏联诗歌及文论。与姜同为江苏人的沈颖是瞿秋白的同窗好友，他于1922年从国立北平俄文专修馆毕业后来哈尔滨，在中苏共管的中东铁路法律处任职。1920年至1926年间，相继翻译《俄罗斯名家短篇小说》第1-2集、安德烈的《教育之果》、屠格涅夫的《前夜》与《十三封信》、普希金的《驿站长》等名作②，其中由瞿秋白作序的《前夜》是该书在中国的第一个译本。1927年随全家北上来到哈尔滨祖籍的河北南宫的作家金人（原名张少岩），与姜椿芳类似，也利用在哈尔滨工作的机会向白俄教师学习俄语，1930年任东省特别区地方法院检查处俄语翻译员，并考入东省特别区法学院法学系学习法律。他的同学是祖籍山东蓬莱的作家杨朔，与他同年随舅父到哈尔滨，并在太古洋行作练习生、办事员。两人互相影响，在《国际协报》、《五日画刊》、《东三省商报》等副刊发表诗歌、杂文等文艺作品。金人于1933年在哈尔滨开始翻译俄国古典文学

① 陈隄：《楚图南与灿星社》，选自张淑媛、王竞、柳彦章主编《黑土金沙录》，中华书局1993年版，第59页。

② 张耘田、陈巍主编：《苏州民国艺文志·上册》，广陵书社2005年版，第323页。

及现代文学作品，1935 年在萧军的介绍下翻译了苏联作家左勤克的《退伍》和绥拉莫维奇的《荒漠的城》等，并在鲁迅主编的《译文》上发表译作。南下上海及去苏北以后，金人仍然先后翻译了《静静的顿河》、《从军日记》等俄国古典文学和现代文学作品，中华人民共和国成立后担任出版总署编译局副局长，并继续从事俄文翻译工作。其好友杨朔在 30 年代与哈尔滨市中共地下党组织接触，与满洲省常委、领导电车工人罢工运动的金伯阳和林郎一同住在石头道街英商太古洋行宿舍里，以此作为党的地下活动点。他最初翻译的外国文学作品是赛珍珠的《大地》，部分章节刊登在《大同报》副刊。其散文《〈铁流〉的故事》中也回忆了在哈尔滨接触早期苏俄文学翻译的经历。除此之外，如上海籍作家孔柯嘉、陈涓及山东籍作家张铁弦、辽宁作家刘迟等，均为少年时代在哈尔滨接受基础教育，向白俄流民及教师学习俄文，并在中华人民共和国成立前后专门从事俄文电影、剧本及文学作品的译介。可以毫不夸张地说，二三十年代的哈尔滨俄苏文化环境，孕育了很大一部分现代外省作家文学及翻译生命的萌发与成长。

30 年代中后期，自哈尔滨出走而流亡关内的以萧红、萧军、舒群、白朗、罗烽为代表的大批东北作家，承载着伪满时期哈尔滨的文学经验和文化品格，在不同时段不同空间的中国现代文学历史进程中留下了不可磨灭的烙印。而作为流亡关内东北作家群体前身的北满作家群及其在哈尔滨的文学活动，以及其中很大一部分作家的外省身份，则几乎未被研究界和前辈学者所凸显。所谓“北满作家群”，指的是 1932 年 2 月哈尔滨沦陷以后，以金剑啸、舒群、罗烽、姜椿芳等共产党作家为核心，依托于哈尔滨陷落以后的文艺副刊，在哈尔滨地区形成的作家群体。这一群体中的其他代表作家有萧军、萧红、白朗、罗烽、舒群、金人、塞克、唐景阳、方未艾、关沫南、梁山丁、陈隄、王光逖等。严格意义上来说，北满作家群中属于狭义“本省”作家的仅有萧红、舒群、唐景阳、于浣非几位，但如孙陵、金剑啸、关沫南、陈隄等生于斯、长于斯甚至死于斯的“外省”作家，其外省身份只不过是一个符号而已，作家从性格、生活习惯及创作风格而言，已经与哈尔滨本省作家融为一体、难以区隔了。以陈凝秋为例，他笔名塞克，原籍为河北灞县，最初于 1922 年因反抗父亲逼婚与家庭决裂来到哈尔滨，考入警察训练所并在毕业后于滨江警察厅工作；1924 年担任哈尔滨《晨光报》副刊《光之波动》、《江边》的主编，使该副刊成为继《艺林》副刊以后积极刊发新文学作品和各地新文化运动时事新闻的重要平台；1926 年因副刊公开发表《女权运动与人权运动》、《暴烈的呼声》等支持反筑路学生运动言论被滨江警察厅逮捕，出狱后南迁上海并加入田汉组织的上海左翼话剧团体“南国社”前身“鱼龙会”；1929 年又重返哈尔滨，同赵惜梦、孔罗荪、陈纪滢等外省作家一起发起组织几乎囊括哈尔滨所有新文学作家的文学社团“蓓蕾社”，为金剑啸等本省青年作家进入文坛提供了帮助；次年，自导自编自演话剧《北归》、《哈尔滨之夜》、歌剧《爱情与生命》等作品并产生广泛影响，揭开了黑龙江左翼话剧活动的序幕。30年代哈尔滨左翼文学及抗战文艺活动的展开，在本省作家与本省化的外省作家协同推动下得以蓬勃发展。纵观民族战争时期哈尔滨文艺历史，几乎每一文类创作热潮的兴起、每一种文艺刊物的创办、每一次文化事件的发生，都与这批外省作家密不可分。显见的是，这与抗战入蜀的外省作家“较多地保存了他们固有的文化观念”、与蜀地社会文化环境保持“理性间距”① 的状态并不相同。哈尔滨似乎具有一种神秘的文化魅力，将入哈外省作家“改造”与“熔铸”为本土文化界的一部分。当然，这一方面与此时段外省作家入哈时的思维方式、情感特质及思想状态并未完全成熟有关，另一方面也的确显露出哈尔滨文化性格的特殊性。

三、在地经验与写作

30年代中后期，由于伪满审查机制不断紧缩，哈尔滨地区文艺空气的紧张和压迫使得本省文艺工作者大批流亡关内，外省作家亦纷纷回迁至北京、上海等地。1945年8月15日哈尔滨光复以后，其社会、政治、经济及文艺环境都出现了近乎“翻天覆地”式的变化。进入解放战争时期，哈尔滨不仅成为东北解放战争的指挥中心，而且还是当时的政治、军事、经济和文化中心②。伴随着东北文协（“中华全国文艺协会东北文化艺术协会”的简称）及东北文协文工团在哈尔滨的成立，丁玲、李又然、张东川、宋之的、蒋锡金、高长虹、刘白羽、严文井等外省作家从延安及其他解放区陆续走进哈尔滨，罗烽、白朗、舒群、萧军、金人等30年代活跃在哈尔滨的本省及外省作家也相继重返哈尔滨组织文学活动。此时段外省作家在哈尔滨本地进行的文学创作与作品宣传建立在哈尔滨在地经验的基础上，写作实践主要围绕哈尔滨及周边地区的土改运动展开。1947年10月，周立波结合1946年到哈尔滨市尚志县参加土改的经验，完成《暴风骤雨》的第一部。1948年6月24日，丁玲随张琴秋带队的中国妇女代表团关内代表从河北省建屏县启程去哈尔滨，准备前往布达佩斯出席世界民主妇女第二次代表大会③。同年10月，她在河北创作的土改小说《太阳照在桑干河上》精装本在哈尔滨印刷，由大连光华书店出版。新书出版后，丁玲将小说分送给在哈尔滨的朋友，给陈明的那本扉页赠言的落款为“一九

---

① 李怡：《多重文化的冲撞和交融——论现代外省作家的入蜀现象》，《贵州社会科学》1996年第2期。

② 张东川：《1946—1948年在哈尔滨时期的戏曲工作》，《辽宁省文化志资料汇编·第1辑》，1986年，第1页。

③ 李向东、王增如编著：《丁玲年谱长编1904—1986·上》，天津人民出版社2006年版，第222页。

四八，十月底去欧洲以前数日，于哈尔滨市”①。她在与陈明的通信中数次表示想留在东北潜心创作，不想回到华北与周扬共事，并希望陈明也来此地。可惜这一来哈后产生的想法并未能如愿，这是后话了。不过正是来哈以后，丁玲的心态才出现了微妙的变化，也能够从侧面佐证当时哈尔滨文化环境的魅力。1946 年 10 月，李克异（笔名袁犀）来到中华人民共和国成立后的哈尔滨，先后担任过桦南县副县长、哈尔滨人民政府（松江省）主席秘书及科长等职，期间创作两篇反映土改的小说《网和地和鱼》、《马的历史》。但尤为值得注意的是，李克异在离哈以后的很长一段时间内，哈尔滨的在地经验仍然持续构成他文学创作的核心内容和思考方向。他在改革开放以后创作长篇小说《历史的回声》（初稿原名为《不朽的人民》），曾在作家自述中写道：“小说其他部分的背景为西伯利亚大铁路的第六期工程中，即在中国境内敷设的自满洲里至绥芬河的一段，以及它的支线——哈尔滨至大连段……试以哈尔滨为例，32 年前，作者曾在哈尔滨新阳区的几条街道上做过调查，10 户中有 7 户与这条铁路有各式各样的关系。”② 该作品以 1891 年至 1934 年间西伯利亚大铁路的修筑为主要时间线索，以中国境内中东铁路段在哈尔滨的铺设及俄苏势力在哈尔滨的侵蚀为核心事件，创作的素材也主要来源于作家在哈尔滨生活时期的实地考察与在地经验。除此之外，李克异还创作了反映哈尔滨诞生的中篇小说《一个城市的诞生》，可惜的是“这部作品在罪恶的抄家中丢失，至今下落不明”③，作品的优劣也无法判定，仅能为我们了解作家写作的哈尔滨经验提供参照。

除却前述现代哈尔滨外省作家文化体验的普遍样态之外，仍然有着极少数难以被归类与概括的例外，而这极少数的个例却生动地体现着哈尔滨在地经验对于作家创作生命的深刻影响，其中最值得注意的是被鲁迅称为“中国最为杰出的抒情诗人”的冯至。

1927 年夏，来自河北涿州的冯至从北京大学德文系毕业，在“沉钟社”好友杨晦的劝说下，来到哈尔滨担任东省特别区第一中学国文教师，期间发表评论《谈 E. T. A. 霍夫曼》，并翻译《亚瑟王厅堂》，均刊于 7 月 10 日《沉钟》特刊号。这一年，冯至持续翻译海涅用散文和韵文写的《哈尔次山游记》，于次年 3 月由上海北新书局出版，并主编第一中学的校刊——半月刊《松花江》并得以出版刊行④。1928 年元旦期间，冯至根据哈尔滨在地经验创作了长诗《北游》，1 月 10 日学校放寒假返回北京后，于 22 日与陈

① 涂绍钧：《图本丁玲传》，长春出版社 2012 年版，第 197—198 页。

② 李克异：《关于长篇小说〈人民〉的一些想法》，李士非等编《李克异研究资料》，花城出版社 1991 年版，第 265—266 页。

③ 李士非：《不幸中断的回声——悼念李克异同志》，李士非等编《李克异研究资料》，花城出版社 1991 年版，第 190 页。

④ 张伟民、陈春江主编：《黑龙江省志·出版图书期刊总目（下）》第 77 卷，黑龙江人民出版社 1998 年版，第 1623 页。

翔鹤、陈炜漠、冯雪峰在杨晦的公寓聚会，并在聚会上第一次朗诵了这首作品。春节假期结束后，冯至回到东省特别区第一中学继续任教，陈炜谟也随之来哈并在该校担任英文教员工作。1928年暑假期间，冯至返回北平于孔德学校任教，并兼任北京大学德文系助教，结束了在哈尔滨为期一年的中学教员工作及生活体验。《北游》长诗最初连载于1929年1月6日至17日《华北日报》副刊第3至12号，全诗共13章，刊载时署名为鸟影。同年8月，由北平沉钟社出版单行本《北游及其他》，此时未收录第五首《雨》。至1984年该首诗的遗漏被研究员张晓翠发现后，次年8月四川文艺出版社版《冯至选集》及全集才首次将《雨》重新收录至《北游》长诗中，形成现在通行的十三章诗貌。相对于冯至的十四行诗，学界对《北游》这首长诗的关注较为有限。目前可见的少量研究成果主要围绕诗人"被放逐"的"阴郁"心态及诗作与艾略特"荒原"之间的比较研究①，也有汉学家从诗歌的连载方式及版本辑录等外部因素进行分析②。可贵的是，的确有学者已经发现了哈尔滨对于冯至的特殊意义："冯至在边陲北镇哈尔滨的远游体验无论在诗歌创作上还是在诗人的人生里程中都是一次重大的转折性事件，《北游》长诗就是这次转折性事件的见证。"③ 然而论述仍然不够清晰与充分。

冯至在《北游及其他》初版本序言中，记录了自己最初到哈尔滨时的直观感受："一九二七年的初秋，我离开了大学校的寄宿舍，登上了往一个北方的大都市里去的长途……来到那充满了异乡情调，好像在北欧文学里时时见到的，那大的，灰色的都市……自己竟像是一个无知的小儿被戏弄在一个巨人的手中，也不知怎样求生，如何寻死，唯一的盼望便是北平的来信。"④ 冯至决意来到哈尔滨是在好友杨晦（慧修）的劝说之下，希望他能在"黑暗而且寒冷"的前途中，能"于人事的艰苦中多领略一点滋味，于生活的寂寞处多做点工"⑤。哈尔滨之行是冯至听从此番劝说而来到边地进行的自觉性的自我"试炼"。而真正进入异质环境之后，冯至产生了作为本埠文化"闯入者"与"外来者"的"陌生感"与"手足无措"，这是出乎人性自然的心理保护反应。在序言结尾，诗人写道："朋友，现在我把这死去了的两年以来从生命里蒸发出来的一点可怜的东西交给

---

① 如吴武洲：《〈北游〉：放逐者的自在诉求与理性追索——兼论冯至的诗学转型》，《西南交通大学学报》（社会科学版）2003年第1期；张莉：《"阴沉"主题的变奏——冯至〈北游〉赏析》，《名作欣赏》2015年第2期等。

② ［日］佐藤普美子：《现代诗歌文本与媒介物——以长诗〈北游〉为例》，白薇、杨天舒主编《传媒与20世纪文学：现代传媒与中国现当代文学国际学术研讨会论文集》（*The Media and Twentieth Century Literature*），中央民族大学出版社2012年版，第233页。

③ 王巨川：《地理空间与诗歌体验——兼谈冯至〈北游〉的现实主义批评倾向》，《名作欣赏》2010年第16期。

④ 冯至：《北游及其他》，北平沉钟社1929年版，第3页。

⑤ 冯至：《北游及其他》，北平沉钟社1929年版，第5页。

你，我的心中感到意外的轻松了。正如一个人死了，把他的尸体交给他，把他的灵魂交给天一样地轻松。”① 这样痛彻而决绝的字句，的确极易让研究者产生一种错觉，即哈尔滨对于冯至来说是一个充满痛苦与晦暗的“观感差到绝顶”又“不曾给他带来一点好处”② 的城市。但值得注意的是，以上几句自1980年四川人民出版社版《冯至诗选》后，经作者本人修改变为“登上往北方的一个大都市哈尔滨去的长途……来到那分明是中国领土、却充满了异乡情调的哈尔滨，它像是在北欧文学里时常读的、庞大的、灰色的都市”③，结尾处把“死去了”改为“消逝了”，并把“正如一个人死了”该句至尾字全部删除。冯至作为外省作家，真正获得了哈尔滨风格的印痕。他当年北上时还未意识到这一点，经历1929年到1979年间50余年的思索与沉淀，他也开始意识到哈尔滨的时空场域对他少年时期的思想及文学创作产生的意义。也正因为如此，他才会将初版序言中近乎“刻毒”的极端表达进行重写。我们不妨重读《北游》第四节“哈尔滨”中的诗句，来体会自哈尔滨一行以后冯至诗歌的变化：

听那怪兽般的汽车，
在长街短道上肆意地驰跑，
瘦马拉着破烂的车，
高伸着脖子嗷嗷地呼叫。
犹太的银行、希腊的酒馆、
日本的浪人、白俄的妓院，
都聚在这不东不西的地方，
吐露出十二分的心足意满。
还有中国的市侩，
面上总是淫淫地嘻笑。
姨太太穿着异样的西装，
纸糊般的青年戴着瓜皮小帽，
太太的脚是放了还缠，
老爷的肚子是猪一样地肥饱。
在他们“幸福”的面前，
满街都洒遍了金银，

① 冯至：《北游及其他》，北平沉钟社1929年版，第8页。
② 许道明：《京派文学的世界》，复旦大学出版社1994年版，第135页。
③ 冯至：《冯至诗选》，四川人民出版社1980年版，第197页。

更有那全身都是毒菌的妓女，
戴着碗大的纸花摇荡在街心。
我像是游行地狱，
一步比一步深，
我不敢望那欲雨不雨的天空，
天空充满了阴沉，阴沉……①

20年代中后期的哈尔滨，如东西方异质文明绞缠而孕育的畸胎，披着极为华丽的“欧化”外衣，却有着千疮百孔的衰颓躯体。冯至面对着这样的哈尔滨经历了半年的“失语”，而后集中三日创作出的《北游》显然已经从《昨日之歌》中关于“人间”、“爱情”、“梦境”、“孤独”等个体性浪漫主义诗思中跳脱出来，突转走向对现代文化与现代文明的触底批判，及关于“死亡”、“生命”、“意义”等终极问题的现代性反思。可以说，正是因由北国哈尔滨将社会现实最真切的面貌呈现在诗人面前，才使得冯至从封闭的自我空间中挣脱出来，形成他完整、丰满而宏阔的诗歌世界。冯至作为外省作家在哈尔滨短暂的一年时间，不应被剥离出冯至的诗歌生命。

正如有学者指出的，“区域之间的文学与文化交流也是我们学术研究的重要内容，而且因为其中夹杂着更为丰富的文化的互动关系，因而可以为我们的研究提供一系列新的课题”②。关注现代外省作家在哈尔滨的文艺活动正是尝试在这种文学与文化交流的过程中发现一种新的研究可能。本文涉及的作家仅是其中的一部分，仅仅呈现出部分基础材料和基本问题，而这一文化现象背后还有更为丰富的空间等待我们的阐释与发现。

（作者单位：北京师范大学文学院）

① 冯至：《冯至诗选》，四川人民出版社1980年版，第63—64页。
② 李怡：《旧世纪文学》，巴蜀书社2014年版，第283页。

论朱自清三四十年代的思想变化

——以朱自清对周作人的评论为中心

高恒文

以 1937 年“卢沟桥事变”发生为界，朱自清的思想发生了很大的变化。“卢沟桥事变”之后，朱自清随他所任教的清华大学内迁，在西南联大度过了抗日战争的八年岁月。这是他思想变化之所以发生的原因，而这个原因也恰恰说明了他的思想变化与现实社会和国家、民族之命运的深刻联系。这种思想的变化，也表现为他对周作人评论的变化；他对周作人评论的变化，就是他思想变化的一个结果。

一

朱自清是“五四”新文学运动的积极参加者。他追随新文学运动倡导者，以创作开始了自己的文学道路。但是，对于新文学运动倡导者的追随，一个明显的事实，则是周作人对朱自清的影响特别重大。可以说，朱自清的文学思想，主要来自周作人，或者与周作人的观点十分类同。

1925 年，朱自清写作《文学的一个界说》。这篇文章对“什么是文学”的“界说”，是朱自清文学观的集中体现。文章的开头引胡适“达意达得好，表情表得妙，便是文学”之说，以为这是“最切实用的”文学定义，但马上又说“你若要晓得仔细一点，便觉得他的界说是不够的”；接着引述一个外国学者 Long 在《英国文学》中对文学的界说，以为“这个界说，仔细又仔细，切实又切实”。虽然这篇文章关于文学的“界说”，是来自 Long 的启发，但朱自清“参加己意将它分析说明”①，却明显是借用、沿袭了周作人的文学观。

首先，朱自清认为文学是“表现人生”的。文章提出的第一个论点，就是“文学是用真实和美妙的话表现人生的”。在具体的解说中，朱自清进而将关键词“表现人生”改为“表现自己”：

> “表现自己”，实是文学——及其他艺术——的第一义；……（按，引略）表现自己，以自己的情感为主。能够将自己的“实感”充分表现的，便是好文学，便能使人信，便能引人同情；不管所叙的事实与经过的事实一致否②。

在对另外几个论点的论述中，朱自清一再强调这一点，比如：

> 总之，文学所要写的，只是人的灵魂的戏剧，其馀都是背景而已③。

再如：

> 能够在作品中充分表现自己的，便是永久的④。

认为文学是“表现人生”的，这个观点使我们想到《文学研究会宣言》提出的“为人生”之说⑤。朱自清是“文学研究会”成员，因而他认为文学是“表现人生”的，对此似不必深究。然而，《文学研究会宣言》出自周作人之手⑥，更重要的是周作人不久就修正或者说放弃了“为人生”之说。正是在这个意义上，我以为，朱自清以“表现人生”、“表现自己”来界说文学，他的这个观点是来自周作人。1922 年，周作人在《自己

---

① 朱自清：《文学的一个界说》，朱乔森编《朱自清全集》（第 4 卷），江苏教育出版社 1996 年版，第 167—167 页。

② 朱自清：《文学的一个界说》，朱乔森编《朱自清全集》（第 4 卷），江苏教育出版社 1996 年版，第 168 页。

③ 朱自清：《文学的一个界说》，朱乔森编《朱自清全集》（第 4 卷），江苏教育出版社 1996 年版，第 170 页。

④ 朱自清：《朱自清全集》（第 4 卷），江苏教育出版社 1996 年版，第 173 页。

⑤ 周作人：《文学研究会宣言》，钟叔河编《周作人散文全集》（第 3 卷），广西师范大学出版社 2009 年版，第 295—297 页。

⑥ 周作人：《文学研究会宣言》，钟叔河编《周作人散文全集》（第 3 卷），广西师范大学出版社 2009 年版，第 295—297 页。

的园地》一文中说：

> “为艺术的艺术”将艺术与人生分离，并且将人生附属于艺术，至于如王尔德的提倡人生之艺术化，固然不很妥当；“为人生的艺术”以艺术附属于人生，将艺术当作改造生活的工具而非终极，也何尝不把艺术与人生分离呢？我以为艺术当然是人生的，因为他本是我们感情生活的表现，叫他怎能与人生分离？“为人生”——于人生有实利，当然也是艺术本有的一种作用，但并非唯一的职务。总之艺术是独立的，却又原来是人性的，所以既不必使他隔离人生，又不必使他服侍人生，只任他成为浑然的人生的艺术便好了。“为艺术”派以个人为艺术的工匠，“为人生”派以艺术为人生的仆役；现在却以个人为主人，表现情思而成艺术，即为其生活之一部，初不为福利他人而作，而他人接触这艺术，得到一种共鸣与感兴，使其精神生活充实而丰富，又即以为实生活的基本；这是人生的艺术的要点，有独立的艺术美与无形的功利①。

所谓“‘为人生’派以艺术为人生的仆役”，这是周作人对《文学研究会宣言》中提出的文学“为人生”之说的否定，从而提出文学“以个人为主人，表现情思而成艺术”之说。对照朱自清的论点，他认为文学是“表现人生”、“表现自己”的，而不是沿用《文学研究会宣言》的“为人生”这个旧说，易“为”为“表现”，进而易“人生”为“自己”，不只是文字表述的改动，更重要的是观点的变化，明显地表明他接受了周作人《自己的园地》中的观点。“表现自己”，即“以个人为主人，表现情思而成艺术”；“表现自己”之“自己”，即“以个人为主人”之“个人”。又，1923年，周作人在散文集《自己的园地》的自序中明确地说“文艺只是自己的表现”②。周作人的这句话，应该是朱自清的“表现自己”之说的最明确的出典。

其次，朱自清在《文学的一个界说》中，不仅一再引用周作人的论点，而且引用的材料也一再是周作人的译文。在讨论“所谓国民性，所谓时代精神”时，引用了“周作人先生《论阿Q正传》（引按，误，当作《阿Q正传》）文里说”的一段很长的文字③。

---

① 周作人：《自己的园地》，钟叔河编《周作人散文全集》（第2卷），广西师范大学出版社2009年版，第510—511页。

② 周作人：《〈自己的园地〉序》，钟叔河编《周作人散文全集》（第3卷），广西师范大学出版社2009年版，第188页。

③ 朱自清：《文学的一个界说》，朱乔森编《朱自清全集》（第4卷），江苏教育出版社1996年版，第176页。

关于“暗示”，转引周作人《日本的小诗》中引用的“法国 Marlarme”的话①，以及周作人翻译的日本小诗《重荷》②。甚至朱自清在文章中说这样一句话——“文学里若描写人的‘健饭’‘囚首垢面’‘小便’，那必是因为这些事有关于他的灵魂的历史”时，特意注释“小便”一词云：“仲密先生《丑的字句》中，译引土岐哀果的诗，诗中曾用此二字。”③ 凡此种种，可见这篇文章，除了开头部分之外，主要部分处处有周作人的存在，最后还是以引用周作人《阿Q正传》中的一段文字结束全文的。

以上两点，说明朱自清的《文学的一个界说》这篇文章，与周作人有密切的关联；这篇文章的基本思想，来自周作人。

不仅是最基本的文学观，而且在具体的文学批评中，尤其是对中国现代散文和诗的评论中，也可以看出朱自清对周作人文学思想的赞同。略述一二如下。

1928 年 7 月，朱自清在《背影》自序中，不惜篇幅地引述了周作人在给俞平伯《杂拌儿》所写序言中的一段很长的文字，来谈论中国现代散文。朱自清引述的是周作人关于明代公安派散文与现代散文的论述：公安派“以抒情的态度作一切文章”，其作品是“真实的个性的表现”；“现代文学——现在只就散文说——与明代的有些相像”，“虽然并没有去模仿，或者也还很少有人去读明文”。朱自清在引述周作人的话之后说：

> 这一节话论现代散文的历史背景，颇为扼要，且极明通。明朝那些名士派的文章，在旧来的散文学里，却是最与现代散文相近的。但我们知道，现代散文所受的直接的影响，还是外国的影响；这一层周先生不曾明说④。

朱自清不仅完全赞同周作人的判断，而且对周作人的议论给予高度评价。虽然强调了周作人“不曾明说”的“现代散文所受的直接的影响，还是外国的影响”这一点，但朱自清的观点其实和周作人是一致的，因为他所谓的“明朝那些名士派的文章，在旧来的散文学里，却是最与现代散文相近的”，与周作人所谓的“现代文学——现在只就散

---

① 朱自清：《文学的一个界说》，朱乔森编《朱自清全集》，（第 4 卷），江苏教育出版社 1996 年版，第 171—172 页。

② 朱自清：《文学的一个界说》，朱乔森编《朱自清全集》，（第 4 卷），江苏教育出版社 1996 年版，第 173 页。

③ 朱自清：《文学的一个界说》，朱乔森编《朱自清全集》，（第 4 卷），江苏教育出版社 1996 年版，第 170 页。

④ 朱自清：《〈背影〉序》，朱乔森编《朱自清全集》（第 1 卷），江苏教育出版社 1996 年版，第 31 页。

文说——与明代的有些相像”，意思完全一样；周作人也只是说现代散文与明代散文“相像”，没有说两者之间具有影响关系，因为他特意强调现代散文作家“并没有去模仿，或者也还很少有人去读明文”。

1928年12月，朱自清在评论俞平伯《燕知草》中的散文时说：“周启明先生《杂拌儿》序里，将现在散文与明朝人的文章，相提并论，也是有力的参考。但我知道平伯并不曾着意去模仿那些人，只是性习有些相近，便尔暗合罢了。”① 这是沿用周作人的观点来评论俞平伯的散文。

1932年4月，朱自清同时给朱光潜的《文艺心理学》和《谈美》作序。他在《〈文艺心理学〉序》中说：

> 江绍原先生和周岂明先生先后提倡过“生活之艺术”；孟实（引按，朱光潜）先生也主张“人生的艺术化”。他在《谈美》的末章专论此事：他说，“过一世生活好比做一篇文章”；又说，“艺术的创造之中都必寓有欣赏，生活也是如此”；又说，“生活上的艺术家也不但能认真而且能摆脱。在认真时见出他的严肃，在摆脱时见出他的豁达”；又说，“不但善与美是一体，真与美也无隔阂”②。

他在《〈谈美〉序》中指出，《谈美》的最后一章《人生的艺术化》，“这是孟实（引按，朱光潜）先生自己最重要的理论”：

> 他（引按，朱光潜）分人生广狭两义：艺术虽与“实际人生”有距离，与“整个人生”却并无隔阂；“因为艺术是情趣的表现，而情趣的根源就在人生。反之，离开艺术也便无所谓人生；因为凡是创造和欣赏都是艺术的活动”。他说：“生活上的艺术家也不但能认真而且能摆脱。在认真时见出他的严肃，在摆脱时见出他的豁达。”③

朱光潜和朱自清一样十分敬重周作人，早在1926年就发表过评论周作人《雨天的

---

① 朱自清：《〈燕知草〉序》，朱乔森编《朱自清全集》（第1卷），江苏教育出版社1996年版，第248页。

② 朱自清：《〈文艺心理学〉序》，朱乔森编《朱自清全集》（第4卷），江苏教育出版社1996年版，第294—295页。

③ 朱自清：《〈谈美〉序》，朱乔森编《朱自清全集》（第1卷），江苏教育出版社1996年版，第265页。

书》的书评，高度称赞该书①。周作人著名的《生活之艺术》一文，恰恰收入《雨天的书》之中。朱光潜的“人生的艺术化”理论，虽然不能说来自周作人，但与周作人“生活之艺术”之说，核心思想则是基本相同的②。周作人“生活之艺术”之说的核心思想，见诸他的《生活之艺术》中的这样一段话：

> 生活不是很容易的事。动物那样的，自然地简易地生活，是其一法；把生活当作一种艺术，微妙地美地生活，又是一法：二者之外别无道路，有之则是禽兽之下的乱调的生活了。生活之艺术只在禁欲与纵欲的调和③。

这里所谓的“禁欲与纵欲的调和”，与朱光潜所谓的“不但认真而且能摆脱”之意旨大抵相同。所以朱光潜十分欣赏周作人《喝茶》中的这样一段文字，在书评中不惜篇幅引述：

> 喝茶当于瓦屋纸窗之下，清泉绿茶，用素雅的陶瓷茶具，同二三人共饮，得半日之闲，可抵十年的尘梦。喝茶之后，再去继续修各人的胜业，无论为名为利，都无不可，但偶然的片刻优游乃断不可少④。

如此“喝茶”，“得半日之闲”，这种“优游”的生活和人生的态度，即朱光潜所谓的“摆脱”、“豁达”；“喝茶之后，再去继续修各人的胜业”，就是朱光潜所谓的“认真”、“严肃”。

朱自清一再称赞朱光潜的“人生的艺术化”理论，一个重要原因，恐怕就是因为朱光潜的“人生的艺术化”理论，殆同乎周作人的“生活之艺术”之说？而朱自清恰恰是服膺周作人“生活之艺术”理论的，他在《文艺之力》中赞赏周作人“我以为文学的感化力并不是极大无限的”之说，认为“这是最公平的话”：

---

① 朱光潜：《〈雨天的书〉》，《一般》第1卷第3期，1926年11月。

② 参阅拙著《京派文人：学院派的风采》第三章“京派的两个沙龙”之第三节“朱光潜回国”，上海教育出版社2000年版，第64—67页；又，拙文《鲁迅对朱光潜“静穆”说批评的意义及其反响》，《鲁迅研究月刊》1996年第11期。

③ 周作人：《生活之艺术》，钟叔河编《周作人散文全集》（第3卷），广西师范大学出版社2009年版，第513页。

④ 周作人：《喝茶》，钟叔河编《周作人散文全集》（第3卷），广西师范大学出版社2009年版，第569页。

> 说文艺的力量不是极大无限的，或许有人不满足。但这绝不足为文艺病。文艺的直接效用虽只是“片刻间”的解放，而这“片刻间”已经多少可以安慰人们忙碌与平凡的生活了。……（按，引略）这短短的舒散之后，我们仍需奔驰向我们的前路。……我们固然要求无忧无虑的解放，我们也要求继续不断的努力与实现。生活的趣味就在这两者的对比与调和里①。

这显然是来自周作人的思想，甚至连关键词也来自周作人的文章：“生活的趣味就在这两者的对比与调和里”，即周作人所谓的“生活之艺术只在禁欲与纵欲的调和”；“‘片刻间’的解放”，即周作人所谓的“偶然的片刻优游”。

最后，1937 年以前，朱自清的文学批评，对周作人的文学创作乃至翻译，均予以极高的评价。限于篇幅，这里仅以朱自清对周作人的小品文的评论为例，略作分析。

30 年代初，朱自清在《论白话——读〈南北极〉与〈小彼得〉的感想》一文中说：

> 周作人先生的“直译”，实在创造了一种新白话，也可以说新文体。翻译方面学他的极多，像样的却极少；“直译”到一点不能懂的有的是。写作方面周先生的新白话可大大地流行，所谓“欧化”的白话文的便是。这是在中文里参进西文的语法；在相当的限度内，确能一新语言的面目。流弊所至，写出“三株们的红们的牡丹花们”，那自然不行。……周先生自己的散文不用说用这种新白话写；可是他不但欧化，还有点儿日化，像那些长长的软软的形容句子。学这种的人就几乎没有。因为欧化文的流行一半也靠着懂英文的多，容易得窍儿；懂日文的却太少了②。

这个评论，确实与否，姑且不论。值得注意的是，朱自清在高度称赞周作人的同时，却批评受周作人影响的译作和创作，于是评论周作人译作和散文的语言特色，变成了独赏周作人译作和散文的语言成就超出时流的特别之处。

再如 1935 年的《什么是散文?》谈到小品文的创作，朱自清说：

> 读书记需要博学，现在几乎还只有周启明先生一个人动手③。

---

① 朱自清：《文艺之力》，朱乔森编《朱自清全集》（第 4 卷），江苏教育出版社 1996 年版，第 110 页。

② 朱自清：《论白话——读〈南北极〉与〈小彼得〉的感想》，朱乔森编《朱自清全集》（第 1 卷），江苏教育出版 1996 年版，第 267—268 页。

③ 朱自清：《什么是散文?》，朱乔森编《朱自清全集》（第 4 卷），江苏教育出版社 1996 年版，第 364 页。

30 年代，周作人大量发表的读书笔记十分著名，但如果说“现在几乎还只有周启明先生一个人动手”，却不是事实。叶公超、梁遇春在《新月》等杂志上就发表了不少这种文体的小品文，堪称优秀之作①。尤其是叶公超 1934 年发表的《爱略特的诗》，评论爱略特诗的思想和艺术特点，文章的写作，由西方刚刚出版的两本研究爱略特（按，T. S. Eliot，今译艾略特）的英文专著和一本爱略特批评文选而来②。这是中国现代关于爱略特诗的最准确而深刻的评论。此外，钱锺书也在《新月》和《大公报》、《人间世》上发表了相当数量的书评和书话③，也可以看作朱自清所谓的“读书记”，议论既深刻又机智、幽默，允称优秀之作。所以说，朱自清所谓的“现在几乎还只有周启明先生一个人动手”，其实是并不确实的过誉之论。

不仅如此，《什么是散文?》中关于小品文的看法，亦似有不当之处，亦意味深长。比如“读书记需要博学”之说，显然有所偏颇：“博学”固然需要，但“学”之外的“识”（意见）和“才”（技巧）同样需要。钱锺书 30 年代的书评和书话，大都是关于文学之外的书，如关于《一种哲学的纲要》、《大卫·休谟》、《休谟的哲学》等④，钱锺书不是哲学专家，但这些文章思想深刻、文字生动，说明“识”与“才”甚至似比“学”更重要。周作人当然“博学”，他的“读书记”也表明了作者的“博学”，但作为小品文的“读书记”，“博学”不是最重要的，更不是必需的。

又，《什么是散文?》中还说：“此外，以人生为题的精悍透彻的——抒情的论文，像西塞罗《说老》之类，也可发展；但那又得多读书或多阅世，怕不是一时能见成绩的。”⑤ 所谓“多读书或多阅世”，这个说法使人想到叶公超 1933 年在《〈泪与笑〉跋》中的说法：

> 他（引按，梁遇春）的文章可以说是他对于人生的一种讨论，所谓人生当然是只限于他经验里所意识到的那部分。经验有从实际生活中得来的，有从书本子里得来的；前者是无组织的，后者乃经过一种主观情感所组织的。在一个作家的生活中，

① 参阅陈子善编《叶公超批评文集》，珠海出版社 1998 年版；参阅吴福辉编《梁遇春散文全编》，浙江文艺出版社 1992 年版。

② 叶公超：《爱略特的诗》，陈子善编《叶公超批评文集》，珠海出版社 1998 年版，第 111—126 页。

③ 参阅《钱锺书集》之《写在人生边上　写在人生边上的边上　石语》，三联书店 2001 年版。

④ 均见《钱锺书集》之《写在人生边上　写在人生边上的边上　石语》，三联书店 2001 年版。

⑤ 朱自清：《什么是散文?》，朱乔森编《朱自清全集》（第 4 卷），江苏教育出版社 1996 年版，第 365 页。

> 大概这两种经验是互相影响着。……（引按，略）我感觉驭聪（引按，梁遇春）对于人生的态度多半是从书里经验来的，换言之，他从书本里所感觉到的经验似乎比他实际生活中的经验更来得深刻，因此便占了优胜。这种经验的活动也曾产生过伟大的作家，虽然驭聪未必就因此而伟大①。

梁遇春的小品文如《谈“流浪汉”》、《救火夫》乃至《人死观》等②，就是朱自清所说的“以人生为题的精悍透彻的——抒情的论文”，谈论的都是作者完全没有经验过的人生，这些文章机智、生动，证实了叶公超所谓“我感觉驭聪（引按，梁遇春）对于人生的态度多半是从书里经验来的”之说③。然而，朱自清所谓“怕不是一时能见成绩的”，也不是事实。梁遇春擅长写作“以人生为题的精悍透彻的——抒情的论文”，代表了中国现代这种小品文的最好成绩④。梁遇春之外，钱锺书三四十年代也擅长写作这种小品文，作品大都收入了著名的《写在人生边上》，也是优秀之作⑤。而所谓的“那又得多读书或多阅世”，一个“又”字，耐人寻味，表明这一句是从“读书记需要博学”而来的，可见朱自清这里论“以人生为题的精悍透彻的——抒情的论文”，虽然没有提及周作人，但隐然还是有周作人在焉，至少心中是有周作人在的，可谓念兹在兹！

二

1935年9月9日，朱自清日记云：

> 赴杨（引按，杨振声）之宴会。闻一多指责周作人之虚伪态度。他以为周急于出名，却又假装对生活漠不关心。闻称之为“京派流氓”。诚然，周之对人生态度确有某些矛盾之处，他不会做如其所宣称之引退。不管怎样，他承认自己性格中的这些矛盾之处。一致性是颇难达到之完美典范⑥。

---

① 叶公超：《〈泪与笑〉跋》，陈子善编《叶公超批评文集》，珠海出版社1998年版，第92—93页。

② 均见吴福辉编《梁遇春散文全编》，浙江文艺出版社1992年版。

③ 叶公超：《〈泪与笑〉跋》，陈子善编《叶公超批评文集》，珠海出版社1998年版，第93页。

④ 参阅拙著《京派文人：学院派的风采》，上海教育出版社2000年版，第44—52页。

⑤ 参阅毕婧：《论钱锺书小说、散文的思想与艺术》，天津师范大学博士论文，未刊稿。

⑥ 朱自清：《朱自清日记》，朱乔森编《朱自清全集》（第9卷），江苏教育出版社1997年版，第380—381页。

闻一多对周作人的公开批评是十分严厉的，而朱自清却私下在日记中这样为周作人辩护。这是一条十分重要的史料，具有多方面的学术研究的价值。

1928 年 11 月，愤激于社会的黑暗，尤其是国民党屠杀共产党人，李大钊和许多青年牺牲，周作人在著名的《闭户读书论》一文中说：“‘此刻现在’，无论在相信唯物或是有鬼论者都是一个危险时期”；“我想了一天才算想到了一个方法，这就是‘闭户读书’”①。同年同月，周作人在《〈燕知草〉跋》中说：“现在中国情形又似乎正是明季的样子，手拿不动竹竿的文人只好避难到艺术世界里去，这原是无足怪的。”② 这是周作人的思想和人生的一个重要转变③。从此，周作人试图“闭户读书”，“避难到艺术的世界里去”。闻一多所谓“对生活漠不关心”，和朱自清所谓“引退”，均指周作人的这种思想和人生的变化。

但是，另一方面，周作人又不能完全忘怀现实世界，因而他在 1929 年写作的《伟大的捕风》中说：

> 察明同类之狂妄和愚昧，与思索个人的老死病苦，一样是伟大的事业，积极的人可以当一种重大的工作，在消极的也不失为一种有趣的消遣。虚空尽由它虚空，知道它是虚空，而又偏去追迹，去察明，那么这是很有意义的，这实在可以当得起说是伟大的捕风④。

他在 30 年代写作的那些小品文，虽然主要是读书札记，但表达的思想却正是“察明同类之狂妄和愚昧，与思索个人的老死病苦”。所以周作人在《〈泽泻集〉序》中说：

> 戈尔特堡（Isaac Goldberg）批评蔼理斯（Havelock Ellis）说，在地里面有一个

---

① 周作人：《闭户读书论》，钟叔河编《周作人散文全集》（第 5 卷），广西师范大学出版社 2009 年版，第 509—510 页。

② 周作人：《〈燕知草〉跋》，钟叔河编《周作人散文全集》（第 5 卷），广西师范大学出版社 2009 年版，第 519 页。

③ 参阅钱理群《周作人传》，北京十月文艺出版社 1990 年版。该书第五、六章叙述传主 1921 年 1 月至 1937 年 7 月的经历，其中对周作人 1926—1928 年的思想变化的历程和特征，有十分清楚的叙述。关注传主的思想及其变化，是此著的特点和长处，优于同类著作。又，参阅钱理群《周作人论》第一编“‘周作人道路’及其意义”之第一章“20 世纪中国大变革中的历史抉择——周作人、鲁迅思想发展道路的比较”，上海人民出版社 1991 年版。又，参阅拙著《周作人与周门弟子》，大象出版社 2014 年版。

④ 周作人：《伟大的捕风》，钟叔河编《周作人散文全集》（第 5 卷），广西师范大学出版社 2009 年版，第 568 页。

叛徒与一个隐士，这句话说得最妙：并不是我想援蔼理斯以自重，我希望在我的趣味之文里也还有叛徒活着①。

周作人在此前的《〈雨天的书〉序二》中也说：

我近来作文极慕平淡自然的境地，但是看古代或外国文学才有此种作品，自己还梦想不到有能做的一天，因为这有气质境地与年龄的关系，不可勉强。像我这样褊急的脾气的人，生在中国这个时代，实在难望能够从容镇静地做出平和冲淡的文章来②。

这应该就是朱自清在日记所谓的“周之对人生态度确有某些矛盾之处，他不会做如其所宣称之引退。不管怎样，他承认自己性格中的这些矛盾之处”。

朱自清之所以不同意闻一多对周作人的批评，而对周作人出之以“同情之理解”，除了因为他对周作人的敬重，一个重要的原因在于：朱自清在1928年前后，也经历了类似周作人那样的思想转变和人生选择。

1928年2月，朱自清写作了长篇文章《那里走》。文章中说：

在旧时代正在崩坏，新局面尚未到来的时候，衰颓与骚动使得大家惶惶然。革命者是无意或有意造成这惶惶然的人，自然是例外。只有参加革命或反革命，才能解决这惶惶然。不能或不愿参加这种实际行动时，便只有暂时逃避的一法。这是要了平和的假装，遮掩住那惶惶然，使自己麻醉着忘记了去。享乐是最有效的麻醉剂；学术，文学，艺术，也是足以消灭精力的场所。所以那些没法奈何的人，我想都将向这三条路里躲了进去③。

这个说法，与周作人在《闭户读书论》、《〈燕知草〉跋》中所说，几乎完全一致，甚至措辞也惊人的相似。朱自清还说：

① 周作人：《〈泽泻集〉序》，钟叔河编《周作人散文全集》（第5卷），广西师范大学出版社2009年版，第281页。

② 周作人：《〈雨天的书〉序二》，钟叔河编《周作人散文全集》（第3卷），广西师范大学出版社2009年版，第346页。

③ 朱自清：《那里走》，朱乔森编《朱自清全集》（第4卷），江苏教育出版社1996年版，第236页。

> 在这三条路里，我将选择哪一条呢？……（引按，略；下同）我从前本是学哲学的，而同时舍不下文学。后来因为自己的科学根柢太差，索性丢开了哲学，走向文学方面来。但是文学的范围又怎样大！我是一直随随便便，零零碎碎地读些，写些，不曾认真做过什么工夫。结果是只有一点儿——一点儿都没有！驳杂与因循是我的大敌人。现在年龄是加长了，又遇着这样“动摇”的时代，我既不能参加革命或反革命，总得找一个依据，才可姑作安心地过日子。我是想找一件事，钻了进去，消磨了这一生。我终于在国学里找着了一个题目，开始像小儿的学步。……胡适之先生在《我的歧路》里说：“哲学是我的职业，文学是我的娱乐”；我想套着他的调子说：“国学是我的职业，文学是我的娱乐。”这便是现在我走着的路①。

这里所谓“哲学”、“文学”，令人想到王国维在《静安文集续编·自序二》中自述其与哲学、文学的名言；而王国维的人生也正是由哲学而文学而国学的历程。这是意味深长的。套用胡适的说法，却有截然不同的意味。实际上，朱自清所说的人生的选择，正是周作人同是在1928年所说的人生选择。

这里有一个问题，值得说明。这就是闻一多在20年代末和30年代初的人生选择的问题。这与上面讨论的问题，密切相关。

1933年9月29日，闻一多在致饶孟侃的信中说：

> 总括的讲，我近来最痛苦的是发现了自己的缺陷，一种最根本的缺陷——不能适应环境。因为这样，向外发展的路既走不通，我就不能不转向内走。在这向内的路上，我却得着一个大安慰，因为我实证了自己在这向内的路上，很有发展的希望。因为不能向外走而逼得我把向内的路走通了，这也可说是塞翁失马，是福而非祸。所谓向内发展的工作是如此……②

接着开列的“向内发展的工作”是“毛诗字典”、“楚辞校议”、“全唐诗校勘记”、“全唐诗补编”等，共8个项目③。那么，什么是所谓的“向外发展的路”？虽然没有说明，但不难推测。其一，似指“事功”。1932年6月，闻一多致饶孟侃信中谈及他在青

---

① 朱自清：《那里走》，朱乔森编《朱自清全集》（第4卷），江苏教育出版社1996年版，第242—243页。

② 闻一多：《闻一多致饶孟侃信》，孙党伯、袁謇正主编《闻一多全集》（第12卷），湖北人民出版社1993年版，第265页。

③ 闻一多：《闻一多致饶孟侃信》，孙党伯、袁謇正主编《闻一多全集》（第12卷），湖北人民出版社1993年版，第265页。

岛大学的遭遇："现在办学校的事，提起来真令人寒心。我现在只求能在这里教书混碗饭吃，院长无论如何不干了。"① 其二，似指作为一个诗人的创作，因为他自20年代末就停止了创作活动。其三，也是最重要的，恐怕是个人与时代、与社会的关系。因为我们知道，闻一多曾经是一个积极的"国家主义"者。这是近乎朱自清的人生选择，而和周作人的人生选择也没有什么实质性的不同。那么闻一多为什么严厉批评周作人呢？原因恐怕在于：闻一多决定"向内转"之后，就完全进入了对中国古典文学研究之中，完全停止了创作，绝无文学作品发表，而周作人在宣布"闭户读书"之后，却仍然继续文学创作，写作并大量发表看似与现实社会完全无关的作品，一时声誉鹊起，谤亦随之，成为著名的小品文作家，因而在闻一多看来，周作人是"假装对社会漠不关心"，"态度虚伪"。至于闻一多认为周作人"急于出名"，看似不确，因为周作人早在"五四"时期已经"出名"，并且是著名，但闻一多的意思恐怕是指周作人不甘于寂寞，以不断大量发表作品来保持声誉，获取新的名声，甚至是获取更大的名声；"急于出名"，好名之谓也欤？

再回到对朱自清与周作人这个问题上来。

朱自清在《那里走》中，特意对"五四"以来的中国社会的思想和政治，进行了分析。他认为"五四"时代是"解放的时期"：

> 在解放的时期，我们所发见的是个人价值。我们诅咒家庭，诅咒社会，要将个人抬在一切的上面，作宇宙的中心。我们说，个人是一切评价的标准；认清了这标准，我们要重新评定一切传统的价值。这时是文学，哲学全盛的日子②。

而认为他在20年代末所面对的则是一个"革命的时期"：

> 这时期"一切权力属于党"。在理论上，不独政治，军事是党所该管；你一切的生活，也都该党化。党的律是铁律，除遵守与服从外，不能说半个"不"字，个人——自我——是渺小的；在党的范围内发展，是认可的，在党的范围外，便是所谓"浪漫"了。这足以妨碍工作，为党所不能容忍。几年前，"浪漫"是一个好名字，现在它的意义却只剩了讽刺与诅咒。"浪漫"是让自己蓬蓬勃勃的情感尽量发

---

① 闻一多：《闻一多致饶孟侃信》，孙党伯、袁謇正主编《闻一多全集》（第12卷），湖北人民出版社1993年版，第257页。

② 朱自清：《那里走》，朱乔森编《朱自清全集》（第4卷），江苏教育出版社1996年版，第230页。

泄，这样扩大了自己。但现在要的是工作，蓬蓬勃勃的情感是无训练的，不能发生实际效用；现在是紧急的时期，用不着这种不紧急的东西。持续的，强韧的，有组织的工作，在理知的权威领导之下，向前进行：这是今日的教义。党便是这种理知的权威之具体化。党所要求于个人的是牺牲，是无条件的牺牲。一个人得按着党的方式而生活，想自出心裁，是不行的①。

这样将“五四”时代视为“解放的时期”，并且将“我们所发现的是个人价值”作为“解放的时期”的时代精神特征，而将目前的“革命的时期”看作一个“党所要求于个人的是牺牲，是无条件的牺牲”的时代，显然是对国民党的专制统治的严厉批判，并且这种批判是以对自由、对“个人价值”的充分肯定为思想出发点的。

朱自清的这种坚持自由、反对专制的政治思想与周作人的政治思想是一致的。

周作人在《自己的园地》一文中说：

倘若用了什么名义，强迫人牺牲了个性去侍奉白痴的社会，——美其名曰迎合社会心理，——那简直与借了伦常之名强人忠君，借了国家之名强人战争一样的不合理了②。

这种尊重“个性”、反抗专制的思想，是周作人“五四”以来的一以贯之的政治自由主义的核心思想。这里仅举此为例，不再一一举例分析、论述。即使《闭户读书论》和《〈燕知草〉跋》倡言“闭户读书”，“避难到艺术的世界里去”，周作人也是作为坚持自由、反抗专制而言说的；《〈燕知草〉跋》称赞俞平伯的文章“雅致”，“近于明朝人”的文章，“诚然是多有隐遁的色彩，但根本却是反抗的”③。

以上的分析表明，朱自清的人生选择和政治思想，具有惊人的一致性。朱自清的《那里走》和周作人的《闭户读书论》、《〈燕知草〉跋》，写作时间都是1928年，这也不是偶然的巧合。因此朱自清不同意闻一多对周作人的批评，而对周作人有着“同情之理解”。

---

① 朱自清：《那里走》，朱乔森编《朱自清全集》（第4卷），江苏教育出版社1996年版，第230—231页。

② 周作人：《自己的园地》，钟叔河编《周作人散文全集》（第3卷），广西师范大学出版社2009年版，第510页。

③ 周作人：《〈燕知草〉跋》，钟叔河编《周作人散文全集》（第5卷），广西师范大学出版社2009年版，第11页。

三

1937 年“卢沟桥事变”之后，朱自清在西南联大度过了抗日战争的八年岁月，他的思想发生了巨大变化。这种思想的变化，也表现为他对周作人看法、评论的变化。

八年抗战，国家、民族的灾难与命运，密切关乎每一个国民的人生与命运；国民对国家、民族的义务和责任，成为国家、民族与个人的关系问题的首要问题。1928 年的《那里走》中提出并思考的“时代和我”的问题，又成为朱自清思想中的一个十分重要而迫切的问题。与此同时，周作人的出处，特别是他的“下水”，一直是中国文学界十分关注并且激烈议论、论争的问题，这自然也是朱自清十分关注并且思考的问题。

一个十分值得注意的事实是，遍检朱自清 1937 年之后的所有文章，乃至日记，都没有出现过周作人的名字。即使讨论的问题，与周作人有关，朱自清也避免提及周作人的名字。唯一的一次出现“周作人”这个名字，还是因为朱自清在文章中说到冯雪峰的文章《谈士节兼论周作人》（按，详见下文），是因为冯雪峰文章的题目中有“周作人”三个字。这是一个意味深长的事实，表明朱自清一直在刻意讳言周作人。之所以如此，则是因为周作人之“下水”，对他来说，是一个巨大的精神打击。

40 年代初，朱自清在《生活方法论——评冯友兰〈新世训〉》中说：

> “五四”运动以来，攻击礼教成为一般的努力，儒家也被波及。礼教果然渐渐失势，个人主义抬头。但是这种个人主义和西方资本主义的社会的个人主义似乎不大相同。结果只发展了任性和玩世两种情形，而缺少严肃的态度。这显然是不健全的。近些年抗战的力量虽然压倒了个人主义，但是现在式的中年人和青年人间，任性和玩世两种影响还多少潜伏着。时代和国家所需要的严肃，这些影响非根绝不可。还有，这二十年来，行为的标准很纷歧；取巧的人或用新标准，或用旧标准，但实际的标准只是“自私”一个。自私也是与时代和国家有害的①。

这与《那里走》中将“五四”时代视为“解放的时期”而加以肯定的论述，明显不同；这里以贬义的“个人主义抬头”说法，替换了褒义的“我们所发现的是个人价值”（按，见《那里走》，前引）之说，甚至以“自私”一词来批判“个人主义”。“抗战”

---

① 朱自清：《生活方法论——评冯友兰〈新世训〉》，朱乔森编《朱自清全集》（第 3 卷），江苏教育出版社 1996 年版，第 44—45 页。

一词，说明朱自清的这个批判是立足于社会现实而做出的。所谓“时代和国家所需要的严肃，这些影响非根绝不可”，表明朱自清对个人与时代、国家之关系的思考，思想发生重大变化。在此，朱自清强调个人对于时代、国家的责任，基本上放弃了他“五四”以来所坚持的政治自由主义，至少是暂时放弃了。这也表明朱自清对自己过去的思想的批判性的反省，而对周作人思想的批判也隐然包含在其中。

朱自清对周作人思想的批判，在《历史在战斗中——评冯雪峰〈乡风与市风〉》一文中，明确而集中。这篇文章特别评述了冯雪峰的文章《谈士节兼论周作人》，具有重要意义。朱自清这样评述：

> 重节操的人似乎算得强者了。然而至多只做到了有所不为的地步；其次由于“胆小而虚伪的历史观察和对于人生实践的迂拙而消极的态度”，更只止于洁身自好，真是落到了“为节而节”的末路；又其次“终于将这德行还附上了庸俗的和矫揉造作以至钓名沽誉的虚伪的面目”。一向士大夫所以自立，所以自傲的这德行，终于在著者的书页里见得悲哀，空虚，甚至于虚无了①。

这是复述《谈士节兼论周作人》中的议论。冯雪峰的议论，既是由周作人“下水”而引发的对知识分子的一种严厉批判，更是对周作人的严厉批判。朱自清认为冯雪峰的这个议论是“委曲的分析，切实的批判”②。这里有一个细节，值得注意，即朱自清引用冯雪峰文章原文的“庸俗的和矫揉造作以至钓名沽誉的虚伪的面目”。此说与闻一多“指责”周作人“虚伪态度”、“急于出名，却又假装对生活漠不关心”，十分相近。朱自清应当会想起自己在日记中记录的闻一多的这个批评，以及他对这个批评的看法。这是意味深长的。

朱自清在下文进而指出“著者特别指出这样一种人”，并引述《谈士节兼论周作人》中的原文：

> 用厌烦的心情去看可厌烦的世界，可并不会因此引起对于世界的绝望或反抗，却满足于自己的厌烦，得意着他那已经浸入到灵魂深底里去的一些文化上的垃圾，于是对一切都冷淡，使自己完全游泛在自私的市侩主义里。……（引按，引文如此

① 朱自清：《历史在战斗中——评冯雪峰〈乡风与市风〉》，朱乔森编《朱自清全集》（第3卷），江苏教育出版社1996年版，第38页。

② 朱自清：《历史在战斗中——评冯雪峰〈乡风与市风〉》，朱乔森编《朱自清全集》（第3卷），江苏教育出版社1996年版，第38页。

省略，下同）这种人是一种混杂体……蒙盖在厌世的个人主义下面，实质上是市侩主义和赤精的利己主义①。

很显然，冯雪峰这是针对周作人的批判。“用厌烦的心情去看可厌烦的世界，可并不会因此引起对于世界的绝望或反抗”，使人想起本文第二节曾经引用的周作人在《〈燕知草〉跋》中所谓的“现在中国情形又似乎正是明季的样子，手拿不动竹竿的文人只好避难到艺术世界里去，这原是无足怪的”②；“得意着他那已经浸入到灵魂深底里去的一些文化上的垃圾”，似指周作人写作“读书抄”那样的小品文。朱自清特意引述这段话，并且认为“著者特别指出这样一种人”，这也是意味深长的：朱自清当然清楚这段话的所指，“这样一种人”谓谁。

下面，讨论朱自清的文学思想的变化及其对周作人思想的批评。

1946年，朱自清在《什么是文学的“生路”?》中提出：“文艺有社会的使命，得是载道的东西”；“这个道是社会的使命”③。提出文学的“社会的使命”这个命题，表明在思考“什么是文学的‘生路’”时，朱自清是从文学与社会的关系来思考问题的。这就说明了，社会意识、现实关怀已经成为朱自清思想的一个重要特点。而这一点，又是与他在抗日战争期间对人生的思考、人生观的变化一致的。由此可见，经历抗日战争、战争的体验，是朱自清思想变化的根本原因。由此他不仅重新思考个人与时代与社会、个人与国家与民族的关系，从而强调个人对时代、社会和国家、民族的责任和义务，而且重新思考文学与时代、社会的关系，认为“文艺有社会的使命”。

更值得注意的是，朱自清所谓“文艺有社会的使命，得是载道的东西”，也是对他自己战前的文学观的否定，尤其是对周作人“言志”说的否定。众所周知，周作人“文艺只是自己的表现”文学观，到了30年代成为“言志”说，因为他在著名的《中国新文学的源流》中反对“载道”、肯定“言志”，“载道”和“言志”就成了他特有的文学理论和批判的术语④。朱自清这句话中的“载道”一词，显然是有来历的，出典于周作人《中国新文学的源流》，却反其意而用之。

《什么是文学的“生路”?》之后，1947年，朱自清发表《文学的严肃性》。这篇文

---

① 朱自清：《历史在战斗中——评冯雪峰〈乡风与市风〉》，朱乔森编《朱自清全集》（第3卷），江苏教育出版社1996年版，第39页。

② 周作人：《〈燕知草〉跋》，钟叔河编《周作人散文全集》（第5卷），广西师范大学出版社2009年版，第519页。

③ 朱自清：《什么是文学的“生路”?》，朱乔森编《朱自清全集》（第3卷），江苏教育出版社1996年版，第165页。

④ 参阅拙文《晚明小品：周作人和俞平伯的“低徊趣味”》，《文学与文化》2011年第3期。

章中说：

> 新文学初期反对载道，这时候便有人提倡言志。所谓言志，实在是玩世不恭，追求趣味，趣味只是个人的好恶，这也是环境的反映，当时政治上还是混乱，这种态度是躲避。他们喝酒，吃茶，谈窄而又窄的身边琐事。当时许多人如此，连我也在内，但这种情形经过的时间很短，从言志转到了幽默。好像说酒要一口一口的喝，还不成，一直要幽默到没有意义，为幽默而幽默，一面要说话，一面却要没有意义，这也是一种极端。生活的道路，越走越窄，一切都没有意义，变成要贫嘴，说俏皮话，这明明白白回到了消遣①。

“这时候有人提倡言志”之“有人”，指周作人；“当时许多人如此，连我也在内”之“许多人”，当指朱自清在内的“京派”；而“从言志转到了幽默”之“幽默”，则是指林语堂倡导的“幽默的小品文”。“京派”既认同周作人的“言志”说，又和周作人一样否定左翼文学，视之为“载道”的文学；同时，“京派”主要成员如朱光潜、沈从文等，包括朱自清，都曾严厉批评林语堂倡导的“幽默的小品文”②。朱自清在这里不仅批评周作人，而且进而批评“京派”，把“京派”的“言志”文学与林语堂倡导的“幽默的小品文”，看作并无实质区别。这体现了他着眼于文学的“社会的使命”的思想出发点。正如文章题目所表明的，他认为这是“文学的严肃性”之所在。“京派”之“言志”与林语堂之“幽默”，实有区别，朱自清当然是清楚的，而他之所以做出这样的严厉批判，正是因为他要强调文学的“社会的使命”。由此朱自清在这篇文章的结尾，这样重构中国现代文学史：

> 民国十四年五卅以后，反封建、反帝更是迫切。大家常提起鲁迅先生介绍的那句话（引按，“一方面是严肃的工作，一方面是荒淫与无耻”）。并且从工作扩大到行动。于是文学运动又回到严肃。
>
> 现在更是严肃的时期。新文学开始时反对文以载道，但反对的是载封建的道。到现在快三十年了，看看大部分作品其实还是在载道，只是载的是新的道罢了。三十年间虽有许多变迁，文学大部分时间是工具，努力达成它的使命和责任，和社会

① 朱自清：《文学的严肃性》，朱乔森编《朱自清全集》（第4卷），江苏教育出版社1996年版，第479—480页。

② 参阅拙著《京派文人：学院派的风采》第六章“遥看‘海派’”，上海教育出版社2000年版，第141—152页。

的别的方面是联系着的①。

“大家”、“鲁迅”、“反封建、反帝”云云，说明朱自清在这里叙述的其实是左翼文学，将左翼文学作为中国现代文学史的主流，仿佛中国现代文学史就是左翼文学的历史。这样叙述中国现代文学史，确切与否，姑且不论。重要的是，这反映了朱自清的文学思想的巨大变化。

同样值得注意的是，这里也隐含了对周作人的批判。所谓“载的是新的道”，这个说法，本来是周作人《中国新文学的源流》及其此后一系列文章中的对左翼文学的批评；周作人以“载道”讽刺左翼文学“载”的某种主义、阶级论之“道”，是“载他人之道”的“遵命文学”②。这是当时众所周知的事实。例如佚名对《中国新文学的源流》的书评，认为周作人的“载道”说，指“时下新兴普罗文学为载道思潮之再起”③；废名《〈周作人散文钞〉序》云“方中国的普罗文学运动闹得像煞有介事的时候，一般人都仿佛一个新的东西来了，岂名先生却承认它是载道派”④。这也是后来的周作人研究的一个结论⑤。所以说，朱自清这样重构中国现代文学史，肯定左翼文学之“载道”，是否定周作人对左翼文学的批评。

1947年，朱自清还在《论严肃》中表达了与《文学的严肃性》同样的思想：

> 知识分子讲究生活的趣味，讲究个人的好恶，讲究身边琐事，文坛上就出现了“言志派”，其实是玩世派。更进一步讲究幽默，为幽默而幽默，无意义的幽默。幽默代替了严肃，文坛上一片空虚⑥。

这种批评表明，《论严肃》所论之“严肃”，即《文学的严肃性》所论之“严肃性”，即文学所“载”之“道”——“社会的使命”。然而《论严肃》又说：

---

① 朱自清：《文学的严肃性》，朱乔森编《朱自清全集》（第4卷），江苏教育出版社1996年版，第480页。

② 周作人：《中国新文学的源流》，钟叔河编《周作人散文全集》（第6卷），广西师范大学出版社2009年版，第91页。

③ 佚名：《〈中国新文学的源流〉》，原载《大公报》“文艺”副刊；引自孙郁、黄乔生主编《其人其书》，河南大学出版社2004年版，第40页。

④ 废名：《〈周作人散文钞〉序》，《周作人散文钞》，开明书店1932年版，第25页。

⑤ 参阅拙著《京派文人：学院派的风采》第六章“遥看‘海派’”，上海教育出版社2000年版，第151页。

⑥ 朱自清：《论严肃》，朱乔森编《朱自清全集》（第3卷），江苏教育出版社1996年版，第140—141页。

> 胜利突然而来，时代却越见沉重了。“人民性”的强调，重行紧缩了“严肃”那尺度。这“人民性”也是一种道。到了现在，要文学来载这种道，倒也是“势有必至，理有固然”。不过太紧缩了那尺度，恐怕会犯了宋儒“作文害道”说的错误，目下黄色和粉色刊物的风起云涌，固然是动乱时代的颓废趋势，但是正经作品若是一味讲究正经，只顾人民性，不管艺术性，死板板的长面孔教人亲近不得，读者们恐怕更会躲向那些刊物里去。这是运用“严肃”的尺度的时候值得平心静气算计算计的①。

这是文章的最后一段话。以这样一段话结束全文，表明作者对文学“载”以“社会的使命”之“道”这一“载道”说的深思。提醒不能“只顾人民性，不管艺术性”，表明朱自清毕竟曾经是“京派”作家，没有忘记“京派”对文学的艺术性的高度重视。30年代，“京派”和“左联”，一北一南，亦南北对立，互有批评和论争。“左联”批评“京派”重视艺术性却思想没落，而“京派”则批评“左联”突出思想性却轻视艺术性。茅盾批评“京派”时，将“左联”的杂志《东流》与“京派”杂志《学文》对比，称赞《东流》是“向上生长的幼芽”，批评《学文》是“熟烂的果子”——“你一眼看到的，是他们那圆熟的技巧，但圆熟的技巧后面，却是果子熟烂时那股酸霉气——人生的虚空”②。“左联”认为“京派”高度重视文学的艺术性，具有“圆熟的技巧”。朱自清提醒不能“只顾人民性，不管艺术性”，使人联想到当年“京派”对“左联”的批评③。由此可见，虽然朱自清1937年以后的文学思想有了重大变化，变化的主要是对文学的思想性的认识和看法，但是对文学的艺术性的重视，这一点没有变化。这是一个重要的问题，本文下一节将从一个特定的视角，深入讨论。

四

如上所论，1937年之后，朱自清的思想发生了巨大变化。但是，这种变化是复杂的，不能简单化理解，因而下文进一步考察并深入研究朱自清的思想变化。朱自清对新

---

① 朱自清：《论严肃》，朱乔森编《朱自清全集》（第3卷），江苏教育出版社1996年版，第141页。

② 茅盾：《〈东流〉及其他》，《文学》第3卷第4期，1935年4月。

③ 参阅拙著《京派文人：学院派的风采》第六章“遥看‘海派’”之第三、四、五节，上海教育出版社2000年版，第153—172页。

诗的批评，成绩斐然，下文将聚焦《新诗杂话》①，从朱自清的新诗评论这一特定的视角，考察其思想变化。

朱自清在《爱国诗》中这样批评“五四”时期的新诗：

> 这是发现个人发现自我的时代。自我力求扩大，一面向着大自然，一面向着全人类；国家是太狭隘了，对于一个是他自己的人。于是乎新诗诉诸人道主义，诉诸泛神论，诉诸爱与死，诉诸颓废的和敏锐的感觉——只除了国家②。

这里批评“五四”时期在“发现自我”的同时却忽视了“国家”。此论确切与否，姑且不论。这种批评，如本文上一节所论，显然表明：朱自清的思想变化，是因为他由抗日战争转而强调个人对国家、民族的责任和义务。所以他进而称赞：“抗战以后，我们的国家意念迅速的发展而普及，对于国家的情绪达到最高潮。爱国诗大量出现。”③ 他在《诗与建国》中评介金赫罗（Harold King）的文章《现代史诗——一个悬想》，肯定金氏“群体才是真英雄；歌咏群体英雄的便是现代的史诗”之说，期望中国出现这样“歌咏群体英雄”的“史诗”，最后称赞杜运燮的《缅甸公路》“表现我们‘全民族’”，就是这样的“现代史诗”④。在《抗战与诗》中，他这样评论“抗战以来的新诗的另一个趋势”：

> 一般诗作者所熟悉的，努力的，是在大众的发现和内地的发现。他们发现大众的力量的强大，是我们抗战建国的基础。他们发现内地的广博和美丽，增强我们的爱国心和自信心。像艾青先生的《火把》和《向太阳》，可以代表前者；臧克家先生的《东线归来》以及《淮上吟》，可以代表后者⑤。

所谓“大众的发现”，是由朱自清“发现自我”之说（按，引文见上文）而来。这

---

① 本文所引述的《新诗杂话》采用了朱乔森主编《朱自清全集》第2卷所收录的版本，江苏教育出版社1996年版。

② 朱自清：《爱国诗》，朱乔森编《朱自清全集》（第2卷），江苏教育出版社1996年版，第356—357页。

③ 朱自清：《爱国诗》，朱乔森编《朱自清全集》（第2卷），江苏教育出版社1996年版，第358页。

④ 朱自清：《诗与建国》，朱乔森编《朱自清全集》（第2卷），江苏教育出版社1996年版，第349—354页。

⑤ 朱自清：《抗战与诗》，朱乔森编《朱自清全集》（第2卷），江苏教育出版社1996年版，第347页。

里不仅肯定了“大众的发现”，而且高度称赞左翼诗人艾青和已经左转的诗人臧克家。

但是，朱自清却没有因为肯定“爱国诗”的出现、“大众的发现”，期望“歌咏群体英雄”的“现代史诗”的出现，而完全否定“五四”时期的“发现自我”。《诗的趋势》云：

> 我国抗战以来的诗，似乎侧重“群众的心”而忽略了“个人的心”，不免有过分散文化的地方①。

“似乎”、“不免”，措辞谨慎，批评委婉，意在避免苛论、严责。又，这里的批评，不是列举现象，而是正如文章题目所表明的，针对“我国抗战以来的诗”之“趋势”而言，可以看作朱自清是对自己在《抗战与诗》中所论的“抗战以来的新诗”两个“趋势”，特意做出既重要又必要的补论。这两点，都体现了朱自清的殷切之意。惟其如此，所谓“似乎侧重‘群众的心’而忽略了‘个人的心’”，更真切地表明：朱自清在肯定抗战以来“大众的发现”的同时，没有完全否定“五四”时期“发现自我”、“个人的发现”的意义和价值。

正因为如此，几乎都是1943年，朱自清在写作《抗战与诗》、《诗与建国》、《爱国诗》、《诗的趋势》诸文的同时，写作了《诗与感觉》、《诗与哲理》等文，高度称赞卞之琳的《十年诗草》和冯至的《十四行集》：“假如我们说冯先生是在平淡的日常生活里发现了诗，我们可以说卞先生是在微细的琐屑的事物里发现了诗。”② 卞之琳的《十年诗草》和冯至的《十四行集》都不是“歌咏群体英雄”的“大众的发现”的作品，不是体现了“抗战以来的新诗”两个“趋势”的作品；人生的思考和生命的沉思，是这两部诗集的共同的主题③。这里有两点值得注意：第一，朱自清在《新诗杂话》中以《抗战与诗》、《诗与建国》、《爱国诗》、《诗的趋势》和《诗与感觉》、《诗与哲理》这两组文章，分别评论两类不同思想主题的作品，这是意味深长的；第二，朱自清高度称赞卞之琳的

---

① 朱自清：《诗的趋势》，朱乔森编《朱自清全集》（第2卷），江苏教育出版社1996年版，第370页。

② 朱自清：《诗与感觉》，朱乔森编《朱自清全集》（第2卷），江苏教育出版社1996年版，第327页。

③ 关于卞之琳的《十年诗草》，参阅张曼仪《卞之琳著译研究》，香港中文大学出版社1989年版，第12—63页。这是到目前为止的对卞之琳著译的最好的研究；该书第一章论述卞之琳30年代诗的思想和艺术，准确而切实，深刻而细致。关于冯至的《十四行集》，参阅解志熙《生的执着——存在主义与中国现代文学》，人民文学出版社1999年版，第147—199页。该书第四章“冯至：生命的沉思与存在的决断”，对冯至作品的思想主题的分析和论述，集中而深入，准确而深刻，当为到目前为止的冯至研究的最杰出的研究，其中有对《十四行集》的论述。

《十年诗草》和冯至的《十四行集》，却批评"我国抗战以来的诗，似乎侧重'群众的心'而忽略了'个人的心'"，尤其令人深思。

《新诗杂话》对新诗的艺术问题的评论，与上文分析的问题，具有同样重要的意义。

朱自清《抗战与诗》、《诗与建国》、《爱国诗》、《诗的趋势》诸文，主要讨论了新诗的形式和语言这两个问题，下面先分别讨论朱自清对这两个问题的评论。

第一，关于新诗形式的评论。

朱自清在《抗战与诗》中说："抗战以来的新诗的一个趋势，似乎是散文化"；"抗战以前新诗的发展可以说是从散文化逐渐走向纯诗化的路"，"抗战以来的诗又走到了散文化的路上，也是自然的"①。所谓"散文化"，亦即"自由的形式"。朱自清说：

> 抗战以来的诗，注重明白晓畅，暂时偏向自由的形式。这是为了诉诸大众，为了诗的普及。抗战以来，一切文艺形式为了配合抗战的需要，都朝普及的方向走，诗作者也就从象牙塔里走上十字街头。他们可也用格律；就是用自由的形式，一般诗行也比自由诗派来得整齐些。他们的新的努力是在组织和词句方面容纳了许多散文成分。艾青先生和臧克家先生的长诗最容易见出。就连卞之琳先生的《慰劳信集》，何其芳先生的近诗，也都表示这种倾向。这时代诗里的散文成分是有意为之，不像初期自由诗派的只是自然的趋势。而这时代的诗采用的散文成分比自由诗派的似乎规模还要大些②。

看似客观的叙述，实则意谓这种"趋势"乃是因为诗人努力完成文学"社会的使命"之使然，具有积极意义。"诗作者也就从象牙塔里走上十字街头"一句，明显不仅仅是客观叙述，隐含的意义十分明确。但是，朱自清在肯定新诗"散文化"、"偏向自由的形式"之"趋势"的积极意义的同时，正如上文所引述的，他也指出了这种"趋势"的不足之处——"不免有过分散文化的地方"。这样，我们也就能够理解《诗与感觉》和《诗与哲理》中称赞《十年诗草》、《十四行集》诗之"形式"的意义："卞先生是最努力创造并输入诗的形式的人，《十年诗草》里存着的自由诗很少，大部分是种种形式的试验，他的试验可以说是成功的。他的自由诗也写得紧凑，不太参差"③；《十四行集》

---

① 朱自清：《抗战与诗》，朱乔森编《朱自清全集》（第2卷），江苏教育出版社1996年版，第345—346页。

② 朱自清：《抗战与诗》，朱乔森编《朱自清全集》（第2卷），江苏教育出版社1996年版，第346页。

③ 朱自清：《诗与感觉》，朱乔森编《朱自清全集》（第2卷），江苏教育出版社1996年版，第332页。

"全用十四行体，就是商籁体写成。十四行是外国诗体，从前总觉得这诗体太严密，恐怕不适于中国言语。但近年读了些十四行，觉得似乎已经渐渐圆熟；这诗体还是值得尝试的"①。

与"散文化"、"偏向自由的形式"相关的，是所谓的"民间化"的问题。朱自清说，抗战以来新诗"散文化"、"偏向自由的形式"之"趋势"，"这也可以说是民间化的趋势"②。《真诗》中说："新文学运动实在是受外国的影响"③；"外国的影响使我国文学向一条新路发展，诗也不能够例外"④；"抗战以来，大家注意文艺的宣传，努力文艺的通俗化。尝试各种民间文艺的形式的多起来了。民间形式渐渐变为'民族形式'。讨论的结果，大家觉得民族形式自然可以利用，但欧化也是不可避免的"⑤。朱自清还认为：

> 这是欧化，但不如说是现代化。"民族形式讨论"的结论不错，现代化是不可避免的。现代化是新路，比旧路短得多；要"迎头赶上"人家，非走这条路不可⑥。

可见朱自清并没有因为文学的"社会的使命"而轻易赞同新诗采用"民间形式"或"民族形式"。不仅把"欧化"改称为"现代化"，而且在这三句话中三次连用"现代化"，殷殷之情，跃然纸上。"民族形式"（或"民间形式"）还是"欧化"（或"现代化"），朱自清有着明确的价值判断。这个结论，其实也是朱自清1937年以前的文学思想的体现。例如他在《论中国诗的出路》中说：

> 在历史上外国对于中国的影响自然不断地有，但力量之大，怕以现代为最。这并不就是奴隶根性；他们进步得快，而我们一向是落后的，要上前去，只有从先效

① 朱自清：《诗与哲理》，朱乔森编《朱自清全集》（第2卷），江苏教育出版社1996年版，第334页。

② 朱自清：《抗战与诗》，朱乔森编《朱自清全集》（第2卷），江苏教育出版社1996年版，第346页。

③ 朱自清：《真诗》，朱乔森编《朱自清全集》（第2卷），江苏教育出版社1996年版，第379页。

④ 朱自清：《真诗》，朱乔森编《朱自清全集》（第2卷），江苏教育出版社1996年版，第386页。

⑤ 朱自清：《真诗》，朱乔森编《朱自清全集》（第2卷），江苏教育出版社1996年版，第380页。

⑥ 朱自清：《真诗》，朱乔森编《朱自清全集》（第2卷），江苏教育出版社1996年版，第386页。

法他们入手。文学也是如此。这种情形之下，外国的影响是不可抵抗的，它的力量超过本国的传统①。

这段话与上引《真诗》中的那段话，不仅思想是几乎完全一致的，而且措辞也几乎完全一致："要上前去"，即"迎头赶上"；"外国的影响是不可抵抗的"，即"现代化是不可避免的"；"只有从先效法他们入手"，即"非走这条路不可"。这也说明，1937年之后，朱自清的文学思想虽然变化是明显的，但不变也是存在的。

还需要点明的是，关于"民间形式"或"民族形式"的讨论，除了是在新诗发展的历史语境之中的议论，显然还有一个特别的文学史语境，所指昭然。对此，兹不深论。

第二，关于新诗语言的评论。

朱自清在《诗的形式》中说：

> 新诗的白话，跟白话文的白话一样，并不全合于口语，而且多少趋向欧化或现代化。本来文字也不能全合于口语，不过现在的白话诗文跟口语的距离比一般文字跟口语的距离确是远些；因为我们的国语正在创造中。文字不全合于口语，可以使文字有独立的地位，自己的尊严。现在的白话诗文已经有了这种地位，这种尊严。象征诗的训练，使人不放松每一个词语，帮助增进了这种地位和尊严②。

他又在《朗读与诗》中说：

> 新诗的语言不是民间的语言，而是欧化的或现代化的语言。因此朗读起来不容易顺口顺耳③。

这样肯定"新诗的语言不是民间的语言，而是欧化的或现代化的语言"的"独立的地位，自己的尊严"，没有明言的意思显然是不能同意新诗简单、直接地采用通俗易懂的那种人民大众喜闻乐见的"民间语言"。

这里有一个不易看出的问题。《诗的形式》所谓"新诗的白话，跟白话文的白话一

---

① 朱自清：《论中国诗的出路》，朱乔森编《朱自清全集》（第4卷），江苏教育出版社1996年版，第288页。

② 朱自清：《诗的形式》，朱乔森编《朱自清全集》（第2卷），江苏教育出版社1996年版，第400页。

③ 朱自清：《朗读与诗》，朱乔森编《朱自清全集》（第2卷），江苏教育出版社1996年版，第392页。

样，并不全合于口语，而且多少趋向欧化或现代化”，《朗读与诗》所谓“新诗的语言不是民间的语言，而是欧化的或现代化的语言”，朱自清的这个论断，隐含了他在《〈中国新文学大系〉诗集导言》中的这样一个判断：

> 只有鲁迅氏兄弟全然摆脱了旧镣铐，周启明氏简直不大用韵。他们另走上欧化一路。走欧化一路的后来越来越多。——这说的欧化，是在文法上①。

这是从新诗发展史的角度肯定鲁迅、周作人新诗创作的独特成就和意义。虽然说的是“鲁迅氏兄弟”，但周作人新诗创作成就和影响更大，因为朱自清同意这样一个判断：周作人创作的《小河》标志着“新诗乃正式成立”②。“这说的欧化，是在文法上”之“文法”，即诗的语言。然而《诗的形式》和《诗与朗读》中均讳言周作人，由此可见，例如关于新诗的语言问题，即使朱自清的思想与他1937年以前的思想没有变化，他也绝口不提周作人；而他在1937年以前的文章中讨论这样的问题，他是肯定会说到周作人的。

朱自清所谓“朗读起来不容易顺口顺耳”，这是有所指的，是对当时流行的著名的“朗诵诗”而言的，所以朱自清进而指出：

> 现时的诗朗诵运动，似乎用的是第一意义的“上口”的标准，并且用的是一般民众的口语的标准。这固然不失为诗的一体，但要将诗一概朗诵化就很难③。

朱自清谨慎地肯定“朗诵诗”只是“固然不失为诗的一体”而已，婉转地指出不能“将诗一概朗诵化”。相反，朱自清同时这样评论与“朗诵诗”不同的另外一种诗：

> 现在的白话诗有许多是读出来不能让人全听懂的，特别是诗。新的词汇、句式和隐喻，以及不熟练的朗读的技术，都可能是原因；但除了这些，还有些复杂精细的表现，原不是一听就能懂的。这种诗文也有它们存在的理由。……（引按，略）谁都可以去朗读并欣赏这种诗，只是这种诗不宜于大庭广众。卞之琳先生的一些诗，

---

① 朱自清：《〈中国新文学大系〉诗集导言》，朱乔森编《朱自清全集》（第4卷），江苏教育出版社1996年版，第368—367页。

② 朱自清：《选诗杂记》，朱乔森编《朱自清全集》（第4卷），江苏教育出版社1996年编，第380页。

③ 朱自清：《朗诵与诗》，朱乔森编《朱自清全集》（第2卷），江苏教育出版社1996年版，第394页。

冯至先生的一些十四行，就有这种情形①。

“这种诗文也有它们存在的理由”，这句短语，看似轻描淡写，实则果断、坚定。这样将“朗诵诗”与“卞之琳先生的一些诗，冯至先生的一些十四行”对照分析、评论，朱自清不是一般性地阐明他对新诗语言的看法，实则针对的是40年代很有影响的包括新诗语言观在内的一个文学理论，同时也在“朗诵诗”流行之际，肯定了卞之琳《十年诗草》和冯至《十四行集》那样的“学院派”诗人——其实曾经是“京派”诗人——的作品。朱自清在1937年以来，强调文学的“社会的使命”，所以他当然不会否认“朗诵诗”（乃至“街头诗”②）的社会意义和价值，但是他也不会因此而否定卞之琳《十年诗草》和冯至《十四行集》这样的作品的思想和艺术的价值。

总之，上文的分析表明，《新诗杂话》的作者，他的文学思想，既有变化又有坚持；我们从作者的身影上，依然可以看出他曾经是“京派”作家和批评家的清晰的“背影”。

最后，必须再次指出一个意味深长的事实。讨论新诗的形式和语言，尤其是在新诗发展的历史中讨论，周作人的新诗理论、批评和创作，以及与新诗创作密切相关的译诗，是难以回避的，然而《新诗杂话》中根本没有引用过周作人的文字，更没有出现过他的名字。朱自清显然是在刻意回避，这个事实本身就可以说明问题。唯一的一次，《译诗》回顾晚清以来的翻译外国诗对新诗创作的影响，在谈到新文学初期“翻译的作用”时，朱自清说：“作用最大的该算日本小诗的翻译。”③ 仅仅是这样简短的一句，一个独立的句子。读者清楚，这是指周作人的翻译。历史的叙述，尊重史实，朱自清不能不如此，也不得不如此，但是他在这一句中还是没有写出周作人的名字。

（作者单位：天津师范大学文学院）

---

① 朱自清：《朗诵与诗》，朱乔森编《朱自清全集》（第2卷），江苏教育出版社1996年版，第394页。

② 朱自清：《诗的形式》，朱乔森编《朱自清全集》（第2卷），江苏教育出版社1996年版，第401页。

③ 朱自清：《译诗》，朱乔森编《朱自清全集》（第2卷），江苏教育出版社1996年版，第373页。

浅谈袁可嘉“新诗现代化”对燕卜荪“朦胧”诗学的吸收与创新①

肖　柳

燕卜荪作为“英美新批评派”的一员，其最大的理论贡献在于更新，乃至颠覆了Ambiguity②一词的内涵，将其由一个贬义的批评词变为一个中性的文学批评术语，甚至从语言层面将其提升到了诗歌的本质位置。“在一般意义上，‘歧义’往往指文风上的缺陷，即本应明确具体的措辞或语意却表现得含混晦涩。自从1930年威廉·燕卜荪发表《晦涩的七种类型》以来，该词已被广泛运用于文学批评，代表诗歌创作的一种手法——用某一词或词组指两个或更多的不同事物或者表示两种或多种相异的态度与情感。语义重叠和复义是这种语言表达方法的代名词，它们具有避免对‘歧义’一词产生贬义联想的优点。”③燕卜荪的文学批评以其精细的语义分析法著称，于他而言，关注文本语言的目的是为了“帮助读者更好地欣赏文学作品”，“帮助读者产生丰富复杂的阅读经验和审美感受”④，要达到这个目的，就必须揭示出诗歌语言的“朦胧”本质。也就是说，

① 本文系国家社会科学基金重大项目“中国新诗传播接受文献集成、研究及数据库建设（1917—1949）”（16ZDA240）、华中师范大学中央高校基本科研业务费资助（创新资助项目）“威廉·燕卜荪与西南联大学生诗人群”（2018CXZZ111）的阶段性成果。

② Ambiguity，可译为“复义”、“含混”、“晦涩”、“朦胧”等，燕卜荪的著作*Seven Types of Ambiguity*曾被译为《七类晦涩》、《复义七型》、《含混七型》和《朦胧的七种类型》等。考虑到译本的多样性，本文以周邦宪等人翻译的、1996年由中国美术学院出版社出版的《朦胧的七种类型》一书为参照，将燕卜荪的一系列诗学理念冠以“朦胧”诗学的名称，文中“复义”、“含混”、“晦涩”等词均取同义。

③ ［美］M. H. 艾布拉姆斯、杰弗里·高尔特·哈珀姆：《文学术语词典》（第10版），北京大学出版社2014年版，第27页。

④ 李卫华：《价值评判与文本细读》，中国社会科学出版社2006年版，第121页。

燕卜荪通过大量文本细读的例证构建了自己的“朦胧”诗学，他把“朦胧”看作是诗歌的本质所在。

20世纪30年代末，燕卜荪曾任教于西南联大，将其诗论和西方现代诗歌介绍到中国的校园内。袁可嘉也曾是西南联大的学生，虽然当他入校时燕卜荪早已离开中国（袁可嘉1941年11月入西南联大外文系，燕卜荪于1939年8月离开中国①），但是，没有直接的接触并不妨碍袁可嘉接受燕卜荪的诗学影响，他多次论及“晦涩”这一概念，也很赞赏燕卜荪的细读法和心理分析法②。袁可嘉的“新诗现代化”理论建立于20世纪40年代末，集中体现在其1946年至1948年这两年间发表的一系列论文上，这些论文后来结集为《论新诗现代化》一书。袁可嘉所说的“现代化”并非是当前语境下的“现代化”概念，在某种意义上与“现代性”是一致的，是一个非常丰富的集合性概念，核心是“现实、象征、玄学的新的综合传统”③，且来源广泛。正如他自己所说，“明显地受到了瑞恰慈、艾略特和英美新批评的启发”④。在诗歌的本体论层面，他充分认同了燕卜荪的“朦胧”说，肯定诗歌语言的多义性和复杂性。但是，在认同燕卜荪的诗学理论的同时，袁可嘉还考虑到了20世纪40年代中国诗坛的实际状况，即战争背景下泛滥的标语口号式的诗和自我宣泄式的诗，为了扭转这一局面，促进新诗的健康发展，如何将“朦胧”诗学与诗歌创作实践相结合成为了一大难题。袁可嘉据此提出一系列的观点与举措，将抽象的诗学理论变为可利用的写作指导，最终超越燕卜荪的纯理论层面，建构起了本土化的“新诗现代化”理论。

一、“朦胧”作为诗的本质

通过大量文本细读的例证，燕卜荪宣称“所有优秀的诗歌都是朦胧的”⑤。如果没有“朦胧”，诗人就“不能有效地表达自己的思想”，在诗歌创作中，“朦胧”是“诗人非用

① 邓招华：《西南联大诗人群史料钩沉汇校及文学年表长编》，人民出版社2016年版，第182、99页。

② 袁可嘉：《我的文学观》，《论新诗现代化》，生活·读书·新知三联书店1988年版，第109页。

③ 袁可嘉：《新诗现代化——新传统的寻求》，《论新诗现代化》，生活·读书·新知三联书店1988年版，第3页。

④ 袁可嘉：《欧美现代派文学概论》，上海文艺出版社1993年版，第95页。

⑤ ［英］威廉·燕卜荪：《朦胧的七种类型》，周邦宪等译，中国美术学院出版社1996年版，第10—11页。

不可的手法”①。在燕卜荪看来，诗的意义的丰富性与复杂性正是诗之为诗的要义之所在，诗歌通过不同于散文的特殊的语言构造能够同时产生多重不同的意义层面，由此产生的“朦胧”是优秀诗歌的本质特征。

在给“朦胧”一词下定义时，燕卜荪在其《朦胧的七种类型》的第一版中说的是“给直接的散文陈述增添了细微歧义”，后来他认为这种说法过于宽泛，于是改成“任何导致对同一文字的不同解释及文字歧义，不管多么细微，都与我的论题有关”②。这种改变不只是扩大了“朦胧”一词的外延，更是将“朦胧”推向了本体论的层面，他所谓的“朦胧”“并非词义的晦涩难懂、感情的捉摸不定，而是‘得意忘言’式的对语言的超越”③。原来的说法会让人误以为“朦胧”只是一种技巧，是对已经成文的散文话语的一种修饰，其造成的效果不过是故意将清晰的表达变得复杂；修改后的说法则将“朦胧”深入文学的本体——语言，文学（诗歌）的语言本来就是朦胧的，并不是后来修饰的结果，这正与燕卜荪大量文本分析的结果吻合，“对朦胧的利用则是诗歌的根基之一”④。基于这样的定义，燕卜荪选择了他所要分析的具体文本。在书中，他详细分析了200多段文学作品，其中古典诗人占了大多数。这明显是有意为之，时人常常以古典诗歌的含义明确来抨击意义过于含糊的现代派诗，燕卜荪的选择无疑是对这种观念的有力回击。他向人们证明了古典名作也充满了“朦胧”，而且不管是古典诗歌或现代诗歌，其所蕴含的“朦胧”皆是由语言本身的多义性造成的。虽然燕卜荪的例证十分广泛，古今名作都有涉及，但他仍然质疑“是否可以假设所有的优秀诗歌都是朦胧的”。于是，他试图从读者心理方面来探寻这些优秀诗作的共通性。他指出，“伟大的诗歌在描写具体的事物时，总是表达出一种普通的情感，总是吸引人们探索人类经验深处的奥妙，这种奥妙越是不可名状，其存在便越不可否认”⑤，既然伟大的诗歌总有不可名状的表达，那就只能通过朦胧的语言才能引导读者去探索其中的奥妙，明晰的语言无法将其表达出来。

从某种意义上可以说，燕卜荪提出“朦胧”说的迫切目的是为了给当时风靡的现代派诗给予理论上的支持，而他所利用的武器正是对古典名作的颠覆性分析，最终也确实为现代派诗正了名，并且从理论上推倒了西方传统文学批评把朦胧看作诗歌的一种弊病

---

① ［英］威廉·燕卜荪：《朦胧的七种类型》，周邦宪等译，中国美术学院出版社1996年版，第250页。

② ［英］威廉·燕卜荪：《朦胧的七种类型》，周邦宪等译，中国美术学院出版社1996年版，第1页。

③ 李卫华：《价值评判与文本细读》，中国社会科学出版社2006年版，第62—63页。

④ ［英］威廉·燕卜荪：《朦胧的七种类型》，周邦宪等译，中国美术学院出版社1996年版，第3页。

⑤ ［英］威廉·燕卜荪：《朦胧的七种类型》，周邦宪等译，中国美术学院出版社1996年版，第10—11页。

的观点。类似的情况也发生在20世纪40年代的中国诗坛，新诗染上了时代的通病，直白的政治说教诗和肤浅的感伤诗堵塞了读者的视线，也压迫了现代诗的生存空间。现代诗给读者带来的理解困难虽然与文本自身的难度有关，但更大程度上是由于读者原有经验和诗歌观念的束缚，观念本身亟待更新。面对时人对现代诗的晦涩难懂的诘难，袁可嘉为现代诗提出辩护，他所援引的就是燕卜荪的“朦胧”说。袁可嘉在为现代诗辩护时，首先将“晦涩”（即“朦胧”）与“模棱”进行了区分。他认为“晦涩常常来自诗人想象的本质，属于结构的意义多于表现的方法，是内在的而非外铄的”，而“模棱则多数属于文字表现手法方面，常常只是某一时代或一部分诗人的特殊爱好”①。由此可见，“晦涩”是存在于诗想象中的，不同的诗人心理就会有不同的深浅“晦涩”程度，“晦涩”也是存在于诗歌结构中的，是诗歌文本的本质所在；“模棱”则属于诗歌的表现手法，是诗人故意为之的技巧运用，即诗歌的外在形式。前者的特点是“半透明或‘不明’”，蕴含着一种难以描述的美感，就像燕卜荪所说的“不可名状”的“奥妙”；后者的特点却在“多方面或‘两可’”，容易造成理解上的困难，这是诗人故意施用技巧所导致的结果。袁可嘉把“晦涩”看作是诗的本质、内在与必然，是对燕卜荪“朦胧”诗学的继承。

虽然燕卜荪和袁可嘉都把“朦胧”（或“晦涩”）看作诗的本质，但在评判诗歌的标准上，二者有所差异。对于燕卜荪而言，“朦胧”就是他选择、判断诗歌的标准。当有人苛责《朦胧的七种类型》一书缺少价值判断，在选诗评诗时有太多随意性时②，他的反驳是“你在选择一首诗进行仔细分析之前必定首先认为它有价值，而当你研究完毕时，对它的价值也必定有更深刻的认识”③。燕卜荪对一首诗的价值判断既先于选择文本，即假定一首诗有价值，又后于分析文本，即真实价值乃至价值升华。他通过“假定—选择—分析—完成”这一动态过程完成自己的文本分析，对于“朦胧”与否和“朦胧”程度的判断则贯穿其中，实际上是一场十分考验批评者自身能力的脑力游戏。至于“朦胧”的界限，则由批评家自己掌控，具有随意性。袁可嘉则明确表示不同意把“晦涩作为批评诗篇的标准”，是为了“公平起见”，因为“它不足以成为好诗的标记，也不是予诗恶评的根据”④。相较之下，燕卜荪以“朦胧”为判断标准可以看作一种个人化的行为，不同的批评家可以有不同的分析结论；袁可嘉的反对则体现出一种折中的态度，他用两个

---

① 袁可嘉：《新诗戏剧化》，《论新诗现代化》，生活·读书·新知三联书店1988年版，第23页。

② 李卫华：《价值评判与文本细读》，中国社会科学出版社2006年版，第60页。

③ ［英］威廉·燕卜荪：《朦胧的七种类型》，周邦宪等译，中国美术学院出版社1996年版，第8页。

④ 袁可嘉：《新诗戏剧化》，《论新诗现代化》，生活·读书·新知三联书店1988年版，第23页。

不完全否定悬置了“晦涩”这一可能的标准。如果他和燕卜荪持同样态度，诗歌批评将难以推及公众，但对于20世纪40年代的中国诗坛而言，一定程度的公众的评判标准有更重要的现实意义。在提出反对之后，袁可嘉进而对“为晦涩而晦涩”的创作心理提出了批评，前一个“晦涩”强调的是诗歌的表现效果——让读者摸不着头脑，后一个“晦涩”侧重于技术层面，指诗人有意采取艰涩的手法进行创作，这里的两个“晦涩”都滑向了表面，指涉效果和技术，而非本体论层面的“朦胧”。

此外，燕卜荪和袁可嘉对于“朦胧”（或者“晦涩”）的分类也有所不同。燕卜荪把“朦胧”分为边界不明的七种类型，袁可嘉则依照中国诗歌的实际情况阐述了“五类晦涩”。燕卜荪的分法常常受到责难，七类“朦胧”被认为存在相互包含、界限不明的情况，也有批评者指责燕卜荪没有穷尽朦胧的类型。实际上，燕卜荪的分类依据是逻辑的复杂程度，逻辑本身就难以用语言文字准确描述，燕卜荪的划分也就难免显得含混，况且他进行分类的目的并不在于死板地分类，而在于理清思路，从而便于从最简单的一类朦胧逐渐过渡到最复杂的朦胧，同时也是为了便于讨论。第一种朦胧是燕卜荪理论的起点，“当人们说一种事物像另一种事物时，它们必定具有某些使它们彼此相似的性质”①，这就是燕卜荪所说的最简单的一类朦胧，比喻是其中最易察觉的一个小类，这种朦胧存在于两个词语的联系中。存在于词语间的朦胧如果扩大到一句诗，则成为第二种朦胧，“在词或句法中，当两种或两种以上的意义融而为一的时候，便出现了第二种朦胧的情况”②。词语本身的多义性和句法结构的不严密引起这种朦胧，这也是最为普遍的一种朦胧。第三种类型的朦胧则存在于一段诗中，“两种只是在上下文中才互相关联的思想可以只用一个词同时表达”③，虽然这里指的是双关语一类的词义的朦胧，但这类朦胧只有通过上下文的分析才能体现出来，也就是存在于一段诗中的朦胧。第四类朦胧扩展到了全诗范围，并将前三种朦胧都包含其中，其定义是“一个陈述的两层或更多的意义相互不一致，但结合起来形成作者的更为复杂的思想状态”④，考虑的是诗人所要表达的诗思与诗情，就必须结合整个诗歌文本来进行分析、判断。到了第四类朦胧，个别词语、诗句、诗段以及整首诗的范围都被论及了，似乎已经到达了可以论说的尽头，此时燕卜荪开始

---

① ［英］威廉·燕卜荪：《朦胧的七种类型》，周邦宪等译，中国美术学院出版社1996年版，第3页。

② ［英］威廉·燕卜荪：《朦胧的七种类型》，周邦宪等译，中国美术学院出版社1996年版，第63页。

③ ［英］威廉·燕卜荪：《朦胧的七种类型》，周邦宪等译，中国美术学院出版社1996年版，第158页。

④ ［英］威廉·燕卜荪：《朦胧的七种类型》，周邦宪等译，中国美术学院出版社1996年版，第209页。

转向心理范围的探索。第五类朦胧就是作者心理的错综复杂。至于第六种和第七种朦胧，则基于读者心理。

不同于燕卜荪基于逻辑复杂程度的分类，袁可嘉划分出的五类“晦涩”则是依据晦涩的成因进行的平行分类，也就是根据诗人的创作动机与其企图达到的效果。在进行划分之前，袁可嘉指出第一种晦涩产生的前提是诗人所思与传统标准的冲突，也就是说，袁可嘉所要分类的“晦涩”是“现代诗的晦涩”，是“现代诗的通性与特性”①，包含了古典诗歌所无法容纳的现代情感与现代技巧等。不同于燕卜荪所分类的存在于一切诗歌文本中的“朦胧”，分类的范围较之燕卜荪有所缩小。第一类晦涩是“诗人为了忠实于自己所感所思，势必根据个人心神智慧的体验活动，创立一独特的感觉、思维、表现的制度”，而“藏在这些文字背后的思想泉源或感觉方式离常人意识十分辽远”②。与常识距离远就是第一类晦涩的特征。这并不是说诗人选取的意象都得是罕见的事物，而是说诗人依靠自己的智慧赋予普通事物以特殊的象征意义，从而拉远日常意象与读者的距离，造成陌生化的效果。第二类晦涩则因为诗人“想从奇异的复杂获得奇异的丰富”③，这种晦涩没有固定的技巧，但是拒绝分析，“奇异的丰富”显示出一种综合性，现代派诗人往往在创作中糅合多种元素给读者造成眼花缭乱的效果。第三类晦涩来源于诗人的“情绪渗透”，也就是区别于传统的“概念逻辑”的“想象逻辑”，在表面上让读者无迹可寻。第四类晦涩“是由现代诗人构造意象或运用隐喻明喻的特殊法则所引起”④，给读者带来新奇与惊喜。第五类晦涩“是由于诗人们故意荒唐地运用文字”⑤，是最为逊色的一类晦涩。袁可嘉依据诗人动机所划分的“五类晦涩”是技术层面上的平行分类，每种晦涩间的分界也较为清楚，比起燕卜荪本体层面上递进的“七类朦胧”更容易被普通读者接受。袁可嘉也坦言说他进行分类的目的是“证明诗人生命与诗作的有机联系”⑥，这或许也是站在一个现代诗人的角度为自己和同路人正名。比起燕卜荪抽象的理论观念而言，袁可嘉的分类含有一些感性因素，也显得简单化。

燕卜荪的“七类朦胧”和袁可嘉的“五类晦涩”这两种划分方式的依据虽然大相径庭，但具体的类型之间也存在相通之处。其中，燕卜荪所划分的第四类朦胧与袁可嘉所言的第三类晦涩就可以类等：第四类朦胧是针对整首诗而言，指的是蕴含于诗中的作者复杂的思想状态；第三类晦涩则是诗人情绪的流动，从诗歌表面的文字来看这种情绪似

① 袁可嘉：《诗与晦涩》，《论新诗现代化》，生活·读书·新知三联书店1988年版，第92页。
② 袁可嘉：《诗与晦涩》，《论新诗现代化》，生活·读书·新知三联书店1988年版，第94页。
③ 袁可嘉：《诗与晦涩》，《论新诗现代化》，生活·读书·新知三联书店1988年版，第94页。
④ 袁可嘉：《诗与晦涩》，《论新诗现代化》，生活·读书·新知三联书店1988年版，第98页。
⑤ 袁可嘉：《诗与晦涩》，《论新诗现代化》，生活·读书·新知三联书店1988年版，第99页。
⑥ 袁可嘉：《诗与晦涩》，《论新诗现代化》，生活·读书·新知三联书店1988年版，第100页。

乎没有逻辑上的显著联系。二者都是诗情方面的谜语。同样，燕卜荪所划分的第五类朦胧与袁可嘉所说的第四类晦涩也很相似：第五类朦胧是作者在不确定的写作过程中所产生的模棱两可的明喻，但它恰好能够体现出一种错综复杂、内容丰富的思想；第四类晦涩则是现代诗人所运用的特殊构造意象的技巧，包括隐喻和明喻，其实这里也含有部分燕卜荪所谓的第一种朦胧。二者都可以看作细微的词语技巧方面的选择，它们都带给读者新奇感。从给“朦胧”下定义到为“晦涩”做辩护，从“七种朦胧”到“五类晦涩”，都能看出袁可嘉对燕卜荪“朦胧”诗学的继承与吸收。

二、“朦胧”与诗的形式

在论述“朦胧”是诗歌本质这一基本观点的时候，燕卜荪还探讨了“朦胧”与诗歌形式的关系，即诗歌的内在与外形的关系。在分析第一类朦胧的过程中，他对20世纪20年代英国文论家所提出的“纯声论”进行反驳。“纯声论”认为阅读诗歌就是为了欣赏诗歌的语调，重视诗歌的音响效果而忽视意义，主张语调可以独立于诗歌之外。燕卜荪反对这种观点，他认为“纯声论”会让读者误入歧途——“我们无需了解词语在句中的意义，只要我们知道词语的孤立的意义，只要知道它们的句法，我们便可正确地朗读它们”①，在纯声论者那里，声音被从诗歌中剥离，独立于诗歌之外，而阅读诗歌的目的则变成了练习朗读技巧，诗歌的意义被忽视，甚至不复存在。燕卜荪强调“声音必须是意义的回声”②，语调和韵律是意义的外在形式而非独立因素，声音作为诗歌不同于其他文类的特点之一，使得诗歌的音响本身就具有暗示、渲染或强化意义的效果，它能够与诗歌的意义形成紧密的联系，也就是“韵律使朦胧更复杂”。

为了证明自己的说法，燕卜荪举出了相应的例子，他对《麦克白》中一段仆人的对话“If th' Assassination/Could trammell up the Consequence, and catch/With his surcease, Success; that but……”（译：要是凭着暗杀/便可以攫取美满的后果/又可以排除一切后患）进行了分析：“surcease”意思是完成，在中途终止法律诉讼的程序，或者表示驳回判决；这个词的词头词尾使人联想起‘Surfeit’［暴食］和‘decease’［亡故］，这正如‘assassination’［暗杀］这个词的清辅音［S］［S］［ʃ］使人联想起说话者说话时的切齿

① ［英］威廉·燕卜荪：《朦胧的七种类型》，周邦宪等译，中国美术学院出版社1996年版，第19页。

② ［英］威廉·燕卜荪：《朦胧的七种类型》，周邦宪等译，中国美术学院出版社1996年版，第12页。

的嘘嘘声……”① 仆人们在阴森的甬道里低声议论麦克白的暗杀事件，低矮的甬道内阴森恐怖，小声的议论也带有鬼魅似的回声，加重了谈话内容的情绪感染力，使得人心惶惶。燕卜荪分析了两个词的语音形式：“surcease”一词本来只表示一种普通的行动终止状态，如果将其词头和词尾拆分为“surfeit”（饮食过量引起的恶心）和“decease”（死亡）两词，就携带上了残暴的内涵，这便是麦克白在仆人心中的暴君形象；“assassination”一词的发音含有三个清辅音［S］［S］［ʃ］，发音时唇齿的摩擦更易带有说话人的情绪，让人忍不住想象仆人说话时咬牙切齿又不得不放低音量的样子。语音的分析将读者带入说话人的场景，同样也体会到现场的恐怖氛围，虽然这里分析的是戏剧语言，但也可以应用于诗歌语音分析。燕卜荪的例子证明，音响的作用远不只是朗读时的听觉美感，而是与诗歌的意义紧密结合在一起的，“意义和纯声音之间的关系完全相同于性格与外表之间的关系”，而“外表令人愉悦其原因在于性格的被人理解”②，诗歌的声音与意义是不可分割的统一体。

关于诗歌声音与意义的联系，袁可嘉也继承了燕卜荪的部分观点，他在分析诗歌意义的形成过程时指出诗的意义应该包含三个层次：“最先是每个意义单位（字或词）配合行文的要求而选定自己此时此地的真实意义，把字音的作用也包括在内时即构成诗意义的‘线’，意象比喻进一步地扩展延伸构成诗意义的‘面’，而语调、节奏，姿态，神情到最后通过想象，联想，综合一切相反相成的因素，便构成有强烈戏剧性的诗意义的‘立体’组织。”③ 在第一个层次里，“每个意义单位（字或词）”不只是视觉上的字形，还要包括听觉上的字音，视听结合才构成通往诗意的“线”。也就是说，只有附加上语音的字或词才能成为诗意义最基础的组成部分，字音与字意是密不可分的整体。在第三个层次里，单个的字已经连缀成诗句，视觉上的字形成为富于象征意义的诗歌文本，听觉上的字音则形成了诗歌中波动起伏的语调、韵律和节奏，指引着整首诗的情感走向，同时也牵动着读者的诗想象，和诗歌的平面文字一起构成立体化的诗的意义。

燕卜荪认为声音和意义是表里关系，需要透过声音才能获取诗歌的意义，二者是一个结合体，虽不可分割，却是平行并置的。袁可嘉则将意义分为三个层次，声音贯穿其中且有所变化：在第一层中，声音体现为字音，是单个字的读音，因为“每个单字在诗中都代表复杂符号，而非日常应用时的单一符号”④，字音也是符号的组成部分，和字形

① ［英］威廉·燕卜荪：《朦胧的七种类型》，周邦宪等译，中国美术学院出版社 1996 年版，第 66 页。

② ［英］威廉·燕卜荪：《朦胧的七种类型》，周邦宪等译，中国美术学院出版社 1996 年版，第 380 页。

③ 袁可嘉：《诗与意义》，《论新诗现代化》，生活·读书·新知三联书店 1988 年版，第 87 页。

④ 袁可嘉：《诗与意义》，《论新诗现代化》，生活·读书·新知三联书店 1988 年版，第 87 页。

共同构成意义的基本单位“线”；第二层没有直接提及声音，但意象由符号组成，自然也就包含了声音，从字形上来说，意象可以是单字或多字（词），声音不再是单一的字音，开始有细微变化，并承担了一定的隐喻作用；在第三层中，随着单字的联结与意象的组合，声音呈现为抑扬顿挫的语调、节奏，随着整首诗的诗情流动而产生变化。“这三个层次在讨论时是可分的，而在实际欣赏时是不可分的”①，在袁可嘉的分层中，声音不再与意义平行，而是从属于意义。

从某种意义上说，对声音的重视也就意味着对诗歌形式的重视。在英语诗歌中，由于英文特殊的声音（轻重音的明显差异），英语诗歌往往遵守着较为严格的诗歌形式，虽然20世纪以来自由诗有了很大发展，但在英语世界，格律诗依旧占据着主要地位。对于诗歌形式，燕卜荪有着纯粹诗人的立场，强调新诗必须有一定的格律。他自己的诗歌创作总是遵守着十分严格的形式，基本上是“首首整齐，脚韵排列有致”②。谈到对自由诗（free verse）的看法，燕卜荪则说“Yes，free，but not verse”③（译：是的，诗是自由的，但不是格律上的自由）。袁可嘉也同样重视新诗的形式建构，并企图通过创建新的诗歌形式来挣脱古典诗词外形的桎梏，他“绝对肯定日常语言，会话节奏的可用性”，“重视日常语言及说话节奏的应用”④，因为日常生活中的对话充满弹性而且富于变化，文字（说话内容）新鲜加上节奏生动可以有效表现现代人的奇思妙想，适应急剧变化的现代生活，能够“作为创造最大量意识活动的工具”。日常生活中使用的口语具有日常性和通俗性，相对于固定的书面语而言，口语更具灵活性，更易随着时代进步而发生改变，也更易容纳新鲜事物，不至于陷入僵化。但是，肯定日常语言并不意味着口语可以随意入诗，诗歌中的每个单独的字眼都代表着某种复杂符号，而非日常口语使用时的单一符号，日常语言入诗需要经过筛选与结晶，否则会沦为庸俗肤浅的“自由诗”。同样，会话节奏的滥用则会使诗歌趋于漫无目的的“散文化”。袁可嘉追求的不是燕卜荪所遵守的形式，而且中英文的差异致使中国新诗不可能产生英语诗那样基本固定的形式，严苛的外形只会限制诗意的发展，袁可嘉针对的是新诗“散文化”所导致的诗意肤浅这一弊端，试图从形式上制定一些规范，来限制形式过度自由的“自由诗”。

① 王泽龙：《中国现代主义诗潮论》，华中师范大学出版社2008年版，第51页。

② 王佐良：《威廉·燕卜荪》，《王佐良文集》，外语教学与研究出版社1991年版，第205页。

③ 赵瑞蕻：《南岳山中，蒙自湖畔》，《丰富和丰富的痛苦》，北京师范大学出版社1997年版，第174页。

④ 袁可嘉：《新诗现代化——新传统的寻求》，《论新诗现代化》，生活·读书·新知三联书店1988年版，第6—7页。

三、“新诗现代化”对“朦胧”诗学的创新与突破

燕卜荪的“朦胧”诗学可以说来自他对大量诗作的精细分析。他以科学家的分析能力为基础，从本体论的角度得出“所有优秀的诗歌都是朦胧的”这样的结论，但是并没有指出作为写作技巧的“朦胧”该如何实践，还停留在纯理论的层面。燕卜荪划分出来的七种类型的朦胧为人们展现出文学作品的复杂结构，是从诗歌文本和读者心理学的角度来说的，少有涉及作者的复杂构思，似乎与创作脱节。袁可嘉则在充分吸收燕卜荪的诗学观念的前提下，有意识地将其结构理论转化为写作理论，并联系时代背景，提出可行的写作指导，突破了“朦胧”诗学的纯学理性，建构起了本土化的“新诗现代化”理论。

20 世纪 40 年代的中国诗坛，在创作上，泛滥着“说教的”和“感伤的”两种诗，归根结底只是一种类型——“徒有激情的无阻拦冲动和自我宣泄”①；在理念上，功利主义的“工具论”与唯美主义的“纯诗论”长期对立，都因其片面性损害了诗歌创作。袁可嘉背主流观念而驰，将目光由外部因素转向诗歌的内部，通过返回本体论来打破信仰与情感的迷信。虽然他和燕卜荪一样认为“朦胧”（或“晦涩”）是诗的本质，但对于现代诗而言，“现代化”不等于“晦涩化”，或者说，“现代化”不止包含了“晦涩化”，还有其他内容。袁可嘉提出“现代诗歌是现实、象征、玄学的新的综合传统”②，在这三个元素中，“象征”和“玄学”都与“晦涩化”发生联系：“象征”侧重于技巧，是“晦涩化”在诗歌文本中的直接表现；“玄学”则是理智与情感的结合，将情绪埋藏于机智之下达到某种玄妙的效果，是“晦涩化”在诗意上的呈现。“现实”就是不属于“晦涩化”的其他内容，也就是袁可嘉区别于燕卜荪而确立的诗之内核。

（一）诗与现实

《朦胧的七种类型》一书中没有出现过直接阐述诗与现实的话语，因为燕卜荪所强调的是文本，于是很少谈及文本以外的社会现实，创作的时代背景往往被忽略，但他对诗与情感的关系有过论述，情感可以看作是现实的一种体现。20 世纪 20 年代的英国文论界有“气氛论”的说法，该说法认为诗人传达出的不是能被分析的语法意义的集合，而是一种“情绪”或“气氛”，这实际上是一种神秘的、混沌的存在方式。为了驳斥“气氛论”，燕卜荪认为诗的情感与意义不是并列的两种因素，情感是承载于意义之上的附属

---

① 周晓秋：《试论〈新诗现代化〉和英美新批评的影响》，《济南大学学报》2003 年第 3 期。

② 袁可嘉：《新诗现代化——新传统的寻求》，《论新诗现代化》，生活·读书·新知三联书店 1988 年版，第 4 页。

品，离开了意义，情感就无法存在。诗是由语言符号组成的意义层面，这些意义符号总会凝结着诗人的情感，而这些情感与现实无法分离。当燕卜荪在中国体验过战争中的“逃亡”生活，才对诗与现实有所感悟：“诗不该逃避政治，/否则一切都变成荒唐。”①他认为诗歌应该反映现实，但反对煽动性的“说教的”政治诗，“我也不真的喜欢/那种喊‘小伙子们，起来！’的诗歌，/那种革命气概的蹦跳，/一阵叫喊，马上就要同伙/来一个静坐的文学罢工”②。在燕卜荪眼里，胡乱的叫喊不是诗，且毫无价值。同样，他也反对那些文笔精致的“感伤的”诗歌，“爱好恶梦犹如操纵自行车，/可是一连几篇就腻得难受”③。在他眼中，这些诗人就是在浪费自己的好文笔，日常生活中的一切在他们笔下都变成了噩梦，然后抒写无尽的感伤，这样的诗只会让读者感到腻味。

燕卜荪通过设立“情感”这一中间环节连接起了现实和诗歌，而且“现实”的指涉非常广泛，几乎包括了一切社会生活与日常生活。与燕卜荪“现实—情感—诗”的三者关系相比，袁可嘉确立的是“现实—诗”的二元关系。不论是“说教的”还是“感伤的”诗，都是以贫乏的意义符号来表达浮夸的情感指向，而社会现实与此密切相关。20世纪40年代的诗坛现状迫使袁可嘉直面“现实”与“诗”二者间的关系，而且“现实”有更为明确的现实指向，即政治。袁可嘉“绝对肯定诗与政治的平行密切联系，但绝对否定二者之间有任何从属关系”④，认为现实作为一个重要因素应该被诗歌反映，而不是沦为政治说教的素材，更不能被忽视。进一步解释这句话的含义，袁可嘉说：“诗是生活（或生命）型式表现于语言型式，它的取材既来自广大深沉的生活经验的领域，而现代人生又与现代政治如此变态地密切相关。”⑤ 诗歌来源于生活，现代诗歌必须反映现代生活的各个方面，包括现代政治。所谓“语言型式”就是用来承载诗歌意义的文字外壳，这与燕卜荪所说的“语法意义的集合”具有同样的含义，但是袁可嘉将燕卜荪所说的抽象的“情感”由一种难以名状的形态提炼为“生活（或生命）型式”，把广阔的“情感”浓缩，再加以现实生活（尤其政治）的调料，这是立足于时代语境的本土化表达。面对现实，所以强调“现实”，对“朦胧诗学”的突破也首先体现在“现实”二字上。

① 杜运燮、张同道：《西南联大现代诗钞》，中国文学出版社1997年版，第87—89页。

② 杜运燮、张同道：《西南联大现代诗钞》，中国文学出版社1997年版，第87—89页。

③ 杜运燮、张同道：《西南联大现代诗钞》，中国文学出版社1997年版，第87—89页。

④ 袁可嘉：《新诗现代化——新传统的寻求》，《论新诗现代化》，生活·读书·新知三联书店1988年版，第4页。

⑤ 袁可嘉：《新诗现代化——新传统的寻求》，《论新诗现代化》，生活·读书·新知三联书店1988年版，第4页。

中国现代新诗应该是“现实、象征、玄学的新的综合传统”①，“象征”和“玄学”都是西方现代派诗人所重视的艺术手法，也是作为诗人的燕卜荪所提倡的，而“现实”被归为诗的内核则是袁可嘉的个人选择，也是由中国现实所决定。换言之，燕卜荪的“朦胧诗学”或者任何一种其他西方诗学观都不可能完全与中国的文学现实匹配，要想改变文学现状，首先要删改这些外来的诗学理论，以适应中国的文学现状。袁可嘉以“现实”这一本土成分融入“朦胧”诗学并将其改造，结果恰好与中国的诗坛现状适配，在重宣传与重艺术的两种极端观念中走出了一条折中之路。

袁可嘉要走的这条折中的道路，既要顾及历史现实，又不肯放弃诗歌艺术。对现实的关注注定包含情感的强度，现实与艺术的结合实际上就是诗人面对现实的情绪与诗人选择现代化的艺术手法的相融，这正是燕卜荪关于诗与情感的观点的延续。但是，对于“现实”的强调也成为袁可嘉对燕卜荪理论的突破点，这是时代所迫而铸成的本土化表达。

（二）“间接性”的手法

从本体论的角度而言，“朦胧”是诗之为诗的本质，如果将“朦胧”看作写诗的技巧，那它就是“诗人非用不可的手法”，“不采用它，作者就不能有效地表达自己的思想”②。燕卜荪把“朦胧”看作诗歌创作和阅读的核心所在，而“朦胧”作为一种语言特质被他提高到文学创作的中心位置。从燕卜荪大量的文本分析可以看出，他通过挖掘文本内部可能蕴含的多重含义来推导出“朦胧”的特殊价值，而推导过程中最关键的一环是他本人作为读者的联想能力。因此，诗人在写作时也应该考虑到读者的联想作用，但燕卜荪并没有向前继续讨论诗人该如何运用想象。由于对社会现实的关注，诗歌的社会功能——对读者的引导作用也必然受到重视，于是袁可嘉沿着燕卜荪的道路进一步往前，将“朦胧”诗学这一批评理论实践化，演变出一套诗歌的写作指导，因为他的目的是以现代化的理论来指导中国新诗的创作，以期扭转20世纪40年代诗坛的空虚与浮泛。

袁可嘉在探讨现代诗歌技术层面的问题时，分析了现代诗人进行创作的两种基本手法——“极度的扩展”和“极度的凝缩”，前者以乔伊斯的《尤利西斯》为例，后者则有艾略特的《荒原》。这两种手法看似有天壤之别，但都必须“依赖文字通过声音、节奏、意象所能引致的或明或暗，或远或近的几无穷尽的联想作用”③。这句话实际上包含

① 袁可嘉：《新诗现代化——新传统的寻求》，《论新诗现代化》，生活·读书·新知三联书店1988年版，第3页。

② ［英］威廉·燕卜荪：《朦胧的七种类型》，周邦宪等译，中国美术学院出版社1996年版，第250—251页。

③ 袁可嘉：《新诗现代化的再分析——技术诸平面的透视》，《论新诗现代化》，生活·读书·新知三联书店1988年版，第11页。

了现代诗创造与接受的两个维度，“文字”作为中介连接起了“引致”和“联想”，中介的一端是诗人写诗时必须考虑到诗作的“引致”作用，中介的另一端是读者阅读诗歌时脑海中发生的“联想”感受。因此，诗人在创作过程中必须“强调引致与联想的一般性质”，不仅要考虑到自身“最大量意识状态”的表达，还要注意读者能否从中展开想象，受到感染。于是，袁可嘉提倡通过“间接性”的手法来进行诗歌创作，扩大现代诗的含义，从而激发读者的联想能力。他以杜运燮的两首诗为例，说明现代诗的“间接性”创作手法有四种具体的方式：一是“以与思想感觉相当的具体事物来代替貌似坦白而实图掩饰的直接说明”①。此处化用了艾略特的“客观对应物”观点，是对直接宣泄式的诗的否定，这种手法看似限制了诗情的表达，实际上给予读者充分的自由，通过在诗人的情绪与表现的文字中间设置一座迂回的桥，迫使读者在错综复杂的解诗过程中发动想象力，寻找到属于自己的出口，其中的乐趣是那些“大喊大叫”式的诗歌所不能达到的。二是“意象比喻的特殊构造法则”。“特殊”是对直白、空洞的比喻的反驳，现代诗的意象和比喻应该是“表面极不相关而实质有类似的事物”。这种构造法则包含了燕卜荪所说的第五类朦胧（介乎两者之间的明喻）和第一类朦胧中的暗喻，可以有效体现诗人想要表达的复杂且微妙的思想，无疑可以造成朦胧的效果，朦胧刺激读者集中注意力进入诗歌，从而从新鲜和离奇的意象丛中体会到惊人的丰富和准确。三是诗人用想象逻辑来关照全诗整体结构，即诗篇通过连缀看似跳跃的意象呈现出诗人的情绪。这和燕卜荪划分的第四种朦胧有契合之处，当诗情被深埋在意象文字下面，一个陈述就可能产生两层或更多的不同意义，将这些意义结合起来便形成诗人的更为复杂的思想状态，这实际上也给读者指出了一条曲折的道路，当他们结合自己的经验读解诗歌时可能会走向不同的出口，使诗歌本身的朦胧状态变得更为复杂，诗篇的意义也因此扩大。四是“文字经过新的运用后所获得的弹性与韧性”②。前三点都属于诗人对文字的“新的运用”，第四点则是这“新的运用”对诗歌语言造成的改变。“弹性”和“韧性”大体上是针对时兴的说教诗和感伤诗而言，将上述三个具体手法回归到现实的意义层面，新诗现代化后的诗歌语言与诗人情绪在外表上相距甚远，却有内在的紧密联系，内外的差距集合了多种可能产生合力作用的经验，使诗歌充满张力，这就是文字所获得的“弹性”；说教的诗惯用充满力量的词汇和口号式的句法，看似坚硬实则脆弱，感伤的诗则软弱无力，更加不堪一击，与此二者相比，现代诗的文字因为充满“弹性”而更能经受读者的读解与考验，也更坚

① 袁可嘉：《新诗现代化的再分析——技术诸平面的透视》，《论新诗现代化》，生活·读书·新知三联书店1988年版，第16页。

② 袁可嘉：《新诗现代化的再分析——技术诸平面的透视》，《论新诗现代化》，生活·读书·新知三联书店1988年版，第20页。

韧，这就是文字所获得的“韧性”。

“间接性”手法的提出是对燕卜荪“朦胧”说的部分观点的方法化，也是针对诗坛现状的有感而发。袁可嘉的主要目的在于纠正不良诗风，肯定诗歌作为一门艺术必须得到尊重的“诗的实质”，即虽然诗歌应当反映现实，但同样也得强调诗之为诗的特殊性。实际上，提倡“间接性”手法在方法层面上则是对诗歌文本的回归，把关注的目光从文学外部的社会功能等方面转向了文本内部的艺术转化过程，文本回到了探讨中心。这正是对坚持文本细读的燕卜荪的继承。

（三）“戏剧化”的手段

在强调“间接性”手法的基础上，袁可嘉还提出了“新诗戏剧化”的观点。“戏剧化”也受到了燕卜荪“朦胧”诗学的启发。燕卜荪把“朦胧”看作诗歌的本质和内在，而40年代的中国新诗却往往缺乏“朦胧”这一特质。袁可嘉通过为“晦涩”辩论，指出“诗想象必然多少带点晦涩”，但是时人因为急功近利地追求文学的社会功能而导致诗歌朦胧之美的枯萎。究其原因，袁可嘉认为是缺乏“一个把材料化为成品的过程”，诗人的生活经验不等于诗的经验，要使诗人的意志和情感成功转化为诗的经验就需要“新诗戏剧化”这一过程。如果缺少了这个过程，“说明意志的最后都成为说教的，表现情感的则沦为感伤的”①，诗歌变成了纯粹的自我描写，注定与读者无缘。

作为现代诗的表现技巧来看，“戏剧化”手段是对“间接性”手法的延伸，它们也都是对诗歌文本的回归，强调的是诗歌作为文字艺术的特性。虽然诗坛现实是袁可嘉提出这些实践方法的直接原因，但在论述过程中，他依旧坚持以作品为中心，尽量淡化战争环境、政治背景等外部因素的影响，试图从文本内部来找出恢复诗歌朦胧之美的原因和解决途径，在对待文学的基本立场上与燕卜荪一致。袁可嘉从三个方面探讨其戏剧主义理论的产生：其一，“从现代心理学眼光看，人生本身是戏剧的”②。戏剧的特点是充满矛盾又从中求得统一，与现实人生十分接近。人生是一个不断调和、不同冲突的过程，诗歌则需要将人生经验转化为文字表达，于是诗歌通过表现人生经验而同样具有戏剧性。其二，“想象，特别是诗想象，有综合不同因素的能力”③。诗歌这种高度依靠想象的文体可以充分表达戏剧性的人生经验，现代诗可以“用具体的意象表现不定的情绪”，诗人私人性的情绪一经诗想象呈现为诗文本，便成为与读者共享的资源，读者的参与将原诗中诗人所表达的内涵扩大、深化。诗想象综合了诗人和读者两方面的经验，使诗歌文

---

① 袁可嘉：《新诗戏剧化》，《论新诗现代化》，生活·读书·新知三联书店1988年版，第24页。

② 袁可嘉：《谈戏剧主义——四论新诗现代化》，《论新诗现代化》，生活·读书·新知三联书店1988年版，第31页。

③ 袁可嘉：《谈戏剧主义——四论新诗现代化》，《论新诗现代化》，生活·读书·新知三联书店1988年版，第33页。

本显现出变化万千的意义，这正如燕卜荪认为“只有在诸种意义融汇在诗的整体气氛中时”①，诗的疑难点才能被理解。其三，“诗的语言含有高度的象征性质”。诗的创作过程便是创造、连缀种种象征的过程，诗人脑海中不同的情感冲突也借助象征而产生不同的张力，使整首诗具备戏剧性的特点。这三点共同构成“新诗戏剧化”的理论背景，即诗的内核（人生经验）是戏剧的，诗的外表（语言）包含形成戏剧性的条件，连接内核与外表的中介（想象）也有综合戏剧矛盾的能力。

新诗“戏剧化”有三个具体原则：其一是“表现上的客观性与间接性”②。在直接承接上述“间接性”手法的基础上加上了“客观性”原则，其意图在于削弱创作主体的主观性。既然诗歌应该像戏剧那样充满矛盾冲突，就应该让诗情的流转像剧情发展那样自然呈现，戏剧中的人物性格通过其行动而展现，诗歌也该避免“冗长而带暴露性的独白”，避免诗人的自我宣传和自我伤感，将诗情客观化，以充分发挥读者的作用。第二个原则来自于对现代西洋诗的学习经验，不论是借助外界客观事物来探索内心的里尔克式的诗，还是利用机智和文学天赋刻画事物本质的奥登式的诗，抑或是干脆写诗剧，这些都是使诗歌戏剧化的方法，它们的共同优点在于“距离”的保持，因为诗剧中必不可少的历史背景在诗人与现实之间隔开了一堵墙般的“距离”。“距离”的存在使诗人在面对创作对象时持有全面且独立的视角，不至于被片面的现实所蒙蔽，也不至于粘滞于现实。第三个原则是必须击破“诗只是激情流露的迷信”。这不是说诗歌不必抒发情感，而是不放任情感，防止情感蔓延，因此诗人必须融合其理性成分，将自己的生活经验与事物的本质结合，写出兼具广度与深度的智性化的诗作。此外，袁可嘉还阐述了4个戏剧主义常用的批评术语：机智（wit）、似是而非或似非而是（paradox）、讽刺感（sense of irony）和辩证性（dialectic）。这些也都是新批评派的常用术语。这些术语虽然都不是燕卜荪诗学著作的核心概念，但在燕卜荪的诸多文本细读中，它们常常出现并成为“朦胧”的外围概念，只有通过这些术语的运用才能证明“朦胧”是诗歌语言的本体特征。从技巧层面来看，这些术语则是现代诗的惯用手法，燕卜荪的诗歌作品中也处处体现出这些特点，也正是这些技巧的综合运用，才使诗歌的“朦胧”性得以彰显。

燕卜荪的理论启发与诗坛实际的迫切需要共同促成了袁可嘉“新诗戏剧化”理论的产生，以戏剧化的表达代替直接的说理和抒情，促进了中国新诗语言策略的转变，使新诗语言能够发挥含蓄多义的表达效果。

（作者单位：华中师范大学文学院）

① ［英］威廉·燕卜荪：《朦胧的七种类型》，周邦宪等译，中国美术学院出版社1996年版，第216页。

② 袁可嘉：《新诗戏剧化》，《论新诗现代化》，生活·读书·新知三联书店1988年版，第25页。

反思“五四”与重释传统

——论李长之文艺复兴构想的两个维度①

李　杰

1944年8月，李长之的《迎中国的文艺复兴》在商务印书馆出版，这是他在抗日战争时期写下的探讨中国文艺复兴建设之路的文集。这部著作以“文化国防”为理论基础，提出以反思和超越“五四”、重释中国传统文化并发现其“内在之光”，作为实现中国真正的文艺复兴之发展理路的文化主张，提供了别开生面的致思理路。还原李长之“文艺复兴”文化主张的萌生语境，充分挖掘它在全面抗战时期文化氛围中的现实意义及其超越时空之于中华民族整体复兴的理论价值，并在与同时代文化建设理路的比较中对其进行深入的同异之辨，具有重要的学术意义。

一、文化国防：李长之文艺复兴构想的理论基础

在1938年6月12日写就的《国防文化与文化国防》中，李长之颇为深远地观察到了国防文化的意义仅在于保障一个民族的生存，而真正实现民族文化或精神的久计常策，还是在于文化国防。所谓文化国防，就是从民族的文化或精神出发的，由文化观点而看到一种永久的文化价值并进而想到的必须采取的保卫手段和方法，它是偏于精神的、思

① 本文系教育部人文社会科学研究青年基金项目“影像传播与文学经典建构研究”(14YJC860012)、中央高校基本科研业务费专项资金项目“战时文艺复兴思潮中的中国现代文学(1937—1949)”(SWU1809369)、西华师范大学英才科研基金项目“主旋律文学的话语谱系及传播研究”(17YC525) 的研究成果。

辨的、哲理的、价值的、文化的①。李长之对这种“永久的文化价值”钦许有嘉，所以极为强调文化建设之于民族长存和“文艺复兴”的重要性，将文化国防作为探讨中国文艺复兴之路的首要目的和旨归。

由于全面抗战时代的特殊语境，文化建设必须首先考虑战争之于文化动态的影响，以及文化发展基本走向的双重因素，这是进行文化建设规划设计的认识基础和先决条件。李长之没有像普通知识者那样对战争的破坏作用施以广泛的关注，而是聚焦于战争对文化的助益作用。在他看来，战争是文化的“触媒”和“播音机”，是现代文明的“催生婆”，也是社会一切形色现象的“放大镜”和“试金石”②。这种对战争促动文化发展的强调，一直延续到抗战胜利后《战争与时间观念》一文。在那里，李长之将近代文化的发展演进，认定为“时间观念的一个升格运动”，战争仅是这个文化的“支流表现”，“战争是时间的竞赛，文化是时间抬高运动的结晶，所以，战争也可说是文化中之表现最具体者”③。

正是基于战争对于文化创造助益作用的深刻观察，李长之对“在抗战中建国”和构建心理上永久的“文化长城”报以极大的信心。可是，当他反顾中国近百年来旷古未有的“大变局”在文化上的成就时，发现的却是民族自信力逐渐丧失而终至于自卑的境地：“起初只是坚甲利兵不行，后来又知道声光化电不行，最后觉得义理词章也远不如泰西了。”④ 文化方面始终是贫弱和空虚的，一般人所自认为不得了的“五四”文化运动，其重大意义也只是在政治上的民族解放斗争。为了保卫中国文化传统“永久的文化价值”，必须“在建设我们的国防文化中，建设我们的文化国防”⑤！

“九一八”之后，中国民族政治能力得以缓慢提升，民气和物质条件的不同，使民族自信力从“七七”抗战开始以后“就真正表现出来了”；我们在国际政治上不屈膝了，学术上也有了近代以来难以企及的进步速率，“现在真是我们国运有了极大的转变的时代”⑥。李长之对现阶段时代特征的把握，与其说是理智的推求，毋宁说是热情的呼喊。他以充沛激越的生命情热和爱国热忱，呼吁在民族自信心逐渐觉醒生长的过程中，像西

① 李长之：《国防文化与文化国防》，《迎中国的文艺复兴》，商务印书馆 2013 年版，第 21—29 页。

② 李长之：《再论战争与文化动态》，《迎中国的文艺复兴》，商务印书馆 2013 年版，第 197—205 页。

③ 李长之：《战争与时间观念》，《迎中国的文艺复兴》，商务印书馆 2013 年版，第 266 页。

④ 李长之：《中国文化运动的现阶段》，《迎中国的文艺复兴》，商务印书馆 2013 年版，第 102 页。

⑤ 李长之：《国防文化与文化国防》，《迎中国的文艺复兴》，商务印书馆 2013 年版，第 29 页。

⑥ 李长之：《中国文化运动的现阶段》，《迎中国的文艺复兴》，商务印书馆 2013 年版，第 104 页。

洋文艺复兴对希腊文化的再认识一样，实现中国文化传统的觉醒和中国真正的文艺复兴。李长之从中国近百年来聚讼纷纭的文化建设思路中，择取了“中体西用”说、“全盘西化”说和“中国本位”说三种代表性言论，剖析它们“未尝不可通”① 的共同诉求，发展出了自己进行文化建设规划设计的方法论基础。

“中体西用”说是在近代中国长期积贫积弱、频受外族侵凌的时代背景中提出来的。郑观应《盛世危言》中“中学其本也，西学其末也。主以中学，辅以西学”② 的说法，直接成了后来张之洞提出“中学为体，西学为用”之说的先声。持此说者抱希望于学习西方技艺文明，“转师夷技”以补救中国传统文化看轻物质之偏弊。虽然后来由重视物质技术发展到兼重文化，但他们对中西文化的基本特征和根本差异的认识还不十分深刻。排除其不合时宜的强烈的文化优胜感，持此说者的“中国本位”文化立场还是清晰可见的。李长之认为中体西用的说法本身没有问题，问题是在当时人“不了解其中的意义，所以主张并不坚定，也就是不能‘真’持中体西用的看法”③。那么，中体西用的意义到底何在呢？李长之并不认为一种文化可以体、用二分，只取其体或只取其用，文化应该是“整个的”。在这个意义上，“中学为体”和“西学为用”之所以无可厚非，中学和西学的根本性质决定了它们在文化建设中各为体用的地位。对于中国文化的特征，李长之认为，“中国过去的文化特长是在人生方面，其精神是审美的”，中学为本的意义就在于“以人生问题为第一，以美育为首要态度”④。西洋文化之所以“只可为用”，是因为“西洋的文化特征是在物方面，是在理智与意志方面。它的最大贡献就在对于自然的了解与征服，就在科学知识的构成，以及‘浮士德式’的追求不已的精神”⑤。

“全盘西化”说最早由胡适于1929年提出，随即引发一场影响及于40年代的“中西文化论战”，坚决攻击否弃传统者有之，为传统文化辩护申诉者有之，重弹张之洞“中体西用”之老调者有之，主张调和折衷者亦有之，论战凸显的是知识界不同的文化发展路向选择。余风所及，这一论战还是对李长之的文化建设观产生了一定的影响。李长之将“全盘西化”说审慎地区分出两种不同的价值取向，一种是主张弃绝传统的文化虚无

---

① 李长之：《中国文化运动的现阶段》，《迎中国的文艺复兴》，商务印书馆2013年版，第111页。

② 郑观应：《盛世危言·西学》，《郑观应集》（上），上海人民出版社1982年版，第276页。

③ 李长之：《中国文化运动的现阶段》，《迎中国的文艺复兴》，商务印书馆2013年版，第106页。

④ 李长之：《中国文化运动的现阶段》，《迎中国的文艺复兴》，商务印书馆2013年版，第106—1107页。

⑤ 李长之：《中国文化运动的现阶段》，《迎中国的文艺复兴》，商务印书馆2013年版，第107—108页。

主义的全盘西化，一种是不放弃自己立场，主张整个吸收西洋文化的全盘西化。他肯定后者，否定前者，旗帜鲜明地主张文化是绵延的，绝不能专靠移植西洋文化，根深蒂固的培养还是在本土。这里还是彰显了李长之鲜明的文化理想主义色彩。姑且不论整个吸收一种文化在实践上如何可能，单就近代以来积贫积弱的民族文化地位而言，如何保证在吸收处于强势地位的西洋文化时，不至于使处于弱势地位的中国文化被彻底取代？那时恐怕不是中国知识者的主动弃绝，而是中国文化的被动沦灭与被文化殖民！

对于“中国本位”说，李长之从文化是绵延有机而不能与传统中断的立场出发，对本位文化建设派持肯定态度。他首先认为“中国本位的文化运动，的确代表一种觉醒的运动”，因为他意识到文化是延续、不可中断的；但他同时又充满警惕地提醒“不愿这名词为反动复古者所借口”，不愿它成为停滞不前、不求进步之文化心理的温床①。这其实仍然是在重申复兴并非复古的基本共识。从李长之对中体西用、全盘西化、中国本位三种文化建设思路的评价来看，他极力强调三者之间“未尝不可通”的部分，那就是“真发现中国之体”，“终不忘掉自己”②！与中体西用不同，李长之强调中西文化都是体用不二的整体；与否弃传统的全盘西化不同，他肯定在接续传统的基础上整个吸收西洋文化；与本位文化建设派不同，他否认文化可以作渣滓、精英长短新旧的拆解和区分。由此看来，李长之文化建设思路的核心理念还是文化整体观。

正是出于文化整体观的基本立场，在《论如何谈中国文化》一文中，李长之从态度、技术、知识等方面对从事文化建设的学术工作者提出了要求。这些要求包括：（1）态度方面：看他是否是有慧心和耐心的人，是否具有综合的能力、缜密的思考和广博的学识，是否预存主奴之见，是否能把说明和价值分开；（2）技术方面：看他是否把握所谈文化的最高成就，看他有无哲学头脑，能否鉴别偶然和必然；（3）知识方面：看他是否了解西洋文化，是否注意到自民族的特性，以及可曾把握住文化世界中特殊的法则。这实际上是从“才、学、识、德”四方面对文化学术工作做出了原则性规定。这些规定，如评论者方明所说，既是“谈论中国文化时所把握的原则”，又是“一般鱼目混珠者的照妖法”，更是每一个学术工作者“自我检讨的法则”③。这些条件虽然比较苛刻，但确实是李长之的有识之论，也是他长期学术工作的心得之言。他自己是具备这些条件的，所以他才颇为自负地谈论中国文化、思想建设、舆论建设、精神建设等问题，显示

① 李长之：《中国文化运动的现阶段》，《迎中国的文艺复兴》，商务印书馆 2013 年版，第 110 页。

② 李长之：《中国文化运动的现阶段》，《迎中国的文艺复兴》，商务印书馆 2013 年版，第 102—112 页。

③ 方明：《〈迎中国的文艺复兴〉评介》，《中坚》第 3 卷第 2 期，1947 年 2 月 15 日。

出饱学之士的睿智与深刻。

毫无疑问，文化国防的旨归、战争对文化动态的助益作用、现阶段文化发展的基本走向、中国本位的文化整体观，以及“才、学、识、德”的四维要求，构成了李长之文艺复兴思想的“基本间架”，奠立了其文艺复兴思想得以展开的理论基础，体现出鲜明的现实指向。

二、反思“五四”：李长之文艺复兴构想的展开策略

早在1938年6月写就的《国防文化与文化国防》一文中，李长之就已经表达了他对“五四”运动之性质的基本评价，比如认为“五四”最大的成就是在自然科学、只是一个启蒙运动、是清浅而理智的、只是从别家的花园里攀折来的瓶中插花等等，明确主张中国真正的文艺复兴“必须是衔接（不是限于）中国文化传统而后可”①。4年后，李长之更是理直气壮地亮出“文艺复兴是对过去的中国文化有一种认识，觉醒，与发扬”②的鲜明观点。李长之文艺复兴思想的展开策略是，直接探入“五四”，通过对“五四”进行反思性重估，发现“五四”忽略传统文化的缺憾，从而在重释传统中寻求超越“五四”、实现中国真正的文艺复兴的文化建设路向。

李长之对“五四”文化运动的反思性重估是从否定“五四”为中国的文艺复兴说开始的。他首先将历史事件理解为时代精神的象征符号，继而以德国Meyer词书中关于文艺复兴意义的解释作为立论依据，对“五四”所象征的时代精神做了定义式解读，直接断言“五四”在本质上“还不够文艺复兴”。Meyer词书对文艺复兴的解释是：

> 一个古代文化的再生，尤其是古代思想方式、人生方式、艺术方式的再生③。

李长之从这个定义出发，认为欧洲的古代文化就是希腊文化，欧洲文艺复兴的意义“只是希腊文化的觉醒，申言之，只是西洋人对于其文化传统的再认识”④。这个文化传统就是希腊古典文化中“最内在、最永久的部分”，也就是健朗、和谐、完美而充实的“人文主义”。所谓人文主义，“这就是人性之调和，自然与理性之合而为一，精神与肉

---

① 李长之：《国防文化与文化国防》，《迎中国的文艺复兴》，商务印书馆2013年版，第29页。

② 李长之：《论如何谈中国文化》，《迎中国的文艺复兴》，商务印书馆2013年版，第20页。

③ 李长之：《“五四”运动之文化的意义及其评价》，《迎中国的文艺复兴》，商务印书馆2013年版，第31页。

④ 李长之：《国防文化与文化国防》，《迎中国的文艺复兴》，商务印书馆2013年版，第27页。

体之应当并重，善在美之中，每个人应当是各方面的完人等”①。

按照这样的定义去反视五四运动，李长之发现它“不但对于中国自己的古典文化没有了解，对于西洋的古典文化也没有认识”②。联系李长之“了解即是创造”③的观念，他所批评的，乃是五四运动没有创造性地接受中国古典文化，不仅没有对于周秦时代及其文化之结晶孔子的客观研究，反而极力主张打倒孔家店。柏拉图所代表的追求真善美人生观的西洋古典文化精神，也并未引起“五四”学者的根本重视。“五四”艺术文学也缺少重形式、讲和谐、有节制的古典精神。即便以新世界与新人类的觉醒为依据，“五四”时代也少有西方那种“宗教性的热狂”和“基于一种新的形上学或对于人生问题一种深挚的吟味”④。总而言之，不论从“再生”还是“觉醒”的意义上，“‘五四’运动也说不上文艺复兴。外国学者每把胡适誉为中国文艺复兴之父，我却不能不说是有点张冠李戴了”⑤。

那么，“五四”运动的性质到底应该如何评价呢？李长之仍然采用了套用西方学者定义的方式，认为五四“乃是一种启蒙运动”。他借用了汉斯·吕耳（Hans Rol）在《德国文学词典》中对启蒙运动的定义：

> 启蒙运动乃是在一切人生问题和思想问题上要求明白清楚的一种精神运动。……因为是纯粹理智主义之故，所以这种启蒙的体系往往太看重理智的意义与目的实效，于是实用的价值是有了，而学术的价值却失了⑥。

李长之从这段话中提取出“明白清楚”和“看重理智”两个要素，把启蒙运动的特征概括为“理智的、实用的、破坏的、清浅的”，以它为准绳来检阅五四运动。他发现，不论在时代精神、文化姿态、哲学思想、文艺学术等宏观层面上，还是在基本成绩、运动程序、精神取向等微观面向上，“五四”运动都体现出明显的启蒙运动的特征。在他

① 李长之：《“五四”运动之文化的意义及其评价》，《迎中国的文艺复兴》，商务印书馆2013年版，第32页。

② 李长之：《“五四”运动之文化的意义及其评价》，《迎中国的文艺复兴》，商务印书馆2013年版，第32页。

③ 李长之：《论如何谈中国文化》，《迎中国的文艺复兴》，商务印书馆2013年版，第20页。

④ 李长之：《“五四”运动之文化的意义及其评价》，《迎中国的文艺复兴》，商务印书馆2013年版，第33页。

⑤ 李长之：《“五四”运动之文化的意义及其评价》，《迎中国的文艺复兴》，商务印书馆2013年版，第33页。

⑥ 李长之：《“五四”运动之文化的意义及其评价》，《迎中国的文艺复兴》，商务印书馆2013年版，第34页。

看来，陈独秀对文化传统的开火，胡适的凡事要问一个为什么的主张，顾颉刚对古典的怀疑，鲁迅对吃人礼教的批判，都具有“启蒙的色彩”。白话文运动也只是明白清楚的启蒙精神的流露。没有深奥的哲学和形上学的思辨，所有哲学思考仅“停滞于清浅的理智为已足之中”。所谓大胆假设、小心求证的方法论，也不过是一种常识的科学方法，根本谈不上体系和原则。无人欣取孔子刚健雄厚的气魄和孟子健朗明爽的精神，提倡的不过是王充、章学诚一类清浅的理智主义。文学艺术不是讽刺就是写实，缺少浪漫精神。所以，整个“五四”时代的精神是“有破坏而无建设，有现实而无理想，有清浅的理智而无浓厚的情感，唯物，功利，甚而势利”，根本不是文艺复兴，“尽量放大了尺寸说，也不过是启蒙”①。

表面看来，李长之似乎是对五四运动进行了全方位的否定，但与赵大同、龚持平、谭廷淮等人立足于右翼党派立场对“五四”的否定不同，也与陈伯达、艾思奇、何干之、华岗等早期马克思主义者和左翼批评家将“五四”定性为政治启蒙运动有别，李长之对“五四”清浅理智主义启蒙运动的定性，是离开政治而单纯从学术立场出发的一种判断。虽然文笔十分犀利，措辞也毫不留情，但寄寓其中的情绪却相当浓烈，显示的是自由主义批评家对中国文化发展走向的文化热肠。更何况，李长之对梁思成等人关于中国建筑的研究和冯友兰接续宋明理学的努力，还是非常首肯和认可的。在他看来，梁思成等对孔庙的改建，是真正“保持了中国建筑之精神上的优长”，体现着“真正中国的传统精神”②。冯友兰的《新理学》“接着而不是照着”宋明理学讲中国文化，一方面有所发现，代表着新中国的人的创造气魄，另一方面又有所继承，代表着新文化和传统文化“在前些时所不能度越的鸿沟之填补”，是真正民族文化的自然发展③。

至此，李长之对五四运动文化意义进行再评价的理论策略已经十分清楚了。那就是在反思和批判“五四”清浅的理智主义的基础上，去超越“五四”，回到中国传统文化中去接续富有生命力的思想资源，使文化运动“由清浅而变为深厚，由理智而兼有热情，由启蒙运动式而变为文艺复兴式”④，最终实现中国文艺复兴的伟大构想。在这条理路中，深受“五四”精神濡染的李长之，并未否决五四运动之于中国变革的伟大意义。他只是在五四运动亲历者如蔡元培、胡适等人以“文艺复兴”作为单一解释维度，“借重

---

① 李长之：《“五四”运动之文化的意义及其评价》，《迎中国的文艺复兴》，商务印书馆2013年版，第41页。

② 李长之：《“五四”运动之文化的意义及其评价》，《迎中国的文艺复兴》，商务印书馆2013年版，第46页。

③ 李长之：《评〈新理学〉》，《迎中国的文艺复兴》，商务印书馆2013年版，第50页。

④ 李长之：《新世界新文化新中国》，《迎中国的文艺复兴》，商务印书馆2013年版，第256页。

比附的方式对‘五四’尽可能作出最高程度的礼赞”① 的基础上，增加了“启蒙运动”的观察视角，使中国知识界开始从现代性起源的双重视角上观照现代中国文化运动，客观上使五四运动获得了文艺复兴和启蒙运动的双重意义。正如张颐武敏锐地指出的，李长之所做的，其实是“期望通过给五四添加一个文艺复兴的层面而超越五四，正是为力图超出普遍性/特殊性的历史的纠结，提供了另类的选择可能”②。

三、重释传统：李长之文艺复兴构想的建设路径

在抗战的特殊文化背景下，李长之所欣敬的“民族自觉与自信”开始觉醒丰沛起来，超越“五四”而重新弥合与传统文化之间的断裂，“返本开新”、“推陈出新”、“温故知新”等理念逐渐成为知识界对待文化传统和文化发展的基本共识。李长之实现“文艺复兴式”的设计思路，也与这种基本共识两相适应。他对中国文化传统特别是儒家思想进行了重新阐释，找到了实现其文化理想的两条基本路径：一是弘扬儒家刚性文化，铸造完美道德人格；二是发扬审美精神，注入浪漫情感。这是相较于同时代其他文化建设思路的特异之处，有极强的现实针对性。因为要在旷日持久、胜负难下的抗日战争中取得胜利，中华民族亟须树立刚性健朗、坚忍顽强的民族文化品格，舍小我而取大我，将民族精神统一在谋民族独立解放的伟大事业之中。正是出于这样的考虑，李长之特别激赏积极入世的儒家文化。

在《儒家之根本精神》一文中，李长之认为儒家思想足以代表中国根本的立国精神。奠定儒家思想、将中国民族之优长结晶为一体的人，当然是孔子。不过孔子的真正价值并不在于他建构的博大精深的儒学体系，而在于那刚强、热烈、勤奋、极端积极的性格。这种性格却又有一种极其特殊的面目，即是“那强有力的生命力并不是向外侵蚀的，却是反射到自身来，变成一种刚强而无害于人，热烈而并非幻想，勤奋而仍然从容，极端积极而丝毫不讲成败的伟大雄厚气魄”③。这种积极的、入世的、刚健的精神，以及彻底、勤奋、强有力的生命力，自孔孟以降从未间断地贯注在上至贤儒士大夫、下至目不识丁老百姓的身上，历久不变，川流不息。孟子、《易经》、《礼记》、《春秋》、汉儒董仲舒、三国诸葛亮、宋儒程朱、清朝曾国藩等人都能秉待此精神，即使是叫化子武训，

① 余英时：《文艺复兴乎？启蒙运动乎？——一个史学家对五四运动的反思》，《现代危机与思想人物》，生活·读书·新知三联书店2005年版，第75页。

② 张颐武：《“文艺复兴”再思——以李长之的“文艺复兴”论为起点》，《艺术评论》2007年第5期。

③ 李长之：《中国文化传统之认识（上）：儒家之根本精神》，《迎中国的文艺复兴》，商务印书馆2013年版，第113、114页。

也被这种精神所浸润。李长之将这种儒家精神的核心概括为“刚性”，对刚性精神极为推崇。他一方面将孔子、司马迁、韩愈、李白、陶渊明的传记写作作为贯穿一生的文化实践，另一方面对佛家思想和道家思想大加批判，说它们“都太脆弱，一则想逃，一则想取巧”①。

在《古代的审美教育》中，李长之将美学精神概括为“在反功利，在忘却自己，在理想之追求”②，认为孔孟思想的高峰就在审美教育。孔子的美学能够代表“雅”的古典精神，因为它是“艺术并人生的极则”③。所谓“思无邪”、“文质彬彬”、“小人喻于利、君子喻于义”、“从心所欲不逾矩”等等，在在表明孔子的理论与实践是契合美学的真精神的。孟子则一生以反功利为事业的大端，把伦理与美感打成一片，对所有对象平等视之，强调美学上的味觉和趣味，是“孔子后唯一有创造性的美学大师”④。而中国古代美感的最佳代表是作为一种德性象征的玉，因为“玉所代表的美感是颇高等的，不稚弱，不琐碎，不浅薄，不单调，不暂时，不变动不居，不死滞不前”⑤。玉，在这里成了中国美的最高境界。值得指出的是，“反功利”的审美精神，是对德国古典精神极为熟谙的李长之，对康德“无目的的合目的性”之“超功利”美学精神的创造性转化。他将康德这种纯粹不计任何实际或非实际功利的美的理念，与儒家经世济用的伦理和人生态度结合起来，使它具有了更为明确的现实指向。

正是出于对孔子人格的推崇和对古代美育反功利精神的强调，李长之一再批评中国“唯名论”的人生观缺点，和以“要求经济”为核心的思想的错误。在《中国人的人生观之缺点》中，他对“只承认‘殊物’的真实，而不承认‘共相’的存在”⑥的中国人生观大加批判。他指出，不论在学问、事业、孝道、爱情等物事上，抑或在人性观和女性观等理念上，中国人总是出于个人主义和自私自利的观念，而只看重具体的此物与彼物，缺乏西方文化那种看重全体性“共相”的理念。在《论思想上的错误》中，李长之

① 李长之：《评〈新人生观〉》，《迎中国的文艺复兴》，商务印书馆2013年版，第94页。

② 李长之：《中国文化传统之认识（中）：古代的审美教育》，《迎中国的文艺复兴》，商务印书馆2013年版，第128页。

③ 李长之：《中国文化传统之认识（中）：古代的审美教育》，《迎中国的文艺复兴》，商务印书馆2013年版，第132页。

④ 李长之：《中国文化传统之认识（中）：古代的审美教育》，《迎中国的文艺复兴》，商务印书馆2013年版，第139页。

⑤ 李长之：《中国文化传统之认识（中）：古代的审美教育》，《迎中国的文艺复兴》，商务印书馆2013年版，第141页。

⑥ 李长之：《中国文化传统之认识（下）：中国人的人生观之缺点》，《迎中国的文艺复兴》，商务印书馆2013年版，第150页。

认为将思想发生错误的总原因归结为“要求经济：懒”①！这种“懒”的表现主要有，往往从最近的立脚点出发；要立刻得到并误认中途所得为最后鹄的；采取紧缩政策，对问题不周密不分析；把内容与工具误而为一；往往采取最直接的反应而忽略真正关键。所以，为了人生态度和国民精神上的健康，最有效的办法就是“提倡反功利的精神，提倡热情，提倡理想，提倡牺牲”②，重新弘扬孔子“知其不可为而为之”的精神，将古代儒家思想的根本精神复兴起来。

为此，李长之甚至事无巨细、不厌其烦地开列了十大建设方案，包括设立文化总机关、造成舆论、举办文化史巡回讲座、提倡新儒家精神、推行国语运动、改良中小学国文史地课本、使用中国图案花纹、奖励国民施行、利用电影戏剧等等。在所有实践方式中，李长之最为青睐的是大学教育。在《五四—蔡孑民—大学教育》一文中，李长之从蔡元培身上看到了“五四”新文化未尝不孕育着一种文艺复兴，他直接将大学教育之质的提高作为超越“五四”而深化为文艺复兴的“大路”③。那么，如何实施大学教育呢？除了要大学生树立高远之志、习得科学精神之外，还必须要有自由的学术空气；要有一个具备一定条件的大学校长——“未进大学之门前，我们要求他有学术地位，有政治地位，有社会地位；在他既进学校之后，我们要求发挥他的通才，我们要求施展他的治事本领。再加上，他起码是一个公正负责的好人！”④ 总之，为了让大学教育能够承担起真正文艺复兴的使命，李长之对大学生的志向态度、学校的环境氛围以及大学校长治校理政的才能等方面，都提出了较高的要求。

对儒家刚性文化的弘扬、对积极刚健人格理想的推崇、对反功利审美精神的强调、对清浅的理智主义的批判，以及形形色色的实践方案，其最终旨归都是试图在现代中国思想中突出情感维度和浪漫精神，企图在精神人格上重塑中华民族的文化性格。李长之反复强调情感的重要性：“情感的伟大却是绝对的……道德的快乐正是属于康德所谓情感上的伟大”⑤；“历史上许多创造，常常是偶然，常常是情感冲动的结果”⑥；对现阶段中

---

① 李长之：《思想建设（上）：论思想上的错误》，《迎中国的文艺复兴》，商务印书馆 2013 年版，第 238 页。

② 李长之：《中国文化传统之认识（下）：中国人的人生观之缺点》，《迎中国的文艺复兴》，商务印书馆 2013 年版，第 157 页。

③ 李长之：《五四—蔡孑民—大学教育》，《李长之文集》第 3 卷，河北教育出版社 2006 年版，第 348 页。

④ 李长之：《论大学校长人选》，《迎中国的文艺复兴》，商务印书馆 2013 年版，第 279 页。

⑤ 李长之：《评〈新事论〉和〈新世训〉》，《迎中国的文艺复兴》，商务印书馆 2013 年版，第 81 页。

⑥ 李长之：《评〈新事论〉和〈新世训〉》，《迎中国的文艺复兴》，商务印书馆 2013 年版，第 83 页。

国人的精神说，更为重要的是“把纯正浓厚的情感自狭小鄙近的理智里解放出来”①；罗家伦《新人生观》的缺点在于“不完全是对于人生的理想极致之爱慕”②；“我们是被现实的生活所胶着，个人的利害重担所压缩，哪有热情！哪有理想！”③ 可以看出，李长之心目中的理想人格显然是理智与情感、理性与感性并重的。正是出于对这种精神人格的赞许，他认为孔子和屈原是热心救世的伟大天才，“代表人类精神上两种分野的极峰”④；司马迁是“第二个屈原”，造成了“浪漫文化的奇观”⑤。

可以看出，李长之对中国传统文化的再思和重释，不仅完整地提出了复兴中国文化神髓、弘扬传统文化“内在之光”的文化建设方向，而且将“刚性”、“健朗”、“浪漫”、“强力”等因素赋予孔孟的原始儒家精神，为中国的文艺复兴提供了新的思想资源。他从改造人生观、剔除思想错误、发展大学教育等方面着手建构的实践方略，即使是在21世纪的今天，仍然具有极大的启示意义和借鉴价值。

四、渊源与局限：李长之文艺复兴构想的历史地位

正如周绶章指出的，李长之“迎中国的文艺复兴”文化理想的构建，“与其说是理智的推求，毋宁说是热情的呼喊”⑥。情绪的热烈、爱国的情怀，是其文艺复兴思路的最主要特点。也许正是因为这种充沛的情热和“如有鲠在喉一吐为快”急于宣泄的欲望，使李长之的文化建构理想显得有些感情充沛而理性不足。

事实上，从郑观应、张之洞“中体西用”的观念萌生以来，在中国文化运动史上，并不缺少致力于在中国传统文化精髓中发掘力量以复兴民族精神的建设思路。姑且不论许守微、邓实等国粹学派的“古学复兴论”，梁启超欧游归国后对“复兴东方精神文明”的提倡，杜亚泉、梁漱溟、陈嘉异等“东方文化派”学人对“开新复旧”理念的主张，即使是在被李长之定性为“移植的”、仅是西洋思想“匆遽的重演”的“五四”新文化运动期间，也有胡适“整理国故，再造文明”、学衡派“昌明国粹，融化新知”等与新文化运动反传统倾向并不完全一致的声音。到了三四十年代，主张在传统文化中汲取文

---

① 李长之：《评〈新事论〉和〈新世训〉》，《迎中国的文艺复兴》，商务印书馆2013年版，第87页。

② 李长之：《评〈新人生观〉》，《迎中国的文艺复兴》，商务印书馆2013年版，第88页。

③ 李长之：《中国文化传统之认识（下）：中国人的人生观之缺点》，《迎中国的文艺复兴》，商务印书馆2013年版，第157页。

④ 李长之：《孔子与屈原》，《文艺月刊》第11卷第6期，1941年6月16日。

⑤ 李长之：《司马迁及其时代精神》，《国文月刊》第47期，1946年9月20日。

⑥ 周绶章：《“迎中国的文艺复兴”》（书评），《时与潮》第6卷第1期，1945年2月1日。

化重建资源的，还有何炳松、王新命、萨孟武等对“不守旧、不盲从”之“中国本位文化建设”的鼓吹，汪懋祖等对“尊孔读经存文”的复古式倡导，蒋介石亲自发动的旨在弘扬“四维八德”的新生活运动，牟宗三、徐复观、唐君毅、张君劢等对“返本开新”标举儒家文化的联名宣言，林同济、陈铨等战国策派弘扬的民族文学运动，甚至是贺麟、熊十力、冯友兰等新儒家对“儒家思想的新开展”的戮力等等。

在这一长串的思想文化运动中，知识界始终致力于文化传统的觉醒，努力恢复中华民族的自觉和自信力，真可谓源远流长，经久不息。置身于这样一条思想长河之中，李长之回到原始儒家思想那里，通过重释文化传统的方式来实现中国真正的文艺复兴的文化建设思路，其实并没有多少新意，不过是这条思想长河的流风余韵而已。况且，即使是回到原始儒家，与周作人对“儒家的人文主义”的阐释相比，李长之的看法也并未实现多大程度的超越。区别仅仅在于，周作人是从儒家思想体系内部去发掘思想资源，李长之却只是着眼于孔孟的精神人格，还不能算是真正回到了原始儒家。

所以，李长之的真正新异不是重释传统，而是反思“五四”，赋予“五四”以文艺复兴和启蒙运动的双重观照视角。他之所以判断五四运动并非文艺复兴而是启蒙运动的思想理据，主要是“借用”Meyer对文艺复兴意义的界定和汉斯·吕耳对启蒙运动的解释。正是在这种“借用”中，显示了李长之的结论带有明显的先入之见，有理念先行、牵强附会之嫌。当代阐释学认为，任何对事物的理解都不可能是以心灵的白板进入的，而是具有一种被提前给予的先行视域，这个视域是规定事物被理解程度的决定性要素，但它不是必须去除的障碍，而是使理解得以可能的前提和基础①。换句话说，任何理解者对事物的理解都是以先行拥有的前见作为先决条件的。李长之对五四运动不是文艺复兴的判断，包括以后对五四运动是启蒙运动的性质认定，皆不能例外。

Meyer将文艺复兴定义为“一个古代文化的再生”，特别强调其“再生”意义的做法，成了李长之发现“五四”新文化运动缺少再发现传统文化之维的主要思想资源。实际上，欧洲文艺复兴所“再生”的人文主义，已经不是希腊古典时代的人文主义了，其中被赋予了上升时期资产阶级对人文精神的理想诉求，具有反宗教神学和反封建权威的现世主义意味，也就是说，不能把神学内涵和政治诉求从“人文主义”中抽离出来。希腊古典时代的人文主义，也不尽是追求“自然与理性之合而为一”和“精神与肉体之应当并重”，相较于以基督教文化为核心的希伯来文化，它更倾向于强调自然、肉体和感性的部分。欧洲人文学者对古代文化的再认识，其实并不是简单地将希腊古典时代的人文

① ［德］汉斯-格奥尔格·加达默尔：《真理与方法：哲学诠释学的基本特征》，洪汉鼎译，上海译文出版社2004年版，第349页。

主义进行复古主义式的提倡，而是将它与自罗马时代至中世纪以来对理性的重视调和起来。之所以称为人文主义，乃是相对于宗教神学文化而言的。在这个意义上，文艺复兴的意义与其说在于“再生”，毋宁说在于“新生”。李长之只取“再生”一义对欧洲文艺复兴进行“创造性误读”，实际上是表达渴求完美人文精神的文学家式的自我理想。这决定了他对学衡派“昌明国故、融化新知”和胡适“整理国故，再造文明”的理念认识不足，因而得出“五四”运动不是文艺复兴的结论。

对汉斯·吕耳定义的引述，李长之也并未准确把握住启蒙的核心理念，没有深入认识“理性”的真正内涵。他的结论虽然持之有理，但却仍然有简单化之嫌，未能详尽其义。启蒙运动所宣扬的核心理念——“理性”，并非是“实用”和“清浅”的代名词。它实际上有着坚实的历史前提，是启蒙思想家对古希腊罗马的知识理性、中世纪的神学理性、文艺复兴的世俗理性以及17世纪的王权理性等理念，进行不断扬弃的结果。启蒙运动的“理性”，事实上已经发展为包括自由、自主、自为等精神内容的思想观念。就如康德所理解的，“启蒙运动就是人类脱离自己所加之于自己的不成熟状态。不成熟状态就是不经别人的引导，就对运用自己的理智无能为力……要有勇气运用你自己的理智！这就是启蒙运动的口号”①。这里对“自己”的特别强调，实际上宣明了人摆脱一切外在羁绊的支配（自由）、“自己”当家做主（自主）、倚靠自己的理性使自己脱离不成熟状态（自为）的向上愿望，这实际上是一种“自我理性”。换句话说，“理性”并不是“不能瓦全，所以才要玉碎”的实用主义考量，而是使自己脱离外在束缚，实现自由、自主、自为的基本精神。陈独秀、胡适、顾颉刚、鲁迅等对传统文化的非难，虽然具有“启蒙的色彩”，但并不清浅，并非“有清浅的理智而无深厚的情感”的“理智主义”，恰恰是“爱之深”才“恨之切”，浸润着他们蕴藉沉郁的深厚感情。显然，由于抽离了“理性”中自由与自为的内涵，李长之将“理性”理解成了“明白清楚”和“清浅的理智主义”，因而是某种实用主义的庸俗理解。

可以看出，造成上述前见的原因，是因为李长之不是从五四运动本身的历史逻辑中去归纳和概括其根本性质和主要特征，而是理念先行，“借用”西方学人论述西方历史归纳出的西方概念，去强制阐释所造成的。他的论证策略是，“接着”“五四”新文化运动的话语逻辑，将对象极端化、彻底化——即将“五四”西方化，以二元对立的区分逻辑批驳“清浅的理智主义”，张扬“接着中国的文化讲”的文化建设思路，倾向极为鲜明。这种以西方观念作为参证和镜像，来考察中国自己的文化运动的做法，其实是晚清

① ［德］康德：《答复这个问题：“什么是启蒙运动?”》，《历史理性批判文集》，何兆武译，商务印书馆1990年版，第22页。

西学输入以来的一种惯用、可行的阐释策略，颇能见出中西文化之同异短长。李长之选择这一思路也无可厚非。因此，他的判断和阐释是否准确其实并不重要，重要的是他第一次站在纯学术立场表达了自由主义知识者对中国真正的“文艺复兴”的期待——“由清浅而变为浓厚，由理智而兼有热情，由启蒙运动式而变为文艺复兴式”①。

克服“五四”的偏枯和清浅，从文化传统内部去有所继承，在整个吸收西方文化的基础上有所发现，填补“五四”新文化与传统文化之间断裂的鸿沟，超越“五四”，使“新世界新文化新中国”的文化运动，能够在中西文化大交通的时代语境中有所发展，进而促成中华民族“真正的文艺复兴”。这一文化发展规划思路，对于今天同样担负中华民族伟大复兴历史使命的新一代知识者而言，理应从李长之的思想探究和睿智眼光中获得经验启示与精神共鸣。在这个意义上，我们可以存有李长之同样的热切愿望：“我愿意我指出的这文艺复兴的征兆终于不虚！”②

（作者单位：西南大学文学院　西华师范大学新闻传播学院）

① 李长之：《新世界新文化新中国》，《迎中国的文艺复兴》，商务印书馆2013年版，第256页。

② 李长之：《“五四”运动之文化的意义及其评价》，《迎中国的文艺复兴》，商务印书馆2013年版，第47页。

论国语的想象与建设

——以《国语周刊》（1925.6—1925.12）为中心①

唐诗诗

笔者把《国语周刊》置于国语运动的历史脉络中加以考察。《国语运动史纲》中，黎锦熙把国语运动划分为四个阶段：1900年以前的切音运动时期，1900—1911年的简字运动时期，1912—1923年的注音字母与新文学联合时期，以及1924—1934年的国语罗马字与注音符号推进运动时期。创刊于1925年的《国语周刊》处于国语运动的第四个阶段。1923年，国语统一筹备会对1913年读音统一会审定的国音（即后来所谓的老国音）进行增修，直到1926年依照北京音系议定并布告“国语罗马字”，“新国音”才确定下来②。《国语周刊》存刊于“老国音”到“新国音”、国音字母第一式注音符号到第二式国语罗马字的过渡时期，对国音字母的修订发挥了历史性作用。浏览、阅读通信栏、言论等栏目，笔者可以考察《国语周刊》的编撰者钱玄同、黎锦熙、林语堂、吴稚晖等对国音字母音读、拼读等的改革与修缮，《国语周刊》对“国语”概念的建设等问题。

《国语周刊》的历史处境是国语运动因战乱、复古、闹穷进入了“蛰伏期”，创刊的目的是对抗复古的《甲寅》。在与复古派论战的过程中，打倒文言、为“国语”和“国语文”立名成为首要任务，国语运动的目标——国语统一与普及也成为亟须辨清的问题。然而除此之外有一个更为重要的前提，即“国语”的标准是什么的问题。因此，本文的出发点即为：作为国语成型期的“活化石”，《国语周刊》蕴含着国语生长的基因。笔者

---

① 本文系国家哲学社会科学研究重大项目“文学视野中中国近现代时期汉语资料的整理与研究”（16ZDA185）的阶段性成果。

② 参考黎锦熙：《汉语规范化的基本工具——从注音字母到拼音字母》，江苏人民出版社1957年版，第15—18页。

阅读29期《国语周刊》的百余篇文章，试图分析国语概念的动态生成，还原国音字母改革的历史现场，把握国语运动提倡者对国语标准的期待、想象与建设——即以“活人活语”为内核的国语观，并以此为基础形成了以民众文学为血液的国语书面语建设路径。本文在口语和书面语两层系统中讨论《国语周刊》对国语的想象与建设。

一、国语建设与民众文学何以成为问题

随着1918年《国音字典》① 的颁布和“京音京调”② 的推进，国语的读音和声调有了标准③，以强势方言的北京音为“新国音”试行全国。从1923年增修老国音到1926年议定国语罗马字，1932年表现新国音的《国音常用字汇》颁布，国音字母的规范经历了生长期。1925年，因战乱、复古、闹穷，国语运动进入“蛰伏期”。其实，国语与国语文的建设，在实际操练中困难重重，比如方言歧出，同音字、同义词的选取以及语法的构造没有统一的标准，注音字母在音读上存在缺漏与讹误，反映国民心理和语言习惯的民间文学资源良莠不齐等。对民族共同语的国语和作为书面语言的国语文的锻造，国语提倡者还在摸索之中。1925年，“反国语”的章士钊任教育总长。为保留设在教育部的大本营——国语统一会，国语运动倡导者与教育部达成妥协：以教育部定标准“谋全国语言的统一”、以教育部容许作浅易的白话文“谋文字教育之普及”，受众“以小孩子与平民为范围”，国语仅仅用来做“小学教育”和“通俗教育”④ 的工具。疑古玄同称此为“代衙门立言”，也是“缓兵之计”⑤。为对抗复古的《甲寅》，1925年钱玄同、黎锦熙创办了《国语周刊》，聚集了吴稚晖、胡适之、林语堂、魏建功、杜同力、李遇安、

---

① 民国二年（1912），读音统一会闭幕，根据会中所审定之字编著的《国音检字》（王璞编）于年底出版，其书体例为同音字汇编，每音分五声。民国七年（1918），原议长吴敬恒将审定之字依《康熙字典》部首排列，始定名《国音字典》，于审定之6500余字外，增加6000余字，共13000多字。参考黎锦熙：《国语运动史纲》，商务印书馆2011年版，第151—152页。

② 民国八年（1919），教育部以训令正式公布《国音字典》，其以官音为国音的依据，对于部分北京土音与普通音不合者加以舍弃。声调方面，未确定以何地之五声为标准，即“国音无调”。民国十一年（1922），宣布废除国音入声，以北京话的“四声”为国语声调的标准。后《国音字典》中“最小部分与京音不同的字的读音”，也顺水推舟，一律改从京音，“国音京调”变为“京音京调”。参考黎锦熙：《国语运动史纲》，商务印书馆2011年版，第154—159页。

③ 据王理嘉《国语运动与汉语规范化运动》一文，官话口头语并没有固定的语音标准，各种地方变体统称为“蓝青官话”，这种官话难以形成内部一致的语音规范，应依托范围广、影响大的强势方言才能推行出去，形成大家共同使用的标准语和标准音，因而，确立了北京音为标准音的新国音。参考王理嘉：《国语运动与汉语规范化运动》，云南师范大学（哲学社会科学版）2011年第6期。

④ 黎锦熙：《国语运动史纲》，商务印书馆2011年版，第177页。

⑤ 黎锦熙：《国语运动史纲》，商务印书馆2011年版，第177页。

赵元任等撰稿人，设言论、文艺、通信、诠释等栏目，只收取白话文。透视创刊背景和刊物力量，我们发现其目标远在小学教育和通俗教育之上。《国语周刊》在国语的口语与书面语建设、促进国语发展的层次性与丰富性上别有创建。笔者认为，为衙门立言的提倡者订下的“城下之盟”虽为“缓兵之计”，却丝毫不在“统一”与“普及”的根本问题上退让，同时期创办的《国语周刊》在存刊期间也以其为焦点，辐射众多“拦路虎”。

国语建设何以成为问题？1922 年，刘复在《国语问题中的一个大争点》中提出如下论断：“把统一国语的‘统一’，看作了统一天下的统一，所谓统一天下，就是削平群雄，定于一尊，把这个观念移到统一国语上面，就是消灭一切方言，独存一种国语，这是件绝对做不到的事。”① 国语的“统一”问题争执不休。1925 年 12 月，黎锦熙在《国语周刊》最后一期即第 29 期上发表《全国国语运动大会宣言》，总结出《国语周刊》一直致力于推进的国语运动的方向：国语运动的两大宗旨是“国语统一”和“国语普及”。关于统一的问题，黎锦熙认为自古以来中国的文字似统一而未统一，语言从未统一，借此他阐发了国语建设的必要和方案，把“国语统一”的含义分为“统一”和“不统一”两部分。秦之前方言歧出，文字传写随音赋形，一片纷杂。秦时李斯以小篆统一文字，造字上以衍声代替衍形，因方音不同，“假借法”造成了一字多义或一音多字的复杂情况。此外，汉字字体种类繁多，正楷、行书、行草、草书、省体、俗体等，门类众多，难记难认。中国进行了两千年的文字统一只是针对上层阶级的统一，对于民众来说，距离文字不统一仍远得很，文字出现似统一而不统一的情况。文字如何由繁至简进行改革是国语运动所要解决的问题之一。文字之外，语言统一一直未进行，国语运动借此倡导国语统一，但并不主张消灭各地的方言。“国语是全国人民用来表情达意的一种公共的语言”②，这种公共的语言不是人造的语言，而是一种自然的语言，因而提倡把标准方言的北京话作为标准语言，并兼采众长。确定标准语言后，“内容能丰富，可以兼采八方荟萃的方言和外来语，可以加入成语和古词类……可以具有理论上精密的组织，可以添加艺术上优美的色彩”③，使其形式完善。国语是一种标准方言的标准化和权威化，其他千差万别的非标准的方言，仍然可以独立存在、自由发展。在语言的推广中，黎锦熙认为“汉字是固有的工具，能运用的，便把注音字母辅助他们去运用；不能运用的，也就不必一定要学习标准的国语，就把注音字母表示他们已经口滑耳熟的方言。只求他们眼界的

① 刘复：《国语问题中的一个大争点》，《国语月刊》1922 年第 1 卷第 4 期。
② 黎锦熙：《全国国语运动大会宣言》，《国语周刊》1925 年 12 月 27 日第 29 期。
③ 黎锦熙：《全国国语运动大会宣言》，《国语周刊》1925 年 12 月 27 日第 29 期。

光明，不求他们口耳的变易"①。民众熟悉了标音工具，能标方言，能读国语，于"统一"的国语与"不统一"的方言之上得文字交流之路径，文字更贴近语言，也就便于不能接受义务教育的一般平民触及所谓国民常识，国民情感也能被文艺唤醒。总而言之，《国语周刊》的国语建设与国语想象以统一与普及为目标，在用于统一语言规范的标准方言之外，不舍弃八方荟萃的方言和易识易记的注音字母，以各地方言为杂取语音、语汇的聚宝盆来丰富表达，以注音字母为汉字的辅助、代替来降低文字识记的难度。因此《国语周刊》设"言论"等栏目对方言和注音字母等问题进行讨论，依据复杂的现实因素对国语的想象做调整或补充，使国语的词汇、语音等日臻完善。这是下文要详述的内容。

国语文即国语的书面语建设上择取的是民众文学这一新鲜血液。王风《文学革命与国语运动之关系》认为胡适在《逼上梁山》中明确地把白话文作为文言的对立面提了出来，虽然没有认为文言是死文字，然而认定白话是"活"的了。"也许正是文白对立这一思路，使得胡适的注意力很快就脱离'文字'问题，转而关注文学问题。"② 白话是"活"文字的思路使胡适关注白话文学，《国语周刊》则更往下行，提倡用活语言来建设文学而走向民众的文学。民众的文学需要民众的语言，以"活人活语"即"引车卖浆者"的语言为材料进行创作。其文学效果与形式如何呢？钱玄同 1925 年 6 月 14 日在《国语周刊》的《发刊辞》中谈道："因为有了国语，全国国民才能彼此互通情愫，教育才能普及，人们底情感思想才能自由表达。""我们相信中华民族今后之为存为亡，全靠民众之觉醒与否；而唤醒民众，实为知识阶级唯一之使命……讲到唤醒民众，必须用民众的活语言和文艺，才能使他们真切地了解……我们要仔细地搜索民众的语言和文艺底真髓，用它来建设种种新的民众文艺。"③《国语周刊》做唤醒民众的文学，进行思想革命来启蒙民众，使智识觉醒，又以此建设"文学的国语"，使民众的情感能够彼此相通，自由表达。它刊登启事，搜集各地的歌谣比如扬州小曲、黄安小调、南阳曲子等民间文学，刊登作家的方言创作如沈从文《乡间的夏》，设方言诠释栏目，使民间文学的建设成为国语的书面文学建设的途径。胡适改"白话文学"为"国语文学"以避免人们轻视俚语、俗语的成见，而《国语周刊》大倡民众文学，认为"国语"即"活人活语"，是"引车卖浆之流，瓮牖绳枢之子"④ 的口语，抛弃或否认了传统的语言雅俗观，建立起自下而上的国语与国语文学建设的路径。一方面这是与复古派论战的形势所迫而抛出的激

① 黎锦熙：《全国国语运动大会宣言》，《国语周刊》1925 年 12 月 27 日第 29 期。

② 王风：《文学革命与国语运动之关系》，《中国现代文学研究丛刊》2011 年第 1 期。

③ 钱玄同：《发刊辞》，《国语周刊》1925 年 6 月 14 日第 1 期。

④ 钱玄同：《发刊辞》，《国语周刊》1925 年 6 月 14 日第 1 期。

进宣言，另一方面也体现出钱玄同、黎锦熙等所持的汉字拼音化立场，受西方逻各斯中心主义语言观的影响，认为语言的声音价值超越了文字，为达到高纯度的言文一致，活泼、透亮、俏皮的口语词汇、语法/文法等则需移植入书面语，杂糅成圆融一体的新式语言。国语文学建设民众化路子与方言词汇、各类体裁民间文学的收集、方言文学创作、方言文学与国语文学关系的讨论等内容也就是"和而不同"、多流并一的存在形态吧！

二、《国语周刊》为国语"立名"和"正名"

作为《京报》副刊，《京报》为《国语周刊》做广告云："'引车卖浆之流，瓮牖绳枢之子'，'伍'们的口语，语句是活泼美丽的，意义是真切精密的，表情达意都能得到真自由，应该把他们欢迎到新中国来，跟咱们活人作伴；《选》学桐城之辈，儒林缙绅之流，'他'们的'古文'，语句是僵死腐臭的，意义是模糊浮泛的，用字谋篇老是守着鸟义法，应该把它捆送到博物院去，与彼等死鬼为邻，这是我们对于国语的主张。"① 这段话试图建立活人活语的国语，夸大了民众口语表情达意的效果，然而方向是确定的。黎锦熙也认为国语即活人活语。国语的立名需要通过论文言之弊与国语之长实现，《国语周刊》用"活人活语"的国语文遏制蠢蠢欲"复活"的古文，采取的方式是"短兵相接"、掀起一场论战，将古文之弊尽数批驳，另外通过辨析国语、方言、国语文之关系，继续建设、丰富、补充国语概念。

（一）国语与文言的对抗

署名凯明的周作人在文章《古文之末路》举例说土匪的信函"处处可以看出意思与文字格斗的痕迹，结果是意思斗不过文字"②，北京女师大校长的书启"文理欠亨"③，章行严的文章"多欠亨的地方"④，古文之弊在于词难达意，积重难返的套语、义法难以准确简洁地表达意义，"意思"笼罩在千人一面的文字"套语"阴影下，阻碍了个人之志抒发的畅通。黎锦熙在《初等国文教科之改革谈》中写到"语文之不合为教育之障碍，殊无疑问也"⑤，因国文课堂需用本国文字翻译本国文字，言文不一致、文字难于语言的情状不利于教育的普及。白涤洲在《是不是阴谋古文复辟?!——请仔细看看国语运动的经过》一文中总结出胡适、陈独秀、洪北平、沈仲九等均认为白话文为现今的正宗

---

① 黎锦熙：《国语运动史纲》，商务印书馆2011年版，第178页。

② 周作人：《古文之末路》，《国语周刊》1925年6月14日第1期。

③ 周作人：《古文之末路》，《国语周刊》1925年6月14日第1期。

④ 周作人：《古文之末路》，《国语周刊》1925年6月14日第1期。

⑤ 白涤洲：《是不是阴谋古文复辟?!——请仔细看看国语运动的经过》，《国语周刊》1925年6月21日第2期。

国文而古文是过去的一种文字，没有人人学习的必要，迫于舆论之压教育部于民国九年（1920）下令全国小学改国文科为国语科。那么，1925 年拟改国语教科书为文言教科书、禁止教授白话文的复古倾向受到了两个层面的反对：一为文言是“文字”难于“语言”的书面文，言文不一致阻碍了教育普及；一为古文是过去的文字，白话文是适应于今的合理书面文，国语科应立。文言文是固死僵化、繁难不便的，这样的语言、文学观念是“五四”新文化运动中陈独秀、胡适等倡导的文学革命理论的继续，如今复古逆流卷土重来，俗白便利的工具白话论以教育普及之必要，提出建立一种通行于全国的国语，也是老调重弹。

更直接的对立出现在《国语周刊》第 12 期与复古派论争的一组文章中。《老章又反叛了》（胡适之）、《“友丧”》（吴稚晖）、《雅洁和恶滥》（白涤洲）、《驳瞿宣颖君“文体说”》（白涤洲）、《打倒国语运动的拦路“虎”》（魏建功）、《甲寅与水浒》（钱玄同）等对复古派的文言“文以载道”、“文字雅洁”的观点予以驳斥，激进地对几组概念的因子重新叠放，语言的“说话”价值无限放大。“文雅”与“鄙俚”的概念出现了对调：“只有说真正人嘴里讲的‘话’，写真正人心里要说的‘话’，才配得上说‘文雅’，才有‘文雅’的意味”①，刀笔吏、佞幸臣的献媚之道、捏造之文是“文”的没落、“道”的破产。在“恶滥”与“雅洁”上，驳斥《甲寅》启事形容白话是恶滥、文言是雅洁的观点。白涤洲认为“恶滥”指的是“不好、肉麻、讨厌”的“废话”，白话的“表情达意”、“曲折入微”② 非恶滥所能限制，而古文因对仗、富丽则容易陷入“恶滥”。雅俗、繁简也并非古文与白话文的界限而是由作者的遣词造句决定的。另外，从文言的起源看，后人因拟古的心理模仿古人说话作文言，佶屈聱牙的殷盘周诰即是古代言文合一的例证。后“语/言”、“文”分歧，文言不过是古代的“语”的拟写，那么，书面语由文言到白话的改革就有例可循了。通过对古文与国语的辨析，《国语周刊》的撰稿人打破了文、言二元对立的结构：“写”出来的“国语文”既可具备便宜可行、与“言”俱进的工具性，又可充溢雅洁的“文”采，“国语文”是表达心志、情感的工具，对其文法、词法等进行建构、勾勒，寡淡的语体文也可生出华丽的文采。

（二）“白话与白话文”以及“国语与方言”关系的辨析

《国语周刊》也有相关文章及编者附言对“白话与白话文”、“国语与方言”的关系

① 魏建功：《打倒国语运动的拦路“虎”》，《国语周刊》1925 年 8 月 30 日第 12 期。
② 白涤洲：《雅洁和恶滥》，《国语周刊》1925 年 8 月 30 日第 12 期。

进行建构。白话文与民众①的白话的距离是书面文与口语的距离：白话文是古文、古白话文、今白话文等错综影响，融合土白与文言词汇、外来语、新名词等的文章，其体式仍未成型；民众的白话包括各地方言土白的口头词汇与口语化的文法/语法。二者在词的范围、组词成句的法则上不一致。延伸开来，国语运动提倡者主张以方言为基础，以民众活的语词为砖瓦进行国语建设，对于无字的土白、新名词、抽象名词等用注音字母对读音进行规范、传播并加以吸收，同时思考书面语的问题。第 13 期“关于国语与方言三篇”《理想的国语》（周作人）、《吴歌甲集序》（俞平伯）、《吴歌甲集序》（节录）（钱玄同），对国语建设与方言问题发表了见解，进行了辩论。周作人认为“我们所要的是一种国语，以白话（即口语）为基本，加入古文（词及成语，并不是成段的文章），方言及外来语，组织适宜，具有论理之精密与艺术之美”②。国语是为民众的，但不是以未受教育的民众的接受能力为国语改造的标准，而应不断扩大国语的容量。俞平伯提倡方言文学，却误解了国语提倡者们对国语的构想，认为国语是统一的语言，与方言的多样性相背离，因此赞成统一国语却不赞成以国语统一文学，主张方言写入文学之中。对此，钱玄同在文章里对国语的概念进行阐释。在《吴歌甲集序》中，钱玄同阐述国语“应该用一种语言做主干，这种语言若用官话，固然也好，不过我底意见最好还是采用一种活语言，就是北京话”③。“官话虽然号称普通话，通行的区域很广，然而夷考其实，是全无标准的”，“凡官话都是蓝青官话”④。北京话是官话的标准，那么以北京话为国语的主干基本上就是以官话（普通话）为国语的主干，通过“京音京调”的推进，便做到完全以活语言北京话为国语的主干，然后把古语、方言、外国语等元素加入，形成“自由、活泼、丰富”⑤ 的国语。方言是国语的一分子，这与周作人的观念相一致，同时，方言本身是独立的语言，不因国语的统一而消失。方言文学与国语文学也不分伯仲，共同存在。与胡适的文学国语观不同的是，他们把国语定位为一种强势方言、标准方言的标准化，在变动不居的“说话”中熔炼出一套标准国语，是“活”的语言，因此是流通的、

---

① 周作人认为“民众”是全称。“近来很流行‘民众’这个字，容易生出许多误解。譬如说‘民众的言语’，大家便以为是限于小老百姓嘴里所说的话，他们语汇以外的字都是不对的，都不适用”，这是一种误解。“所谓平民、国民等词，含义也当如此。”民众不仅仅是指未受教育的国民，“民众的语言”不仅仅是“民间的语言”，但包括“民间的语言”。这是从“理想的国语”出发对“民众”的范围做的界定。（参考周作人：《理想的国语》，《国语周刊》1925 年 9 月 6 日第 13 期。）钱玄同认为“平民教育”没有“我们”与“他们”的区别，平民文学与贵族文学概念相对，是一种新的文学形式。（参考裴文中、钱玄同：《平民文学谈》，《国语周刊》1925 年 12 月 13 日第 27 期。）

② 周作人：《理想的国语》，《国语周刊》1925 年 9 月 6 日第 13 期。

③ 钱玄同：《吴歌甲集序》（节录），《国语周刊》1925 年 9 月 6 日第 13 期。

④ 钱玄同：《吴歌甲集序》（节录），《国语周刊》1925 年 9 月 6 日第 13 期。

⑤ 钱玄同：《吴歌甲集序》（节录），《国语周刊》1925 年 9 月 6 日第 13 期。

地域的、民族的、多元的、变动的，而不是文学书写的一种规定、模拟和构想。

三、《国语周刊》对国语语言系统的分析

在国语的读音上，《国语周刊》对注音符号的改进问题进行了讨论：一是注音字母与纯音标拼音文字之间还有距离。第1期《谈注音字母及其他》（林语堂）提出“汉字之外必须有一种普通可用、易习易写的拼音文字”①，拼音是拼话的，作者认为看不懂拼音的问题是拼写的问题带来的，对于词语的拼写，不能逐字拼而要以词为单位。因注音字母是基于古韵与反切法的注音文字，作者认为距离分析音素的纯粹音标有改进空间而反对注音字母，推举可用为独立拼音文字的wade式的罗马字拼音。二是对注音字母的声母、韵母的音读、拼读等进行修订。如第9期通信栏在国音的问题上，对注音字母读音变更、拼法变更的讨论：钱玄同同意王乡全来信中提到的把ㄗ（z，笔者注，下同）、ㄘ（c）、ㄙ（s）与ㄧ（i）、ㄩ（ü）相拼的字音改为ㄐ（j）、ㄑ（q）、ㄒ（x）与ㄧ（i）、ㄩ（ü）相拼的发音。因南方人容易混淆ㄓ（zh）、ㄔ（ch）、ㄕ（sh）与ㄗ（z）、ㄘ（c）、ㄙ（s）的区别，并且ㄐ（j）、ㄑ（q）、ㄒ（x）与ㄧ（i）、ㄩ（ü）相拼是京音及黄河流域的发音，如此一来南方人学注音字母颇不易。若把ㄗ、ㄘ、ㄙ与ㄧ、ㄩ相拼的字音合并到ㄐ、ㄑ、ㄒ与ㄧ、ㄩ相拼的字音之中，无疑将降低南方人学习的难度而利于注音字母的普及。钱氏提出按照把ㄗㄧ、ㄗㄩ改为ㄐㄧ、ㄐㄩ的方式改变注音，而不是王氏提出的以例字统一读音，以免发生音系的混乱。这就是注音字母拼读发生的重大变化，即尖音被团音取代，也是新国音与旧国音的区别之处。

因国音、京音的问题，《国语周刊》有两篇文章——马国英《国音字母ㄛ和ㄜ的商榷》与疑古玄同《关于ㄛ和ㄜ底读音》，对ㄛ与ㄜ的发音进行辨析，其中ㄜ是1920年临时大会增添的。马氏认为应读ㄛ为ʌ，读ㄜ为ə，对ㄜ兼读ʌ、ə的情形进行改良，因国音字母ㄛ读作国际音标o，而京音没有o读音，闲置了ㄛ这个注音符号，而ə音占据重要位置，不应与其他音兼读。对此，钱玄同表示了不同的看法。根据北京的活音，钱氏认为开口呼中唇声字都读o韵，开口呼除唇声字都读ɤ——即不圆唇之o韵，合口呼都读uo韵。北部音（不限于北京音）将中部的ə与o合二为一读为ɤ，但由于两音相拼易出现同化现象，ɤ又常常读作ə与o。因提倡改国音为京音，那么ㄛ和ㄜ两个国音符号需表示出京音的ɤ、ə、o三个音。钱氏认为，ㄛ应读作o，ㄜ读作ɤ、ə。根据1931年1月订正的《国音字母》，ㄛ和ㄜ分别读作痾和鹅，即ㄛ和ㄜ的读音进行了修订和变更。

① 林语堂：《谈注音字母及其他》，《国语周刊》1925年6月14日第1期。

不管音读结果最终为何，贯穿论争的一条中心线索即《国语周刊》坚持“活人活语”的国语的立场。“活人活语”的国语观不仅体现在国语概念的建设上，也体现在国音改革的讨论中，把以韵书的读书正音为基础、汇通南北的老国音转到以强势方言的北京音系为根据的新国音建设上来。不管是林语堂提倡注音字母用来拼话、提倡分析音素的纯粹音标，还是钱玄同与王乡全、钱玄同与马国英关于声母韵母拼读读音、注音字母读音的讨论，依据的是口里的话，是京音的活音，为的是“说话”之方便、交流之统一。如果白话文运动处理的是书面语中白话与文言的关系问题，那么国语运动处理的就是口头语与书面语的关系，试图建立以口头语、口头文学为基础的书面语言、书面文学。的确，口头语言的语音、方言词汇等问题便成了首要问题。

国语的用字和词汇上，要通过吸收不同词汇来丰富国语的表达。钱玄同认为编写平民需要的“注音字母汉字汇”，需“将破体、小写、白字列入，与所谓正体同样看重”①，把俗字列入其中；通过作方言辞典、制京语诠释，以及用注音字母代汉字，将方言词汇吸收入书面语中；通过收集谚语，对引车卖浆之俗字俗语加以关注，比如通信栏对谚语中京话“脖子”、“凑份子”、“江湖”等词语的解释，把古今、中外、文白、官土各类词汇纳入国语。另外，要对国语的用字进行规范、统一。第 7 期《国语运动底附带问题》从文法上对“底、的、得”的用法进行分析，提出规范“她、牠、您、佢、彼”等字的使用范围。在语法、文法上，黎锦熙发表在第 3 期的《国语ㄧㄙㄇ》认为，所谓国语，即“活人活语”，国语ㄧㄙㄇ（注：据原文，ㄧㄙㄇ即—ism，主义也。）“不受一点限制（当然讲不到什么义法），方言，古语，外来语都可入文”②，与桐城派古文主张比较，其包容性在于不论新旧中外、科学玄学，种种思想都可容纳。

通过对国语语言系统包括语音、语法、汉字、注音符号等进行学理上的勘误与修正、补充与修缮，《国语周刊》成为事无巨细的国语建设和对话平台，以推进式的实时记录，记载了作为民族共同语的国语成型期的点点滴滴。

四、民众文学与国语书面语建设

《国语周刊》提倡“活人活语”的国语和以“活人活语”为材料的文学建设，搭设出一条从口语到书面语的桥梁。钱玄同认为“文学作品对于语言文字有莫大的作用，牠

① 钱玄同：《通信栏》，《国语周刊》1925 年 6 月 21 日第 2 期。

② 黎锦熙：《国语ㄧㄙㄇ》，《国语周刊》1925 年 6 月 28 日第 3 期。

是语言文字的血液"①，民众文学②即具有双重效果，既可采音采字，将口头语写入书面语，扩展文字符号库，又可丰富国语的文学形式。本文第一节对民众的国语文学何以成为问题进行了讨论，本节主要研究《国语周刊》对民众文学的采集和运用，大致有谚语、民间歌谣等种类；在为民众的文学的建设上，《国语周刊》除收集民间文学外还刊发作家的方言文学创作。

第2期刊登启事"征求中国谚语"、"征求民间文艺"，收集新鲜的、自然的、丰富的民间文艺进行"活人活语"的国语的文学建设。"谚语是民间流行的格言，或由经验得来的定论，借以互相告诫的话"③，作为一种文学形式，与其他民间文学类型如歇后语、谜语、歌谣等并列。谚语是民众的文艺，收集、运用谚语可以打破白话文运动以来白话文与民众的分离和隔膜，消解雅俗的对立，从民众审美心理的角度建构国语文学的标准。第9期刊载的杜同力的文章《关于谚语的报告和说明》中称，40余天收集了14个省份的3530余则谚语，在谚语收集上保持地方性、通俗性的原貌，对俗字不加改动，以便采音和采字。另外，通过通信栏的"问谚"和"解谚"，对偏僻的俚语、土语进行释义、辨析、取舍，丰富了国语的语汇库。

始于民国七年（1918）的北京大学的征集歌谣运动在《国语周刊》上也不曾缺席。继周作人在1923年12月17日《歌谣周年纪念增刊》上发表《猥亵的歌谣》，1925年《国语周刊》第18期上，周作人、钱玄同、常惠发起《征求猥亵的歌谣启》，认为猥亵歌谣的艺术性虽然很低，却是优美情诗的根苗，类型包括私情、性交、支（肢）体、排泄等，可以求民众之审美心理的起源。此外还刊载有河南小调、扬州小曲等歌谣。据不完全统计，歌谣收集如下：

《五月三十国耻小曲》（泗州调）	爱湖	第4期
《雪美人——小调》	品青　录	第6期
《落雨沉沉》	潘汉年	第7期
《扬州的小曲》	胡适	第8期
《"灰色旗"下的小卒》	武锡禔	第11期
《小白菜》	张天庐　录	第11期

① 钱玄同：《吴歌甲集序》（节录），《国语周刊》1925年9月6日第13期。

② 民众文学在范围上包括民间文学，但给民众文学冠上"活人活语"的帽子，民众文学就被压缩、集中为民众的语言的文学，即具有民间传统的民间文学，主要包括神话、传说、民间故事、戏曲、说唱文学、歌谣、谚语、歇后语、谜语等口头文学诸形式。第23期《关于民间文艺》、第27期《平民文学谈》提到"到民间去"的文学作品指的是"一般小书贩所贩卖的""唱本、鼓词、小说、影词"等。

③ 杜同力：《关于谚语的报告和说明》，《国语周刊》1925年8月9日第9期。

续表

《赵美珑赶考》	谷风田　录	第 14 期
《闺中十思》	云桥　录	第 16 期
《美女思春》	谷风田　录	第 16 期
《十想曲》（民间小调）	品青　录	第 16 期
《败家》	馥琴　录	第 17 期
《干旱歌》	汤之吉　录	第 17 期
《松江一带底民歌三首》	后觉　录	第 17 期
《寡妇调》（黄安小调）	陈剑非　录	第 21 期
《思嫁》（南川民歌）	皮以敬　录	第 21 期
《下书接郎》（麻城歌）	杨芬　录	第 21 期
《"下书接郎"补遗	陈剑非　录	第 22 期
《车夫叹》（拟曲）	谷风田	第 23 期
《俞伯牙碎琴》（南阳民曲）	张直觉等　编录	第 23 期
《梁山伯访友》（南阳民曲）	张直觉　编录	第 24 期
《血波中的呻吟》（拟曲）	谷风田	第 25 期
《母女叮嘴》（南阳民曲）	张直觉等　编录	第 26 期
《正月锣鼓闹猜猜》	丘玉麟　录	第 27 期

"《诗经》（国风）还可以说是歌谣的一部专书……因为他是从民间采集来的，不根据什么书。""依据民俗学的观点，（歌谣）非得亲自去民间搜集不可，书本上的一点也靠不住。"① 从民间采集的歌谣可与《诗经》（国风）的属性相提并论。歌谣一经诗人润色便失去了本来面目在于原貌的语言隐藏着民众发声即由喉舌到情感的秘密，是"活人活语"的国语文学建设的机括。周作人认为歌谣是"方言的诗歌"②，从声音的角度来说，在国语文学或者白话文学的建设上，歌谣的韵律、节奏及音乐性对传统书面文学规则起到解放或松动的作用。

作家的方言创作方面，沈从文的散文诗《乡间的夏》加入"躲伢仔"（注：小孩子）、"打眼闭的"（注：瞌睡）等生动俏皮的镇筸苗民土话，尝试了欧化白话文之外的文学语言体式。第 15 期刊登沈从文夹杂土话的作品《镇筸的歌》、《初恋》，俏皮活泼的语言补益了文坛上白话新诗语言的薄弱、单调。正如沈氏所言，土话是"……新鲜、俏

① 常惠：《我们为什么要研究歌谣》，《歌谣周刊》1923 年 12 月 24 日第 2 号。

② 《北京大学研究所国学门方言调查会成立纪事》，《晨报副刊》1924 年 2 月 12 日。

皮、真实的话而已……若因袭而又因袭，文字的生命一天薄弱一天，又那能找出一点起色"①，从活语中寻找医治白话文学薄弱的药方。以沈从文的《镇筸的歌：姪儿》一诗为例：

昨天嫂嫂说有病
嫂嫂房里不准人进：
你说是个什么八宝精？
原来嫂嫂得了一个躲孥孥哟！
妈，妈，这个孥孥你说昨夜涨水网来的，
我们那面罾不是通了个眼眼还不补好吗？②

作品中加入了方言词汇八宝精、躲孥孥这样别致的活语言，化诗句为主语身份在场的陈述，使人一读便知是质朴天真少年的叙述视角。"歌谣听给新诗人的：是情绪的迫切，描写的深刻……使描写时得许多传神的帮助，我觉得诗的描写是抽象的具体的。"③在"妈，妈，这个孥孥你说昨夜涨水网来的，/我们那面罾不是通了个眼眼还不补好吗"两句中，孩童的天真、喜悦之情具体化为带有习俗传统的乡间对话情境。沈从文将抽象的情感用具体的形象表达出来，以歌谣风的方言作品带给新诗新鲜的气息和审美，给"活人活语"的国语文学的试验打开了一扇窗。

《国语周刊》于 1925 年 12 月第 29 期刊发《国语运动大会十周年纪念歌》、《全国国语运动大会宣言》后停刊，年终《甲寅》周刊因政治影响停刊，双方对垒终结。《国语周刊》在国语概念的建设、国语注音字母的规范、国语的民间文学资源利用等问题上展开讨论，把国语作为一种通行于今、适用于俗的民族共同语进行建设，使口语的构成要素如语音、词汇等，书面语言如语法、常用字、常用词等逐步统一。它的"活人活语"的国语观不仅体现在 1925 年黎锦熙的《全国国语运动大会宣言》对于"国语统一"问题的看法，第 13 期"关于国语与方言三篇"——《理想的国语》（周作人）、《吴歌甲集序》（俞平伯）、《吴歌甲集序》（节录）（钱玄同）——对国语建设与方言问题的见解，还体现在第 9 期通信栏钱玄同与王乡全关于"取消老国音尖音，改作团音"往来信的讨论等文章中，其中的脉络就是把以官话为主干的国语建设思路转换到以一种活的强势方

① 沈从文：《话后之话》，《国语周刊》1925 年 7 月 12 日第 5 期。
② 沈从文：《镇筸的歌：姪儿》，《国语周刊》1925 年 9 月 20 日第 15 期。
③ 何植三：《歌谣与新诗》，《歌谣周年纪念增刊》1923 年 12 月 17 日。

言为标准的思路上来。在语音中心主义的浪潮下，声音或者说话的意义盖过了文字之功，在口头语与书面语的关系上，“活人活语”的民众文学试图建立以口头语、口头文学为基础的书面语言、书面文学形式。《国语周刊》从民众的立场出发，以民俗学的民间采风方式对方言、民间文学加以搜集、分类，探求民众审美的心理机制，为国语的书面语建设输入新鲜血液。其对民间文学、方言文学的思考在后续的语言文字改革运动中仍发挥着影响。作为现代国家民族共同体的一部分，国语的建设意义之重大则需另做文章详论了。

（作者单位：华东师范大学中文系）

闻一多与西南联大的朗诵诗运动

胡余龙

尽管闻一多在西南联大专事中国古典文学的研究与教学，尤好《诗经》、《楚辞》和唐诗，但是就个人的情感倾向和诗学主张而言，闻一多历来提倡写作的是白话新诗而非旧体诗。早在蒙自时期，闻一多便引导南湖诗社把研究和创作新诗作为主要方向①。1941年8月26日，老舍应罗常培之邀飞往昆明做演说，作为主持人的闻一多在介绍老舍的文学成就之时猛烈抨击当时重庆写作旧体诗的风气——“在今天抗战时期，谁还热心提倡写旧诗，他就是准备作汉奸”②，并举出汪精卫、黄秋岳、郑孝胥三人作为例证。及至担任新诗社的指导老师以后，闻一多的观点深化为“不仅要写形式上新的诗，更要写内容也新的诗。不仅要做新诗，更要做新的诗人”③，以“温柔敦厚”为“诗教”的旧体诗被彻底弃置在地。通过观察西南联大时期闻一多对待旧体诗与白话新诗的态度走势可以看出闻一多从未取消对新诗的关注，他不仅倾向于新诗的创作与研究，还把新诗当作政治宣传的有力武器。为了最大限度地发挥新诗的政治宣传作用，闻一多一直在思索和寻找着一种能够助力民主斗争运动、发挥政治宣传作用的理想诗歌样式。“田间课”的出现有着历史必然性的内在逻辑，它是闻一多长久以来苦苦思索和寻找的成果，而闻一多需要“田间课”这样一个平台来宣泄他以新诗介入政治的渴求。疑问之处在于：“田间课”与西南联大的朗诵诗运动存在着怎样的联系？在“田间课”以后，闻一多又是如何推进朗诵诗运动的？西南联大的朗诵诗运动在现代新诗史上具有怎样的意义？想

---

① 刘兆吉：《南湖诗社始末》，《云南文史资料选辑》（第三十四辑），云南人民出版社1988年版，第467页。

② 郑临川：《闻一多反对写旧诗》，《新文学史料》1979年第1期。

③ 闻山：《闻一多导师和西南联大新诗社》，《中华读书报》2007年11月14日。

要回答这些问题，必须建立在建构“真实而复杂的历史语境”① 的基础之上。事实上，“田间课”是一个开端，它让闻一多发现了兼具宣传性、行动性与艺术性的朗诵诗，找到了以新诗开展民主斗争活动的窗口，并且从此一发不可收拾。此后闻一多悉心指导学生们创作了大量朗诵诗，举办过多次大型诗歌朗诵会，他们长期积蓄的力量在“一二·一”惨案发生之后迎来井喷似的爆发，将西南联大乃至昆明的朗诵诗运动推向“顶峰中的顶峰”。然而在以往的研究中，研究者往往着重于梳理西南联大朗诵诗的理论建构和历史成就②，或集中于分析闻一多、朱自清、李广田等人各自的朗诵诗观念③，或以新诗社等文学社团为窗口透视西南联大朗诵诗的演化理路④。还有其他一些文章涉及上述话题，例如《“朗诵诗”的文体形式及诗学阐释》一文以抗战时期有关朗诵诗的论争审视朱自清提出朗诵诗是“新诗中的新诗”的诗学根据和理论价值⑤，《朗诵诗理论探索与中国现代诗学》从大众化诗学（或新诗大众化）的角度阐明李广田、朱自清对朗诵诗的理性思考及其文学史意义⑥，《传播学视阈下的抗战朗诵诗》以现代传媒视野考察朱自清对于朗诵诗的语言标准问题的看法⑦。此外，还有学者将西南联大朗诵诗置于抗战时期的朗诵诗运动之中进行整体性观照⑧。但是目前尚无专文论述闻一多与西南联大的朗诵诗运动（尤其是“一二·一”惨案所引发的朗诵诗浪潮）之间的内在关系，而这正是本文需要解决的中心问题。

一、闻一多的课堂教学与“朗诵诗”的诞生

除了 1939 年 10 月至 1940 年 9 月休假一年以外⑨，闻一多在西南联大任教的其他年

① 教鹤然：《大文学：重新进入台湾文学场域的方法》，《当代文坛》2018 年第 3 期。

② 李光荣：《西南联大与我国朗诵诗的中兴》，《广西师范学院学报》（哲学社会科学版）2017 年第 6 期。

③ 李光荣：《何谓“全新的诗”？——闻一多的朗诵诗理论试探》，《西南民族大学学报》（人文社科版）2017 年第 5 期；李光荣：《西南联大的朗诵诗观念——从闻一多到朱自清和李广田》，《中国现代文学研究丛刊》2017 年第 8 期。

④ 李光荣：《新诗社及其朗诵诗目标的确立》，《抗战文化研究》2013 年第 00 期。

⑤ 赵心宪：《“朗诵诗”的文体形式及诗学阐释——抗战诗歌朗诵运动的诗学反思之二》，《河北学刊》2007 年第 6 期。

⑥ 刘继业：《朗诵诗理论探索与中国现代诗学》，《中国社会科学》2003 年第 5 期。

⑦ 刘慧珍：《传播学视阈下的抗战朗诵诗》，《内蒙古大学学报》（哲学社会科学版）2012 年第 1 期。

⑧ 颜同林：《方言与中国现代新诗》，中国社会科学出版社 2008 年版，第 287—300 页。

⑨ 按照清华大学的规定，服务时间满五年之教授，可有一年休假，或出国研究考察，或在国内研究。闻一多原本获批于 1937 年度在国内休假研究一年，因为抗战爆发、三校南迁而被迫暂缓。

份都开设了课程。暂时还没有研究者系统整理过西南联大时期闻一多的课堂教学安排，这项工作其实能够在一定程度上帮助我们更好地理解闻一多的文艺观念及其对学生造成的影响。以下是闻一多历年在西南联大教授的课程：

从1937年11月18日起，闻一多开设《诗经》、《楚辞》（全①）。根据陈登亿的说法，闻一多第一次上课的主要目的是安定人心②。从1938年12月1日起，闻一多开设《尔雅》、《楚辞》（全）。在该学期的《楚辞》课上，闻一多只讲了一篇文章——《天问》。从1939年10月起，闻一多开始为期一年的学术休假。从1940年9月9日起，闻一多讲授《诗经》（上）、《上古文学史》（全）、《古代神话》（下）。从1941年10月6日起，闻一多开设《国文壹C（读本）》（与马芳若合作）、《唐诗》、《楚辞》（全）。从1942年9月21日起，闻一多开设《国文壹C（读本）》（与马芳若合作）（全）、《周易》（上）——这是闻一多首次教《周易》，"其方法与讲授'诗经'、'楚辞'一样，也是从文字训诂入手"③，以及《乐府诗》（下）、《中国文学史问题研究》（全）。从1943年9月13日起，闻一多开设《国文壹E（读本）》（与赵仲邑合作）、《唐诗》、《诗经》（全）。从1944年9月18日起，闻一多开设《国文壹D（读本）》（与赵仲邑合作）、《尔雅》、《庄子》（全）、《楚辞》（下）。那时旁听闻一多讲课的人很多——"今年旁听者最多的课程，是张奚若教授的政治思想史、闻一多教授的楚辞、傅恩霖教授的日文，以及雷海宗、蔡薇藩、吴晗诸教授的历史课程"④。从1945年9月3日起，抗战胜利后大后方各单位纷纷准备北返，西南联大因交通困难继续留在昆明上课十四周，而闻一多开设的课程有《国文壹（读本）三》（与赵仲邑合作）、《诗经》、《乐府诗》（全）⑤。

以上便是闻一多在西南联大（及师范学院）教授的所有课程，单从课程安排上看几乎不能发现闻一多对新诗的关注，除了1943年在《唐诗》课上讲田间的诗，即后人们所说的"田间课"。打开后人记录和整理闻一多讲课内容的教材或文章，比如《闻一多诗经讲义》、《闻一多西南联大授课录》、《笳吹弦诵传薪录》等，也几乎看不到与新诗有关的内容，基本上都在谈论中国古典文学方面的问题。再翻开回忆闻一多讲课尤其是回忆他评点诗歌的文章，包括汪曾祺的《闻一多先生上课》、《西南联大中文系》、《新校舍》，许渊冲的《闻一多讲唐诗》，刘又辛的《闻一多先生讲〈诗经〉》，许渊冲的《闻一多讲

---

① 这里用"全"、"上"、"下"分别简称"全学年课程"、"上学期课程"、"下学期课程"。

② 陈登亿：《回忆闻一多师在湘黔滇路上》，《闻一多纪念文集》，生活·读书·新知三联书店1980年版，第275页。

③ 季镇淮：《闻一多先生年谱》，《闻朱年谱》，清华大学出版社1986年版，第42页。

④ 《学府风光》，《云南晚报》1944年9月25日。

⑤ 《国立西南联合大学各院系必修选修学程表（1940—1946年度）》，《国立西南联合大学史料》（第3卷），云南教育出版社1998年版，第204—395页。

唐诗》等，几乎都是回忆闻一多讲授古典诗词的场景。截止到目前，笔者只在郑临川的《春江明月在　懿范讵能忘——回忆闻一多先生的唐诗教学》一文里寻觅到了闻一多谈论新诗的踪影。如果就此仓促得出结论，人们可能会误认为西南联大时期的闻一多专事古典文学而对新诗漠不关心，事实上他依旧保持着对新诗的强烈兴趣，并为之投入了不少的时间和精力，只不过这一切潜藏在课程安排的鲜被关注的阴暗处。根据郑临川的回忆，闻一多教授古典文学往往以现代文学为旨归。郑临川指出闻一多对唐诗的分析议论时常兼具“高度的热情与想象”和“敏锐的识力与智慧”，因而闻一多的《唐诗》课与一般的文学史叙述有着显著不同，其最大特点是把为现代文学的长远发展服务作为中国古典文学的研究与教学的基点。比如在讲到唐诗发展规律之时，闻一多非常重视初唐时期，对“初唐四杰”、刘希夷、张若虚等著名诗人都做出了“划时代的评价”，这样做的目的就是让学生们自然而然地联想到“五四”新文学运动以来现代白话新诗的发展历程。在讲述诗歌从初唐时期向盛唐时期演进的历史发展过程之时，闻一多颇费苦心地启发学生们思考新诗的命运，并且满怀信心地预料中国新诗将出现唐诗那样的“百花盛开的灿烂前景”①。概言之，在郑临川看来，闻一多讲授唐诗的着眼点是“五四”以来的白话新诗，整理故纸堆的现实目的是烛照当下新诗的前途。

此前提到的“田间课”正好印证了郑临川的看法，有力地澄清了世人对闻一多的误解，清晰地展露出闻一多对新诗的重视与思考。所谓“田间课”，是指闻一多在《唐诗》课上出乎意料地评介田间的诗歌。田间是解放区的著名诗人，其诗歌极富战斗性、现实性和律动性，主要以简练短促、质朴强劲、铿锵有力的战斗诗闻名。因为朱自清的缘故，闻一多偶然得见田间的诗，兴奋地称赞田间为“时代的鼓手”②，认为后者的诗歌非常适合当前的抗战形势，符合自己长久以来苦苦寻觅的（战时）理想文学样式的标准，因此利用《唐诗》课这一平台将之介绍给西南联大学子③。闻一多的这一选择既契合了当时的“国家历史情态”④，也符合他自身的个性气质。

一般认为，“田间课”应该发生在1943年秋季开学闻一多第一次讲授唐诗的课堂上。闻一多拿着田间的诗集对学生们说“有一天，佩弦先生递给我一本诗，说……你看，新诗已经写得这样进步了”，然后转身在黑板上写下田间的名字，并感叹道：“这不是鼓的

---

① 郑临川：《春江明月在　懿范讵能忘——回忆闻一多先生的唐诗教学》，《南充师院学报》（哲学社会科学版）1979年第1期。

② 陈凝：《闻一多传》，民享出版社1947年版，第7页。

③ 胡余龙：《诗歌教育与现代新诗的发展——以西南联大时期的闻一多为例》，《中国社会科学报》2018年8月27日。

④ 李怡：《从“民国文学机制”到“大文学”观》，《当代文坛》2018年第3期。

声音么?"① 闻一多接下来以诗人的激情而非学者的理性分析着"鼓的声音",他说鼓是"一切乐器的祖宗"、"一切乐器中之王",更是"最原始的乐器"、"最原始的生命情调的喘息"。闻一多看似在讲解鼓,实际上在解说"鼓的声音",即田间诗歌的艺术特色。在讲了鼓以后,闻一多朗诵了田间的两首诗,高度赞赏诗里包含"鼓的声律"、"鼓的情绪"以及"生命的热和力"②。闻一多在《唐诗》课上将唐诗搁置到一旁,激情洋溢地评讲田间的诗,闻一多的"富有表情的朗诵"以及"深刻的分析"引起了学生们的浓厚兴趣,正如因蔯所说:"那美髯飘拂的丰姿,恰似一座神采奕奕的绝妙的诗人艺术雕像。"③ 不止如此,听课学生还领悟到闻一多上"田间课"的深沉用意:闻一多希望他们在阅读古书的时候,避免出现"埋在古书堆里"的情况,要努力从古书中"跳出来",直面社会现实,以新文艺作为武器投入到现实斗争之中④。研究者也普遍认为闻一多之所以在课堂上高呼田间是"时代的鼓手"、"人民的诗人"以及"号召人民进军的号角"⑤,是因为他把对革命意志的大力宣扬"深深地嵌入了唐诗课的教学中"⑥。

"田间课"在西南联大校园(尤其是新校舍⑦)内引起了强烈反响,还成为西南联大历史上非常著名的一个事件。1943 年 11 月 13 日,闻一多在《生活导报周年纪念文集》上发表的《时代的鼓手——读田间的诗》,详细叙述了整个事件的经过以及"田间课"的主要内容,进一步扩大了"田间课"的影响。听过"田间课"的学生首先感到的是困惑,因为当时在昆明听说过田间的人并不算多,他们也就很难理解身为中国古典文学教授的闻一多如此欣赏田间诗歌的原因。事实上当时田间及其诗歌已有不小名气,只不过影响力集中在解放区,再加上云南位居边地、抗战期间传播受限,使得田间在昆明的知名度远不如在解放区那么高。困惑过后,"田间课"带给学生的是猛烈的心理冲击。赵仲邑亲历了"田间课",留下了非常深刻的印象,他还借此窥探到了闻一多的"高贵的灵魂的奥秘",觉察到闻一多不只是一名教授和诗人,更是一位为革命与民主不懈斗争的"坚强战士"⑧。何达从"田间课"中感受到的是中华民族已经苦苦斗争了一百多年,每

① 何达:《闻一多·新诗社·西南联大》,《北京文艺》1980 年第 2 期。

② 闻一多:《时代的鼓手——读〈田间的诗〉》,《闻一多全集》(第 2 卷),湖北人民出版社 1993 年版,第 197、201 页。

③ 因蔯:《鼓的感动》,《新华日报·新华副刊》1943 年 10 月 16 日。

④ 赵仲邑:《闻一多先生回忆片段》,《回忆纪念闻一多》,武汉出版社 1999 年版,第 238 页。

⑤ 南开大学校史研究室:《联大岁月与边疆人文》,南开大学出版社 2004 年版,第 229 页。

⑥ 王喜旺:《学术与教育互动:西南联大历史时空中的关照》,山西教育出版社 2008 年版,第 136 页。

⑦ 相关论述可以参见李光荣:《汪曾祺的大学生活与西南联大书写》,《当代文坛》2018 年第 3 期。

⑧ 赵仲邑:《闻一多先生回忆片段》,《回忆纪念闻一多》,武汉出版社 1999 年版,第 238 页。

一个中国人都应该背负起这份“历史的重担”，油然而生的爱国情怀和使命感令他和其他学生“肃然地竖起了我们的心灵”①。“田间课”不仅给听课学生造成了强烈的情感触动，还改变了一部分人的诗歌审美观念，在他们心里栽下了“朗诵诗的种子”②。

二、朗诵诗在西南联大

闻一多所指导的新诗社是西南联大朗诵诗运动的中坚力量，西南联大的朗诵诗主要诞生在新诗社之中。根据李光荣的考证，深受“田间课”感染的新诗社社员在无意中将田间的“战斗诗”（或“街头诗”）“误读”成了朗诵诗，而且他们相信田间诗歌是朗诵诗的典范，最终催生出属于西南联大的“异类”——朗诵诗③。历史的一次阴差阳错的“误会”，却造就了西南联大校园内生长出来的朗诵诗运动，并且使之在现代新诗史上留下了不可抹去的重要印迹，最终成为20世纪文学史的有机组成部分。

闻一多之所以选择朗诵诗并非只是有感于时事而一时心血来潮的草率决定，其中既包含着他个人的精神求索，又体现出鲜明的时代特征④。而且闻一多对朗诵诗的认识是在与青年学生的持续互动中得以逐渐加深的。在新诗社举行的一次聚会上，闻一多坦诚地说，其实不是他引领着大家前行，而是大家在催促着他进步⑤。也就是说，闻一多晚年在与青年人的互动过程中，得以不断深化和拓展他对抗战期间中国文艺与政治的思考。可惜的是，与朱自清有数篇专文论述朗诵诗不同，闻一多只在《五四与中国新文艺——现在是群众的时代，让文艺回到群众中去!》一文里明确表达过他对朗诵诗的看法。王志华的《一个诗歌朗诵会》也有相关记载。《五四与中国新文艺——现在是群众的时代，让文艺回到群众中去!》意在给朗诵诗谋求合法性和地位，兼具音乐与文字的双重特质的朗诵诗高度契合闻一多对“宣传的艺术”的要求，所以他直言目前最合适的文艺形式是朗诵诗与歌剧⑥，将朗诵诗的地位抬升到新的高度。相比而言，《一个诗歌朗诵会》记录的闻一多关于朗诵诗的看法更为详细：

---

① 何达：《闻一多·新诗社·西南联大》，《北京文艺》1980年第2期。

② 李光荣、宣淑君：《季节燃起的花朵：西南联大文学社团研究》，中华书局2011年版，第315页。

③ 李光荣、宣淑君：《季节燃起的花朵：西南联大文学社团研究》，中华书局2011年版，第324页。

④ 参见胡余龙、王茜：《闻一多与新诗社的关系考论》，《塔里木大学学报》2018年第3期。

⑤ 闻山：《教我学步的人》，《回忆纪念闻一多》，武汉出版社1999年版，第176—177页。

⑥ 闻一多：《五四与中国新文艺——现在是群众的时代，让文艺回到群众中去!》，《闻一多全集》（第2卷），湖北人民出版社1994年版，第231页。

> 朗诵诗的对象，是大家，是许多人在一起，这样就能互相认识和团结，单是这一点已经应提倡朗诵诗了，而且朗诵诗尤其应该朗诵给人民大众听……为了争取今天那些知识分子，所以为了改变他们，就应该采用他们的方式去说服。故此一直在今天图画美的也不可完全丢掉①!

从中可以看出闻一多对于朗诵诗主要有以下几点思考：(1) 对于诗歌是否能够被分为朗诵诗和非朗诵诗，闻一多虽然没有直接答复，但是明确指出朗诵诗应该得到提倡。(2) 朗诵诗的作用是“互相认识和团结”，即为中国抗日战争凝聚更广泛的力量。(3) 朗诵诗的听众是“人民大众”，所以朗诵诗应该走到人民群众中去，反映他们的现实生活和情感。(4) 现在的朗诵诗暂时以“简单有力的诗句”居多，“图画美”不被看重，是因为人民的文化知识储备有限；但是等到抗战结束后，人民的物质生活水平和精神生活水平将会得到提升，那时的中国人民将不再满足于简单有力的朗诵诗，而需要更具有“图画美”的诗。(5) 如今朗诵诗仍旧不能放弃“图画美”，主要目的是为了拉拢那些坚持认为“诗应该是玄妙的”的“艺术派”知识分子。

《五四与中国新文艺——现在是群众的时代，让文艺回到群众中去!》根据闻一多在1945年5月2日举行的纪念“诗人节”诗歌朗诵晚会上的发言整理而成，该文两天后发表在联大、云大、中法、英专四校学生自治会联合编辑的《五四特刊》上，得以造成更为广泛的影响。《一个诗歌朗诵会》记载的是闻一多在1944年7月9日参加的一个诗歌朗诵晚会，参会学生在日后西南联大乃至昆明的朗诵诗运动中发挥了重要作用。闻一多对朗诵诗的思考不仅被及时地传递给了西南联大学生，还帮助他们形成了对朗诵诗的一些基本认识。

将闻一多置于朗诵诗运动的发展历程之中，也许能够帮助我们更好地理解闻一多的朗诵诗理论对西南联大学生所造成的深远影响。此前已有学者细致爬梳过朗诵诗与朗诵诗运动的演变轨迹和历史脉络②，兹不赘述。一般认为，朗诵诗与朗诵诗运动兴起于抗战时期，并非是西南联大的发明创造，从武汉朗诵诗运动中脱颖而出的高兰是当时名声最大的朗诵诗人，创作出大量广为传颂的优秀朗诵诗，其中在报纸上发表时直接以“朗诵诗”标注的诗歌就有《咱们，立下最后的誓言!》、《我的家在黑龙江》、《这里不是咱

① 王志华：《一个诗歌朗诵会》，《扫荡报·副刊》(昆明) 1944年7月9日第143号。
② 朱基钗：《论抗战期间的朗诵诗运动》，北京大学2013年硕士论文。

们的乐园》① 等。此外，时人还有“新朗诵运动”② 的说法，跟朱自清所说的“朗诵运动”③ 并无本质区别，在客观上似乎跟朗诵诗形成了某种呼应。

我们应该如何从学理上认识朗诵诗与朗诵诗运动？叶华认为诗歌之所以含有丰富的韵律，最重要的原因在于方便进行朗诵。他还强调一定要对新诗歌运动加以“严格的限制”，不能泛泛地空谈如何提高文化水平，也不能围绕着“旧形式打转”④。在朱自清看来，抗战以来的中国新诗似乎出现了一个新趋势，即“散文化”，而朗诵诗是诗歌的散文化的一个“显著的节日”⑤。袁可嘉把朗诵诗置于现代中国新诗三十年发展史的宏大语境下进行考察，指出朗诵诗和秧歌舞都是“诗歌戏剧化”的好的开端，它们十分接近现代戏剧和舞蹈，注重“动的戏剧的效果”以及节奏、语调和表情；同时他还说明了自己的隐忧，担心人们或许过于偏向“一泻无余”的抒情叙事模式，一味地把“原始”奉为圭臬、以“单调的反复”作为标尺，而不加以适当的节制，不能将诗歌凝聚到“思想的深潜处”和“感觉的灵敏处”⑥，这无疑是文艺的灾难。事实证明，袁可嘉的担心是很有道理的，“一泻无余”的抒情叙事模式令朗诵诗的诗性哲思大为削弱，艺术形式和诗歌样态陷入模式化、标准化、单一化的囹圄，严重影响到它在新诗史上的地位。

西南联大同样参与到全国朗诵诗运动的浩荡潮流之中，在中国现代诗歌史上留下了属于自己的独特印迹。姚丹不仅高度认可西南联大对朗诵诗的播扬——“在学生运动中如此广泛地使用朗诵诗，恐怕当由联大算起”，还认为这在一定程度上促成了1946年至1949年间在国统区的学生运动中充斥着朗诵诗的声音，而且在1949年之后仍旧得以延续，甚至到了“红卫兵运动”期间朗诵诗依旧是“最有效的武器之一”⑦。吕剑不仅赞赏了在昆明当地举办的几次“成绩都不错”的诗歌朗诵会，还特别提到了一次参加人数逾千人的大型诗歌朗诵会，认为它在昆明称得上是“了不起的举动”，“拿诗歌来直接的和广大的人群见面，这在昆明，恐怕还是第一次”⑧。吕剑特地评点的诗歌朗诵会应该是

---

① 以上三首诗分别见于高兰：《咱们，立下最后的誓言!》，《大公报·战线》（重庆）1938年12月17日第226号；高兰：《我的家在黑龙江》，《大公报·战线》（重庆）1939年1月17日第252号；高兰：《这里不是咱们的乐园》，《大公报·战线》（重庆）1939年12月4日第432号。

② 陈纪滢：《新朗诵诗运动在中国·上》，《大公报·战线》（重庆）1941年8月5日第806号；陈纪滢：《新朗诵诗运动在中国·下》，《大公报·战线》（重庆）1941年8月6日第807号。

③ 朱自清：《论朗诵诗》，《论雅俗共赏》，北京出版社2004年版，第48页。

④ 叶华：《论诗之“叫喊”“吟哦”与“朗诵”——革命诗歌的建立》，《扫荡报·扫荡副刊》（重庆）1938年11月3日第576号。

⑤ 朱自清：《抗战与诗》，《新诗杂话》，作家书屋1947年版，第55、58页。

⑥ 袁可嘉：《新诗戏剧化》，《诗创造》1948年第12期。

⑦ 姚丹：《西南联大历史情景中的文学活动》，广西师范大学出版社2000年版，第392页。

⑧ 吕剑：《诗·行动》，《扫荡报·副刊》1945年5月14日第359号。

由闻一多指导的新诗社于1945年5月2日举办的。

西南联大联合校内外力量成功举办过多次大型诗歌朗诵会，参会人数动辄上千，在当地造成了巨大影响，而且闻一多基本上都出席了。西南联大还出产了大量朗诵诗，其中有不少朗诵诗的创作都得到了闻一多的指导。无论是从诗歌朗诵，还是从朗诵诗创作来看，西南联大的朗诵诗运动之所以能够造成那么大的影响，离不开闻一多的身体力行与悉心指导。

三、"一二·一"惨案后的朗诵诗运动

朗诵诗的主要功效之一是宣传鼓动作用。政治运动高涨之时，朗诵诗往往会迎来创作高峰。当"一二·一"惨案发生之后，西南联大的朗诵诗运动在闻一多的指导下达到"顶峰中的顶峰"，在校园乃至昆明营造出浩大的声势，产生了广泛的社会影响。

1945年12月1日上午，中统特务和军官总队队员携带铁锤、木棍、手榴弹等器械，冲进云南大学、西南联大新校舍和龙翔街西南联大师范学院行凶，于再、潘琰、李鲁连、张华昌四名师生遇害，此外还有五十多人受伤——这就是震惊中外的"一二·一"惨案。噩耗很快传遍昆明的大街小巷，各校师生无不义愤填膺。闻一多在声讨檄文《"一二·一"运动始末记》里向世人疾呼"一二·一"惨案是自1912年中华民国建国以来"最黑暗的一天"，使得昆明成为"全国民主运动的心脏"，"愤怒的热血的狂潮"在这里汹涌滋长并且输送到全国其他地区；同时指出，"一二·一"惨案给中国民众打开了一条"生路"，全国的反对内战、争取民主的运动热潮因此更加迅猛地展开，与全国其他一系列由特务组织制造的恐怖血案汇成一体，最终促成停止内战、协商团结的"新局面"①。也就是说，"一二·一"惨案一方面是不幸的惨无人道的杀戮，另一方面又是推进全国民主运动的催化剂，对于进一步唤醒普通民众的反抗意识起到了一定作用。

从1945年12月2日起，昆明市民自发为四位烈士举行公祭。每天有成千上万的人前来烈士灵堂（西南联大图书馆）祭吊，在将近一个半月里，大约有十七万人、七百个团体参加公祭，参加祭奠的人数占到了当时昆明总人口的一半②，参加祭奠的团体中"经闻一多、吴晗和民盟联系发动的约占1/5左右"③。惨案发生不久后，昆明学生集体

① 闻一多：《"一二·一"运动始末记》，《闻一多全集》（第3卷），开明书店1948年版，第75页。

② 曲兆玲、潘玉琛：《潘琰烈士个人档案》，《档案与建设》2005年第12期。

③ 洪德铭：《"一二·一"运动中的闻一多》，《回忆纪念闻一多》，武汉出版社1999年版，第159页。

罢课，成立“昆明学生罢课委员会”，其中西南联大学生还掀起声讨暴行的朗诵诗运动，这些都离不开闻一多的鼎力支持。新诗社联合西南联大的其他学生社团，共同投入到昆明学生罢课委员会所组织的宣传队中，利用诗歌传单、街头诗画、街头诗歌朗诵等多种形式作为斗争的匕首。对于学生们的这些反对独裁与内战、争取民主与和平的民主战斗，闻一多“给予了极大的关怀和帮助”①，竭尽所能地在联大教授会和学校领导中做了大量卓有成效的实质性工作，起到了他人所不能替代的重要作用②。对于民主青年同盟、昆明学生罢课委员会的民主斗争部署和各项具体活动，闻一多表现出超乎常人的热忱。闻一多不但先后在西南联大内部召开的教师座谈会和教授会上厉声控诉“一二·一”惨案的发生，还跟吴晗、洪德铭等人谋划治丧事宜，在烈士入殓仪式的程序安排、烈士灵堂的格局布置、治丧委员会的成立事宜、如何加强对外宣传的力度、怎样争取教授们的支持等众多方面提出了富有针对性的具体意见。这些意见得到了普遍认同，昆明学生罢课委员会的大部分工作事项都是按照闻一多的意思来办的。不仅如此，闻一多还经常到昆明学生罢课委员会各个部门工作室探访，一方面广泛听取各方意见，另一方面传达了“无微不至的关怀情意”③。换句话说，闻一多一直在密切关注和参与“一二·一”运动的发展过程。

1946年3月中旬，昆明学生联合会决定为“一二·一”四烈士举行公葬及游行，闻一多日以继夜地为四烈士的殡仪祭奠奔走劳累，安排学生们分头邀请和发动昆明当局教育界的前辈们和老教授，准备让他们担当游行队伍的“排头兵”。闻一多在游行当天跟主席团和“排头兵”一起走在游行队伍的前面，“迈出坚定的步伐”④，带领着自觉加入行列的昆明市民共同悼念烈士，声讨罪行。在12月2日超过一万五千人参加了烈士入殓仪式以后，从12月4日开始举行四烈士公祭活动，最终累计收到花圈、挽联、挽幛、挽歌、挽诗等丧物近万件。国民党当局规定不准张贴标语，祭奠者不得不换用其他纪念形式。在闻一多的积极倡导下，许多祭文、挽联以诗歌形式出现。“诗歌方面由于一二·一运动的鼓舞，也空前活跃，以反内战争民主为内容的朗诵诗从教室走向街头，悼词、挽联、祭文都诗歌化了”，这种祭奠的“新的形式”不仅感动了无数民众，还给新诗发展

---

① 萧荻：《我们应当写闻一多颂》，《闻一多纪念文集》，生活·读书·新知三联书店1980年版，第320页。

② 李曦沐：《伟大的人格　永恒的怀念——闻一多先生殉难五十周年祭》，《回忆纪念闻一多》，武汉出版社1999年版，第210页。

③ 洪德铭：《“一二·一”运动中的闻一多》，《回忆纪念闻一多》，武汉出版社1999年版，第157—158页。

④ 何善周：《千古英烈　万世师表——纪念闻一多师八十诞辰》，《闻一多纪念文集》，生活·读书·新知三联书店1980年版，第273—274页。

开辟了一条新道路，而李广田把闻一多推举为“当时的领导者”①，足见闻一多在“一二·一”朗诵诗运动中的作用。闻一多是这次朗诵诗风潮的“领导者”，新诗社同样起到了不可小觑的助推作用。闻一多的身体力行带给新诗社极大的震动和鼓舞，他们始终铭记闻一多说过的“一个人倒下去，千万人站起来”②，所以他们能够坚持用文艺作品祭奠烈士们的亡灵，有力地推动了“一二·一”朗诵诗运动的进程。

“一二·一”惨案过后，浩如汪洋的滚烫诗篇纷纷洒落在这片辽阔土地上，昆明群众将内心的怒火凝结为难以计数的炙热诗歌，烈士灵堂、大街小巷、人民广场以及群众心里都回荡着诗歌的呐喊。被深深刺痛的闻一多，在诗歌观念上进一步向人民性、宣传性与行动性③倾斜。罗铁鹰曾经向闻一多请教，认为自己的讽刺诗存在“标语口号倾向”，甚至不能被称作诗歌，然而闻一多答道：“管它诗不诗，只要口号喊得响，喊得有力量!”④ 1946 年 6 月下旬，闻一多和《今日文艺》的编辑林华昌谈论诗歌，提到四烈士殡葬时的八个大字——“你们死了，还有我们”⑤，说这既是标语口号，也是一首好诗。以上两个事例表明，相比“纯文学”的艺术性追求，闻一多晚年更加注重诗歌参与现实的能力与作用。历来以口号性、宣传性、行动性著称的朗诵诗顺理成章地受到闻一多和联大学生的重视，大量沾染着怒火、读起来铿锵有力的朗诵诗应运而生，难以计数的朗诵诗被抄写在烈士灵堂的墙壁、路祭的喇叭筒、广场的追悼会或者十字街头的墙报之上，“整个昆明就是它的发表园地，昆明成为一个巨大的诗刊”⑥。

在闻一多的指引下，学生们创作出众多以“一二·一”惨案为主题的朗诵诗，除了《抢火者》⑦、《一天——献给为“一二·一”流血、工作的人们》（新诗社集体创作）两部叙事长诗以外，还有何达的《图书馆》、《四烈士大出丧》，萧荻的《绕棺》、《不仅是

① 李广田：《重庆文协举行欢迎晚会》，《文汇报》1946 年 9 月 2 日。

② 萧荻：《大草坪及其它——昆明怀旧录的一部分》，《边疆文艺》1957 年第 1 期。

③ “行动”是诗歌朗诵的重要特点，被朱自清高度重视：“行动诗在一两年来大学生的各种诗刊里常见，大概都是为了朗诵做的。”（朱自清：《介绍何达的诗集〈我们开会〉》，《我们开会》，中兴出版社 1949 年版，第 13 页。）朗诵诗本身也是行动，因为朗诵诗是与现实生活紧密联系的宣传工具和战斗武器，而“宣传与战斗正是行动或者工作”。（朱自清：《论朗诵诗》，《论雅俗共赏》，北京出版社 2004 年版，第 52—53 页。）吕剑同样将朗诵诗与“行动”联系起来，强调“行动”之于朗诵诗的意义。（吕剑：《诗·行动》，《扫荡报·副刊》1945 年 5 月 14 日第 359 号。）

④ 罗铁鹰：《忆闻一多先生二三事》，《云南日报》1979 年 7 月 23 日。

⑤ 林华昌：《闻一多先生与文艺青年》，《五华文艺》（昆明）1979 年第 3 期。

⑥ 王笠耘：《诗的花环·代跋》，《“一二·一”诗选》，人民文学出版社 1983 年版，第 266 页。

⑦ 戈扬的《抢火者》于 1946 年 4 月由浪花文艺社出版，但是《新诗社》一文指出《抢火者》和《死在战场以外的中国兵》都是新诗社“已经出版的诗集”，而且特地在《抢火者》后面用括弧备注“‘一二·一’运动叙事诗”，由此可以认定《抢火者》即便不是新诗社出版的，也跟新诗社有着紧密关联。参见新诗社：《新诗社》，《联大八年》，西南联大学生出版社 1946 年版，第 153 页。

为了哀悼》、《我们的死者、伤者》，缪祥烈的《党国所赐》、《妈妈，要是你今天还活着》、《摸鱼儿——杂感》、《给慰劳我的人们》，彭允中的《潘琰，我认识你》、《灵前祭四烈士》，沈叔平的《奠与控告》、《悼潘琰》、《欺骗》，吴朗沙的《灵魂与剑》、《刀》、《送葬》，许明的《风》、《潮》、《说》，芳济的《生命伸向永年》，因蔯的《守卫者》、《我们还要赶路——祭烈士》，东方明的《给武装同志》，新诗社的《焚在我们死难者的灵前》，以及《告诉愤恨着的灵魂》、《在死里复苏》、《把旗帜插在屠夫民贼的坟上——呈献在烈士们的灵前》、《送你们回民间去——"一二·一"四烈士出殡公祭文》等等。闻一多把朗诵诗作为开展民主运动的武器，而成百上千首以"一二·一"惨案为主题的朗诵诗都是争取民主的投枪，传递出时代的热切情感。何达的《图书馆》是一首典型的朗诵诗，记叙了"一二·一"惨案四烈士的遗体暂存在西南联大图书馆供人祭奠的场景，通篇没有一个标题符号，都是十个字以内的短句，非常适合朗诵，而且气势十足。"这是最真实的教育/这是最强烈的政治/这是最明显的社会问题/这是最感人的艺术/这是最惊心动魄的现实"，连续六个"这是最……"的句式旗帜鲜明地表现出作者对"一二·一"惨案的深刻认识。诗的结尾部分先用"大学打开了门/图书馆打开了门/让千万人进来"作为引子，然后号召"从来没有进来过的/千千万万的人"都进来认识"自己的道路"和瞻仰"烈士的棺材"，甚至还叫刽子手也进来认识"人民的愤怒"，瞬间将民众的愤慨提升到一个制高点，并且在旋律最高昂的时候戛然而止。这样的行文方式十分符合朗诵诗的标准。其他以"一二·一"惨案为主题的朗诵诗基本上与何达的《图书馆》较为类似，呈现出明显清晰的朗诵诗的惯有特质，均以缅怀烈士、宣泄义愤为情感标签。

此外还需要特别提及一本历来被忽视的纪念手册——《"一二·一"惨案死难四烈士荣哀录》。它由昆明学生联合会"及时抄，及时编，及时抢印"，选编了许多散布在街头巷尾的朗诵诗，其中包括萧荻的《悼诗》、彭允中的《潘琰我认识你》、新诗社的《焚在我们死难者的灵前》等。这些诗歌跟何达的《图书馆》风格一致，是窥探"一二·一"朗诵诗运动的重要文献。《悼诗》以"狗子们的毒手/竟伸进了/民主堡垒的宫墙/在民主的队伍里/夺取了/我们的战士"作为开篇，以简明扼要的语言勾勒出"一二·一"惨案的轮廓，并用带有侮辱性质的"狗子们"来代指国民党反动派，从一开场就将读者（听众）的愤怒点燃。"谁说/我们没有武器/抵挡不了/狗子们的枪炮"，诗人紧接着指出"我们"的"武器"是"洪洪的火焰"，凭借着这件"武器"必定能烧光"一切混蛋的独裁者"以及他们的"爪牙"①。相比萧荻，彭允中稍显温和，却更见思想的锐利。诗人

① 萧荻：《悼诗》，《"一二·一"惨案死难四烈士荣哀录》，昆明学生联合会1946年版，第39—40页。

通过悼念女烈士潘琰来揭露“我们的政府腐化”、“我们的官吏残暴”，抨击国民政府试图“阻遏民主的潮流”，“把大众紧紧的束缚”。诗人本来从未见过潘琰，却反复强调“潘琰我认识你”，因为潘琰在“民主的沙场”上是“我们的英雄”、“崇高的女性”①，进一步将斗争的矛头指向杀害潘琰的暴徒及其背后势力。《焚在我们死难者的灵前》兼具萧荻的战斗性和彭允中的思辨性，并彰显出新诗社在“一二·一”运动中的立场和态度。“假如说/海是最可爱的/因而跳进去/这不是傻子/是意志最自由的人/是庄严的殉道者”，这是对四烈士最崇高的褒奖，也是对刽子手最严酷的鞭挞；“你们/为了人类崇高的理想/走在我们队伍的前面/不幸的是/却先从我们的队伍里走了”，这是对四烈士最诚挚的祭奠，也是对他们最虔诚的致敬；“当你们墓门上的荆棘/开了花/就是真理开花的日子”②，这是对四烈士最圆满的告慰，也是对民主最热忱的向往。《“一二·一”惨案死难四烈士荣哀录》收录的朗诵诗只不过是“一二·一”朗诵诗的一小部分，更多的诗篇早已消散在历史的烟尘之中，因为大部分朗诵诗并没有在报纸、期刊上发表，而是以手抄的形式传播。

“一二·一”惨案引发的浩浩荡荡的昆明反内战民主运动，不只激发了普通民众的斗争意志，加深了他们对民主与和平的强烈向往，更将西南联大乃至昆明的朗诵诗运动推向“顶峰的顶峰”，作为学生们的指导老师和精神领袖的闻一多功不可没，如果没有闻一多的身体力行和积极倡导，“一二·一”朗诵诗运动的光芒想必会黯淡不少。

在20世纪40年代，“因战争时局的影响，伴随着文化人士流亡迁徙的现象，文学中心也因之散落、转移和重新聚合，并形成新的中心地带”③，西南联大的朗诵诗运动就诞生于此种语境之中。作为特定时代的产物，朗诵诗确实存在着明显的缺陷和先天不足。但是，当我们再次回到当时的历史情境之中，似乎又很难再寻觅到一种更为适合的诗歌样式或文学形态来传达出激荡人心而富有力度的时代情感，尤其是在信息交流较为闭塞的云南，当地的学者和诗人所能接触的诗学资源是比较有限的。朗诵诗是闻一多在当了数十载的“杀蠹的芸香”以后才找到的较为满意的“宣传的艺术”，仅仅以思想上或艺术上的不成熟便否定他的努力，无疑是不恰当的。朗诵诗既是“宣传”，也是“闪光的诗”，“诗”和“斗争”在这里混合成一个有机体，是“一二·一”运动造就了这些朗诵

---

① 彭允中：《潘琰我认识你》，《“一二·一”惨案死难四烈士荣哀录》，昆明学生联合会1946年版，第56—57页。

② 新诗社：《焚在我们死难者的灵前》，《“一二·一”惨案死难四烈士荣哀录》，昆明学生联合会1946年版，第31页。

③ 贾东方：《冯振乾与1940年代西北现代诗歌的展开》，《当代文坛》2018年第6期。

诗的诞生，反过来又是这些朗诵诗烘托出了“一二·一”运动的浩浩荡荡的巨大声势①。质言之，既是朗诵诗点燃了“一二·一”运动的熊熊怒火，也是“一二·一”运动帮助朗诵诗攀上了前所未有的高峰，而闻一多便是连接朗诵诗与“一二·一”运动的一座桥梁，在“一二·一”朗诵诗运动中起到了独一无二的作用。

（作者单位：四川大学文学与新闻学院）

① 王笠耘：《诗的花环·代跋》，《“一二·一”诗选》，人民文学出版社1983年版，第265—266页。

镜中皇帝说

——张枣《镜中》抒情主体的辨析与反思

周东升

《镜中》被认为是张枣的成名作和代表作之一，流播甚广，论者众多。但有关《镜中》的评论，几乎没有例外，都把《镜中》看作一首无瑕的抒情杰作。笔者认为，《镜中》虽是张枣的成名作，也仅仅标志着张枣诗歌的起点，算不上张枣的代表作。“它所表征的投身古典的诗学进路，并非孤立现象。比《镜中》流传更广的徐志摩的《再别康桥》、戴望舒的《雨巷》、郑愁予的《错误》等诗，都可以看作新诗‘古典化’的流行范式。然而，就新诗自身的演化趋势看，它们虽然在普通读者中享有极高的声誉，却没有为新诗写作提供一个令诗人及业内读者信服的参考向度。”① 与此同时，这首短诗在性别问题上，也受到新诗中始终存在的男权话语的影响。它所塑造的活泼而“羞惭”的女性形象和“皇帝”式的男性形象，都有待进一步阐释。作为一个集皇权、父权、夫权于一体的男权终极符号，诗歌中的“皇帝”尤其具有巨大的阐释空间。本文将围绕“皇帝”一词辨析抒情主体的性质和诗歌中的男、女人物形象，讨论《镜中》所蕴含的性别意识以及新诗写作中所存在的性别问题。

---

① 参见笔者另一篇讨论《镜中》的文章《我们该如何读〈镜中〉》（哑石主编：《句法》，成都时代出版社 2018 年版）。在阐释《镜中》的整体构思时，笔者设计了三种讨论方案：其一，就《镜中》与传统诗歌的关系，讨论新诗古典化写作路径所存在的问题及局限；其二，在理论视角下，讨论《镜中》暗含的男权中心主义倾向，并揭示新诗写作中潜在的男权话语问题；其三，根据《镜中》手稿的修改踪迹，探讨张枣写作过程中淘洗陈词、凝聚视角以及调配声韵、提纯抒情调式的技术，并借此讨论新诗写作的基本技艺——即新诗如何构建或发明新的声音（亦称声调、语调、调子）的问题。《我们该如何读〈镜中〉》和本文正是一、二种方案的实施，第三种方案有待于未来完成。

一、“皇帝”与抒情主体

从阐释的角度言（而不是普通的阅读欣赏），《镜中》最令读者困惑的地方，莫过于对“皇帝”一词的理解了。从文本的内部看，“皇帝”一词的出现，前无铺垫、伏笔，后无承接、照应，除了在节奏和声音上感受它所造成的诗性外，便甚难通解，过多的阐释都免不了附会之嫌。但若不拘于文本，在历史语境中理解“皇帝”，则并非不可言说。词语总是携带着它的历史基因活在当下，与过去有着或明或暗的关联，而诗篇也不是孤立存在，它是诗歌家族中的一员，与别的诗有着广义的互文关系。“皇帝”一词因为在诗篇中的孤立，反而被凸显出来，它强硬的嵌入感，不仅在当下语境中激活了自身，也激活了《镜中》作为一首新诗与历史的关联，使得《镜中》具有了含混的象征意味。

然而，从最初的阐释开始，《镜中》就被限制在狭小的语境中，切断了“皇帝”的历史关联。钟鸣最早对《镜中》发言，认为“《镜中》如果还有一点历史事件的蛛丝马迹的话，那便是我们都很熟悉的宫廷皇妃嫔娥与统治者的故事，把两者联系起来的是两个历史话语：宠幸和冷宫”。但很快，钟鸣就否定了此类题材写作的正当性，并断言相关题材的“艳诗”“只不过是一种文本的‘习惯性忧伤’和历史的假想世界”①。钟鸣因此否定了“《镜中》的历史根源”。这显然是以偏概全的愤激之论。有关帝王嫔妃的诗歌纵然泛滥，却决不乏深具历史洞见的佳作。比如有关杨贵妃题材的大量作品，不论杜甫身处其时的批判之作（《丽人行》、《哀江头》等），还是白居易、元稹、李商隐等后世的讽喻之作（《长恨歌》、《连昌宫词》、《马嵬》等），都不能简单地视作士大夫的“呻吟”。

与钟鸣的主张相近，西渡认为“把这首诗理解为皇帝对逝去的爱情的一种追忆。但是，这显然不是解读此诗的最好方式，因为这样理解无疑是把一首具有普遍意义的诗限定为一首特殊的诗”。西渡的看法当然有道理，如果将《镜中》仅仅“理解为皇帝对逝去的爱情的一种追忆”，不仅狭隘，甚至它作为新诗的合法性也随之丧失。因此，西渡把“皇帝”一词的功能限制为“表明了叙述者的男性身份，而不表明本诗叙述了一个宫廷故事”②，这样，也就切断了“皇帝”历史指涉的可能性。但反过来看，西渡并没有完全否定把《镜中》“理解为皇帝对逝去的爱情的一种追忆”的可行性，只不过认为这不是“最好方式”。这意味着，如果能够有效打开“皇帝”作为历史话语的意义空间，此种理解也将变成好的方式。这也可以看出文本阐释无处不在的主观性。

---

① 钟鸣：《笼子里的鸟儿和外面的俄耳甫斯》，《当代作家评论》1999 年第 3 期。

② 西渡：《时间中的远方——解读张枣的〈镜中〉》，《名家读新诗》，中国计划出版社 2005 年版，第 264 页。

同样，诗人宋琳则认为“将《镜中》当作宫体诗的现代版肯定是一种误读”。如果从“误读”本义来说，所有的阐释皆是误读。但作为张枣的好友，宋琳显然有维护“作者意图”的意思。言外之意也正如钟鸣所说，不能“误读《镜中》的历史根源”。然而，作为阐释者，我们不再、也不可能为了“作者意图”而工作①。阐释，是对话，是创造性工作，而不是服务——既不服务于作者，也不服务于文学写作。阐释无疑会影响到文学写作，并离不开文本，但它仍然是一种独立的文化生产方式。阐释—对话的结果既不独属于作者的文本，也不独属于文本的读者，它是一种新的化合物。好比耕作，是土地和农民共同生产了粮食。因此，即便张枣明确了他的意图，也只能为《镜中》的阐释提供参考，而绝不是唯一的依据。

作为开放性的文本，《镜中》的阐释将因不同读者的加入而具有更多的可能性。有一篇网文曾谈及诗人肖水的看法②，认为《镜中》的写作可能受到电影《茜茜公主》的启迪。对比这两个看似相隔遥远的文本，确实能发现二者相通的蛛丝马迹：诗中的“她”与“茜茜公主”的形象颇有神似之处，二者与皇帝的关系也是很巧的重合。假如就此进行深入比较，未必不是创造性的阐释。这也可见《镜中》及“皇帝”所具有的阐释潜力。

但如果以“皇帝”为中心来讨论《镜中》，就必须辨析抒情主体的性质和诗歌中的人称问题，这既是《镜中》阐释分歧的焦点所在，也是讨论“皇帝”形象的前提。在以往的论述中，论者常将诗中人称问题过度复杂化，导致了抒情主体的模糊。这在钟鸣的文章中最为典型。他认为《镜中》“出现了八种交错的隶属人称关系”，还认为《镜中》采取“隐蔽的预叙手法……一方面又把‘我’悬置起来，使其‘匿名化’。匿名化的作用，用张枣自己的话来说，就是‘与世界和母语构成对立面’”。钟鸣的这种看法不仅将《镜中》玄学化，还曲解了张枣的诗学主张。

“匿名”源于张枣的《诗人与母语》一文，与“抒情之我”、“经验之我”、“元诗”等概念在内涵上紧密关联，是张枣反思诗歌与语言问题的核心术语。钟鸣认为代词“我”的悬置即意味着“匿名化”。但在张枣文中，匿名和人称的使用并没有关系。它指的是原初母语命名的根本属性，即“词即物，即人，即神，即词本身”，没有主客体的

---

① 当然，这种说法并不否定作者意图的存在，也不否认作者对自我意图的说明的论据效用。但把作者的自我说明作为论据仍需考辨，一则作者意图不同于意图的实现；二则对意图说明的理解也存在差异问题；再则，特别是在今天的消费文化语境中，有些作者还会受制于出版社、市场或意识形态等因素，故意伪装或包装出一种意图。

② 参见网文《2010 年诗人张枣去世：梅花落满南山》，https：//baijiahao. baidu. com/s？id = 1594434054880613108&wfr = spider&for = pc。此文篇末注明“整合自网络”，并非严肃之论，文中所引肖水的说法也无处可查证，但这个说法本身颇有些启迪性，故在此论及。

对立。张枣认为最初的母语在“为我们点亮世界”的同时，“也给了我们作为人的最危险本质——我们对我们自身的觉悟”。我们的自觉首先“爆破的是匿名”，这导致了“我们与世界与母语构成对立”。钟鸣所谓匿名化的作用就是“与世界与母语构成对立”，与原文所指恰恰相反。其后文对“为什么要构成对立面”的解释，在此基础上更加偏离张枣的诗学观点。

在张枣看来，“匿名”状态的消逝，也就是“词即物，即人，即神，即词本身”浑然一体的瓦解。“匿名”被“爆破”以后，古希腊的“巨人”柏拉图和亚里士多德，将写作导向了“超级虚构”，继续追寻形而上的“最高真实”；但中国的“巨人”孔子却勾销了“远古诗歌的匿名性”，并赋予原本匿名的诗歌以意识形态的签名。诗歌因此变为意识形态的传声筒，成为一种政治、伦理的话语方式；因此，诗不再“指向诗本身……失去了纯粹想象力的冒险。作品中的‘我’不是那‘虚构的另一个’，经验之我与抒情之我被混为一谈……”①

这也是张枣“元诗”（metapoetry）观念的另一种表述。“元诗”的根本之意便是“诗是关于诗本身的”②。张枣借它瓦解外在的政治意识形态的操控，破除诗歌与现实经验的直接的模仿关系，包括个人经验对诗歌的束缚，进而将写作导向法国象征主义的“去个人化”、“去人性化”③和艾略特的“非个人化”及传统论④。这样，诗歌中的“我”便不再是“经验之我”，即现实中的作者，而是“虚构的另一个”，即“抒情之我”，也即今天所言的抒情主体。虽然传统诗歌的抒情主体与经验之我常常纠缠不清，但自现代以来，二者之间的关系越来越疏离，特别是象征主义之后，抒情主体角色化，成为诗中一个形象，不再指向作者，已是现代诗的基本技术。因此，绝不能把作者与抒情主体简单地等同。

在钟鸣之后，“匿名”不仅进一步偏离了张枣的原意，还被理解为《镜中》的高超技艺。如此说法颇有些匪夷所思。在《镜中》之前，不论古典诗歌还是现代新诗，都大量存在此类根源于汉语本体特征的所谓“匿名”。典型的例子如《登幽州台歌》：“前不见古人，后不见来者。念天地之悠悠，独怆然而涕下。”又如卞之琳的《归》：“像一个天文家离开了望远镜，/从热闹中出来闻自己的足音。/莫非在自己圈子外的圈子外？/伸

---

① 张枣：《诗人与母语》，《张枣随笔选》，人民文学出版社2012年版，第53页。

② 张枣：《朝向语言风景的危险旅行——中国当代诗歌的元诗结构和写者姿态》，《张枣随笔选》，人民文学出版社2012年版，第170页。

③ 参见弗里德里希：《现代抒情诗的结构》，李双志译，译林出版社2010年版。该书在波德莱尔、兰波、马拉美各章分别论及去个人化、虚构的自我、去人性化。这部诗学专著对张枣影响很大。

④ T. S. 艾略特：《传统与个人才能》，王恩衷编译，《艾略特诗学文集》，国际文化出版公司1989年版。

向黄昏去的路像一段灰心。”此类诗句的主语缺省，从认知语言学的角度看，不仅是言语经济的需要，也更能凸显语言表达的主要信息。在汉语习惯中，这里缺省的主语可以被默认为“我”或者某人。如果翻译成英语，通常需要加上明确的主语。也就是说，不论有“我”还是无“我”，都存在一个确定的抒情主体，显隐不同而已，并不是什么个人发明。

当然，诗歌中的抒情主体与作者的关系，即便在古典诗歌中，也绝非简单对应关系。在许多读者那里，《登幽州台歌》中缺省的“我”无疑就是作者。据学者陈尚君考证，这种认定甚为可疑，因为这首诗很可能不是陈子昂所作，而是他的好友卢藏用“根据陈赠诗的内容，加以概括而成”①。虽然这还不是定论，但在真伪未辨的情况下，就把抒情主体等同于作者，可见这种认知的想当然性质。

冷霜曾明确指出，“‘皇帝’一词使我们蓦然发现这首诗的情境并非一个（记忆中的）诗人本身在场的情境，因而意识到诗中被省略的主语并不能自动填充为诗人本身”，进而认为“‘皇帝’一词的出现，已经揭示了这首诗的抒情声音是非主体性的，或者说是主体弥散的”。冷霜所说的主体一词指向了写作的主体，即作者，因此，可以说《镜中》确实是非主体性的。但由此否认作为角色的抒情主体在文本中的统摄作用，显然又不恰当。冷霜认为，诗歌结尾处“‘想起一生中后悔的事’的，既是‘她’，也是和‘她’相对的‘我/他’，也是‘皇帝’，它是一个属于所有人，即使皇帝亦不能免的，关乎生命本质的动作/经验”②。就“后悔”所包含的情感和经验的普遍性而言，无疑人人不能免。但就文本内部结构而言，人人可作“想起”的主语，就打乱了抒情主体与“她”之间的角色关系。

非主体性或者主体弥散是戏剧化、非个人化的现代诗的常见特征。进入后现代语境，主体的神话已经崩塌。整体而言，诗歌不再是大写的超级主体（比如革命主体、人道主义主体）的签名，也不是小写的纯个人化主体的自我表现。如张枣所说，“诗歌中的主体已经不重要，只是一个看的人，而且不具有阐释能力”③，即作为一个角色存在。《镜中》的抒情主体正是如此，既不是大写的主体，也不是小写的主体，而是一个角色化人物。但这个角色有特定的动作和位置，绝不是别的角色可以取代的。就上下文关系看，抒情主体在追忆之后，又“望着窗外”，并“想起一生中后悔的事”，不可能是“她”在

① 陈尚君：《〈登幽州台歌〉献疑》，《东方早报》（上海）2014年11月23日。

② 冷霜：《诗歌细读：从“重言”到发现——以细读张枣〈镜中〉为例》，《文艺争鸣》2015年第5期。

③ 张枣：《艾略特的一首短诗：Morning at the Windows》，《张枣随笔选》，人民文学出版社2012年版，第73页。

“望”在“想”。作为追忆的对象，“她”无法突破文本的限定，一跃而成为追忆者，否则就意味着诗的解体。

这样，我们就确定了抒情主体的性质，他是“虚构的另一个”，是一个角色。他是开头处“想起”的追忆主体，是结尾处“望着”的动作主体，也是再次“想起”的追忆者。那么，追忆中“看她”游泳、登梯、骑马归来的人，自然就是抒情主体的过去之我，同时，“看她骑马归来”的人又是“皇帝”。因此，“皇帝”也就是抒情主体的过去之我（作为文本语境中的一个角色，它和张枣毫无关系）。当然，也许“皇帝”只是一个修辞，如西渡所言，比喻恋爱中的男子在心理上的“无限权威”；也许“皇帝”就是一个皇帝，就是拥有高贵身份的抒情主体。但是，就“皇帝”一词自身携带的历史基因及其在文本结构中的位置而言，不论前者还是后者，都具有进一步反思的必要。

二、“皇帝”的后悔与长恨

如果说《镜中》的抒情主体是一位虚构的“皇帝”，或者谨慎地说，他是一个“皇帝”式的主体形象。那么，我们也就可以把《镜中》所追忆的爱情看作“皇帝（式）的爱情”。但是，所谓“皇帝（式）的爱情”只是一种虚构，不过是今人对皇帝宠幸和后妃专宠的浪漫想象。作为权力的最高化身，皇帝可以“像挑选一只鲜果”一样挑选他的欲望对象，而女人只能设法让自己被挑选出来。由此产生的悲剧或喜剧，是女人的宿命，不是爱情的悲和喜。在历代专制王朝的政治伦理中，“丽色乱国”、“尤物惑人”始终是悬在帝王顶上的达摩克利斯之剑。女人不仅丧失了与男人对等的地位，沦为尤物，还被进一步妖魔化。

据张枣回忆，他曾对“皇帝”一词有过疑虑①。也许迷恋“温柔”诗学的诗人已经觉察到这个华贵之词背后的霸权意味。虽然它张扬了男人的荣耀，造成诗歌“某种震惊性的场景”②，却也以至高无上的权力，将爱情异化为男人对女人的欣赏和宠幸。“后悔”之情因此变得含混、难解。从诗艺言，这确实是高妙的技艺；从阐释的角度看，“皇帝（式）的爱情”直接造成了这首诗在主题上的缺憾。如果把《镜中》与白居易的《长恨歌》比照阅读，这种缺憾更显而易见。

---

① 见《新京报》记者刘晋锋撰写的张枣采访稿《张枣：80年代是理想覆盖一切》（《新京报》2006年4月4日）。关于“皇帝”这个细节，张枣此处的回忆与柏桦的回忆稍有出入。张枣说他把“皇帝”一词划掉了，而柏桦保留的手稿上，“皇帝”一词并无涂抹痕迹，但柏桦也提到张枣对“皇帝”二字有些迟疑。另，张枣说，是柏桦到他宿舍中看到此诗；而柏桦说，张枣拿着此诗的手稿到他家里去。参见柏桦：《张枣》，柏桦、宋琳编《亲爱的张枣》，江苏文艺出版社2010年版，第41页。

② 柏桦：《张枣》，柏桦、宋琳编《亲爱的张枣》，江苏文艺出版社2010年版，第41页。

古典诗歌中，抒写“皇帝（式）的爱情”的作品，影响最大、传播最广的莫过于白居易的《长恨歌》了。陈寅恪说它“熟颂于赤县神州及鸡林海外王宫妾妇牛童马走之口”。但所谓的爱情主题多是今人的附会，李、杨之间的爱情关系甚为可疑。抛开历史中的权力纠葛与血腥屠戮不说，单就诗歌文本看，他们的爱情更像一场以男人为绝对主体的情感“秀”。

根据李、杨之间的分合关系，《长恨歌》的故事逻辑可以表述为皇帝宠妃—失妃—思妃（包括觅妃），这个逻辑可以转换为不同的文本结构。比如白居易的《李夫人》，先叙“汉武帝初丧李夫人”，再叙思妃，思妃中暗含宠妃。也可以变形为《镜中》式的环形结构：皇帝思妃—宠妃—失妃—思妃。但是，不论怎么变，都没有改变“皇帝—妃子”的主客秩序，这正是隐藏于文本结构中的“男性（主体、中心）—女性（他者、边缘）”的男权话语结构，也正是这一本质性的力量决定了皇帝与妃子之间爱情的可疑性。

《长恨歌》开头部分对杨玉环的容貌、体态所进行的生动描摹，便是在男权话语结构中展开的：“回眸一笑百媚生，六宫粉黛无颜色……春寒赐浴华清池，温泉水滑洗凝脂。侍儿扶起娇无力……云鬓花颜金步摇……缓歌慢舞凝丝竹，尽日君王看不足。”如果用电影语言转换此处的描写，每个镜头都将受制于君王的观赏趣味和角度，被观赏者必须遵照男性的口味标准，在不同场景里展示媚人的笑脸、嫩滑的皮肤、娇弱的肉体、妖冶的身姿……这种展示近乎是女人的职业。不论是从女性主义者发现的“看与被看”模式还是从视觉艺术的“观看之道”言，这里都包含着皇帝作为主体、中心，女人作为对象、他者的意识形态。当女人被简化为秀色可餐的肉体，爱情变成男人欢享盛宴的代名词，那么，《长恨歌》后半部分反复渲染的思念，究竟在思念什么？究竟是什么值得如此思念？白居易苦心经营了思念的姿态和氛围，而思念的对象只是一个难得的“尤物”？

从历史的角度看，《长恨歌》实则是一个双重文本。表层是情感上的长恨，深层是权力上的长恨。诗中的君王“孤灯挑尽未成眠”，是一种讽喻式的表达，并非单纯地思念贵妃。玄宗避难蜀地时，太子李亨已在灵武即位。玄宗回驾长安，先居兴庆宫，后迁入甘露殿，并遭到肃宗的幽禁，处境艰危。迫于专制权力的威压，诗歌不可能直呈历史的真实，只能将玄宗退位的凄凉晚景隐藏在别恨哀思的描绘中，玄宗对杨贵妃的思念越是深沉，越能凸显帝王失位失权的悲哀。然而，男女私情的缠绵悱恻在间接表达出残酷的历史教训的同时，又淡化了这一主题。深受感染的李商隐发出追问——“如何四纪为天子，不及卢家有莫愁”，实则陷进了白居易苦心经营的文本迷宫。因此，《长恨歌》中的爱情根本上就是一个政治隐喻，不过是“香草美人”抒情模式的变体；杨贵妃的生与死也不过是权力有与无的喻体。不论历史层面，还是语言层面，她始终没逃脱权力话语的摆布。在诗歌中，被欣赏时，她扮演尤物角色；被遗弃时，她承担祸国的罪名；“天上人间皆不见”，还要信守已遭背叛的誓言。从女性主义角度看，除了女人的命运悲剧，《长恨歌》中实在没有别的什么值得“长恨”，遑论爱情。

相较于《长恨歌》，《镜中》的篇幅短小，更具抒情性，不可能容纳那么多复杂而沉重的历史。但二者之间颇有相通之处，“尽日君王看不足”的幸福感同样贯穿于《镜中》抒情主体的追忆中，它的“后悔”主题与《长恨歌》的“长恨”何其相似。特别是“皇帝”视角的引入，使得《镜中》更像是《长恨歌》的缩写本。当然，这并非否定《镜中》艺术上的成绩。陈寅恪也曾说，李商隐七律《马嵬》“乃长恨歌最佳之缩本”，又认为白居易的《李夫人》“取长恨歌及传改缩写成者也”①。就互文性而言，现代新诗与古典诗歌之间的距离并没有想象的那样远。诸如蝴蝶、燕子、梅花、星辰等自然意象及离愁别恨、家国之思等主题进入新诗后，诗人大多会有意无意地延续其古典意蕴。张枣一度主动地以新诗重构古典，并写出一批佳作，如《何人斯》、《梁山伯与祝英台》、《楚王梦雨》、《刺客之歌》等。此外，如果说与《何人斯》同时写成的《镜中》是对《长恨歌》的翻新、重构，也许并非无稽之谈。张枣童年时曾和外婆一起生活，而这位老人是白居易的忠实拥趸，把一本白居易的诗选都翻烂了。张枣谈论自己的“诗歌教养”时，强调了童年的影响，并生动地讲述过这段经历②。可以料想，张枣童年时就应该受过《长恨歌》的熏陶。

但问题并不在于《镜中》的技艺及渊源，而在于它对古典诗意的转化、处理，并没有摆脱隐藏在古典爱情诗背后的男权文化局限，仍然以“皇帝”的姿态和视角去欣赏女性。1984 年，翟永明的《女人》组诗已经揭示了“用爱杀死你”的男权逻辑，写于同年的《镜中》，仍然沉浸于“羞惭、低下头，回答着皇帝”的女性之美，多少显得不合时宜。

将诗集《张枣的诗》中的《镜中》与当年的《镜中》手稿③对照可以发现，张枣不仅对原稿中的陈腐词句做了较大程度的删改，也进一步强化了“看与被看”的权力结构。其修改部分主要集中在记忆场景的叙述上。比较如下：

1. 原句：比如游泳到河的另一岸　修改：比如看她游泳到河的另一岸
2. 原句：比如看见一双比雪片更遥远的眼睛　修改：比如登上一株松木梯子
3. 原句：看她垂下温暖的睫毛　修改：不如看她骑马归来

---

① 陈寅恪：《元白诗笺证稿》，生活 · 读书 · 新知三联书店 2001 年版，第 37、270 页。

② 颜炼军、张枣：《甜》，《张枣随笔选》，人民文学出版社 2012 年版，第 199、200 页。

③ 此手稿存于诗人好友柏桦处，手稿照片为柏桦所摄。

第 1 处，张枣增加了“看她”，把“游泳”动作的主体限定为“她”。第 2 处原是“看见一双比雪片更遥远的眼睛”，张枣全部删去，改成“登上一株松木梯子”，此处系承前省，实际上也是“看她”。第 3 处，涂去了原句“看她垂下温暖的睫毛”，将隔一行的“看她骑马归来”提前到此行。同时把悬置在上一行结尾的“不如”移下来，变成“不如看她骑马归来”，此行下又增加一行——“面颊温暖”。

重庆钢铁工业学校公用笺

镜中

只要想起一生中后悔的事
梅花便落了下来
比如游泳到河的另一岸
比如看见[illegible]雪片[illegible]
危险的事固然美丽，不如
[illegible]
羞惭，低下头，回答着皇帝
看她骑马归来
一面镜子永远等候她
让她坐在镜中常坐的地方
望着窗外，想起一生中后悔的事
梅花便落满了南山

对比可见，修改后的《镜中》固化了记忆场景的叙述结构，特别是对原稿第 1 处的修改，促成了稳定的“看—她……”视觉模式，将“她”牢牢地禁锢在“被看”的位置。她那既现代又古典的女性之美，并非她的真实，而是出于男性视角的规定和虚构。这就落入了埃林·肖沃特所谓的“厌女现象”，即“在文学作品中把妇女描绘为天使或怪物的模式化形象”①。当然，相对于杨贵妃媚、艳、娇的尤物气质，“她”的形象已经时代化、复杂化了，但女性的主体仍然消失于这样的叙述视角中。没有主体性，“她”的既大胆、活泼又羞惭、驯服，不过是新“皇帝”对新“尤物”的气质设定。特别是在“羞惭，低下头，回答着皇帝”一句中，“她”含羞的表情、惭愧的心理、低头的姿态、“回答”的被动，皆与“皇帝”之间保持一种惯性使然的默契。立足于女性的主体意识

① 转引自《女性主义文学批评的革命》，王政、杜芳琴主编《社会性别研究选译》，生活·读书·新知三联书店 1998 年版，第 134 页。

来看，问话的“皇帝”显然处于绝对主体的中心位置，不论“皇帝”一词是作为修辞还是作为形象，都能释放出强大的威力，令她收敛河中游泳、登梯爬高的活力，压抑活泼、开放、冒险的天性，“骑马归来”并找到自己在男权秩序中的合适位置，变成男人“房间里的天使”。

但是，《镜中》毕竟是当代作品，“她”的命运不可能与杨贵妃相同。在帝王爱情模式中，女性除了死，极少可能获得爱的殊荣，即便死了也往往难逃尤物惑人的诟病。白居易的《李夫人》即是明证：“生亦惑，死亦惑，尤物惑人忘不得。”那么，《镜中》之“她”的命运如何呢？文本没有交代任何信息，不过从“一面镜子永远等候她，让她坐到镜中常坐的地方”两句来看，抒情主体还在等“她”回来，这意味着“她”只是离开，并没有遭遇不测。此种隐含之义，使得《镜中》又偏离了帝王爱情模式。虽然镜子仍在等待秀色可餐的她，如同笼子在等待一只仅供观赏的鸟，但她没有重蹈杨贵妃的命运，死别之后还要“含情凝睇谢君王”、“惟将旧物表深情”，为男性主体的失落感陪葬。她谜一样的不知所踪，正是女性命运转变的时代征兆。

“她”的离开，意味着男性主体失去了他者，造成男性的绝对主体变成了幻象，像一面闲置的空镜子。也因她的离开，“皇帝”或皇帝式的抒情主体被羁留在房间里（由“望着窗外”可知）。这个房间，不论在“南山”下，还是别的地方，都不是普通的房间，具有独特的象征意味。在传统诗歌中（如游子思妇、弃妇怨妇等题材的诗），这种房间几乎专为女人量身定制，充满思愁、寂寞或哀怨，仿佛女人永远走不出的“铁闺阁”。“女正位乎内，男正位乎外”、“未嫁从父，既嫁从夫，夫死从子”、“君为臣纲，父为子纲、夫为妻纲”① 等根深蒂固的伦理律令锁住女人，除了死亡，她们只能守着“铁闺阁”捣衣、望月、听雁、对镜、无眠、远眺、不事梳妆……即便有“浮云蔽白日”的猜疑、“哪作商人妇”的幽怨，也无损于洋溢在爱情诗篇中的男性傲慢。现在《镜中》却将这个房间留给了一个“后悔”的男性，几乎颠覆了“仰天大笑出门去”的男性传奇景观。

然而，这样的阐释，却又忽视了《镜中》所营造的整体诗意氛围，它那感伤缠绵的语调、琳琅悦耳的韵律、轻盈优美的画面，如此令人着迷。抒情主体的“后悔”在这样的氛围中，只能表现为对遗失物的追悔，绝无引发主体进行自我反思的可能。这又与前文所揭示的隐秘主题相悖。从《长恨歌》的皇帝到《镜中》的皇帝，昭示着男性主体的历史延续性；从“长恨”到“后悔”，又暗含着女性形象在诗歌中的时代变化。可以说，

① 以上引文分别见于《易》、《礼记》、《白虎通义》，系国内女性主义学者高频引用语。但若放在伦理学视域中考察，也并非如字面意义那么单纯。

《镜中》作为完整的小诗，它的内部实则包含着这样的分裂：男权意识的顽固自恋和女性意识的潜在觉醒。但《镜中》之美掩盖了这一内部的分裂。多少读者因为美的吸引，忽略了“她”离开的意义，而希望女人重新坐到那一面专属女性的镜中，来抚慰这“皇帝”的遗憾。

三、“皇帝”与新诗的传统

《镜中》的抒情主体因追忆过去而产生缠绵悱恻的“后悔”之情，这是人之常情，也是文学热衷的主题。但其追忆的对象，仅是“皇帝”的“他者”，父权制下的男性造物，一个被剥夺了主体性的女人，这瓦解了“后悔”作为主题的正当性和感染力。在女性觉醒的时代，男人越是执念于这种追忆，也就越发显得不可理喻。可是就《镜中》的接受情况而言，并非如此。《镜中》自诞生以来，一直广受喜爱，读者着迷，诗人欣赏，批评家盛赞不已，新诗中享此殊荣的并不多见。如果我们以前一篇文章①所讨论的内容（如古典性、审美性）来解释这种错位也可以说得通，但不能排除这样的原因：它在读者的无意识中召唤出一个皇帝式的、带有颓废气质的男性主体形象，和一个大胆活泼又害羞顺服、被男人接纳欣赏的女性形象。这样的形象因为顺应了文化延续中的心理惯性，而释放出巨大的阅读快感。

《镜中》之她的“羞惭”气质在新诗传统中根深蒂固。徐志摩《沙扬娜拉》组诗之十八盛赞的就是这样的气质：“最是那一低头的温柔，/象一朵水莲花不胜凉风的娇羞，/道一声珍重，道一声珍重，/那一声珍重里有蜜甜的忧愁——/沙扬娜拉！”② 这位“日本女郎”是否真是如此，我们不得而知，但捕捉到这样一种温柔、娇羞之美，并以激赏的态度将之描绘出来，意味着在诗人的观念中，先已存在对这种美的认同和欣赏。假如徐志摩不是在标题下标注“赠日本女郎”，而是标注“赠日本男子”，这里的美就会显得极不自然。温柔与娇羞是父权制社会对女性气质的世界性的规定，而男性气质的内涵是强壮、勇敢、坚强、冒险、进取……可见，看似自然的女性之美，实则顺应了文化中根深蒂固的偏见，这是女性主义者早已发现的秘密。

戴望舒的《我的恋人》写道：“我将对你说我的恋人，/我的恋人是一个害羞的人，/她是羞涩的，有着桃红的脸，/桃红的嘴唇，和一颗天青色的心……她有黑色的大眼睛……她有纤纤的手……她是一个娴静的少女，/她知道如何爱一个爱她的人，/但是

---

① 参见笔者另一篇阐释文章《我们该如何读〈镜中〉》，哑石主编《句法》，成都时代出版社2018年版。

② 《徐志摩诗全编》，浙江文艺出版社1990年版，第148页。

我永远不能对你说她的名字，/因为她是一个害羞的恋人。”① 戴望舒的“恋人”近乎一个典型的他者形象，一个仅供观赏、宠爱而缺失女性主体的美人。这首诗大约写于1928年，如果把这样的“恋人”放在20世纪20年代女性生存艰难的社会环境中，除了成为男性的保护对象和宠物之外，很难想象她能够独立存活，更不必说积极谋取女性自主的社会地位了。早在民国伊始，社会各界就已在讨论女子参政的问题。整个20年代，女子参政运动在各地此起彼伏，女性解放问题不管是在社会、政治领域还是文学、艺术领域都是一个重要主题②。鲁迅1923年的演讲《娜拉走后怎样》及1925年的小说《伤逝》都在着力思考这一问题。相较之下，这首诗所展现的性别意识不免显得过于保守。

现代以来，类似的女性美不胜枚举。“你的聪明象一只鹿，/你的别的许多德性又象一匹羊”③（沈从文）；“你的头发是一道篱笆，/当你羞涩一笑时，/紫竹绕住了那儿的人家”④（徐迟）；“十四夜的月亮是够亮的，/照着我的羞涩，你的放肆”⑤（女诗人沈紫曼，即沈祖棻）；“她来向他告别，/低下羞红的脸”⑥（流沙河）；“所有羞涩和胆怯的诗篇，/对他，都不适合，/他掠夺去了我的爱情，/象一个天生的主人，一把烈火!”（女诗人林子）⑦ ……当然，这些例句或许在描述诗人眼中的真实，也不意味着诗人存在主观上的性别歧视问题。但在一定程度上，这又表明父权制文化的性别建构对于诗人审美的限制和影响。当诗人将性别（gender）差异内化为先在的审美装置，便导致他（她）只能看到被建构的女性特征，而无法注意到背后的性别问题的复杂性，进而掉进父权制的陷阱。这种不自觉的男性书写，一旦成为广为流传的经典，也在无形中塑造读者的审美心理，进而强化仍然顽固存在着的父权制意识形态。

《镜中》对“她”的想象，相比所举诗歌又增加了新鲜的要素——“游泳到河的另一岸”。传统社会的女性肯定不会有这种冒犯礼法的行为。这一点赋予了“她”生动的现代气质。综合《镜中》三个场景的描述，她的气质超出了父权制下的“女性角色刻板印象”。遗憾的是，《镜中》将她置于“看与被看”的模式，并且要她在“皇帝”这个男权终极符号面前“羞惭、低下头”，这就又使她落入了“黑暗大陆”的他者位置。但是，《镜中》的独特之处在于，抒情主体并未在整个叙述中保持“皇帝”的统一形象。在追

---

① 《戴望舒诗全编》，浙江文艺出版社1989年版，第71页。

② 可参见《新中国妇女参政的足迹》（中共党史出版社1998年版）、《中国妇女运动史》（春秋出版社1989年版）等著作。

③ 沈从文：《我欢喜你》，《沈从文全集》15卷，北岳文艺出版社2002年版，第95页。

④ 徐迟：《恋女的篱笆》，《徐迟文集》，第1卷，作家出版社2014年版，第56页。

⑤ 沈祖棻：《泛舟行》，《沈祖棻程千帆新诗集》，武汉大学出版社1992年版，第22页。

⑥ 流沙河：《不》，《红岩》1957年2期。

⑦ 林子：《给他》，《诗刊》1980年1期。

忆的过去，抒情主体是皇帝式的；在追忆的当下，抒情主体是一个“后悔”者的形象。这“后悔”虽未表现出对男性意识的积极反思，却也昭示了一种被惩罚的后果。它温柔的语调和感伤的氛围，令它更像一曲男权的挽歌。

因此，即便在女性主义视角下解读，《镜中》仍然有别于同时代“男人创造的语言”——高亢的、英雄主义的雄性嗓音。当代诗歌始终对这种“雄性嗓音”缺乏应有的警惕，对语言中源于父权制话语的污染也缺乏足够的敏感，虽然哲学上的语言本体论观念一度影响较广，但现代汉语所携带的等级意识、暴力倾向与权力污染始终没有受到较彻底的检察与清理。因此，当代诗歌将女性气质本质化的同时，又被语言中的意识形态操纵，将男性自我英雄化，乃至将女性诗人的嗓音也男性化。

20 世纪五六十年代，在“女人能顶半边天”、“男女平等”等政治话语的遮蔽下，女性表面上取得了独立自主的政治地位。然而，她们的主体意识并未得到实质性的凸显和确立，她们的生存负担也因此更加沉重。政治权力的介入，使她们普遍拥有了进入社会公共空间的机会，并和男人一样参加集体劳动和集体活动，这确实是巨大的进步。但是，在私人空间，即家庭中，因男性意识并未受到根本改造，她们又必须返回女性角色，承担原有的妻子和母亲的“内务”。两种空间的分裂，导致了女性意识的“性别紊乱”。女性的主体意识无法真正确立，公共空间的女性只能变成一个空洞的男性化形象，私下里的女性只能是一个他者。男性被分担了工作的重负，仍然是整个社会的绝对主体。

到了 20 世纪 70 年代末、80 年代初，时代巨变，言论环境有所放宽，被政治话语掩盖的性别问题很快浮现出来，反映在诗歌中，是父权制的英雄主义幻觉急剧膨胀。男、女诗人操着同一种雄壮的男性话语，共同塑造新时代的男性英雄主体。主旋律的颂歌自不必说，作为反叛者的北岛，发出的也是典型的“雄性嗓音”。舒婷的《致橡树》被认为是女性意识的觉醒之作，但实际上仍然是男性话语的变体：“你有你的铜枝铁干/象刀，像剑，也像戟/我有我红硕的花朵/像沉重的叹息/又像英勇的火炬。”① “我”的形象看似独立，实则是对英雄化男性形象的认同与屈从。“花朵”、“叹息”以及“火炬”的比喻，根本没有逃出社会性别（gender）的框范。其后，《祖国啊，我亲爱的祖国》一诗更是与女性意识水火不容的宏大抒情。这种深陷男性话语中的女性表达，显示了作为政治话语的“男女平等”在新时代的惯性和后果。诗人李瑛在《美国之旅·怀念祖国》的开头写道“太阳，照耀过五千年雄浑的黄河/黄河，记得我把一千首诗献给祖国”②，更是激荡着雄性荷尔蒙。即便是在复出的老一辈诗人笔下，也难免这样的话语风格：“我们拿

---

① 舒婷：《致橡树》，《诗刊》1979 年第 4 期。其《祖国啊，我亲爱的祖国》发表于《诗刊》1979 年第 7 期。

② 李瑛：《美国之旅　怀念祖国》，《昆仑》1983 年第 1 期。

脚步剖开峰峦，/剖开山腰的云雾、密林/去凝望山脊下彩色的虹，/呵，我们的希望在汹涌……"① 在80年初期的诗歌刊物中，语言的男性化、同质化、暴力化是普遍的现象，诗人的反抗与颂扬不过是同一种意识形态话语不同的表演姿态。

这种英雄主义形象再进一步，就变成了"神"、"可汗"、"王"、"皇帝"。诗歌中的男性话语在整个80年代一直处于不断膨胀的状态。杨炼在《诺日朗》中写道"我是瀑布的神，我是雪山的神/高大、雄健、主宰新月/成为所有江河的唯一首领"②，到21世纪后的《艳诗》中，高高在上的"神"又演化成了颓废的"朕"。顾城则在新西兰的怀赫科岛（Waiheke Island，顾城命名为"激流岛"）修筑"女儿国"的城堡，试图成为"光芒城堡里的伟大的可汗"③。海子"有三种幸福：诗歌、王位、太阳"，因而，"秋天深了，王在写诗"。海子的"大诗"写作④，换言之，即"诗歌王"施展宏伟的文化抱负。由此可见，张枣的"皇帝"正是这一英雄谱系中的一位。奚密在《当代中国的"诗歌崇拜"》一文中曾设问："为什么诗人非得用英雄主义式的修辞来理解呢？不管'诗歌崇拜'多么强烈地反抗现存体制，它是否在无意间只是替换了崇拜的对象，而仍在原来的思维和写作模式里运作呢？"⑤ 如果从男权话语与政治话语之间内在的逻辑关联看，问题的答案不言而喻，当代诗歌的英雄主义情结与政治史上的"个人崇拜"之间是一种镜像关系，受制于同一种意识形态。多数诗人沉浸于"无冕之王"的浪漫主义幻觉，对此竟无警惕之心。

如果说英雄主义话语和帝王想象以不自觉的方式吞没了女性的话语空间，那么另有一些以性别歧视作为重要构件、开创新风的诗歌，则直接伤害着女性。韩东的《有关大雁塔》（1983年）最初发表时包含上、中、下三部分，1984年再刊时删去了重塑"好汉"形象的中间部分，其中的一句是"一晚上能睡十个女人/他们那辈子要压坏多少匹好马"⑥。可以想象，不删去这个"好汉"形象，就不会有《有关大雁塔》经典的解构意义。然而，"女人—马"的英雄标配和侮辱女性的语言能指，仍然惯见于当代诗歌中："那些姣好的女子正在红尘中食着糟糠/在天边垂着长颈/你要骑着她们去打仗/骑着她们

---

① 唐湜：《山中行》，《莽原》1983年第1期。

② 杨炼：《诺日朗》，《上海文学》1983年第5期。

③ 据顾乡回忆，谢烨婚后称顾城"可汗"。顾城也曾在书信中自称"可汗"。在新西兰岛上，顾城也一度成为"女儿国"的可汗。顾城一方面极为尊重女性，但另一方又怀有多妻梦想，这种分裂甚为怪异。

④ 海子：《夜色》、《秋》，见《海子诗全编》，作家出版社2009年版，第444、431页。

⑤ 奚密：《从边缘出发——现代汉诗的另类传统》，广东人民出版社2000年版，第241页。

⑥ 《有关大雁塔》的未修改稿，最初发表在韩东办的民刊《老家》和封新成办的民刊《同代》上，修改稿发表于1984年的《他们》第1期。参见常立：《"他们"作家研究》，上海三联书店2010年版，第41、185页。

去吟诗”（《美女与宝马》）；“一匹宝马/或者是一个美女/都是用来骑的/它们使你强大得近乎疯狂”（《醉酒》）；“我也把你全身上下盖满印章/告诫成天在你身边嗡嗡着的男人/此物只可借阅/不能占为己有”（《更年期》）①；“把他们搞过计划要搞来不及搞的女人/均匀地分配给你分配给我/分配给孔夫子及其徒子徒孙”②。这些“莽汉”诗歌虽然以反讽、谐谑的风格强有力地对抗着一个时代的意识形态，但实质上只是打了一场新男性主体取代旧男性主体的战争，女人作为奴隶，始终被固化在语言的隐喻结构中，沦为新、老英雄的垫脚石。

此后，这种反抗的风格和方式，在“下半身”写作中得到延续。下半身提出“身体”主张，对于理性化、知识化的写作是一次有力的反拨。但是，下半身的写作实践更多地在重申他们的诗歌观念，并未真正地回到身体之诗、感性之诗，与其反对的诗歌一样，带着强烈的观念性。更严重的问题是，因为强调下半身，在男性诗人笔下，女性的肉身自然而然地沦为男性器官施展才华的场地。在杂糅着性别观念与色情暴力的诗歌文本中，女性形象在诗歌中承受着双重的伤害。这已超出本文的主旨范围，兹不赘述。

把张枣的“皇帝”放在当代诗歌的大背景下观察，既无须为之辩护，也能理解其产生的社会、思想、文化根源。历史巨大的惯性在每位诗人的身上留下深深的痕迹，语言交付的遗产也需要一个漫长的清理过程。相比之下，《镜中》所表现的温柔、唯美与颓废的语言风格，不仅削弱了“皇帝”的权力内涵，也对时代语言的疯狂进行了可贵的矫正。张枣曾说：“我从70年代末写作一开始，就本能地不喜欢文字的权力感和暴力，也就更不会去想以暴易暴。”③ 也许正是这样的语言意识使得张枣对“皇帝”一词心有疑虑。一年多后，《灯芯绒幸福的舞蹈》④ 诞生，这组诗彻底清除了《镜中》隐含的男权意识。

“皇帝”后传：灯芯绒幸福的舞蹈

如果把《镜中》与《灯芯绒幸福的舞蹈》（下文简称《灯芯绒》）对照阅读，《镜中》和谐而古典的意境美就显得更加可疑，它内部暗藏的对时代生活的敏感性（女性出

① 李亚伟：《豪猪的诗篇》，花城出版社2005年版，第76、85、34页。

② 胡冬：《我想乘上一艘慢船到巴黎去》，见唐晓渡、张清华编选《当代先锋诗30年：谱系与典藏》，江苏文艺出版社2012年版，第135页

③ 黄灿然：《访谈张枣》，《飞地》2013年第3辑。

④ 关于《灯芯绒幸福的舞蹈》的写作时间，《张枣散文选》的“后记”认为不迟于1988年。此推断并无根据。张枣在访谈中也说明这是出国之前的创作（见《张枣散文选》第208页）。据柏桦回忆，张枣此诗肯定写于其出国之前，大约在1986年五六月份。

走)，与它所营造的后悔氛围之间的裂隙也暴露了出来。也许在1984年秋冬之际①，诗人还没有意识到这种“敏感性”所具有的现代意义，但是到了1986年夏天，诗人显然有了更深刻的体验和认知。

《灯芯绒》写于张枣出国之前，作为20世纪80年具有代表性的先锋作品，它不仅瓦解了《镜中》隐含的“看（皇帝）—被看（她）”话语结构，而且，赋予“她”以言说者的主体地位，直接反驳并批评“他”虚妄的绝对主体性。第一节中，男性之“我”看到的全部是物化的女性之美，“秀色可餐”的美，并且沉溺于欣赏者的自我快感，毫无反省意识——“我站起，面无愧色”。第二节中，觉醒的女性之“我”完全不认同所谓的“悦己者”的赞美，认为他“像挑选一只鲜果”一样挑选自己，并“最终要去责怪他。/可他，不会明白这番道理”。男性主体的自以为是、无知无觉与女性主体的觉醒、叹喟、责怪和失望，构成鲜明的对比。《镜中》抒情主体的独白消失了，代之以两个主体的对话。对话以温和的方式展开，却有力地彰显了鲜明的女性意识。所谓“灯芯绒幸福的舞蹈”，实则是“灯芯绒”（女人）在为自己舞蹈，不再仅仅为“他”而表演。

可以说，《灯芯绒》就是对《镜中》的反思之作。在第一节中，诗人延用男性的观看视角，“我看见的她，全是为我/而舞蹈，我没有在意//她大部分真实”，这对应着《镜中》的三次“看她”，但又点明这种狭隘的视角将无视“她大部分真实”。而第二节中，女性之“我”的深深失望也重释了导致《镜中》抒情主体“后悔”的根本原因。《镜中》呈现的古典意境掩饰了它的话语本质，“后悔”的感伤掩盖了女性的真实处境，但《灯芯绒》凸显的女性意识穿透了《镜中》“皇帝”的新衣，是对《镜中》古典幻觉的拯救，也是对其暗含的男权话语倾向的纠正。

如果说《镜中》实现了张枣早年“承接汉族古代帝国诗歌的秘密和精华”②，那么，它也不可避免地受到这个帝国疾病的感染。今天，《镜中》显然已成为张枣流传最广的作品，常常作为张枣的代表作被媒体大力推介，被搬进文学讲堂。每逢张枣的周年忌日，《镜中》便首当其冲，被爱好者反复诵读。2018年4月，“首届张枣诗歌研讨会”在长沙召开，近半数的会议论文不同程度地论及《镜中》，并高度评价。这无疑是对张枣才华的认可与推崇，张枣的诗人形象也因此被树立在读者心中。但这又何尝不是对张枣的遮蔽呢?《镜中》作为张枣的“起步之作”③，确实有惊人之美，前文所论也许瑕不掩瑜，

---

① 据柏桦回忆，《镜中》写于1984年深秋或初冬，张枣访谈中则说写于1984年秋天。钟鸣认为写于1984年10月，但未注明根据。以上说法分别参见柏桦《左边：毛泽东时代的抒情诗人》第116页；黄灿然《访谈张枣》；钟鸣《笼子里的鸟儿和外面的俄耳甫斯》。

② 张枣：《张枣随笔选》，人民文学出版社2012年版，第216页。

③ 张枣曾说：“我的起步之作是84年秋写的《镜中》。”见黄灿然：《访谈张枣》，《飞地》2013年第3辑。

但相较于此后的若干作品，如《何人斯》、《秋天的戏剧》、《灯芯绒》、《卡夫卡致菲丽丝》、《跟茨维塔耶娃的对话》、《父亲》、《祖母》、《悠悠》、《大地之歌》等，《镜中》所展示的诗人形象未免太过单薄，难以胜任那“朝向语言风景的危险旅行”①。

（作者单位：西南交通大学人文学院）

① 参见张枣：《朝向语言风景的危险旅行——中国当代诗歌的元诗结构和写者姿态》，《张枣随笔选》，人民文学出版社2012年版，第170页。

论话剧《年青的一代》“老干部”形象评价的焦虑[①]

陈　瑜

当下的十七年研究中，《年青的一代》是一部被频频提及的话剧作品，而且围绕这部作品的研究都有一个关键词——“焦虑”。其中最有代表性的就是唐小兵和蔡翔的观点：唐小兵从“现代性”视野出发，认为《年青的一代》反映了一种对“日常生活的焦虑”②；而蔡翔从民族国家角度展开论述，认为《年青的一代》不仅仅体现了“日常生活的焦虑”，更是一种“政治的焦虑”③。这两种研究虽然对“焦虑”的解释各自不同，但他们的共通之处在于将《年青的一代》当作一个固定的文本④，来反观当时文学中所反映的社会主义中国。这种研究忽略了十七年话剧创作的集体性，剧作家从开始创作到剧本上演直至最后剧本出版，会有各方意见参与，且这些评论意见并非单从政治本身出发，还会受到之前社会主义文学传统的影响。所以本文从剧中人物“林坚”这一老干部形象接受角度出发，来探讨“焦虑”一词在《年轻的一代》中是否还有新的阐释可能。通过爬梳1963年6月到1964年6月官方报刊对于剧本中“老干部”林坚的不同评价，引入“家务劳动”和“社会劳动”这对概念，本文指出之所以产生这些不同评价，正是由于政治意识形态把“家庭教育”从“家务劳动”上升为“社会劳动”时所产生的观念冲撞。

---

① 本文系湖北省教育厅人文社会科学研究项目《“十七年”话剧版本批评》（14Q063）的阶段性成果。

② 唐小兵：《〈千万不要忘记〉的历史意义——关于日常生活的焦虑及其现代性》，《再解读：大众文艺与意识形态》（增订版），北京大学出版社2007年版，第226—234页。

③ 蔡翔：《1960年代的文学、社会主义和生活政治》，《文艺争鸣》2009年第8期。

④ 唐小兵在《抒情时代及其焦虑：试论〈年青的一代〉所展现的社会主义新中国》（《海南师范大学学报》（社会科学版）2008年第1期）中提到了《年青的一代》版本变迁问题，但他并没有对此具体展开。

一、对"老干部"林坚的三种不同评价

话剧《年青的一代》曾经红极一时。像许多当时的话剧一样，在具体的写作过程中，《年青的一代》收到了来自各级领导、官办刊物和普通读者的各种建议和意见，这影响了剧本的创作、修改和接受。1963 年 6 月 3 日，它首次在上海人民大舞台上演，受到了热烈的欢迎，接受各方面的修改意见后，剧本发表于《剧本》第 8 期和《上海戏剧》第 8—9 期；1963 年 9 月，它被空军司令刘亚楼看中，带到北京上演，引起了周恩来、贺龙等国家领导人的关注和重视，迅速在全国走红；1963 年 10 月，上海市委开始筹备华东会演，《年青的一代》被定为重要参演剧目，并在上演前由柯庆施亲自组织成员对剧本进行修改；1964 年 3 月 31 日，它和另外 20 个剧本一起获得了文化部颁发的"1963 年以来全国优秀话剧创作奖"；1964 年 5 月，以华东会演演出本为底本，《年青的一代》的初版本由上海文化出版社出版，并开始在全国范围内发行。

在这一年中，国家和地方的主要报纸杂志均对其进行了报道评论，刊登读者来信，组织专题讨论，甚至还有报纸专门为其开辟专栏，如《解放日报》就接受读者建议，从 1963 年 11 月 7 日起在《朝花》副刊上开辟专栏——"笔谈《年青的一代》"。

在所有的讨论中，有一个问题引发了持续的关注，那就是如何评价剧本中的人物林坚。林坚，主人公林育生的养父，不仅是一名能征善战的革命军人，还是一位长期埋首建设岗位的领导干部。这样一位老干部，在他的儿子受到"资产阶级思想"影响的事件中，究竟应该负有什么样的责任呢？笔者对 1963 年 6 月到 1964 年 6 月官方报刊对于剧本中"老干部"林坚的不同评价进行了爬梳，大致清理出如下三种评价意见：

第一种认为林育生思想上的问题林坚也是负有一定责任的，但情有可原，毕竟他工作忙，而且他还及时发现了问题。在这种评论意见中，常会出现"无意"、"无暇"① 这样的词，对林坚抱有理解之同情，这与一开始就对其养母夏淑娟进行严肃批评是不同的。这种评价中比较有代表性的意见是时任上戏领导人苏堃发表在《上海戏剧》上的评论：

> 爸爸常出发到外地工作，无暇教育子女，母亲对他娇生惯养，家庭教育逐渐放松。毕竟是老革命和"一家之长"，一般说还比较注意对子女进行思想教育，有原

① 邱扬：《谁主沉浮？——话剧〈年青的一代〉随感》，《光明日报》1963 年 10 月 12 日。

则性，发现狱生①的“精神面貌不对头”能够严肃批评和管束②。

第二种是对林坚的批评之声，认为他在教育子女的问题上有一些“麻痹”③：

> 剧本的爸爸林坚，是一位坐过监牢的老革命，是一位能征惯战的军事指挥员，是一位日夜辛劳的领导干部，是别人眼中的“首长”，可就是他，却在教育子女问题上存在错误观点。他认为“在我们的社会里，年轻人还能坏到哪儿去？”④

不唯如此，有的读者更是指出林坚的教育方式“简单粗暴”，在教育下一代方面严重失职：

> 平时放松教育，问题严重了，才不得不坐下来谈，最后虽然经过教育，把孩子拉回来了，但是，终究很吃力，花了代价，这是深刻的教训⑤。

第三种评价是对林坚的完全肯定。这种态度上一百八十度的大转弯，和讨论深入之后的一场批判有关。

随着批评之声的增多，有人开始对剧本产生质疑，认为作为一名革命干部，林坚应该是一个正面人物，现在如此来写，有损老干部形象，应该对剧本重新修改。时任地质部负责人何长工的评论颇能够代表这种观点：

> 对培养接班人这一点，可以强调得再突出些，对林坚的刻画可以风格更高些。教育子女，培养接班人，出自林坚口中，应该提得更高。对林坚这样一个老干部，只表现了林育生的严重堕落后，自责自问，自己难过。虽然事后采取的教育措施很有力，但是，这是不够的。还必须把培养下一代的责任，从林坚的生活中正面强调

① 话剧《年青的一代》经过多次修改，主人公的名字最开始叫“林狱生”，后改为“林育生”，另一男主人公的名字有时候写作“肖继业”，有时候写作“萧继业”。

② 苏堃：《一出引人注目的新戏——简评〈年青的一代〉主题的现实意义》，《上海戏剧》1963年第6期。

③ 朱树兰：《在革命后代成长的道路上——话剧〈年青的一代〉观后感》，《人民日报》1963年10月6日。

④ 袁汀：《必须培养可靠的接班人》，《光明日报》1963年10月3日。

⑤ 万景亮：《把教育子女当桩工作做》，《文汇报》1963年10月26日。

出来①。

许多剧团也有这样的认识，他们采用了一种取巧的办法，在排演话剧时直接改变林坚的身份，有的剧团把林坚从将军变为普通老领导，也有剧团把林坚变成一名厂长②。这种改动是通过降低林坚的身份来维护林坚的正面形象，这其实从反面证明了林坚没有尽到对林育生的教育责任。

针对剧团改变林坚身份的做法，1963 年 11 月 15 日，上海的《文汇报》刊登了一篇文章叫作《从〈年青的一代〉谈作家的胆与识》。作者陈刚认为这样的身份变动削弱了主题，让林坚作为一名将军，而他的家里面出现了林育生这样被资产阶级思想腐蚀的青年，“就形成极其强烈的矛盾”，“深刻反映出目前阶级斗争形势的复杂性，具有现实的、时代的特点”，这样的家庭出身让林育生成为了一个“批判的典型”，同时作者认为将军的身份并不会损害林坚这个正面人物形象，因为林坚一心扑在革命工作上，没有时间教育下一代，而且他把教育孩子的重任都交给了自己的妻子，“殊不知夏淑娟又有一番心情。她觉得对林岚可以管得严些，对育生这个老战友的遗孤，则应当宽些；而且，她认为老一辈人千辛万苦打下来江山，正是为了让后一代过得幸福”。所以作者认为林坚除了在教育后代“有一点点疏忽的缺点而外，仍然不失为一个无产阶级战士，仍然是一个英雄人物”③。由于这篇文章特别强调“将门之子”、“烈士之后”，就开始有文章公开点名批评陈刚的这篇文章有思想问题，比较有代表性的是后来成为“上海革命大批判写作小组”成员的胡锡涛发表的文章。胡在文章中指出陈刚这篇文章最大的错误在于反映人民内部矛盾时，不是以歌颂为目的，而是以暴露为目的，“而那位热衷于提倡作家要有所谓‘胆与识’的评论者，不仅强调写‘批判的典型’，而且强调暴露革命家庭中如何出现了‘被资产阶级思想腐触的子弟’”，“按照他的‘胆识’逻辑论，似乎越是革命的家庭越可能出败类”④；另一篇文章在批判陈刚时则认为陈刚“甚至还强求作者‘把林坚的身份设计为将军’，似乎唯有如此‘设计’，情节冲突才能更‘强烈’、‘尖锐’、‘触目惊心’，作者也才够得上真正的‘胆识’双全”⑤。这与柯庆施在华东会演讲话中的文艺精神是相呼应的。柯庆施认为在反映人民内部矛盾时，是为了使人们从中得到教育，而不是什么

① 何长工：《年青的一代要志在祖国、志在人民——谈话剧〈年青的一代〉》，《大公报》1963 年 10 月 13 日。

② 师涛、夏淳、石联星：《〈年青的一代〉导演三人谈》，《戏剧报》1963 年第 10 期。

③ 陈刚：《从〈年青的一代〉谈作家的胆与识》，《文汇报》1963 年 11 月 15 日。

④ 胡锡涛：《现代剧反映人民内部矛盾三题》，《上海戏剧》1964 年第 5 期。

⑤ 李元、朱立元、庄松盛、陈金珠、钟元凯、张建民：《深刻地反映社会主义时代的阶级斗争——评一九六三年优秀话剧的创作特色》，《复旦大学学报》（哲学社会科学版）1964 年第 2 期。

“暴露”，而这种作家所谓的“‘暴露’，不过是站在资产阶级立场上对现实生活的歪曲描写”①。他在第一次看过《年青的一代》剧本后就对剧中林坚的身份设置十分不满，觉得“把一个干部子弟写得这样坏，我在感情上接受不了”，后来组织剧本修改时也着力对林坚这一人物形象进行修补②。

陈刚自然没有机会再反驳，自此之后对于林坚的评价基本上就呈现为一边倒的正面肯定：

> 林坚，是修改本中变动较大的老一辈的形象。他早年参加过工人运动，现在在外地的工厂里工作，虽然长年不在家，但是对子女的教育问题是重视的。他一回家，就带来了原则性的空气③。
>
> 修改后的剧本，通过老一代的代表人物——林坚、萧奶奶等的交谈，使人们感到，革命的前辈们对教育年青的一代，有强烈的革命责任感，并时刻关心着如何教育年青一代，使他们更快地成长起来④。

柯庆施主导的这种片面拔高人物形象评价的行为自然是霸道的，这种评价自然是为政治服务的，但是我们也很难想象其他两种不同的声音不是从政治角度出发的。延安文艺座谈会之后，文学就被纳入政治的轨道，又经过一系列大大小小的思想改造运动，到20世纪60年代，“文学为政治服务”早就已经成为知识分子进行文学创作和文学评论的行为准则，在公开场合的发言更是要积极主动地向政策靠拢。所以，对于林坚的不同评价其实都是在表达评论者自己对于“如何培养下一代”这一政治问题的理解，对于林坚的不同评价正是来源于对这一问题的不同理解。那么，到底是什么样的历史原因造成了这种不同的理解？这正是本文下节要解决的问题。

二、从“家务劳动”到“社会劳动”的“家庭教育”

通过上文的梳理，会发现，如果林坚的养子没有受到资产阶级思想的影响，林坚依然是文学作品中那个受欢迎的老干部。正如有评论所说的那样：

---

① 柯庆施：《大力发展和繁荣社会主义戏剧，更好地为社会主义的经济基础服务》，《戏剧报》1964年第8期。

② 顾振辉：《话剧〈年青的一代〉创作始末钩沉》，《戏剧文学》2014年第1期。

③ 梁兵：《更深刻的思想意义，更鲜明的人物形象——看修改后的话剧〈年青的一代〉有感》，《解放日报》1964年3月1日。

④ 《〈年青的一代〉改得更有力更动人》，《解放日报》1964年1月5日。

在老一辈的人物当中，令人敬爱的也是写得比较好的一个是林坚。这个人物的最大特色，是数十年如一日，永远不知疲倦的工作。尽管他对革命有功，又有相当高的职位，但生活作风却非常朴实。林岚说他"总是什么地方最需要，他就到什么地方去"，现在，又没日没夜地呆在工厂里①。

所以要了解为什么会对林坚产生不同的评价，首先要解决的问题是：为什么教育子女的问题会成为林坚的"滑铁卢"，而以前文学作品中的老干部却遇不到教育子女的问题呢？更具体地来说，就是为什么以前的老干部数十年如一日的舍小家为大家的工作只会把社会主义建设得越来越好，而林坚数十年如一日的工作却导致忽视子女的教育，进而给社会主义江山后继带来巨大的隐患？所以问题不在于林坚，而在于评价林坚的价值体系变了，在评价林坚的价值尺度里面加上了一条"家庭教育"的标准。

为了更好地解释这个问题，笔者在此引入一组概念——"家务劳动"和"社会劳动"。

马克思有一句名言"劳动创造了人本身"。在马克思经典著作中，劳动分为"家务劳动"和"社会劳动"，一般来说，产生报酬的就是社会劳动，不产生报酬的就是家务劳动。在十七年语境中，社会劳动和家务劳动的一个更明显的分野还在于公私性质。"在中国的马克思主义话语中，'劳动'被塑造为一个新的文化类别：它被等同于'生产'活动，因而被定义为国家生产剩余价值的活动"，在家庭里的活动"它们都是私有性的，因而是与国家利益相对的"②。家务劳动和社会劳动二者之间的地位也不同，社会劳动的地位明显高于家务劳动的地位。列宁在《迎接国际妇女节》中提出"让妇女参加社会生产劳动，使她们摆脱'家庭奴役'，从一辈子只是做饭、看孩子这种使人变得愚鲁、卑微的从属地位中解放出来"③。而在相当长一段时期内，"家庭教育"也隶属于家务劳动。

正是从这种思想出发，我们会发现许多十七年文学作品中要树立先进典型的时候，他（她）的价值必然要在社会劳动中去体现。比如《李双双小传》，在小说中，除开修水库，李双双主要做的一件事情就是做饭，但有意味的是，她给自己的老公孩子做饭就影响了她的进步，她给全公社的人做饭就是先进分子。而后来李双双能够积极地投入到

---

① 陈其通：《社会主义青年生活的道路——推荐话剧〈年青的一代〉》，《人民日报》1963 年 10 月 13 日。

② 罗丽莎：《另类的现代性：改革开放时代中国性别化的渴望》，江苏人民出版社 2006 年版，第 76 页。

③ 列宁：《迎接国际妇女节》，《列宁全集》第三十八卷，人民出版社 1986 版，第 204 页。

合作社运动中，是因为她们村里办起了幼儿园，把她从“家庭教育”这种烦琐的家务劳动中解放了出来。文学中的老干部形象，他们是党的化身，以正面人物或是以一种权威和标杆式的人物出现，他们的价值更要在社会劳动中去体现。所以他们在以往的文学作品中都是一心为公，把自己所有的时间和精力都投入到党的事业当中，舍小家为大家正是这些干部身上值得称颂和学习的优秀品质。基本上，他们很少做家务劳动，家庭教育也很少出现在作品描写中，如果有，也是轻轻一笔带过。经过十几年的发展，这种写法已经相当成熟，老干部的这种形象也已经深入人心。

这在《年青的一代》中也体现得很明显，一个典型的例子就是夏淑娟身份的变化。和林坚评价所引起的争议不同，在人物设定上，夏淑娟是落后的。林育生受到资产阶级思想腐蚀，夏淑娟是负有责任的，因为她的溺爱，纵容林育生在思想下滑的道路上越走越远。夏淑娟形象的落后性从作品的构思之初到华东现代戏会演定稿，都没有变过。在陈耘最初创作的版本里面，夏淑娟是一个生病在家的家庭妇女，后来去北京上演的时候，导演把夏淑娟从家庭妇女变为了革命干部：

> 我们是设想夏淑娟拿了报纸，边看边走上的。为什么不把她处理为买菜回来呢，因为她到底是工作干部，买菜的动作会使人联想到家庭妇女形象，对人物是有损害的①。

为什么夏淑娟不能是家庭妇女，而必须是工作干部呢？

> 她并不是不知道党的政策，她也没有脱离时代，即使这样，她还是没有处理好家庭关系和没有正确地教育子女，这样就更发人深思。
>
> 把这个人物演成一般婆婆妈妈式的人物，就会冲淡主题思想的深刻性②。

北京剧团的修改是为了增强批判性，这说明在当时的环境中，人们认为如果是一个家庭妇女犯了溺爱孩子的错误，是没有什么关系的，也没有什么好值得批判的，因为家庭妇女和时代是脱节的，不知道党的政策。这个例子从反面论证了当时家务劳动价值的社会认同度很低。

20世纪60年代是一个转折，“家庭教育”由“家务劳动”转变为“社会劳动”。为

---

① 师涛、夏淳、石联星：《〈年青的一代〉导演三人谈》，《戏剧报》1963年第10期。

② 师涛、夏淳、石联星：《〈年青的一代〉导演三人谈》，《戏剧报》1963年第10期。

了反对修正主义，预防帝国主义在青年一代身上实现“和平演变”，1962 年 9 月，毛泽东在党的十八届十中全会上，重提阶级斗争理论。对青年人进行阶级教育就是题中之意，家庭教育变成了阶级教育的一种形式，是阶级教育的一部分，这样“家庭教育”就不再是无意义的家务劳动，变成了一项革命责任，进而转入社会劳动的范畴。正如 1964 年 1 月 3 日《人民日报》的社论标题所指出的那样——《对子女进行阶级教育是父母的革命责任》。

而处在这样一个转型时期的《年青的一代》，带有非常强的过渡时期的痕迹。一方面作品在主题上要应和最新的时代主旋律，但另一方面政策变化太快，作品中又保留了很多和主旋律相悖的细节。在《年青的一代》的剧本和演出中，虽然不断强调教育下一代是一件多么重要的事情，但同时我们又可以看到现实生活中老干部忙于革命工作，实际上根本无暇照顾下一代。

比如家庭阿姨的细节。柯庆施曾经要求把《年青的一代》剧本中涉及干部特权、官僚主义的内容全部删掉，如林坚的专用小汽车、家里的沙发等，在初刊本中都有出现，但是在初版本中全部删除掉了。但是有一个细节他留下来了：

[阿香声：“岚岚，你来帮帮我。”]

林　岚　哎。哥哥，哥哥，你去帮一帮阿姨吧，她一个人忙不过来。

林育生　我能帮什么忙？

林　岚　洗洗菜，淘淘米，总可以吧。

夏淑娟　算了，你哥哥身体不好，让他歇一歇，你去吧！

林　岚　我还有好多事呢，他什么事也没有。

夏淑娟　好了，好了，你忙你的，我去。

林　岚　妈，你别去。我就看不惯那副大少爷派头①。

这个情景在剧本中原本是为了突出林育生的缺点——不爱劳动，思想有问题。今天的研究表明，保姆的存在反映了当时社会分配中存在着干部特权②，但柯庆施之所以把这个细节保存下来，除了突出林育生的缺点之外，也是因为在当时人们的心中，保姆并不是一种特权，而是一种社会必须，保姆出现的原因是为了辅助女干部的工作，使女干部能够腾出更多精力来从事更有意义的革命工作。在当年的报刊中随处可见鼓励、号召

① 陈耘、章力挥、徐景贤：《年青的一代》，上海文化出版社 1965 年版，第 15 页。

② 杨奎松：《从供给制到职务等级工资制——新中国建立前后党政人员收入分配制度的演变》，《历史研究》2007 年第 4 期。

女干部聘保姆的文章，国家甚至还规定了大城市中保姆的工资水平①。

这样的矛盾并不是《年青的一代》这个作品中才出现的。《千万不要忘记》是和《年青的一代》一起获奖的一部“社会主义教育剧”，同样是以反映如何培养社会主义接班人为主题的话剧。虽然《千万不要忘记》在戏剧冲突上设置得更巧妙，让有问题的青年丁少纯和存有小资产阶级思想的岳母居住在一起，有效地规避了丁少纯父亲在教育子女和社会工作上的冲突。但是剧本中还有一个人物，叫姚少滨，是丁少纯的姐夫、姚母的二女婿。姚母在他家住过一段时间，把自己的小外孙教出了一身的毛病，这在剧本中被认为是姚母影响恶劣一个罪证。但剧本中姚母回忆姚少滨的一段描写却值得引起我们的注意：

> 我也就见过他一面，看不透他的性格。五八年我搬到他们那去住的时候，正赶上他要出国。我头天晚上到北京，他第二天早上就坐飞机走了。六〇年我离开他们家的时候，他还在外国没回来呢②。

这段描写和《年青的一代》中关于林坚的描写何其相似，都是因为革命工作没有时间照顾家庭，都是在孩子的成长过程中缺席了，而且他们的孩子同样都受到了资产阶级思想的影响。只是因为姚少滨在剧本中是一个配角，他的孩子又还在上幼儿园，这个问题被主要的戏剧冲突给掩盖了。同样的人物设置，林坚是被批评的，姚少滨却是被肯定的。这中间的矛盾恰恰就体现出政策过渡时期评价体系的混乱。

所以现在再来回看评价林坚的不同维度，就能够理解这些评论者了。抱同情之理解的人更多的是把“家庭教育”看成家务劳动，因为林坚把所有的时间都献给了更重要的革命工作，家务劳动上出点问题也是情有可原的。

抱批评态度的人，是已经认识到“家庭教育”不仅仅是一项家务劳动，更是一项革命工作。当年《文汇报》举办过一次话剧《年青的一代》座谈会，时任上海市农业局副局长的万景亮的发言很有代表性：

> 有些干部对待子女的教育往往推说工作忙，没有时间。我们干革命，那有不忙的，但是说忙到连教育子女的时间都没有，那是不会的。这主要是一个认识问题，如果把教育子女看作是关系到革命接班人的大事，看作是一项政治任务，那末，时间总是挤得出来的。同时，教育的方法和态度也不至于会不耐烦，甚至简单粗暴。

① 庄静：《关于保姆的工资、工作范围、福利等问题的解答》，《中国妇女》1956年第9期。

② 丛深：《千万不要忘记》，中国戏剧出版社1964年版，第10页。

> 确是这样，我们许多干部对待同志懂得要采取耐心的说服教育的办法，但是，对待自己的子女却不那么耐心。这仍然是没有把教育子女当作培养革命后代来对待的缘故①。

但这种评价不成熟的一面在于，他们看到了政策强调“家庭教育”的社会意义，所以他们对没有做好这项工作的作品人物林坚进行批评，但他们没有看到“教育下一代”的施教者正是老干部林坚他们，而林坚的生活方式又正是下一代要继承并发扬的。以《年青的一代》为例，如果要对林坚进行批判的话，那就是要否定他目前的生活方式。林坚最大的问题就是没有时间，他实在是太忙了，他的时间都分给了革命和建设：解放前打战，解放后建设，匀不出时间和精力去进行家庭教育。但是这种生活方式又是不能否定的，他是文章中社会主义新人的榜样，是林岚的榜样，是萧继业的榜样。萧继业，这个希望一辈子工作战斗在祖国边疆的年轻人，曾经说过这样的话：“要是老一辈的今天都还站在第一线，我们年轻人有什么理由躲在个人的小角落里？”林岚在剧本第三幕结尾时说“会沿着爸爸的路走到底”。所以萧继业、林岚传承的就是林坚身上的革命传统——要把有限的生命投入到无限的社会主义建设中去。被教育的林育生，后来主动回到了青海，他的爱人夏倩如也去了另一个边疆。两地分居的林育生和夏倩如，一旦有了革命的后代，在现实生活中，因为距离和时间问题，林育生实际上是无法负起培养革命后代的责任，按照生活逻辑，林育生的后代将面临着和他一样的成长环境，林育生将走向和他养父一样的家长之路。这就形成了一个批评的悖论。

所以，柯庆施他们遇到对林坚的批判才如此紧张，他们害怕损害“老干部”的形象，因为老干部的形象一损害，“革命的下一代”就失去了成长的样板，所以他们只能粗暴地强行要求对林坚进行正面评价。对于他们来说，这正是一种评价的“焦虑”。

（作者单位：四川大学文学与新闻学院　湖北民族大学教育学院）

① 万景亮：《把教育子女当桩工作做》，《文汇报》1963 年 10 月 26 日。

精致的诗、“轻”之美与审美现代性的追求

——柏桦诗歌的诗学、社会学讨论

李商雨

柏桦的诗歌让人瞩目的特点之一就是精致。这种精致，源于他诗歌的艺术自主性和他对艺术本位主义的态度，是对美的孜孜以求，而非历史或伦理。这种态度，可以视为柏桦写作的元语言，具有很强的后设意味。他对精致的追求，大致来自几个层面：首先是语言和修辞的层面；其次是一种精致的文化；再次就是精致的生活风格。在当今时代的大语境下，他的写作是对“五四”新文化运动以来的启蒙现代性的反拨，是纯粹的审美现代性或文学现代性的追求。将这种对审美现代性的追求放在时代语境中，可以见到它的“不合时宜”：从总体上讲，这是一个批评和写作的伦理化与历史化并存，却唯独不能容纳纯粹审美形式的时代。如何认识柏桦诗歌在时代中突显的差异性，是一个不太容易破解的难题。

一、精致的诗

柏桦的诗歌写作的分期很明显。前期主要是20世纪80年代；第二个时期，主要就是近十年来。1989年，柏桦的写作有个明显的中断，虽然此后他依然断续写了少量的诗歌，但仍应以那年为他写作的重要时间节点①。第二个时期，最明显的时间节点是张枣的病逝，即2010年3月。在此之前，柏桦也写了不少诗歌，但从写作的持续性看，以张

① 这是因为，无论对于柏桦而言，还是从诗歌史来说，1989年都应该是重要的，且二者有很密切的关联。就后者而言，1989年之后便进入了新诗的90年代，第三代诗歌消歇，时代的诗歌美学、诗歌的场域关系等都发生了剧烈变化。

枣病逝作为时间节点更为妥帖，尽管他已经出版了《水绘仙侣》①。

柏桦写出成名作是在1981年②，直到1988年诗集《表达》出版，这期间他凭借诗集中的仅仅几十首诗歌成了中国最著名的诗人之一，也是第三代诗歌的代表性诗人之一。如果可以将诗人的重要性量化成数字的话，拿这个数字去除他发表的诗歌的总数，所得的商，柏桦可能是最大的。这其中当然有和张枣的比较。因为同样作为80年代著名诗人之一，张枣也是那种以少量的诗获取大的诗名的诗人。

柏桦第二个阶段的写作，在诗歌的数量上呈现出和第一阶段不同的另一个极端：近十年来，他可能是中国重要诗人里写诗数量最多的。与早期的诗歌数量非常少，到这一时期的非常多，形成鲜明对比。从诗歌的美学对照，两个时期既一以贯之，又显示出很大的差异。后一时期，柏桦在诗的技艺、诗的美学的成熟度、诗歌背后显出的对汉语诗歌现代性思考的深度方面，都见出他较之第一时期的发展变化。以至于激赏者认为，柏桦近几年的诗歌，几乎每一首诗都在刷新汉语诗歌语言的高度③。这似乎是在说，作为整体的使用汉语写作的诗人，集中在一起进行一场语言的跳高比赛。但是，笔者以为，柏桦的写作还不仅是一次“朝向语言风景的危险旅行”④，除了语言以外，他在诗歌元语言以及日常生活风格上都有追求。不过，柏桦的追求，如果与维多利亚时代的王尔德相比，还是有很大的区别。为了自己的美学理想，王尔德与现实的世俗世界秩序发生了决裂，而柏桦虽然也将写作的美学落入实践理性层面，也将艺术与生活风格做了明显对接，但他并不是去颠覆现世秩序，而是采取了一种较为温和的方式。

笔者引入王尔德文学事件来讨论柏桦的诗歌写作看似有些突兀，其实不然。柏桦的诗歌，在某种意义上说，有一种美学上的孤军深入意味。他的诗歌的精致，肯定来自他对诗歌精益求精的追求，这种追求与欧洲那个时代的唯美主义运动相比，颇有几分相似⑤。尤其是，柏桦将艺术和生活密切联系起来，这很容易让人联想到唯美主义的“为艺术而艺术”和“生活的艺术化”。对于柏桦来说，写诗与生活具有同一性⑥，这从他对

① 见柏桦：《水绘仙侣：1642—1651：冒辟疆与董小宛》，东方出版社2008年版。

② 柏桦的成名作一般认为是《表达》一诗，他后来还因此被某些人调侃性地称为“柏表达”。

③ 这个说法来自诗人祝凤鸣，他在不同的私人场合多次表达了这种观点。

④ “朝向语言风景的危险旅行”，是张枣一篇著名的诗歌文论。可参见颜炼军编《张枣随笔集》，人民文学出版社2012年版。文中用相当篇幅讨论了柏桦早期的诗歌。

⑤ 事实上，柏桦与欧洲唯美主义诗歌确有很大关联。他的写作，最初即受启发于法国诗人波德莱尔。虽然波德莱尔通常被认为是象征主义和颓废派诗人，但从狭义上说，他也是一位追求唯美主义的诗人。

⑥ 诗与生活/现实的同一性，也是唯美主义艺术家的追求。因而，柏桦常常不解于很多诗人，为何写作与生活之间可以有很大的断裂，比如说：生活中，可能是一个浪荡子，但在诗中却成了一个道德家。

饮酒的波西米亚式生活风格的热爱、他对丰子恺文人画的赞叹①以及他诗中常常把饮酒作为一种美的追求来写来看，三者之间高度统一。三者之间的关系，由一个美的信条维系——对“平凡”的热爱。这显然是由柏桦改造——甚至可以说发明——的一种当代中国诗歌之美②。在王尔德的时代，由于中产阶级（其实就是资产阶级）尚未真正壮大到培养出他们的贵族趣味，他们对王尔德耽于审美形式的贵族趣味，怀着“既恨又爱”的感情③，所以，王尔德小说中的同性恋题材，深深冒犯了当时的中产阶级④。

柏桦的诗歌，与王尔德的美学的相似点在于，他们都将纯粹的审美形式当作诗歌的第一要义置于诗歌的功能之前。在柏桦而言，他的诗歌就是精致。这种精致，首先表现在语言上。这是基于这样的观念：第一是表达的准确性；其次，是对语言——诗歌的声音、诗歌的用词、造句——本身的追求，由此而生成的诗的神秘感，让语言指向自身，让诗成为诗。以柏桦对声音的追求为例，他写于2014年的一首诗《鲜宅，1967》的第一节如下：

> 有些白发漂亮似青春
> 有些白发揪心如灰烬
> 有些回忆漫长而享受
> 有些回忆一瞥便惊心
> 更阴天你就一春多病
> 更念死她就活了下来
> 欧阳海，母亲，特园……
> 红箭、黑箭、孔雀……

---

① 柏桦的诗不止一次地写到丰子恺，尤其对丰子恺的一幅题有王荆公诗“草草杯盘共笑语，昏昏灯火话平生”的画作无限赞赏与神往，认为它具有中国之美和最高的平凡之美。

② 柏桦常常把在诗歌与生活中具有特殊含义的中国之美称为“汉风之美”。

③ 朱国华：《两种审美现代性：以郁达夫与王尔德的两个文学事件为例》，《扬州大学学报》（人文社会科学版）2017年第5期。

④ 19世纪，英国有着多元文化并存的情形，有人称之为“维多利亚式妥协”。据法拉梅兹·达伯霍瓦拉《性的起源：第一次性革命的历史》（译林出版社2015年版，第342页）的看法：“正如19世纪和20世纪的政治史所示，男性的婚外性行为得到了普遍的默许。但如果他们的行为成为公共事件，则会受到激烈谴责。”如果王尔德不挑起事端惹火烧身，而是听从朋友劝告远走他国，很难设想会有后来的牢狱之灾。事件化的冲动，也就是唯美主义英雄幻象，抓住了他命运的咽喉，使他铤而走险，走上了不归路。转引自朱国华：《两种审美现代性：以郁达夫与王尔德的两个文学事件为例》，《扬州大学学报》（人文社会科学版）2017年第5期。

这节诗歌每一行里的着重号为笔者所加。在这首诗里，他每一行均以双音节词结尾，这可以视为柏桦对诗的声音的一次实验，也体现出了他对新诗现代性的追求。他的这种实验，来自诗人卞之琳。

卞之琳在诗集《雕虫纪历》的序言里谈到诗歌的声音时认为，旧体诗是“较近哼或吟咏的调子”，而白话新诗则“较合说话的调子”①。他发现，旧体诗，以七言诗为例，往往是三个顿或节拍，最后一个顿，一般是三个音节，读起来是所谓“吟咏调”。而现代汉语以双音节词占主导，如果一句诗的结尾由三音节变为双音节，则诗歌由“吟咏调”变为“说话调”。

这二者的差异，并非单是调式差异，它其实回答了一个现代性问题，也是卞之琳在“古为今用，洋为中用”观念之下的发现②。之所以我们说这是现代性问题，是因为卞之琳在研究这个问题的时候，真正是立足于现代汉语的。这个发现，既有现代汉语区别于古代汉语的地方，也有区别于欧洲语言的地方。柏桦对诗歌语言的追求，也如卞之琳一样，“小处敏感”，从词法开始，扩展到句法、章法，做一个语言的“匠人”，让诗歌回到技艺的最初含义③。

二、平凡的“轻”

柏桦对诗歌审美形式的追求，是基于中国新诗的现代性前提下的审美现代性的追求。笔者不过是从他在一首诗中对声音追求而举例说明。实际上他诗歌语言的精致，并不仅仅体现在这种卞之琳发明的说话调方面，甚至也远不止体现在对诗歌声音的追求方面，比如说，他对冲破裹挟权力意志的意识形态化了的普通话对现代汉语的禁锢方面的追求，同样让他的诗歌极为精致④。具体地说，柏桦在写作中有意识地以日常口语为基础，加入了大量的文言词、外来语、英文以及方言词，呈现一种类似罗兰·巴特描述的“文之悦”效果，在各种不同性质的词语之间形成一道道快乐边线，从而对文本中包含的政治权力构成逃逸⑤。这样做，是对“五四”以来白话文屡次运动造成的恶果的反对，也瓦

① 卞之琳：《雕虫纪历·自序》，人民文学出版社1979年版，第13页。

② 卞之琳《白螺壳》一诗，即是对这一发现的最好的实验。

③ 从词源看，在古希腊语中，“诗艺”是Poiētikē，为“制作艺术”的意思；诗人是poiētēs，为“制作者”的意思；一首诗是poiēma，为“制成品”的意思。参见［希腊］亚里士多德：《诗学》，陈中梅译注，商务印书馆1996年版，第28页。

④ 李春阳对此作了深入研究，可参见她的《白话文运动的危机》，生活·读书·新知三联书店2017年版。据称，这部著作在中国大陆出版时被删掉了8万多字。

⑤ ［法］罗兰·巴特：《文之悦》，上海人民出版社2006年版，第6页、第15—21页。

解了诗歌中政治正确的意识形态主体。这意味着，他的诗歌需要重建汉语诗歌新的主体性。

柏桦对诗歌语言精致的追求，是以《易传》所说“修辞立其诚”为出发点。此处之“诚”，并不是通常意义上的真诚、灵魂之类的含义，显然是指一种对诗艺精诚如一的态度。在柏桦看来，“用灵魂写”的真诚，容易在诗中流于不必要的道德化。他在诗集《竹笑》的“缘起”中引用芥川龙之介的话，便足以见出他的意思①。那么，所谓对诗艺的精诚如一，就是对艺术、美、修辞（能指）的“诚”，是对技术的严苛，让诗歌回到“诗艺”的起点。

然而，柏桦诗歌的精致，不仅是在语言，而且还在元语言的层面展开。很明显，他的写作并非仅仅耽于语言的精致。他对诗歌语言和声音的追求，其实既是纯诗的，又超越了纯诗，进而深入到古典文化与文学传统之中。他对白居易诗歌的关切和研读，是对白居易“讽喻诗”之外的诗歌的诗学认可。白居易的诗有两套相对独立的诗学系统，一套是政治正确的诗学系统，白居易将之集中表述于《与元九书》一文；另一套诗学见于其具体的闲适类的诗作，这类诗作显然和《与元九书》中表达的诗学观念不同。柏桦认可的，即是这后一种诗学。具体说就是，诗要从“平凡”的生活写起，写“平凡”的美。这种“平凡”的美，如果放在百年来的新诗史里，很容易看出它的意指：它是对主流话语的挑衅和逃逸，对“五四”以来文学的启蒙现代性的反拨，也是在实践一种审美的现代性。与之相对应，是柏桦对《枕草子》这一文本的发现。这部产生于日本平安时代的文学作品所包含的全部诗学，几乎都是来自白居易，它是白居易诗歌之美的域外之花。这部由周作人翻译的作品，被柏桦视为白居易诗学的现代形态的圣经。在这部作品中，更加具体地体现了中国古代以来以“言志”、“载道”为主流的美学之外的另一种美。“言志”、“载道”可以视为文学中的“重”，而后者则是“轻”。

众所周知，“五四”以来中国现代文学的现代性，先是以“启蒙”，继之又以“救亡”为主流，这些都与古代诗歌的“言志”、“载道”传统有所暗合。按照詹姆逊（Fredric R. Jameson）的说法，中国现代文学，是相对于第一世界的具有“民族寓言”特征的第三世界文学。如果必须与“言志”、“载道”传统有相似性，那就是中国现代文学言的是启蒙的“志”、救亡的“志”，以及后来的诸如90年代以来“知识分子写作”批判社会的介入的“志”，甚至，也包括在21世纪以来以伦理路线的诗人写作的道德伦

① 《竹笑》（十月文艺出版社待出版）系柏桦诗集，初稿在《红岩》杂志2017年第3期全文刊出。芥川龙之介原话为：“用灵魂写，用生命画！这类贴一层金箔的花里胡哨的话，只是面向中学生的说教。……轻而易举的单纯，不如复杂。”（见芥川龙之介《艺术及其他》，《芥川龙之介全集》，山东文艺出版社2005年版，第28页。）

理的“志”，它们载的也是这样的“道”。但终归这一切在索绪尔的“能指—所指”系统中，都是过于注重“所指”的文学，因而它们是“重”的。落实到百年新诗的写作实践，它们是启蒙的现代性，而不是审美的现代性。审美的现代性，必定以审美形式作为写作的起点和重点。据卡尔维诺的看法，现在，以及未来千年的文学应该具有的最优良的品质，就是轻逸①。卡尔维诺的意思是，文学惟有从沉重的意识形态中逃逸出来，才可能获得艺术的美和自由。

依詹姆逊之说，任何文学都不可能摆脱“政治无意识”。但我们不应忘记，如果以詹姆逊“政治无意识”在文学中的普遍性作为借口来夸大文学施加于现实的功能，这就已经是有意地偏离了文学作为文学的自身逻辑，进而成为文学生产场中的一种权力话语。笔者赞同竹内好在讨论鲁迅时得出的结论：“鲁迅看到，文学对此（政治）是无力的，至少看到有力的文学是无力的。”“一首诗吓不走孙传芳”，文学代替不了“一炮”。如果文学中的政治是普遍的，那也是如鲁迅说的，是政治的“余裕的产物”。文学的无力，是对政治的无力②。所以在《呐喊》时期过去之后，鲁迅进入了以审美为突出特征的《彷徨》时期。有论者认为，詹姆逊所谓的“政治无意识”，只不过是第一世界学者对第三世界文学的窄化和征用③。在这种情况下，如果中国文学的现代性是以西方作为参照，这势必落入所谓的“与国际接轨”的路上去。须知，这种做法，极有可能会让某些汉语写作者生出一种优越感，但这种优越感，只不过是“与劣等感并存的缺乏主体性的奴隶的感情”④。

以上关于中国新诗在现代性语境下以“重”为特征的讨论，也映衬出柏桦诗歌之“轻”的价值所在。如果我们的讨论放在柏桦的整个写作生涯来看，他写作早期经历的80年代，也是写下诗集《表达》中那些名篇的年代。那个年代在1989年后被人称为以“青春写作”和非历史化写作的年代，诗歌写作的不及物性是那个年代的特征。进入90年代以后，“中年写作”进入了公众视野，“历史意识”、“及物性”、“知识分子”、“九十年代诗歌”等成了时髦的词汇。其实这批诗人，早在80年代甚至更早即已开始写作，只不过相对于当时的诗歌主流，他们显得泯然众人。这些诗人在90年代的“咸鱼翻身”，有诸多政治和社会学因素。

---

① 参见［意］卡尔维诺：《美国讲稿》，凤凰出版传媒集团2012年版。

② ［日］竹内好：《近代的超克》，李冬木、赵京华、孙歌译，生活·读书·新知三联书店2005年版，第132、133页。

③ 吴娱玉：《詹姆逊“民族寓言”说之再检讨——以“近代的超克”为参照兼及“政治知识分子”》，《中国比较文学》2016年第4期。

④ ［日］竹内好：《近代的超克》，李冬木、赵京华、孙歌译，生活·读书·新知三联书店2005年版，第194页。

而21世纪以来，“911事件”、伊拉克战争、“次贷危机”等全球性大事，都直接或间接地与中国发生关联。全球化加速了中国进入消费社会——它不可避免的副作用是让每个人都参与到道德思考。所以，无论从批评还是写作的实践来看，新世纪以来的诗歌中除了带有强烈政治色彩的“历史意识”之外，还加强了道德伦理因素。一些批评家对“打工诗歌”、“底层写作”的鼓吹，也更进一步弱化了以审美形式为特征的诗歌写作。基于这种情况，王光明认为，流派概念上的“90年代诗歌”不过是在特殊的历史“语境”中，“既有历史的相对性又有时代的具体性，既是当代诗歌运动的某种合情合理的结果，又是一种矛盾重重的探索”①。至于新世纪以来新诗的伦理化路径，当然是这种历史“语境”的延续。

2010年左右，柏桦真正迎来了他写作的第二个时期。相对于他的早期诗作，他的诗中明显强化了“轻”的因素。“轻”，让他的诗歌更加精致，更加注重审美形式，因而相较于前期，他的诗在形式上更加考究。前文已经分析，这体现在两点：第一，通过以日常口语为主的各种词语的“杂于一”，从语言上摆脱普通话的意识形态控制；第二，通过偏离传统诗学，偏离百年新诗里包含的启蒙现代性的新诗主流诗学，尤其是避开90年代以来甚嚣尘上的“知识分子写作”的诗学。客观上说，这两点使他的写作在元语言的层面获得了美的自由。

这固然可以被反对者指责为另一种“政治无意识”，但它其实已经最大化地稀释了诗歌文本对现实的指称性功能作用，从而突显和强化诗的审美形式。可以说，这是一种对百年新诗的启蒙现代性的反拨，明显是为了强化诗歌的审美现代性因素。柏桦借力古典文学和古代传统文化的做法，是为了实现现代汉语诗歌的审美现代性的追求；同时，也最大限度地体现了柏桦的写作在这个时代的差异性——读者注意到，不但与“知识分子写作”形成差异，也与“民间写作”差异巨大。总归一点，精致，是柏桦诗歌在这个时代的差异性的外在表征。

三、审美现代性的追求

柏桦的写作，从语言上看，是以日常口语为主、试图冲破普通话强权钳制的“杂于一”的写作，在外在形制上异常精美；他诗歌的元语言驱力，使得这种精美看起来既十分古典又非常现代。柏桦的这种古典诗意，不应被看作是对古典文学的简单复制，它经历了一次彻底的拆解。这个拆解的策略便是以身体的感受进行写作，在这个过程中，身

① 王光明：《在非诗的时代展开诗歌》，《中国社会科学》2002年第2期。

体驱逐了话语中可能的政治正确，驱逐了诗的“言志”和“载道”①，正如他使用的“杂语”，明显就是希图在词语之间、句子之间造成“意义”断裂。

这个断裂过程，是对“言志”、“载道”诗学传统的叛离，也是对“五四”以来中国新诗启蒙现代性的反拨。他以身体感受的碎片化瓦解了古典诗学和新诗启蒙现代性的政治正确的意识形态主体——与此同时，柏桦准备重建汉语诗歌新的主体性。这种主体性以写作的“自由”为前提和目的，意在赋予现代汉语以审美现代性。这个新的主体性的建立路径便是借镜白居易的闲适诗，以平凡的生活作为书写对象。读者不应将“平凡”一词与启蒙现代性的“崇高”或“英雄”相对立，它们之间不是积极对抗或二元对立的关系。“平凡”是对启蒙现代性的漂移，是一种自由的状态，是对审美现代性的追求，也是一种趣味和生活风格。

朱国华在论述王尔德的失败时指出，王尔德的唯美主义观念的某些方面，只能为未来所接纳。他指的是王尔德审美实践中的同性恋部分。不同于王尔德，柏桦的文学观念与同时代诗歌的偏离，他的那种有别于道德、伦理、崇高、政治、历史、现实等的诗歌实践，书写平凡生活和追求精致的纯粹审美化的写作，同样使他的诗歌属于未来，而不是现在。赫鲁晓娃在接受《南方周末》记者采访时指出：“纳博科夫才是俄罗斯文学的未来。”她说：“整个俄罗斯传统文化背后的观念是：做一个舒服的资产阶级没什么意思，人生要义在于拼搏奋斗，就算拼上性命也是快乐的，因为奋斗是要成为更高贵的人或更高贵的灵魂。”但纳博科夫认为，“过一个普通人的小日子也不坏”②。柏桦的诗学——他诗歌写作的元语言——的核心便是“平凡”：人可以“过一个普通人的小日子”。柏桦和新诗启蒙现代性的断裂，恰如纳博科夫与俄罗斯文学传统的断裂。柏桦诗歌的主体性即体现在这“平凡”和“过一个普通人的小日子”里。

这种诗学，包含有趣味的成分：它是自由、不受约束。或许我们可以通过柏桦的诗学和他的诗歌来见出他除了以这种方式建立自己的诗歌的主体性，客观上，他可能同时还为未来的汉语写作确立新的主体性——从英雄、崇高、道德、介入、批判、历史等“庞然大物”（于坚语）中解脱出来，为汉语诗歌确立“平凡”的主体。布尔迪厄认为，贵族有他的自由，它“向自身要求别人不会向他们要求的东西，向自身证明他们符合其自身，也就是其本质”③。这种“自由”意味着与启蒙现代性的决裂，它体现在柏桦的实

---

① 于坚在《诗言体》一文中也表达了类似的观点，他支持诗言“体”（身体）而不是诗言“志”，因为“志”有很强的逻格斯，它衍生出道德与伦理，而“体”则是世界之本。参见于坚：《诗言体》，杨克编《2000中国新诗年鉴》，广州出版社2001年版，第442—459页。

② 李宏宇：《赫鲁晓娃：“纳博科夫才是俄罗斯文学的未来”》，《南方周末》网，http：//www.infzm. com/content/7108，2007-12-18/2018-10-14。

③ ［法］布尔迪厄：《区分：判断力的社会批判》，刘晖译，商务印书馆2015年版，第34页。

践中，一者是在写作中要获取自由，这势必要摆脱那些庞然大物的拘束，因此，柏桦创造了精致的诗歌形式；二者是在生活中，他要贯彻一种自由的生活风格。柏桦曾在《异乡记：问答张爱玲——赠李商雨》一诗中充分地表达了他的生活理想："柜台上的物资真堆积如山呢：/木耳、粉丝、笋干、年糕……"，"一切都是慢的"，"连政府到此亦只能悄悄做一份人家"；一个年轻的职员，挑着豆腐担子走进了永嘉党部，"手里/拿着个小秤，揭开抹布，秤起/豆腐来，一副当家过日子的样子"……在这首诗的结尾，柏桦还化用了王维的诗句："在漆园，我们偶寄一微官，婆娑数株树。"

这是柏桦的诗学，也是他向往的生活风格——汉人生活的风格，也即柏桦说的"汉风"，从诗歌到生活。诗中的"党部"、"政府"等政治性词汇构成的语境已经化为生活的平凡，如此处理，在新诗史上是第一次。在诗中，政治性弱化到了最小，从而最大化地获取艺术的自主性。柏桦的这种诗学，包含了一种丰富的中国人的"中国经验"，他的诗歌的主体性便是建立在此基础上的。如果放在柏桦写作的时代，他的同时代诗人也强调"中国经验"，但那却是包含有"历史意识"的政治化了的"中国经验"①。笔者以为，"九十年代诗歌"中的"历史意识"是对"中国经验"的窄化。它恰是吴娱玉在其文中指责的，是西方第一世界的学者对中国文学的窄化和征用②。但"知识分子写作"的诗人，却在以"与国际接轨"的思路下，反过来以第一世界学者看第三世界文学的目光，将中国文学他者化，进而将"中国经验"政治化和历史化。

可以说，柏桦这种做法，很像竹内好在论述鲁迅时使用过的两个词——"转向"与"回心"。所谓"转向"，竹内好指的是日本的"脱亚入欧"，是放弃抵抗地全盘西化，"以一种'优等生'的姿态沾沾自喜地进入西方所设定的现代模式"。竹内好在鲁迅身上看到了"一种有别于'转向'的新异的思想特质"，"主体意识产生于抵抗，抵抗旧日之'我'，抵抗新的'他者'，这种在不断抵抗过程中形成的自我"，竹内好称为"回心"③。对照柏桦，可以清楚地看到，在80年代写作之初，他就有过一个"转向"的过程，但这个"转向"很短。据他自己称，他在结识了张枣以后，写作也很快与中国古典文学发生了关系，他的"转向"也便基本结束了。笔者想强调的是，柏桦的"回心"和发现自我尽管在早期已经出现，但是却更清晰地体现在他第二时期的写作中。

柏桦精致的诗歌和他对审美现代性的追求，放在中国新诗史里，差异性尤其明显。

---

① 陈均：《90年代部分诗学词语梳理》，王家新、孙文波编《中国诗歌九十年代备忘录》，人民文学出版社2000年版，第401页。

② 吴娱玉：《詹姆逊"民族寓言"说之再检讨——以"近代的超克"为参照兼及"政治知识分子"》，《中国比较文学》2016年第4期。

③ 吴娱玉：《詹姆逊"民族寓言"说之再检讨——以"近代的超克"为参照兼及"政治知识分子"》，《中国比较文学》2016年第4期。

因为百年来的新诗，从未有过纯粹美学革命的胜利，没有审美现代性的胜利，当然也没有审美现代性在新诗写作中的合法地位。启蒙现代性在最初的确体现了中国文学的现代化，但是今天，因为它，中国文学依旧是被第一世界窄化了的文学，比如莫言获得诺贝尔文学奖就是证明①。李欧梵在一篇长文结尾处说：“中国文学中那种对现代性的追求，产生了一种悲剧意味的人类意义。它从未‘转向’那种‘纯粹的唯美主义’的 cul-de-sac（绝境）。”② 李欧梵所谓的“绝境”，主要是指如王尔德式的失败。由于中国特殊的政治历史原因，纯粹审美的文学从未获得过胜利，因而也从未在中国有过结构性的影响：“它使得唯美主义原则不仅变成了文化生产场的金科玉律，而且还变成了重新组织文学谱系的最高根据。”③ 笔者以为，李欧梵大可不必为此感慨，纯粹审美形式的写作，并不一定必须要像王尔德那样，向当时的世俗伦理进行挑战。比如柏桦的写作，他所创造的美和日常生活的风格，恰恰在可控的范围内，同时也上接中国“言志”、“载道”文学之外的另一种传统。并非一定要与启蒙现代性断裂，审美现代性亦可自适。这有些类似古代“儒—释—道”的关系，儒的入世、释与道的出世构成了互补关系，中国人早已接受了这一点。

据朱国华研究，王尔德生前身陷囹圄和死后享有哀荣，是与英国的经济发展状况相关的。“在维多利亚时代，‘为艺术而艺术’的观念虽然高妙，但尚未完全成为统治阶级，或至少统治阶级位置还未坐稳的中产阶级，还来不及吸收如此高端的文化趣味，并使自己成为拥有所谓自由趣味（摆脱了附丽于功能的低级趣味）习性的‘高尚人士’。只有等到‘中产阶级’这样一个意义含混的能指自身产生更明确的意义分野……从形式而非内容的角度来看待事物的审美性情才变成了资产阶级的合法趣味。”他进一步分析，中产阶级对贵族趣味怀有一种“既恨又爱”的心理，这种心理需等到他自己拥有“经济和社会条件足以担保自己具有爱它的可能性的时候，中产阶级就对它转恨为爱了”④。也因此，在可见的时间内，因中国经济的持续发展，中产阶级必定逐渐壮大。柏桦这种纯粹审美形式的诗歌，也会逐渐为社会上更多的人接受。同时，这个时代的其他类型的写作，诸如及物性写作、包含历史意识和政治批判意识的写作，甚至“打工诗歌”、“底层

① 关于对莫言的获奖分析，可参见吴娱玉：《詹姆逊“民族寓言”说之再检讨——以“近代的超克”为参照兼及“政治知识分子”》，《中国比较文学》2016 年第 4 期。

② 李欧梵：《追求现代性（1895—1927）》，《现代性的追求》，人民文学出版社 2010 年版，第 240 页。

③ 朱国华：《两种审美现代性：以郁达夫与王尔德的两个文学事件为例》，《扬州大学学报》（人文社会科学版）2017 年第 5 期。

④ 朱国华：《两种审美现代性：以郁达夫与王尔德的两个文学事件为例》，《扬州大学学报》（人文社会科学版）2017 年第 5 期。

写作”等等，也必定有它们存在的社会条件。正如布尔迪厄研究表明的那样，社会的趣味是由人们所属的阶级、阶层的习性决定的，趣味区隔了阶级和阶层，在不同阶级、阶层的场域，趣味具有不可通约性。因而，同一个时代，不同文学场域会有不同的文学，只是，阶级、阶层的趣味会影响某种诗歌或某些诗人的占位。

（作者单位：西南交通大学人文学院　安徽师范大学新闻与传播学院）

一个自己感觉的世界

——“勾勒”张枣几首诗的隐秘联系

宋尚诗

你在一个凡事皆被测量的世界被测量了

而你仍想拥有一个自己感觉的世界

——苏桑娜·葛塞《致张枣》

一

“测量”这一动作蕴涵了主客体的碰撞，一种悲凉的美学风格应运而生；尽管这种碰撞对诗人是一种不幸，但它却构成了诗意的来源和基础——诗与诗人分离所带来的荒谬是一种残酷的“幸运”——正是这种量化、微观的逼真世界与诗的内里（言不尽意的无限性、得兔忘蹄的轻逸态度，“走进逻辑的晚期”① 之暧昧以及情景交融的自在）不尽兼容，才一跃而出诗的可贵处——“一种内在的暴力，保护我们抵御一种外在的暴力”②。卡尔维诺提示诗人应“拒绝直视，但不是拒绝他注定要生活于其中的现实”③。浮现于真实之上的种种华丽泡沫④诱惑着诗人写出人们想要看到的故事，而非全部事物，进而，它们诱惑着写作者成为人们想要看到的写作者，而非他们自身。当诗人厌倦于费力吹散它们，那么诗意也就此灰飞烟灭，苏桑娜·葛塞的后半句（“而你仍想拥有一个自己感觉的世界”）可休矣。

---

① 张枣：《杜鹃鸟》，《张枣的诗》，人民文学出版社 2010 年版，第 31 页。

② ［美］史蒂文斯：《高贵的骑手与词语的声音》，《最高虚构笔记》，陈东彪、张枣编译，华东师范大学出版社 2009 年版，第 300 页。

③ ［意］卡尔维诺：《新千年文学备忘录》，黄灿然译，译林出版社 2009 年版，第 4 页。

④ 这些泡沫可以是政治宣传、刻板印象、商业诱惑，更多情况下，是困囿写作者自身的意识形态。

骆一禾曾赞叹“相对论中有一句多么诗意，关于巨大世界原理的描述：光在大质量客体处弯曲”，他似乎发掘出这种“测量”带给主体的压迫被旷远、亘古和奇妙的美所掩护，作为一种消极性的审美因素不由分说地存在了。正是在这个意义上，一直致力于构造“词语工作室”（张枣语）、试图拥有一个自我感知之世界的张枣，成为了一道美丽的弯曲光线。

在张枣的一众诗篇中，我们可从《那使人忧伤的是什么?》、《枯坐》、《题辞》三首诗中，依次勾勒出一条隐秘的内在联系。从创作理念和诗歌的修辞技法来看，它们均表现出张枣的元诗理念和对人称代词的娴熟使用。通过对它们的细读，读者将看到诗人面对时代和话语的困境，怎样表达一种内在的无力感和失语状态；诗人又是如何呈现解决路径，尝试于处处存在度量衡的刻板处境里，去创造出“一个自己感觉的世界”。

理想的诗歌阅读方法依旧是细读。希尼对普拉斯的解读，布罗茨基对奥登的解读都是逐字逐句解读的典范。本文采纳的也是爬梳于文本肌理的逐字逐句的细读，同时紧密联系张枣的私人信件，及其同时期的散文和身处的时代语境；努力在个性化的解读中揩拭片面性，谨防“文本细读”的某种去历史化的倾向。

一

那使人忧伤的是什么?
是因为无端失落了一本书?
你记得——
　　曾经为那些新页的气味激动不已
　　它曾带着许多声音和眼睛进入你
　　它有被忽略的角落
　　而你曾在那儿躲藏
　　让别人的呼吸匆匆掠过
　　你不冷，腊月也有阳光

现在连那些插图也不见了
你想象上面的葡萄藤和少女
你想起一个孤独的英雄在流血

你花一整天时间寻找它

你让架上的书重新排列组合

你感到世界很大

你怀疑它是否存在过

那使人忧伤的是什么?

——《那使人忧伤的是什么?》①

柏桦先生提请读者特别注意:“张枣几乎所有的诗都有一个对象(这个对象常是他者但有时也是自己,譬如《那使人忧伤的是什么?》、《早春二月》,便是作者在描画或探究自己的篇章),即一个具体的倾听者,他常常会以他的幻美之笔,将这个或那个他生活中的人物写入他安排妥帖的诗歌场景中,这正是他念兹在兹的‘情景交融’——我们先人最严守的古典诗律。”② 柏桦的“特别注意”与张枣的诗人自道吻合得天衣无缝,颇为可贵。张枣在谈创作时,这样反复强调:“在一个文本的写作中,有一点非常重要:作者心目中一定有一个听者,他才能够写作。而这个听者决定了他说话的风格、语气和策略。……所以任何一个文本都是一个‘对话’(dialogue)。在任何文本的生产和完成过程中,作者都是怀揣着一个对话的对象而写的。……所以,一个文本一定有一个潜在对话者。”③ 上面两番话提供了解读这首诗的一个面向,即“独语体”,探讨的是自我忧伤。正如张枣所说,这种倾听对象的设定决定了他说话的风格、语气和策略,但落实到“事实层面”的细读也稀释了诗意。因而,同样有一点需要“特别注意”,出现在诗歌正文的第二人称所指与诗歌标题“那使人忧伤的是什么?”中的“人”,实际上具有一种同构关系。“你”固然可以理解为“张枣的自我”或“另一个张枣”,但“那使人忧伤的是什么?”——这句全诗唯一鲜明的疑问句不仅担负着标题,而且构造了一个完美的圆形结构——其所指就不限于此了吧?更何况,从生产、印刷与出版机制来看,这首经过17000次印刷、出售于各地新华书店,流通于形形色色的网络渠道的诗歌,早已与刚脱稿于张枣之手的那首诗截然不同了。类似于罗兰·巴特在《明室》中对摄影特质的叙述,前者是一种摆脱了偶然性的机械复制,后者则完全属于“偶然性”中的“这一个”;在出版—阅读(生产—消费)场域中的前者是“死亡”之后的“存在”,而作为张枣私密对话

① 张枣:《张枣的诗》,人民文学出版社2010年版,第37页。

② 宋琳、柏桦编:《亲爱的张枣》,江苏文艺出版社2010年版,第45页。

③ 张枣:《张枣随笔选》,人民文学出版社2012年版,第124页。

产物的后者，则是一个“原生态标本”。正是在前者这个层面上，才可以说诗歌“从一个日常生活的经验跃起，它企及着人类存在的全部特点”①；也只有厘清了大“你”与小“你”，对这首诗歌的“非考据性”细读才有意义与合法性：这种赏析无涉所谓创作初衷、写作心理与写作环境的界定，它不依仗于形而下的细碎，而只提供其作为社会文本所昭示的自洽性和溢出诗行的广延性。

“那使人忧伤的是什么？是因为无端失落了一本书？”诗的开篇提出了这样一个有关情绪的设问，诗人把“忧伤”的原因归结为“一本书”的遗失。而“书”这一核心意象一下就点染了全篇的诗意。简言之，这是一首“书”（话语、精神等）之诗。“书”严格地属于张枣所说的元诗意象②，它的处理对象是诗内在的郁积，指向写者自身。如果说全诗的首尾相连构成了环状结构，那么开篇前两句也内隐了这样一种闭合自足——因为“那些新页的气味”“曾带着许多声音和眼睛进入你”：它确实携带声色，结实地进入了你的“心间”。

同时，“书”也提供了一个精神之“巢”——“它有被忽略的角落，而你曾在那儿躲藏”，当是全诗的诗眼。以这一逻辑点为杠杆支点，轻轻撬动，就别开生面：诗的面向开阔了，溢出诗行的阐释之流涓涓而来——它既然有被忽略的角落，那必定有更多的瞩目之处。而这本“书”的公共面目也昭然若揭——它不是一本与社会进程毫不相关、被历史遗忘的已死之书，它更不是一本文人的抽屉之物；它是拥有着一串正规出版号，经过国家出版署的打量，获得官方认可的公开发表物。吊诡的是，同样一本书，公众与个人对其资源挖掘截然不同：“书”本身也许熠熠生辉，经过社会、政治、礼俗的装扮而跃跃欲试，“别人的呼吸匆匆掠过”；但诗人却在它那被忽略的可怜角落躲藏，获得慰藉。诗人是在时代的宏大话语之缝隙处躲藏，“抒情我”的规避意味着，这本“书”对于他来说是自我角落和个人空间。

本诗一共四节，短短的第二节由三句构成，当是过渡——提供的是一个想象图景。“葡萄藤和少女”以及“流血”的“孤独的英雄”：前者给人一种“轻逸”的感觉，热带的风拂面而来，还带有某种少数民族的异域风情，总之是一种“上趋”的方向；至于滴血的英雄，则带来鲜明对比，一种“滞重”的残酷和失败，晦暗的景色话语似乎在英雄的幕布之后，呈现一个不断“下坠”的方向。

---

① 朱大可：《先知之门》，参见陈思和主编：《中国新文学大系 1976—2000 第三集 · 文学理论卷三》，上海文艺出版社 2009 年版，第 549 页。

② 张枣：《朝向语言风景的危险旅行——中国当代诗歌的元诗结构和写者姿态》，人民文学出版社 2012 年版，第 170 页。

“你花一整天时间寻找它，你让架上的书重新排列组合。”终于，行动降临了，用述行语言来产生一个动作，而它是解锁的关键——如果说第一、二节致力于埋下伏笔，铺垫情绪，蓄势待发；那么行将结束的第三节（因为诗的最后一节仅一句话，所以第三节承担某种重任）就干脆利落地点燃导火索，迸出花火，照亮全篇。对结构的“重新排列组合”从而产生质变。因为那本书的缺失，藏书在数量上减少了，只有打乱以前的顺序，重新排列组合，才可获得某种庇护的安全感。“整理藏书”这一极端私人化的“闲动作”塑造了一个深谋远虑的形象——“收藏者”（这里即“藏书者”）。本雅明曾感叹“拥有一个图书室的内在需要”。“在最高的意义上，收藏家的态度是一个继承人的心愿。……但有一件事应注意：随着收藏物失去了主人，收藏的现象也丧失了意义。”① 在这种收藏中，突出了“收藏”的主客体关系，收藏者置身于自己的收藏物中，思想与灵魂也一并徜徉在收藏物营造的精神世界中——本雅明在《发达资本主义时代的抒情诗人》开篇塑造的在琳琅满目的商品世界中的“游手好闲者”此时为“闲暇浪荡”的主体心志所替代。张旭东先生在《本雅明的意义》中有段非常精彩的解读，不妨录入：

……在更深一层上，“收藏”是现代世界的生存者的抗争和慰藉。人为了保持住一点点自我经验内容，不得不日益从“公共”场所缩回到室内，把“外部世界”还原为“内部世界”。……可以说，居室是失去的世界的小小补偿。文人的图书馆无疑是这个“居室”的特殊化，在传统和充满先辈的气息和注目的事物中，他感到与那个精神的整体同在。在存在的意味上，收藏对于收藏者是一种构筑——构筑一道界限，把自己同虚无和混乱隔开，把自己在回忆的碎片中重建起来②。

从本雅明到张枣，这里有一个语境置换：本雅明的视点放在“商品”与“市场”上，并以此来构成他的批判背景，因此张旭东的解读也主要把主体置身于“资本主义”的对面。然而，在张枣的这首诗中，视域的焦点与本雅明并不叠合，如果说本雅明把“书”收集起来，置于自己的关怀之下，从而将它们从市场上分离；张枣便是把“书”从“宏大话语”和“意识形态”中离析出来。因为中国的处境毕竟还未到“发达资本主义时代”，因而束缚较之于“政治/权力”、“经济/市场”的威胁而言尚未成为一个独立显要的所在。但二者对主体所产生的作用，客观上无二。

---

① ［德］汉娜·阿伦特：《启迪：本雅明文选》，张旭东、王斑译，三联书店2008年版，第78页。

② 张旭东：《本雅明的意义》，《发达资本主义时代的抒情诗人》，三联书店2012年版，第11页。

诗人在自己的藏书空间内做着一次“重新排列组合”，心灵对应物也做着一次“重新排列组合”的质变。诗人“以少胜多”，借着构筑和不断调整自己绝对私密的意志空间来应付时代的冲击（“它有被忽略的地方，而你曾在那儿躲藏”）。至此，本雅明口中的那个“真正的、名副其实的收藏家”身份已然敲定：并不是物品在他身上复活，而是他生活于物品之中。于是我在你们面前建构了他的居室，用书籍作为建筑的砖瓦，现在他就要退隐内室了，这也理应如此①。

诗若至此歇笔，确已优秀。但其卓越处就在于它余下三句的推波助澜，充当了全诗的“刺点”，带来不安，起着颠覆全诗的作用。

在诗人“重新排列组合”后，他竟哀叹道：“你感到世界很大，你怀疑它是否存在过。”这是一句多么伟大的拷问。“它”的暧昧性提供了一个跨界：以虚指实，并怀疑和拷问了先前不懈构筑的对象。全诗原来暗含一个自我颠覆结构，在此处，诗人确实取消了给出答案的可能性。在最后一节，诗人无奈又俏皮地轻轻一问：“那使人忧伤的是什么?”全诗结束。

二

钟鸣先生在论张枣的《诗人的着魔与谶》一文中曾说：诗人当然不再是思想家，先知，为大众脱盲、治疗、启蒙，评价正义、良心、和谐一类……诗人的角色变了，张枣在《那使人忧伤的是什么?》这首诗中的确只提出疑问而没有给出答案，那么，“那使人忧伤的”到底“是什么呢?”又该如何应对呢？张枣在1984年写下这首诗，在接下来的解读中，我们将随着时光行进，深入时代之腹地，留意到《枯坐》一诗，并在其中索求答案。

张枣1986年移居德国，21世纪初回国。这十几年时光客观上构成了他之于“中国”的孤悬。十几年的背井离乡确实躲避了中国的几次时代大潮：八九十年代的转轨带来的迥然不同的时代精神，21世纪初互联网浪潮的初涌——无不于文学有着重大意义。这种躲避业已作用于他的生活和诗歌轨迹：1989年3月，他给陈东东的信中这样写道：“我在海外是极端不幸福的。试想想孤悬在这儿有什么好?! 不过这是神的意旨，我很清楚。这个牢我暂时还得坐下去，但过三五年我一定回来。”② ——可以看作是他无意间交出的

① ［德］汉娜·阿伦特：《启迪：本雅明文选》，张旭东、王斑译，三联书店2008年版，第79页。

② 宋琳、柏桦编：《亲爱的张枣》，江苏文艺出版社2010年版，第71页。

与中国本土意识形态隔离的答卷。

张枣在2008年写的《枯坐》同题散文中，用无比优美的诗意语言再次强调了德国生活的枯燥：

> 住在德国，生活是枯燥的，尤其到了冬末，静雪覆路，室内映着虚白的光，人会萌生“红泥小火炉……可饮一杯无”的怀想①。

也许又是“残酷的幸运”吧，张枣文中的关键词“枯燥”与他错失中国十几年的社会意识形态之“枯燥”特质是殊途同归的。这种当下的“枯燥”有一种“金玉其外，败絮其中”的味道——如同单机闯关游戏里面的固定编程之“枯燥”（其背面是单向度的“刺激”），危害的强度也许比张枣体味的那种纯净的“枯燥”更大。不管怎样，同样面对“枯燥”，诗人给出了“枯坐”的解决路径：

枯坐的时候，我想，那好吧，就让我

像一对陌生人那样搬到海南岛
去住吧，去住到一个新奇的节奏里——
那男的是体育老师，那女的很聪明，会炒股；
就让我住到他们一起去买锅碗瓢盆时
胯骨叮当响的那个节奏里。
在路边摊，
那女的第一次举起一个椰子，喝一种
说不出口的沁甜；那男的望着海，指了指
带来阵雨的乌云里的一个熟人模样，说：你看，
那像谁？那女的抬头望，又惊疑地看了看
他。突然，他们俩捧腹大笑起来。

那女的后来总结说：
我们每天都随便去个地方，去偷一个

① 张枣：《枯坐》，《张枣随笔选》，人民文学出版社2012年版，第1页。

惊叹号，

就这样，我们熬过了危机。

——《枯坐》①

枯坐类似冥想，不言不语。静与思——是其外在形态与内里核心。“枯坐”的提出，也提示了“那使人忧伤的是什么”的答案：面对时代的失语。这种无言的枯坐是忧伤后的自我疗伤和救赎。《枯坐》这首诗有太多的解读点，比如出现了“沁甜”这一张枣极其重视的诗歌“甜”元素；体裁的游离：一首动态的叙事诗，一首打坐的冥想诗？诗歌文本中的子文本，从字数上来说它是诗的主体，但就功能而言，仅一句话的第一节是全诗的神经中枢，起着画龙点睛之效用……为了扣住“枯燥—枯坐”的组合，本文择其散发的思想内容来进行解读。

从第二段伊始，“抒情我”涣散成一对陌生人，被放置在海南岛。之所以刻意突出“陌生人”是因为只有从零开始的“陌生人”才具有“新奇”的可能性，这种“新奇”给人的都是“新鲜”、“期待”和“奇妙”。诗人希望住在“新奇的节奏里”：男的代表着体力上的活力（体育老师），女的是脑力上的活力（炒股）——总之都散发着热力与冒险。“枯坐”动作之静与“枯想”内容之动的张力出现了。诗人用“锅碗瓢盆”、“叮当响的节奏”、“沁甜”、“捧腹大笑”——来营造海南岛的某种仅属于国境之南的热带风情磁场。最后，他们如何“熬过危机”？原来秘密是“随便去个地方，去偷一个惊叹号”——“随便选择目的地”的随意性具有消解一切牢固呆板范式的强大能力。“惊叹号”所意蕴的“意外”、“震惊”、“新奇”将上文所论述的“张力”推向一个新的高潮，这样的张力呈现未免太过摧枯拉朽。但这就是诗人的解决办法，去“偷一个惊叹号”，一种搅乱庸常生活的干脆手段，熬过危机。

当读完全诗后，读者挥发的意绪会如幽灵一般，向首句趋向、集中、涌去。诗人的终极用意或在面对残酷世界的解决方案，甚至要进入“一个自己感觉的世界”。无论是一个“惊叹号”，还是悠长日头里无数个“惊叹号”，它并非经验的、形而下的，它躲藏于诗人的“枯坐”之中，没有形状，没有体重，呈“上趋向”的超脱（detachment）。如果说诗歌文本内容上的“惊叹号”与题目“枯坐”形成了“动”、“静”的对立同一，那么诗歌的“神经中枢”与“子文本”则体现了一个更大的思想张力：“子文本”里的所有“新奇”实践和一切“沁甜”元素均有源头活水来：诗人的高境界在于把热气腾腾

---

① 张枣：《枯坐》，《张枣随笔选》，人民文学出版社 2012 年版，第 6 页。

的鲜活景色一并冷凝收聚，以博大精深的东方方式，向内收回。以“枯坐”始又以“枯坐”终——位移始终是零，心绪却行程千里。这就使“枯坐”诞生了斑斓的景色话语：一种具有内在定力的以不变应万变的策略来消解现实（无论是社会意识形态的，还是生活实践层面的）中的“枯燥”，这种孟轲式“反求诸已”的现代运用建构了最隐秘的仅属个人的“活力家园”——也即苏桑娜·葛塞所说的“一个自己感觉的世界”。

这样，诗人以《枯坐》回答了《那使人忧伤的是什么?》，呈现出“枯燥—枯坐”的解决路径。

三

如果说前面两首诗的内在联系是思想内容和逻辑的联系，那么《题辞》与前面两首的勾连之处在于诗歌修辞层面的关联性：它与《那使人忧伤的是什么?》的相同之处在于讲述的同样都是“书”。“题辞”，是一种姿态和宣告。开篇第一句“我这些随波逐流的书页”和“我们不欢而散”表明这仍然是一首元诗，有关“书”，有关“话语”。它与《枯坐》相似的则是主体的涣散，不过这一次人称技巧的使用更加高强度。

之所以将这一首诗殿后赏析，是因为它与前二者的相似之处——“书”与“人称”——在这里合二为一了：“书”也参与了“人称代词”的塑造。该诗是这三首诗中最难索解的一篇，接下来我们便逐句细究其文本编码。

呈现给你，我这些随波逐流的书页
我们不欢而散的声音

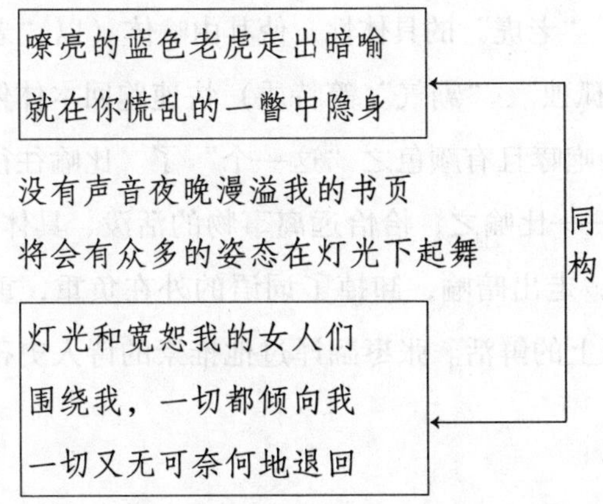

这也许是一个不会留下贝壳的夜晚
书页便是温暖的芭蕉林

一个男人般的影子
走进我谛听的影子
他递给我一支香烟
他说，他愿意在这个夜晚跟我讲和
跟我心中另一个透明的脸蛋讲和
两人重复着一句话
英雄便走出了门

（右侧图示：分裂 → 合一 → 英雄）

我为什么一定要穿过目光中的那个家伙
那裹着外套的家伙
那黑暗中声音嘶哑的家伙
才能够走近你呢？
夜色温柔
许多夏天后你仍旧等我
而这，这便是我最后一次营救你了

——《题辞》①

“嘹亮的蓝色老虎走出暗喻，就在你慌乱的一瞥中隐身”这两句与“灯光和宽恕我的女人们，围绕我，一切都倾向我，一切又无可奈何地退回”具有同构性（如图所示）。它们想要强调什么？这些词语呈现的方向是什么？细心的读者其实可以在阅读的律动中发现诗人写作的脉动。

先看前两句，诗人将“老虎”加上前置定语“嘹亮”（声音）与“蓝色”（颜色），形成偏正短语——声色的回归，恢复了“老虎”的具体性，使其由喻体（以“老虎”为喻体，难以逃离“凶猛”、“王者”、“孤独”、“霸气”等特质）快速跑回本体堡垒——老虎又自在地成为了那个生气勃勃的会咆哮且有颜色之“这一个”了。比喻往往是作家独具慧眼拈出喻体的普遍性兼典型性——比喻之，恰恰远离事物的活泼、具体的特性。诗人在这里使“老虎”获得真实生命，走出暗喻，卸掉了词语的外在负重，重新赋得“词”与“物”的统一，以及事理层面上的鲜活。张枣翻译过他推崇的诗人史蒂文斯的诗文集，在其序言中，如是说：

① 张枣：《张枣的诗》，人民文学出版社2010年版，第39页。

“世界的迷人之处正是世界本身”，而世界本身就是最终的价值和诗歌（想象力）最高的理由。尽管现实能够升腾跃进成“秩序的激昂”，诗歌却不是现实的对立物，而是它的内蕴物，也就是说，史蒂文斯对想象力的一切赞颂，都可以毫厘不差地被置换到现实本身，因而，现实就是想象，世界不外于诗歌，词就是物……①

这段话有助于解读张枣的那句诗。诗人突出“物”的鲜活性，以“物”倒逼“词”，从事的是“反修辞”的语言工作。令人遗憾的是，老虎“就在你慌乱的一瞥中隐身”：正是个人面对“真实”的慌乱姿态，重又让这短暂的鲜活和具体隐身不见了——呈现的方向是一种回退：“现身”→“隐身”。

而后两句与“灯光和宽恕我的女人们，围绕我，一切都倾向我，一切又无可奈何地退回”所揭示的如退潮海水之方向感，不亦是如此吗？因此这四句诗扮演了交响乐中的二重奏，重复的节奏感带来共振，强势宣告“这也许是一个不会留下贝壳的夜晚”——捕捉鲜活的本真、具有生命的事理性之失败。

从下一句——“一个男人般的影子”开始，人称技巧的高强度使用开始了。“人称代词”的使用，是解读这首诗的秘钥。人称代词——你，我，他，她，它——的魔力到底在哪里？众所周知，指称一个事物或一个人物，你最好喊出其名字——名字是关键。就好比在人群中，当你喊“你”时，回头的将是“你们”或无人；当你喊“鲁迅”时，答复你的绝不可能是“胡适”。名字的核心之处就在其特殊性，这是人称代词永远达不到的。人称代词的使用取消了特殊性，得到的是迷离、暧昧和阐释的多义性。名字与人称之间的巨大沟壑一旦被跨越，二者的特质有了一个革命性的占领与耗空，陌生化的景观就异质呈现了。

厘清这首诗中的人称代词之间的关系，并非易事，泄露思绪线索的人称代词的出没，犹如灵光乍现，读者唯有按图索骥，不放弃一点线索：首先出现的第一个人称代词是“你”——“书”，而后是“我”，随后是“我们”——“我”和“书页”。“我们”的使用已经些微透露出“我”与“书页”的一体关系了，这在诗的结尾达到了合一式的升华。在第四句“就在你慌乱的一瞥中隐身”，又出现了“你”，这个“你”就无法理解为“书页”了，而是有生命力的“人”——无它，“我”也。果然，“围绕我，一切都倾向我”证明了第四句的“你”即是“我”。在“一个男人般的影子”之后，偏偏又出现了“他”。“我的影子——他”，这对于读者是一个明显的信号。这儿的确出现了某种人称分

---

① 张枣：《张枣随笔选》，人民文学出版社2012年版，第11页。

裂的倾向（如图所示）。“影子”的引入是一个解读讯号，“他”指的是“影子”，而且是“我的”影子，而“我的影子”又隶属于“我”，所以“他”继“你”之后，也纳入了“我”的麾下。“影子”预示着“分裂”；“他说，他愿意在这个夜晚跟我讲和”预示着“合一”；最后，“两个人重复着一句话，英雄便走出了门”——和谐状态的“英雄”诞生了，他似乎超越了“你我他”之扁平感。在最后四句里，又再次出现了“你”，这里的你，可以理解为是一个首尾呼应，再次回到了首句的“你”——“书”。诗人最后一次去营救“你”——“书”，其实也就是“我们”，某种“自我救赎”。至此，人称变换的角逐赛疲惫又充实地结束了：

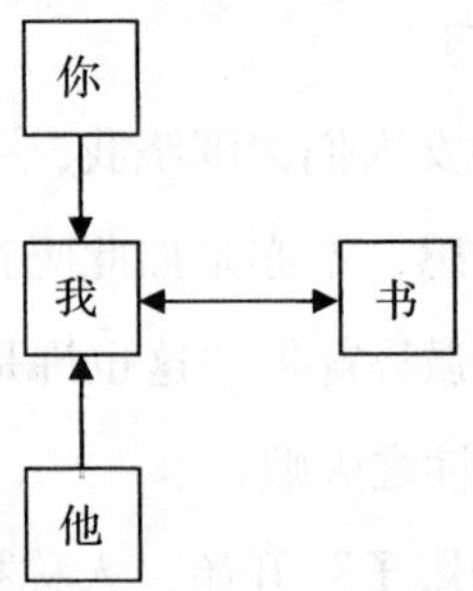

人称的不断变换并非炫技，它营造了一个不固定的四边形，在腾挪倒移之间尽显合力与张力。许达然先生在《等，等等》中的那句著名的“我看陌生人看我看陌生人”①所绽放的相对性和微妙的互动活力最具典型性。这种腾挪转换、看似柔缓的过程很像以柔克刚的太极，用“相对”和“惯性”制衡速度与力度。以力借力。人称的跳跃类似动作的切换，在每个跳跃点，都完成了对力量的消解，获得一种绵柔的质感；人称代词的不断剪裁、拼贴和组装非常具有汉语智慧——它很难在受制于“逻辑的暴政”（宋琳语）的西方语言下显现出来。这种在“你我他”之间无焦点的不断游离，不仅透露出作者活泼思绪的高速转移，也暗含一种哲学观念，即“我”的不确定性。

张枣并非多产的诗人，再加上英年早逝，全部诗歌只有不厚的一册而已。《那使人忧伤的是什么?》、《枯坐》和《题辞》这三首诗互相勾连，彼此应答，它们无疑具有某种时代标本和诗人精神生活的界碑意义。《那使人忧伤的是什么?》呈现出诗人面对时代、话语和自身的困惑，并自我消解给出答案的可能性。晚期诗歌《枯坐》似乎是诗人对过往生命的巡礼，它暗示了答案并给出了“枯坐”这一独特的解决方案。至于《题辞》，其突出特色在于淋漓尽致地展现了张枣诗歌的最大特征：出神入化地使用人称代词，获

① 许达然：《等，等等》，《远近集》，中国友谊出版公司1988年版，第60页。

得了迷离、暧昧和阐释的多义性。文本的修辞方法只有深刻地切入内在的思想层面，二者有机地融为一体，才能真正成为源头活水，而非单纯的炫技。《题辞》在修辞的语用层面综合地涵纳了前两首诗，其更深层的意义在于，读者应从这绵密如针地游走于衣料的诗歌修辞方法中跳脱出来，看到这似乎正是诗人面对世界的一个方法——在《题辞》中，张枣如此执着于灵活跳跃的人称变换法，仿佛用太极的掌法将原有的刻板世界颠覆于股掌之间，其用意就在于创造一个自己感觉的世界，在这个世界中，他不再被各种测度衡量，而使自己成为一个尺度。

（作者单位：厦门大学人文学院）

跨文化现代性
——新即物主义在台湾

方婉祯

新即物主义源自第一次世界大战后的德国文坛，其重要性虽然不如现代主义所形成的国际性影响，却引起了日本的注意与挪用，进而影响中国台湾。目前学界，大多在德国或日本的国别史框架下，对其进行概论式的观察；作为一个由外移植而来的文艺流派，其落地生根的过程固然重要，然而，针对此一思潮本身的跨文化流变，亦有待认识。本文试图采取跨文化的比较文学视角，厘清新即物主义的跨文化流动脉络，进而展现此一发生于德国的艺文流派，如何被日本与中国台湾加以挪用、改写与在地化。学者曾依据文学史或艺术史未加以论列的理由，认为新即物主义并不属于主流①。相较于表现主义或超现实主义等国际性的欧洲文艺思潮，为何未能汇成潮流的新即物主义，会引起日本、中国台湾诗人的共鸣与传播？此外，就台湾诗坛的角度而言，其所移植的德制流派，是经过日本转介与翻译，其中所牵涉的复杂交流，尤其是接受者的创造性实践，已非过去影响理论的放送—接收模式所能解释。因此，在讨论研究对象之前，本文铺陈了跨文化研究理论的方法，作为比较的基础平台。

一、跨文化视野的观察

东/西、生产/接受的二元对照基础，所建立的静态影响论或起源论，已落入单一、武断的窠臼，而文艺思潮也绝不是由放送者、传递者而至接受者这种单向动线的轻盈旅

① 陈俊荣：《杜国清的新即物主义论》，《当代诗学》2007 年 12 月第 3 期，第 50—51 页。

行。研究者对于文化翻译的思考，已经拆穿语言具有对等的同义这一假设的虚妄性，提醒我们注意，翻译除了不具透明性之外，面对西方、殖民者或政权的文化霸权，其政治性也就是操弄话语的权力，不仅来自外部也发生在内部。这就是为何东方文化自身的等级结构正铭刻了西方的话语权力。这涉及本土的知识精英如何进行话语、权力、利益的分配，以及精英阶层与政治之间错综复杂的关系。如孙歌所言，“当‘越界’对于主体的冲击被简化成‘自我’与‘他者’的并存关系时，翻译的政治无法获得自身的定位，只能成为主体自足性的同谋，从而使主体感到安全”①。文化翻译正是一种跨文化活动，那么在面对各种话语权力的角力时，如何走出二元的简化框架，体现两种语言各自的张力以及它们之间的张力，而不至于流于文化霸权的帮腔或“主体自足性的同谋”。

借鉴新兴于20世纪90年代的跨文化研究（transcultural studies）理论，有助于我们对现代性的重新省思。虽然“跨文化”这一概念的高涨来自讨论全球化的后现代形势，工业革命之后的现代化社会并没有电子媒介、虚拟网络或人口移动以重新形塑集体想象以及自我主体，然而，交通、信息、经济等发展所建立的物质文明，确实重构了人们的时空感，尤其是知识分子之间经常进行密切的跨语言、跨文化交流。过去的比较研究②、后殖民研究、多元文化论等论述，强调由国家或种族等封闭系统所圈设的界线以及将文化视为同质（homogenization），强调彼此之间如同孤岛一般截然不同的区分与假设，使得跨领域研究一直无法摆脱国与国之间政经位阶（hierarchy）的掌控以及自我/他者、孤立/连结、传统/现代等二元框架，无力探索文化之间的混合渗透与协力共存。

单一文化的概念主要来自18世纪晚期赫尔德（Johann Gottfried Herder）对于文化的界定。如韦尔施（Wolfgang Welsch）指出这一概念的特征，基本上默认同构型的社会、统一的种族并强调不同文化间的区隔。赫尔德对自我的捍卫及对他者的排除，更显露其文化种族主义立场的偏差③。这一传统概念也反映了欧洲自18世纪以来所建立的现代性意识形态——“欧洲从18世纪开始将自身定义为现代，将他者建构为镜像的反面。因此如现代／传统、文明/原始及自我/他者成为建构现代性意识形态的核心。这些词汇无法自后殖民及文化研究所示的帝国主义及殖民遗绪中解放出来”④。换言之，18世纪以来

① 许宝强、袁伟选编：《语言与翻译的政治》，香港牛津大学出版社2000版，第13页。

② 阿帕度莱认为传统比较研究的概念建立在研究对象之间是相互区隔的，即使连结起来也不受影响。Arjun Appadurai，“How Histories Make Geographies”，*Transcultural Studies*. no. 1（2010），p. 8.

③ Wolfgang Welsch，“Transculturality：the Puzzling Form of Cultures Today”，*Space of Culture*：*City*，*Nation*，*World*，Mike Featherstone and Scott Lash，ed.，Sage Publications，1999，pp. 195—196.

④ Noriko Thunman，“Literature and Transculturality：Some Reflections on Transcultural Subject Position”，*Cultural Translations-Proceedings of the Workshop/Symposium in Varberg and Kyoto*.（Göteborg，2011）.

的论述直到后殖民或文化研究，仍然基于同质的国家文化的想象，并忽略历史上的跨文化实践。而20世纪70年代开始兴起的多元文化论虽然呼吁对他者的理解与承认，然而隐含在他者概念中的权力关系又时常阻扰真正平等的理解，其前提同样来自孤岛形式的传统文化概念，依然不能解决文化的共存与合作，甚至成为许多政治冲突的根源。艾布斯坦（Mikhail Epstein）认为多元文化论的危机，来自设定每一文化是与种族、性别或人种起源相关，并由此产生社会意义的特殊系统。这一肯定生理起源的本质主义观点与强调内在差异、文化建构的解构主义，二者形成了西方后现代论述里无法解决的矛盾。而跨文化思潮一方面肯定文化的物质性与本质性，一方面强调进一步超越的可能。文化的进展是对自然起源的违犯与超越，是起源与非起源之间反复抹除、铭刻的过程①。

为了凸显文化无法由种族及国家束缚，凸显其活泼生动的异质性，阿帕度莱（Arjun Appadurai）试图重新界定文化的概念。他批判过去古典现代化理论将文化视为实体的立场，流于生物或种族决定论，或者妨碍我们对边缘、等差的观察。他主张“形容词文化将我们带入一充满差异、对比和相较的领域，这更具帮助。文化的形容词系根据索绪尔语言学的核心思想而建立，即对脉络的敏感并以对比为中心。……文化概念最有价值的特征就是差异的概念，它是关于事物对比的，而非实体的特质”②。这一界定文化的前提，得以处理现代社会融合多种文化的复杂性与内在差异。其目的在于多元网络的联结以及含纳的能动性，而不是分离主义者的排除式理解，试图跳脱过去习惯于简单区分“自我/他者”、“对内同一/对外隔离”的窠臼，弃置以社会视角或政治路径简化文化现象的粗糙做法，真正重视文化系统的多种面相。跨文化研究认为现代文化的特征是混合、渗透与弥散，关注的是一个社会去联结外来者进而经历转变的力量，也就是文化之间彼此进行斡旋、调节、整合等互相影响的动态与张力。与外来文化的相遇正是联系、连接以及理解自身内在跨文化的契机。如韦尔施认为，如今的差异不在于像马赛克一般轮廓鲜明的文化之间，而是跨文化网络所显示共享与差异、重叠与区分并存的结果，它促进的不是分离冲突而是交流与互动③。

---

① Mikhail Epstein, “Transculture in the Context of Contemporary Critical Theories”, *Transcultural Experiments: Russian and American Models of Creative Communication* (New York: St. Martin's Press, 1999), pp. 79—86.

② 阿君·阿帕度莱，郑义恺译：《消失的现代性：全球化的文化向度》，台北群学出版社2009年版，第18—20页。

③ Wolfgang Welsch, “Transculturality: the Puzzling Form of Cultures Today”, *Space of Culture: City, Nation, World*, Mike Featherstone and Scott Lash, ed., Sage Publications, 1999, pp. 202—204.

二、冷眼、体操与现代性

由上述跨文化研究的方法延伸，本文试图捕捉文化之间彼此斡旋的动态实况，而唤起新即物主义镶嵌在各文化的历史性，有助于我们展示话语的具体实在性，显示跨国流动的迁移脉络。

笠诗社早期由陈千武与杜国清经由日本引入新即物主义，除了诗学观点的介绍之外，陈千武甚至翻译村野四郎《体操诗集》全文并加以推广。在日本新即物主义运动里，以村野四郎在1939年出版的《体操诗集》最具代表性，以同名的方式间接地向林格纳兹（Joachim Ringelnatz）致敬。此外，曾经以交换留学生身份前往德国的板仓鞆音，到夜总会观赏林格纳兹的表演，与他结识而倾心其作，回国后翻译其《木造的纪念碑》及许多诗作。因此，《体操诗集》可说是我们观察跨文化交流与转化的绝佳起点。

德文 Neue Sachlichkeit 英译为新客观性（New Objectivity），而中国台湾诗坛常见译词“新即物主义”则是由日本文人茅野萧萧而来。德国新即物主义源于第一次世界大战后报导形式的写作受到瞩目，其代表作家雷马克（Erich Maria Remarque）就曾担任记者。Sachlichkeit 指的是就事论事的务实态度，而“新”字是相较于写实主义在内容方面的客观反映而言，并于形式上追求如建筑师慕特修斯（Hermann Muthesius）主张的即物精神所体现的清晰与明快。虽然新即物主义未能汇聚成文艺史的主流，但是，它代表了威玛共和阶段，尤其是1924年至1929年安定时局的美学表现，不仅遍布建筑、绘画、文学、音乐等艺术领域，甚至包括公众的生活态度与感觉结构。

这一务实、冷静地看待外在现实的态度，其内在起因是德国在第一次世界大战之后，经历震惊、惨败的战争体验所导致的反应。德国文化研究学者雷森（Helmut Lethen）认为耻辱（disgrace）是德国群众战后仍处于动荡环境的普遍心理，为了摆脱扰人的罪恶感，为了避免因社会变动不安、反复无常而遭受羞辱，群众宁可搁置道德良心的使命感，采取旁观者的冷眼姿态。即便是知识分子也借由化身为旁观者，融入群众之中，拒绝承担责任或是表达支持，以远离羞辱的机制①。因此，1918年基尔军港水兵吹响的十一月革命号角，并没有使群众成为革命的暴民，反而成为期待低俗趣味的冷酷看客。除了战败心理的内在因素之外，美国主义（Americanism）的风行是另一外缘因素。德国人自我感知为彻头彻尾的美国人，热切迷恋美国文化及其所代表的价值。艺评家乔治

① Helmut Lethen, *Cool Conduct: The Culture of Distance in Weimar Germany*, trans. Don Reneau (Berkeley: University of California Press, 2002), pp. 1—17.

（Waldemar George）即主张“新客观性是美国主义，对客观的、铁一般的事实，对职能工作、专业的一丝不苟以及效用的崇拜”①。这也说明了16年的威玛共和期间，新即物主义特别盛行于社会经济相对稳定、由施特雷泽曼（Gustav Stresemann）担任外交部长的黄金时代。1923年，德国因凡尔赛条约的沉重负债导致恶性的通货膨胀，紧接而来的是饥馑与洗劫。正如伯格曼电影《蛇蛋》所述，买一包香烟得花40亿马克，倒毙街头的马匹立刻被行人肢解并以天价兜售②。经济瘫痪带来的社会动乱使得人民苦不堪言。1924年，由美国提出的道威斯计划（Dawes Plan），以贷款、融资方式纾解德国庞大的财政压力，终止威玛共和长达5年的混乱而逐渐步入安定。

随着美国经援进入德国的是工业理性、消费主义与大众文化的快速发展，柏林加入了现代欧洲都会的行列。奔波于共产主义或反革命等各种主义的知识分子已精疲力竭，无论是左派或右派都选择与资本主义的现代性达成和解，他们在大众文化里看到民主的潜能，并视之为对抗资产阶级文化的利器，期待民主社会的诞生，许多作家纷纷采用报道文学的体裁。他们拒绝支持任何意识形态或积极主动，转而以超然的观察姿态拥抱科技的、客观的、纪录的、被动的现实材料，换言之，威玛共和的文化正体现于知识分子与群众对现代性或现代化的高度兴趣。搭配大腿舞娘的爵士乐与电影成为娱乐生活不可或缺的部分，假日出门进行户外运动是流行的指标之一。除了膜拜新颖的现代元素之外，人们特别颂扬科学主义以及理性的客观价值③。然而，对大众文化所抱持的天真乐观，以及对美国文化毫无批判的着迷，也使得新即物主义冷静凝视的旁观者立场备受争议。肯定者认为这些创作者宁愿放弃对现代文明的鄙斥，代之以其技巧结合大众文化，创造真正民主的公共场域，体现了“崭新的清醒”（New Sobriety）；否定者则形容这股潮流表现了知识分子对社会的犬儒、顺从与冷嘲热讽，虽然保持了清醒与冷静，但也仅止于被动而消极。

林格纳兹即为典型，他善用嘲讽与诙谐挖苦威权政体与现代文明。然而，娱乐性质的说学逗唱的夸大演出，带给民众的是一种茶余饭后的抒发，借此逃避日常生活里的失望与苦涩，而不是走上街头的革命行动。第一次世界大战爆发时，林格纳兹自愿加入德国海军，战后曾经从事报童、橱窗设计、导游等工作，拥有丰富的人生阅历与经验。最后，他以夜总会谐星演员的身份巡回各地演出，迅速知名而获成功，立足于柏林的夜总

① Dennis Crockett, *German Post-Expressionism: The Art of the Great Disorder 1918—1924*. (Pennsylvania: Pennsylvania State University Press, 1999), p. 2.

② 韩耀成：《德国文学史》第4卷，范大灿主编，南京译林出版社2008年版，第217页。

③ Richard W. McCormick, *Gender and Sexuality in Weimar Modernity: Film, Literature, and "New objectivity"*, Palgrave, 2001, pp. 39—49.

会与喜剧圈。其脱口秀表演所朗诵的荒谬诗歌，语带挖苦讽刺，韵脚巧妙，玩弄文字游戏，甚至于胡说瞎闹。其中最受欢迎的角色是水手达德杜（Kuddel Daddeldu），以酒醉的滑稽夸张动作、无政府主义立场的鄙视威权以及多彩多姿的生活经历，备受观众的青睐。他的短文与诗作大多发表在讽刺性杂志《傻子》（*Simplicissimus*），讽刺幽默、瞎扯胡说却富含深意的表现方式，可说是他的创作特色。《体操诗集》（*Turngedichte*）中《引体向上》一诗，前半段林格纳兹首先以奋力向上的姿态，比喻人们希望生命能够不断向上提升的企盼，进而讽刺为了一份薪水或是为了成功，沦为机械般随现代生活运转的螺丝钉。体操员矢志完成动作，正如平凡大众辛勤工作为了得到面包，因此，他不得入睡、不可疲倦，纵然喉头布满针扎与撕裂的痛苦。他想象成为万人之上的成功人士，想象鹤立与鸡群之间的深渊，不必思考只是持续地努力劳动。相较刻画现代生活里积极向上的个人，后半段针砭体操沦为鼓吹民族主义的工具。引体向上如同过去光辉时代引导民众向前，然而光鲜号召背后是德国在思想与体操上的贫乏，终究无法顺利地来回摆荡。以跳蚤、老头的形象，反讽现代体操设计的对象是拥有钢铁般意志、坚忍不拔的青年，为了在奥林匹克赛场获胜以荣耀国家，必须不断地勇敢向上攀升。最后以“衣领全湿”、终于攻顶的绝爽之声，以及以永恒女神比喻体操之父杨氏的手法，制造带有色情味道的娱乐效果，同时在黄色笑话之外，不忘挖苦、揶揄在体操界地位伟大崇高的杨氏。我们可以想象夜总会观众听闻之后，响起如雷的爆笑声与掌声。

竞技体操（artistic gymnastics）是现代性的产物，这首诗也必须放在现代体操的历史脉络中来看，才能显现诗人辛辣的挖苦意味。德国于19世纪初期发展现代体操，其背景与民族国家的形成具有密切关系。1806年，普鲁士败于拿破仑的军队而遭法国占领，同时促成了四分五裂的德国要求团结统一的契机。有体操之父之称的杨氏（Friedrich Ludwig Jahn）即成立“体操协会”，宣扬爱国主义并鼓励国人参与体操运动，其联结体操运动与德意志民族统一的手法，获得群众的回响①。排斥外来语，主张民族首先由母语构成的杨氏，不仅将发源希腊文的 γυμνό（Gymnastics）一词，以德文 Turnen 加以取代，还为青年们设计一系列强健体魄的体操项目，包括单杠、双杠、鞍马、平衡台等项目。威玛政权建立之后，统治者认为运动有助于国民健康、提高生产力以及规训劳工等诸多益处，也鼓励、赞助各项运动的发展。

回到诗作本身，相较于林格纳兹辛辣而具破坏性的诙谐特色，村野四郎以体操为名、内容同样是描摹各式体操姿势的作品，却表现出迥然不同的风格与精神。村野借着与笹

① 汤志杰：《体育与运动之间：从迥异于西方“国家/市民社会”二分传统的发迹谈运动在台湾的现况》，《思与言》2009年第47卷第1期，第31—35页。

泽美明为邻的机会，得以借阅林格纳兹、克斯特纳（Erich Kästner）的新作，了解第一次世界大战之后德国诗坛的情况，其中新即物主义的美学主张特别引起他的共鸣。他担任《旗鱼》编辑期间即撰文推广新即物主义所表现的冷静秩序与明快性，云："我们在言说之前回溯于事物，更新体验，矫正主观的曲解，而能够远离表现主义者们恣意的狂热。"① 正如他在《体操诗集》序文中所言，"今天的诗人，已经毫无必须歇斯底里的理由了"。他反对萩原朔太郎与高村光太郎放任情绪的抒发，认为诗作应体现冷静的秩序，"重视效果、消除凡是旁系的、装饰的条件，这是新的建筑学倾向，伴随着对机械美的新认识，反应新即物主义适当的形式。……主张从膨胀到坚实，从狂热混乱到冷静的秩序"②。为了进一步推展此思潮，他于1931年与笹泽美明、小林武七创刊《新即物性文学》。虽仅维持一期就废刊，然而，因为东京大学与京都大学德国文学会刊物《收获》、《栗树》的介绍，加之武田忠哉撰写《新即物主义文学论》、秦丰吉翻译畅销名著《西线无战事》等条件汇聚，使得新即物主义在日本于1930至1931年蔚为风潮，达到巅峰。

村野四郎在风潮正盛时开始陆续发表体操诗作，于1939年结集出版。正如陈千武所言，这本前卫诗集"把握对象的方法和构成作品型态的技巧"③ 独树一帜于诗坛。最醒目之处是诗作中穿插了十五张体操照片，由北园克卫安排照片与文字的组合方式。照片来自素有徕卡传道师之称的沃尔夫（Paul Wolff）与著名导演莱芬斯坦（Leni Riefenstahl）。他们都以1936年柏林举办的奥林匹克大会为题材，分别完成《徕卡所摄第十一届柏林奥林匹克相片集》以及纪录片《民族的祭典》（Olympia 1：Festival of the Nations）的静态照。沃尔夫以当时最流行的小型相机徕卡，捕捉千分之一秒、肉眼无法辨识的速度，将瞬间的运动姿态加以静止凝固。这个运动会是希特勒为了展示德意志民族的优越和昂扬的爱国精神所下的豪赌，不惜投入惊人的预算，除了兴建体育赛场的费用。莱芬斯坦掌镜的纪录片亦重金购置各种拍摄器材，动员许多优秀的技术人员，因而在摄影技法及美学方面，对后世产生深远的影响。对村野与北园而言，相机所凝固的瞬间形态美，正是事物本质的体现。除此之外，以蒙太奇手法并置诗作与照片，在当时的诗坛亦是新颖的创举。例如：《单杠Ⅱ》一诗，与林格纳兹《引体向上》同样都是描写单杠动作，然而观看方式已然不同。诗作以"我"的第一人称体验杠上回环的历程，将单杠比喻为地平线，倚靠筋肉的力量以指头抓握地平线，并且面红耳赤地吃力将双足升起，如此犹如大转一匝，超越地平线而与柔软的云齐肩。这一浮云穿梭的世界正是体操员费劲使力、运用技艺所塑造的崭新视野。《吊环》、《单杠Ⅰ》等诗之"看看那惊讶的人的脸/

① 和田博文：《テクストの交通学》，京都白地社1992年版，第222—223页。

② 嶋岡晨：《ポエジー挑戦—昭和詩論史ノート》，京都白地社1996年版，第66页。

③ 村野四郎：《日本现代诗选译：〈体操诗集〉（全）》，《笠》1970年第39期，第40页。

我正在/理解我底世界”、“我开始俯视/惊奇的人人的脸和/有点滑稽的矮小的树梢”，都透露了诗人强调体操带来新的视角，由此视角塑造具有空间感的形态美。

正如北园克卫为诗集所写的序所言，“以活泼的小摄影机镜头和无比的细巧精神，在刹那的空间抓住了爽快的精力线”①。村野运用照片将属于时间性质的动作加以凝固，跳上单杠、抓握、使力转体的历程化为空间的一瞬，正是北园所说的“现代艺术的原则”。由于文字与照片并置所形成的蒙太奇手法，产生了时间与空间之间相互解体、对话的效果，照片里固定的姿态具有延续性，而文字里的时时刻刻也凝结为静态画面。意象得以在时空之间流动、跳接，思想得于将自我视为万物之一的谦让观点。如诗作《体操》之“我未曾持有权力/是白衬衫中之个/我解体 而构成/地平线来交叉我”，反对膨胀的自大，主张以敬畏的冷静注视万事万物，事物的本质才能清晰体现。因此，我们可以看到诗人不以体操隐喻人生意义的内在价值，转而以客观形态加以描绘。体操员被抽象化为一个记号、线条或机械对象，从而呈现诗人对现代性的向往之情。体操员的心跳如“引擎的爆音”、“哀怜的电动机喘息着”，身体的律动与外在世界一同简约为圆圈、抛物线、Z 字型或地平线等最纯粹的形态，由此形态展现体操运动的力与美。

新即物主义的美学观贯穿村野的创作生涯，他所秉持的诗学观也影响了长岛三芳、金井直等诗人②战后出版的诗论——《现代诗的探求》一书。书中提及现代诗的美的标准已“从时间上的音乐性移转到求取空间上的心象的型态性”。村野认为法国的超现实主义与德国的新即物主义，都明确显示了追求空间形态性的特征。其中关于新即物主义认识方法的起点，正是出自建筑美学，特别是葛罗培雅斯（Walter Gropius）和柯比意（Le Corbusier）运用科技所展现的实用、清晰与简约之美。村野引用穆勒（Gotthold Müller）的话，表示美必须符合目的性：“美归合目的性，真正合目的型态，才能使自己更深具意义的型态。”③ 所谓符合目的的型态，指的是明确清晰的客观性。《体操诗集》也是在此一美学观的基础上所进行的创作。村野将具体实在的世界与体操员，冷静地描绘成抽象而纯粹的线条，由此掌握事物的本质以及运动的力与美。

相较于林格那兹采取辛辣诙谑的语调，讽刺社会现实及其汲汲营营的大众，新即物主义拥抱现代化科技、追求形式确实而明快的倾向，更为吸引村野四郎。另一方面，新即物主义在德国以明快简洁的形式，客观记录社会的想法，传递到日本后，浓厚的社会

---

① 村野四郎：《日本现代诗选译：〈体操诗集〉（全）》，《笠》1970 年第 39 期，第 34 页。

② 千叶宣一：《现代文学の比较文学研究：モダニズムの史的动态》，东京八木书店 1978 年版，第 91 页。

③ 村野四郎：《现代诗的探求》，陈千武译，台北田园出版社 1969 年版，第 103—104 页。

性被转化为一种观看事物的方式。村野将体操员视作构成世界一部分的物或形态，压缩膨胀的自我，追求冷静甚至是谦抑、与万物平等齐一的态度，并借此认识事物本质的视角。这个观看对象的方式，再被中国台湾笠诗社的诗人们加以挪用、实验与创造，成为具有在地特色的美学理念。

三、乡土精神的隐喻

德国威玛共和时期盛行的新客观思潮，以明快的形式捕捉具体的社会现象或事件，注重文学的记录性质。例如雷马克的小说《西线无战事》，以作家亲身经历为基础，试图通过第一人称的士兵刻画第一次世界大战的真相。又如布莱希特诗作《致后代》描述时代的动荡、饥饿与人民的绝望。反观东亚的日本与中国台湾则是由新客观的艺文思潮，发展“即”物的认识方法，也就是抛弃主观偏见、秉持客观距离、以物象为中心，从而挖掘、深究物象生命与本质的即物视角。村野《体操诗集》以运动中的姿态为审美对象，诗人所掘出的本质是现代性的瞬间速度与简洁线条。然而，新即物主义运动的成员里，笹泽美明所表现的“谦让”自我最为鲜明。如今井直所言，笹泽以消极被动的性格考察周围的静物①，透过内敛含蓄的眼光，捕捉事物的真实样貌，同时，融入他对人生的洞察与慨叹。杜国清认为“这种存在论的意识，是他的诗风的一大特色”，并且这种由“爱”转“知”的观物意识，是来自里尔克的影响②。

里尔克处于德语文学开始从传统走向现代的世纪更迭之交，是由各种文学思潮汇聚的土壤所孕育的独特玫瑰。其文学成就不仅是对德语文学的贡献，对东亚地区诗坛的影响亦有目共睹。由于对他的共鸣及喜好，中国台湾与日本诗人在挪用、转化新即物主义的美学观时，添加了里尔克把握物象核心的即物方法。由笹泽美明或村野四郎示例可见，中国台湾经由日本引介新即物主义时，已挟带了里尔克的物象诗所表现的实存意识；之后通过李魁贤的直接译介、推波助澜，进而发展成台湾特有的新即物主义观。里尔克在结识雕塑家罗丹之后，由视觉的观看启发抽象的观看，借取客观、冷峻而精确的雕塑手法，排除主观情绪与多余的矫饰，细致观照事物深处，复原其本质，而获得造型艺术的客观效果。由客观状物所完成的物象诗，在当时的诗坛可说是前所未见。其中最著名的代表作《豹》，即体现诗人如何由具体而微的观察，表现诗人与豹融为一体，转化为豹的眼睛，刻画铁栏里的世界，同时寄寓人生意义的哲思。

---

① 中野嘉一：《前卫诗运动史の研究：モダニズム诗の系谱》，东京大原新生社 1975 年版，第 179 页。

② 唐谷青：《日本现代诗鉴赏（12）笹泽美明》，《笠》1973 年 12 月第 58 期，第 71 页。

里尔克所散发的忧郁孤寂气质，谛听宇宙万物的沉思，吸引了东方诗人的爱好。中国台湾诗坛中极力推广里尔克的主要旗手是李魁贤，他甚至认为新即物主义的渊源就是来自里尔克："新即物主义采取明晰的语言，准确地传达作者的意念，表现手法上力求纯朴自然。这种风格对国内诗坛以《笠》诗刊为发表园地的诗人发生很大影响。新即物主义的渊源可追溯到里尔克的'事物诗'（Ding Gedichte）。"① 在这段文字里，可以观察到李魁贤将德国威玛共和时期就事论事、讲究理性客观的务实态度，嫁接到里尔克创作事物诗的理念上。村野四郎也认为《体操诗集》"是新即物主义理念根源的存在论性观法的美学的实验"②，"存在论性观法"亦即凝视物象的实存意识。日本诗人与李魁贤大力提倡取自里尔克的"即"物方法，扭转《创世纪》诗人一味讲究文学技巧、流于晦涩难解的弊端。立足于本土与现实的《笠》诗人，纷纷尝试"即物"方法、表现"切实"的精神。例如：白萩1966年发表于《创世纪》的《雁》，相较于过去以"雁"为母题的诗歌大多出于主观情感的抒发，聚焦于迁徙漂泊或羁旅思归，诗人则以透视雁的生命核心为优先，以第一人称"自述"雁群的观点，透露其活着的本质就是不断飞行、追逐地平线。第一段重复的"活着"二字，犹如白萩著名《流浪者》一诗里孤独地"站着"的流浪者，不论是在广漠的天空与大地，飞翔或流浪的雁群与丝杉，只有继续飞行才能接近终点。"仍然活着。仍然要飞行"，可以说是雁群的宿命与悲剧，同时也是雁群克服虚无苍穹的不屈不挠精神。第二段则将飞行解读为雁群世代相承的记忆与基因，一样的天空、相同的翅膀和不变的叮咛，延续祖先未完的意志或梦魇。第三段强调大地与天空的浩瀚无垠，唯有前方的地平线逗引着雁群前进；除了恶劣的外在环境之外，在前方，还有缓慢的死亡正在临近，如夕阳西下般雁群终将在追逐中死去。无论雁群是否能抵达忽近忽远的地平线，即使地平线继续孤悬在无涯的天际，周围的云翳只是冷冷地注视终将一死的命运，雁群"仍然要飞行"。诗人的洞察所体现的雁群存在样貌，即是群聚而不断地飞行，虽然相对于天地与死亡显得渺小，但是雁群仍然坚持飞行的命运。在刻画雁群的生存本质之外，这首诗也象征着人类不畏困难、不计成败、执意勇往前飞的坚毅精神。

在"即物"之时，赋予象征意涵，是中国台湾与日本诗人经常运用的手法。非马的创作则从另一个角度来观看，从而萃取其冥思哲理。例如：《鸟笼》中，诗人反客为主，将以往囚禁主角的牢笼作为审美对象，由此，开门不仅是释放囚鸟，也是将被鸟占领的空间还予鸟笼。换言之，开门的动作，是同时把自由还给"鸟"与"笼"。非马翻转了长期以来囚笼的负面形象，脱除其禁闭生物的实用功能，反而赋予其主体性，予以拟人

---

① 李魁贤：《德国文学管窥》，《李魁贤文集》第七册，台北文化建设委员会2002年版，第346页。

② 村野四郎：《日本现代诗选译：〈体操诗集〉（全）》，《笠》1970年第39期，第40页。

化，透露“他”也渴求自由。诗作刻意断开“飞走”二字，凸显一字——“走”，意味着占有与被占有、“笼”与“鸟”二者之间唯有彼此都放手才能真正自由。全诗用字极度简洁，力求删除任何多余之处，运用断句与一行单字，发挥强调的效果。简短的三段诗行，却表现了始已囚禁、进而飞走、最后彼此自由的阶段变化，散发沉思、哲理的无穷余韵。笠诗人在落实新即物主义手法之外，亦不忘理论层面的深耕。除了在《诗作合评》中采取其诗观并加以运用外，评论诗人时也尝试对“即”物方法作进一步的阐释。如陈鸿森讨论郑炯明时曾定义：“即物性也就是精神作业上，一种先将对象予以无限放大至一等值于人生的存在。然后以‘客观的强度’检视和分析其阴霾之所在，乘虚而入，等这对象包含了‘我’之后，再将之给予艺术性还原的表现方法。”① 换言之，诗人“即”物的意识过程，必须以对象为优先加以放大至等值，进而采取客观的强度加以检视，检视也意味着物与我的融合为一，最后由文字予以艺术性的表现。所即之“物”通常是日常生活中的平凡事物，通过“放大”—“契入”—“还原”的客观程序，抛弃主观情绪或偏见，呈现诗人具体而微的洞察与敏锐的巧思机智。由《雁》、《鸟笼》或者是郑炯明的《乞丐》等诗作，我们都能够观察到诗人如何择取寻常事物，弃绝先入的主观而改用冷静客观的态度，挖掘事物的深意，力求以有限物象寄寓无限意涵。

置身政治高压、无法畅所欲言的严苛处境之下，新即物主义提供的“物在此而意在彼的语言策略”② 是它备受笠诗人青睐的原因。这种迂回暗喻的手法，得以避免牢狱之灾或杀身之祸，又能够抒发被压迫的底层声音。正如陈千武所说，“本土诗人作家长年处于白色恐怖的思想控制下，必须善用‘暗喻’的武器，挥起即物主义的诗法，才不会掉进思想犯的陷阱里受害”③。换言之，由于威权政治的文化统制，《笠》所发展出来的“新即物主义”，特别着重在借物象融入隐喻或暗讽，以寄托诗人的社会批判。随着70年代乡土文学论战的交锋、乡土意识逐渐抬头，诗作的社会性色彩渐趋浓厚，笠诗人更借用物象来省思社会现实，由此发展托物讽喻的新即物主义在地特色。如白萩《鹦鹉》对执政者及其传声筒的辛辣讥讽，溢于言表。以“国王”暗讽蒋氏威权体制，口口声声标榜自由民主，事实则是名不符实的“假民主”。不太愉快的早晨，主人如坐针毡地听完甲的建议、乙的创意。甲、乙毕竟是误信政府口号的愚人，唯有鹦鹉是认清国王本质的真正智者，“只把国王的分析倒数一遍”。最后，甲、乙分别入狱、被砍头，受害于引蛇

---

① 丁旭辉：《笠诗社新即物主义诗学初探》，《笠诗社四十周年国际学术研讨会》，台湾文学馆筹备处2004年版，第220页。

② 李弦：《抗议诗学与政治学：笠诗社的集团性》，《台湾诗学季刊》2002年12月第40期，第61页。

③ 村野四郎：《日本现代诗选译：〈体操诗集〉（全）》，《笠》1970年第39期，第40页。

出洞的陷阱，而善于察言观色、甘于豢养的鹦鹉得到主人的欢心，得以安稳地丰衣足食。不同于甲、乙对民主的信念，聪明的鹦鹉选择巩固领导中心，为五斗米出卖灵魂与尊严，以此讽刺当时独裁者周遭善于揣摩上意、为虎作伥的走狗。文字表面对物象的客观掌握是“掩”，弦外之音的隐喻嘲讽才是诗人针砭所在。笠诗人利用新即物主义手法的机智与巧妙，发出表里相映而又意在言外的余音。这是在政治压迫下不得畅所欲言的处境中，所发展的乡土精神的隐喻。

德国新客观的美学思潮，是经历第一次世界大战的冲击以及美国主义盛行而成的创作理念，冷却了满腔喷发的热情之后，创作者关注的对象落实到日常生活的平凡事物，试图经由客观的距离刻画现实社会的真相。然而，材料的取舍与角度的选择却显示了主观的偏好。从林格纳兹、村野四郎的《体操诗集》到笠诗人的托物讽喻，虽然都被含括在新即物主义的框架里，实则有各自不同风貌的表现，响应自身所面对的时代课题。林格纳兹由夜总会夸张表演而形成的谐谑诗风；村野四郎透过徕卡的眼睛，礼赞速度与力量的简洁形态，运用即物的方法将流动的时间转化为凝固的空间；笠诗人援引里尔克入微的观物手法，建立“即”物视角，穿透表象直捣核心，发展隐喻暗讽的机智。这些被归属于新即物主义的作家们，他们冷静旁观的客观之眼，背后实则是淬炼着炽热的感时之心。

（作者单位：中山大学南方学院）

重绘两岸国族想象边界
——“后殖民”与“后革命”状况中的陈映真对读

欧阳月姣

2016年11月22日，卧病长达10年的陈映真在北京逝世，享年79岁。在台湾文学界，他是20世纪60年代便已成名的现代主义作家，后又以乡土文学的代表人物著称，在80年代创办了关注底层命运的纪实性杂志《人间》。在政治倾向上，他是因“组织聚读马列共产主义、鲁迅等左翼书册及为共产党宣传”等罪名于1968年被捕并移送绿岛的政治犯，直到1975年出狱才得以继续写作。经过这段身陷囹圄后与白色恐怖中被捕的台湾的中共党员朝夕相处的岁月，他“对自己走过的道路进行了认真的反省，对社会现实有了更深刻的认识，开始由一个市镇小知识分子走向一个忧国忧民的、爱国的知识分子”①。在两岸关系方面，陈映真更是一个坚定的“统派”，1990年作为台湾中国统一联盟的创盟主席率队访问北京，其后更是以人间出版社作为据点出版大量台湾左翼史料及论著，艰难地与“台独派”的文学史观力争。

如此一位文学与政治上的重要人物，在近30年的两岸交流进程中，却吊诡地被边缘化——人们并不否认陈映真的重要性，但对他的文学作品或理论史观都不甚有兴趣。以90年代的文化氛围来看，无论在台湾还是大陆，陈映真都显得“过时”，一方面，他坚定的“统派”立场使他在“独派”主导话语权的台湾知识界受到排挤；另一方面，他所使用的经典马克思主义理论话语在已经“告别革命”的大陆知识界也无法再获得共鸣。相比在台湾的孤立无援，至少在大陆，陈映真还能够被“尊重”，然而始终是“不合时宜”的存在。

---

① 傅蓉蓉：《当代台湾文学研究》，九州出版社2014年版，第96页。

回首往昔，如果当年两岸知识界能够对陈映真引起足够的、真诚的重视，那么近30年的交流也不会如今天这样龃龉。“太阳花”世代的横空出世让我们实实在在地感受到了“台独派”这二十几年来在意识形态领域建构的成果，而“太阳花”们所操持的那些西方左派理论术语却彻彻底底地剥离了大陆中国乃至20世纪整个社会主义运动的历史语境，当然，也剥离了我们认为理所应有的国族认同。在30年来的中国转型过程中，如何认识与解决内战—冷战结构所遗留的两岸分断体制是一个极为重要的历史任务，而面对“太阳花”世代，过去“国共合作”的弥合内战分裂的整合方式显然已经失效，“寄希望于台湾人民”需要建构新的国族话语体系。这种话语并不能凭空而来，必须以史为镜，或许借镜陈映真将是一个行之有效的开端，即两岸知识界以陈映真作为中介，“对读”历史。当我们互相以内在而非外在的眼光理解对岸时，国族话语才可能具备容纳更多异质性与多元性的空间。

一、后殖民之后："文学"台湾与"太阳花"世代的史观

1975年，陈映真出狱，之后便加入了《夏潮》杂志，这是一份社会主义刊物，由过去台湾的中共领导人苏新的后人苏庆黎牵头。在尚未解严的时代，刚出狱的陈映真旋即加入这样一份刊物，无疑冒着相当大的风险。70年代末，他又卷入了乡土文学论战。这一论战表面上批判现代主义文学，倡导乡土文学，实质上矛头直指国民党官方意识形态。与《夏潮》同仁类似，乡土文学论战中反国民党的一方其实包含了统独的不同光谱，直到“美丽岛”事件以及80年代党外运动逐渐展开以后，所谓“中国结”与“台湾结”的分裂才浮上台面，而乡土文学论战中“乡土”的含义也被化约为“本土”，从而排除掉了陈映真一脉的阶级立场和左翼思想。回过头来看，当时乡土文学论战中的本土派并不具备陈映真的那种阶级视角和对现代主义背后的意识形态的真正反思，他们的目标主要是为了打倒国民党，一旦本土派掌握了话语权，就如同民进党掌握了政权以后，马上就露出了同样的亲美的现代化意识形态底色。实际上，乡土文学论战中的本土派正是后来党外运动的本土意识形态的建构者，“左眼失明”的民主化进程最终不可避免地走向亲美反共的新自由主义意识形态。

在本土派的所谓“台湾主体性”建构中，文学一直占据着核心地位，文学史的话语权更是至关重要。自1987年叶石涛出版《台湾文学史纲》以来，对国民党政权虚假的大中国意识形态的反动，以及对日本殖民历史中的现代性的追认，构成了主流的台湾文学“本土化”的想象，尤其是对“二二八”事件的“省籍矛盾”的定性，使得“台湾意识”对抗“中国意识”成为本土论述合法化自身的基石。不同于在大陆学界“台湾文

学”始终被看作“中国文学一支流”，只能在各类主流的中国现当代文学史著作中占据尴尬的一章篇幅，“台湾文学”这一学科建制在台湾的确立，本身就是“台湾主体”与“台湾性”的集中彰显。2000年以后，陈水扁当局更是大力扶植高校广设台文系所，并于台南州厅旧址设立“台湾文学馆”，面对公众开放。“太阳花”一代的台湾史观，基本由此脉络而奠定。

关于“台湾主体性”的最为集大成之作应属陈芳明的《台湾新文学史》，弥补了本土派过去“有纲无史”的缺憾①。此书最为核心的论点是以“后殖民史观”来重新建构台湾文学史的分期，将光复以后国民党接收统治的时期定义为“再殖民时期”，也就是所谓“外来政权”说，这等于直接消解了中国民族主义在战后台湾的合法性，甚至将其与过去的殖民者日本等量齐观；而1987年解严以后则是“后殖民时期”，所对应的自然是民主化进程中本土派逐渐掌握政权，实现“台湾主体性”的过程②。

不难看出，“后殖民时期”或“后殖民史观”的成立，关键就在于如何定义战后台湾的戒严体制与国民党政权的性质。正是这一将战后的国民党政权界定为延续日本殖民体制的实施再殖民统治的外来政权、中华民族主义类似于大和民族主义均为外来的强制性的民族意识的历史论断，激起了陈映真坚决的反驳，而陈芳明信马由缰式的历史叙述，也刺激了陈映真对于台湾的“社会性质”萌生严肃讨论的决心。因而在次年的《联合文学》杂志上③，陈映真以3万字长文回应了陈芳明已经刊载的《台湾新文学史》第一章，试图商榷新文学史的建构与分期问题④。

陈映真将陈芳明的后殖民史观命名为“以意识形态代替科学知识的灾难”，直斥其为主观唯心的分离主义文学论，坚持应以马克思主义的历史唯物论来考察台湾在不同历史阶段的社会性质问题，并做出了艰辛而详尽的政治经济学分析。从马克思主义的社会存在决定社会意识出发，陈映真认为光复以后的台湾社会是由1945—1949年中国“半殖民地、半封建”社会的组成部分逐渐过渡到1949年以后因冷战结构带来的美援经济新殖民主义之下的“依附性资本主义社会”。在下一期的《联合文学》上，陈芳明随即发表了回应文章，以“马克思主义有那么严重吗”轻巧地滑开了质疑的焦点，并且讽之以

---

① 此前，本土学者著作有叶石涛《台湾文学史纲》（1987）及彭瑞金《台湾新文学运动四十年》（1991），但都不是完整的台湾文学史。

② 参考陈芳明：《台湾新文学史》，台北联经出版社2011年版。

③ 陈芳明的《台湾新文学史》最早是以单篇形式于1999年8月开始在《联合文学》月刊上连载，最后于2012年合集成书，陈映真的反驳文章也发表在这本杂志上。

④ 陈映真：《以意识形态代替科学知识的灾难——批评陈芳明先生的〈台湾新文学史的建构与分期〉》，许南村编《反对言伪而辩：陈芳明台湾文学论、后现代论、后殖民论的批判》，台北人间出版社2002年版。

“中国文革时期的样板文章”，认为陈映真绑架马克思主义为统派意识形态服务，让他“很难找到对话的基础”。在解释“再殖民社会”时，陈芳明仍然以国民党戒严体制的国语政策、金融垄断、民族教育方面较诸日本总督体制“毫不逊色”为由，将之定义为殖民政府①。

实际上，双陈之间“很难找到对话的基础”是显而易见的。一方面，拥有充分意识形态自觉的二人在这论辩的三回合中常常自认立场与互贴统独标签；另一方面，居于守势的陈芳明，并无认真进行理论论辩之意，常常以“四两拨千斤”的手法，滑过陈映真艰涩的理论追问，论战最终沦为了情感结构的对峙②。在这一场失焦的论辩中，陈映真是吃力不讨好的，不仅在于他所使用的马克思主义理论在反共意识深植的台湾一向被人避之唯恐不及，那些艰深的术语本已失去让人细读的耐心，更在于他的“大中华民族主义”③ 样貌在极力渲染历史悲情、台湾意识、本土化情绪高涨的世纪末，显得是如此的“落伍”和“不合时宜”。随着民进党在2000 年执掌台湾地区政权，本土派在此时正可谓乘势而起，“后殖民史观”也并未因陈映真的反驳而得到应有的反思。

从乡土文学论战对阶级议题和左翼思潮的漠视开始，一路下来，“后殖民史观”及其试图建立的“台湾主体性”的最大问题在于假历史之名而行去历史化之实，它的史观是反国民党的本土主义，它的主体是本省籍的中产阶级，它的意识形态是延续戒严时期的反共亲美以及新自由主义。在任何一个层面上，它都是排斥中国民族主义的，甚至必须将其作为批判的对立面而得以持续其政治动员的能量。在“太阳花”一代，当“后殖民主体”认同已经根深蒂固时，便不可能对“中国认同”再产生任何亲和感。

但是，“太阳花”们建立在“后殖民”基础上的主体意识已经与过去本土派所渲染的“亚细亚的孤儿”式的悲情主义不同，过去那种准国族欲望的雄心壮志已经让位给了消解一切宏大叙事的“后学式”的“小确幸”，这个引用自村上春树的隐喻着60 年代日本左派学运失败以后走向虚无主义的普遍精神状况的词语，在“太阳花”世代的台湾流行起来正暗合了这一代的集体情感结构，即试图以“小而美”的自恋情绪和自闭心理来拒绝“中国崛起”的“威胁”④。毋庸讳言，我们改革开放30 年所取得的巨大经济建设成果，是以市场化并且奋力加入资本主义全球化竞争的方式实现的，对于台湾则是以

---

① 陈芳明：《马克思主义有那么严重吗？——回答陈映真的科学发明与知识创见》。后收入论文集《后殖民台湾：文学史论及其周边》，麦田出版社2007 年版。

② 陈芳明：《有这种统派，谁还需要马克思?》；陈映真：《陈芳明历史三阶段论和台湾新文学史论可以休矣!》。

③ 这是论敌对陈映真身上民族主义倾向的污名化标签，实际上，陈映真的民族主义具有第三世界的、弱小民族关怀的视野。详见本文第三部分。

④ 赵刚：《“小确幸”：台湾太阳花一代的政治认同》，《文化纵横》2014 年第6 期。

“让利逻辑”希望达到“以经统政”的和平统一，这种逻辑也体现在两岸服贸协定上。对于“太阳花”们来说，似乎确实有理由将敌人指认为“结合新自由主义而自动运行的扩张式区域经济与跨国资本主义逻辑，以及欢迎这些凌驾于本地经济自主的强势结构的在地政府”①，但“太阳花”们反服贸却不反TPP②，那不管使用再多“政治正确”的批判术语也只不过是虚晃一枪，其最终焦虑仍得落实在如何面对“中国”，这一被上一辈本土派所塑造的主体想象所极力排除掉的实存。

二、赵刚读陈映真：台湾左派的“洋土”合流

从“后殖民”到“小确幸”，所谓“台湾主体性”正面临着严重的空洞化，这既与现实政治的无力有关，与左派批判术语的错位流行有关，但更深层的原因是其掏空历史所造成的扁平化。回首陈映真对陈芳明“后殖民史观”的批判，如果再将其简单地视为统独对立，无疑遮盖了陈映真的真知灼见。陈映真并非只是批判所谓“分离主义”倾向，而是意识到这种“后殖民主体”的架空性质，至少它已经完全排除或扭曲了陈映真在狱中所结识的那些台湾左翼革命者们真真切切的情感结构与历史经验。之所以要孜孜不倦地用马克思主义唯物史观分析台湾社会性质，是为了揭示台湾作为冷战结构中资本主义阵营的一环，早已被牢牢绑架在美援经济之下。陈映真出狱以后创作的小说中，就以《华盛顿大楼》、《夜行货车》、《万商帝君》等作品批判台湾的跨国资本主义经济，尤其是亲美的政治结构与社会风气给台湾带来的再度沦为实质上的殖民地的危险。此时的陈映真已然触碰到了资本主义全球化进程中第三世界的人民应当如何应对与生存的命题。80年代以后，伴随着政治禁忌渐开，陈映真又以《山路》、《铃铛花》和《赵南栋》三部作品缅怀白色恐怖中被迫害的台湾左翼革命者，同时也反思革命者的后代在这患有历史遗忘症的台湾社会终于委顿与陷入虚无的生存处境。可见，陈映真在进行理论争辩的同时，也持续不断地以小说创作来弥补本土派所打造的“台湾主体”的盲视。

陈映真的这种实践方式，包括《人间》杂志的底层纪实文学形式，被赵刚称之为“土左”，也就是过去所说的老左派。与之相对的，则是赵刚所身处的以《台湾社会研究季刊》同仁为代表的新左派。他认为更贴切的名称是“洋左”，因为这部分学者的背景几乎都是英美留学归台，受到西方学院马克思主义和各种后学理论的浸染。1988年出现的《台社》作为后解严时代批判知识分子的重要集结，是一本社会批判性强烈的学术刊

---

① 刘纪蕙：《与赵刚商榷：我们需要什么样的“中国”理念》，破土网2015年6月24日。

② 全名Trans-Pacific Partnership Agreement，也被称为“经济北约”，目标为促进亚太地区贸易自由化，2015年终于取得实质性突破，美国、日本均加入。

物。他们通过译介西方左翼理论，不断对台湾展开介入的社会运动，与主流思想界所秉持的自由主义或“台湾民族主义”对抗。然而，赵刚近年却开始反思《台社》过去这种知识方式出了问题，反思自身不自觉地充当了全球化知识生产的下游产业劳动者，抱着一堆漂洋过海来的政治正确来衡量自己所在地区的政治和文化状况，没有对自己所处的地方进行实际的研究和实践。他认为《台社》的核心问题就是一种“历史的无关”，《台社》讨论问题，空间都是“我们台湾”，时间则是“最近”、“近几年来”，最远的不过是“解严以来”，对于现实抱着扁平的理解，而且希望那些“介入”的话语能够立即起效，不断提高政治正确的层次。其中还有一个问题就是对中国的怪异沉默。长期以来，他们对中国现当代史，“大致朦胧无知、道听途说、似是而非，但并不觉得自己无知，也不觉得中国的问题够得上批判”①。《台社》一贯的姿态是在统独之外做批判，他们批判独派，并不是出于反帝反殖民，也不是出于民族大义，而是批判独派所代表的中产阶级的利益与世界观，以及独派在打造台湾族群民族主义过程中对边缘或多元性的霸权压迫。也许还有比较尴尬的一个原因是，《台社》大多数都是外省人，“底气不足”，因此与“老左”切割，避免授人以柄，不会马上被归为统派，而谈论超历史的、普适性的理论可能是对自我身份“不正确”的一种保护。他们自认为“新左”，嫌弃“老左”过时，尤其是“老左”们普遍与“中国”处于一种老掉牙的“民族主义”式认同情感中，而“老左”的核心形象就是陈映真。

因此，阅读陈映真成了台湾“洋左”反思自身知识结构的一个契机。2008 年，《台社》举办了关于陈映真的研讨会，陈光兴和赵刚都开始重新解读陈映真。以文化研究学者著称的陈光兴陆续发表了多篇关于陈映真与第三世界的研究论文，而身为社会学者的赵刚，则在 2011 年和 2013 年分别出版了两本陈映真小说的研究专著——《求索：陈映真的文学之路》与《橙红的早星：随着陈映真重返台湾 1960 年代》。他们的解读尤其注重小说中的种种社会现象的细节，发掘其中的种种政治隐喻，尤其在《橙红的早星：随着陈映真重返台湾 1960 年代》里面，就如同杰姆逊把第三世界文学都读作国族寓言，赵刚把陈映真的小说也读作社会主义革命寓言。同时，他们尤其关注陈映真作为作家主体的精神史，用一种“现实主义”式的读法，读陈映真的精神世界，读从陈映真的眼睛里看到的台湾当代社会的思想变迁。总之，把作为思想家的陈映真和作为小说家的陈映真合一看待，于是这些文本解读凝结了相当强烈的自我投射和当代意识，通过追溯“土左”陈映真的精神史，来疗愈“洋左”赵刚们的历史失忆症。正如赵刚在书中的自我剖

① 赵刚：《台社是太阳花的尖兵吗？——给台社的一封公开信》，《台湾社会研究季刊》第 102 期，2016 年 3 月。

白：“如果，陈映真的小说是‘经’，那么，我的随笔就可以是‘传’，甚或‘释辞’。传可以是解经，但又不必本乎经，那自是‘古以有之’。”① 赵刚读陈映真，几乎就是捧着一本“左翼圣经”，陈光兴甚至认为陈映真是以小说来进行“组织联系”。

“接地气”与“续香火”，这两个词在赵刚和陈光兴讨论陈映真的文章里都出现过②，可以说浓缩了他们为什么要重读陈映真的理由。其中，“接地气”意味着台湾本土/区域视角，也就是说，作为西方学院新左派出身的赵刚和陈光兴放弃直接引用西方批判理论来居高临下地批判当代台湾社会，而是希望从本土/在地获取思想资源，不再奉西方为圭臬，于是他们在台湾重新找回了陈映真，这是台湾新左派在其知识结构和学术视野上的一种调整。“续香火”则指的是接续起社会主义革命历史与第三世界反殖历史，这可以说是他们目前的工作目标。后冷战之后，全球左派都面临的一个核心问题，就是在资本主义全球化、如哈特和奈格里所说的“帝国”秩序③日渐显形的格局下，“革命”将如何可能？是在“帝国”——实际上背后仍然是资本——所搭建的全球关系统治形式里，寻求局部的、碎片化的反抗吗？这种反抗形式在实践上反映为政治议题往往被分解为性别、阶级、族裔乃至宗教议题，“革命”动能被转化为了身份政治，争取“边缘”和“多元”的权利实则说明了“帝国”的中心权威是多么牢不可破；而在知识上反映为后结构主义及各种批判理论的流行，这些理论正是由1968年政治受挫以后退守学院的西方新左派所建构，当它们通过学院知识生产传递到前社会主义国家或前殖民地时，必然会在理论和经验的层面与本土曾经发生过的无产阶级革命和反殖民运动的历史形成断层，这正是受过西方学院新左教育的赵刚们回到自己本土之后触发的知识与实践脱节的困境，也是他们认为“太阳花”一代所面临的困境。然而，他们并没有误入“西方理论如何本土化”的歧途——那样就陷入了多元文化主义的“帝国”逻辑，而是认识到西方批判理论也必须被历史化、甚至被地理化。因此，作为第三世界的知识分子，意识到即便当下问题的根本症结都在于帝国秩序、在于资本的全球化，“革命”的工具也不应只借助于西方学院新左派生产的“普适理论”，应该发掘在地思想资源。重读革命历史为的是思考第三世界的共同未来以及寻找“革命”的可能性，正是在这个意义上，“洋左”的赵刚与“土左”的陈映真终于相遇。

---

① 赵刚：《橙红的早星：随着陈映真重返台湾1960年代》，台北人间出版社2013年版，第327页。

② 赵刚：《橙红的早星：随着陈映真重返台湾1960年代》，台北人间出版社2013年版，第327页；陈光兴：《陈映真的第三世界：狂人/疯子/精神病篇》，《台湾社会研究季刊》第七十八期，2010年6月。

③ ［美］麦克尔·哈特、安东尼奥·奈格里：《帝国：全球化的政治秩序》，杨建国、范一亭译，江苏人民出版社2008年版，第50页。

吕正惠在《橙红的早星：随着陈映真重返台湾1960年代》序文中谈道："我曾跟赵刚说，如果陈映真现在能读你的文章，那该多好。如果赵刚这些评论写在90年代，我相信陈映真会受到很大的感染，也许他的作为会是另一个样子。但历史就只能是目前这个样子，这才是真正的历史。"① 当陈映真奋力与本土派的台湾史观辩论时，他没能得到新左们的支持。如前所述，"不知道如何安放中国"，才是"洋左"在90年代无法接近"土左"的真正原因。然而，当他们开始阅读和理解陈映真，就意味着打通两岸被内战—冷战结构所隔绝的历史视野的可能性。

三、"寻找一个失去的视野"：大陆人为何读陈映真

那么，陈映真被本土派所排挤、被新左派所忽视的"中国观"是什么？又是如何形成的呢？他曾在自述《关于陈映真》里剖白道："随着年岁的增长，这本破旧的小说集，终于成了我最亲切、最深刻的教师。我于是才知道了中国的贫穷、的愚昧、的落后，而这中国就是我的。……几十年来，每当我遇见丧失了对自己民族认同的机能的中国人；遇见对中国的苦难和落后抱着无知的轻蔑感和羞耻感的中国人；甚至遇见幻想着宁为他国的臣民，以求取'民主的、富足的生活'的中国人，在痛苦和怜悯之余，有深切的感谢——感谢少年时代的那本小说集，使我成为一个充满信心的、理解的、并不激越的爱国者。"②

这本小说集便是鲁迅的《呐喊》。鲁迅既是陈映真文学的起点，也是其国族认同的起点。正是鲁迅的小说，使本省人出身的陈映真理解了此前从未踏足过、此刻已被冷战所分断的大陆中国的故事，也启发他写出身在台湾的中国人故事。在他的早期作品《乡村的教师》与《将军族》中，已经出现了跨越两岸的历史视野，前者涉及日本殖民时期的台籍日本兵战后归来的精神世界，后者讲述内战后渡海来台的国民党底层老兵和台湾雏妓之间的相互扶持与自杀悲剧。时间与空间，历史与地理，塑造了脚下的土地以及生活/离散在这里的人民的多重面貌，陈映真早早就辨认出了其中的复杂性，他从来不以排外的眼光拒绝那些"非本土"的人或事，而是以一种宗教式的悲悯情怀去描写在台湾这个冲突的、重层的空间里不同族群的人的生存状况。当他偷读了巴金、老舍、茅盾这些在当时的台湾已被政治禁绝的30年代文学，还包括《联共党史》、《马列选集》，甚至毛泽东于抗日战争时期写的小册子等等之后，陈映真成为了一个向往中国社会主义革命的

① 赵刚：《橙红的早星：随着陈映真重返台湾1960年代》，人间出版社2013年版，第6页。

② 陈映真：《关于陈映真》，《陈映真文选》，三联书店2009年版，第15—16页。

青年。这些联系着30年代社会主义革命历史的左翼书籍使他获得了突破战后台湾陷于内战—冷战结构的视野局限的能力。王安忆在《乌托邦诗篇》里写道："我后来知道，一个人在一个岛上，也是可以胸怀世界的。"① 这里的原型就是陈映真。

陈映真所认同的"中国"，是鲁迅的中国，是社会主义革命的红色祖国，从来就不是国民党在台湾推行的官方民族主义②，而他所补充的，是身处曾经被殖民的台湾、解殖以后第三世界的知识分子的视野。如果说作为台湾新左的赵刚和陈光兴打捞出一个"第三世界左派陈映真"的形象，是为了给自身注入历史，以此再造新的政治动能，那么作为大陆人，再读陈映真的意义是什么呢？或许，陈映真在1991年发表的评论文章《寻找一个失去的视野》可以为我们提供答案："今日的亚洲'国家'，许许多多都是过去西方殖民地主义直接的产物。亚洲的贫困之再生产，基本上是这历史上新旧殖民主义本身所再生产的……亚洲的故事，其实就是广泛第三世界的故事。……在改革开放之后，似乎越来越多的大陆知识分子也不可思议地失去了这样的视角。"③

在"告别革命"、"走向世界"的市场经济和发展主义时代氛围里，陈映真在大陆同样感到寂寞。直到他中风失去意识后，在2010年，大陆知识界才出现了一批有分量的、重视陈映真的左翼民族主义思想和第三世界视野的研究。其中，钱理群指出："陈映真在如此复杂，甚至混乱的局势下，依然坚持他的乌托邦理想，他的社会主义信念，并且提出了'在现存共产主义体制和资本主义、帝国主义之外，寻求一条自己的道路'的新的设想，他认为是'第三世界革新的知识分子'所应该承担的历史任务。"④ 与此同时，贺照田也道出了迟来的理解："在我看来，至少对大陆而言，80年代陈映真理想主义重构和与之配合的另外一种把握台湾社会的方式，对同样经历了社会主义危机、理想主义挫折并快速进入一个商品消费无孔不入的时代的大陆社会，更具启发性。"⑤ 当然，他们对陈映真思想的接纳，其实基于自身既有的对后革命状况的反思，从钱理群的叙述中我们不难解读出"鲁迅左翼"和"党的左翼"的对峙意味，而贺照田借助陈映真的解放神学信仰，是为了解答"从爱出发的革命如何可能"的命题。另一种接近陈映真的解读方

---

① 王安忆：《乌托邦诗篇》，华东师范大学出版社2011年版，第1页。

② 本尼迪克特·安德森在《想象的共同体》中对"官方民族主义"进行了批判。他认为这是统治者的一种同时归化和保存权力的策略，是对群众性民族运动的反动，目的是为了巩固统治权。国民党政权在台湾光复后所推行的中华民族主义大致可看作这类型。参考《想象的共同体：民族主义的起源与散布》，吴叡人译，上海人民出版社2005年版。

③ 陈映真：《寻找一个失去的视野》，《陈映真文选》，三联书店2009年版，第492—494页。

④ 钱理群：《陈映真和"鲁迅左翼"传统》，《现代中文学刊》2010年第1期。

⑤ 贺照田：《当信仰遭遇危机——陈映真20世纪80年代的思想涌流析论》，《开放时代》2010年11期。

式，是重返第三世界视角来反思我们当下的国族观念。

陈映真并非“大中华民族主义”者，他继承鲁迅传统，秉持“反帝的民族主义”①，这其实是一种超越时下统独分歧的更大、更开阔的视野和胸襟。正如黎湘萍所言，“如果把陈映真仅放在台湾的范围内去理解，则很容易受限于台湾内部的复杂的政治光谱的影响，使陈映真仅被定位为‘左翼’的‘统派’，甚至把他90年代以后的思想、文化和社会批评，贴上‘狭隘民族主义’的标签而加以轻视……只有把陈映真放在战后东亚地区的历史和社会转型的背景上，才能理解‘这一个’陈映真在台湾、在中国大陆、在东亚地区、在第三世界对几百年来的殖民主义、帝国主义的反思和批评的思想史脉络里的真实意义”②。

对于大陆知识界而言，在目前两岸这种接触频密的局势下，对读历史是必要的，尤其是把相互的历史读作内在的历史。陈映真的意义就在于“给我们提供了晚清以来中国一直最为匮乏的批判殖民性的视角”③。长期以来，大陆知识界很少把台湾看作“内在”于我们自身的存在，仿佛那属于另一条历史脉络，就文学研究而言，“台湾文学”始终是在“中国现当代文学”之“外”，这种学科制度本身就限制了我们提出问题的能力，只有当我们在知识结构上认为台湾是中国20世纪进程中的一个内在结构，我们处理的不是“台湾问题”、就是“中国问题”的时候，可能才会跳出过去形成的民族国家观念。20世纪中国的宏大叙事一向是“反帝反封建”，反殖民不成其为一个显性的、明确的主题，事实上中国有很多区域都是殖民地，还往往是经济文化都很发达的地区。如果说当代台湾知识分子需要从“后殖民”的思考方式里跳出来，那我们可能正相反，需要把“后殖民”纳入思考框架，而不仅仅只是处理现代性（很大程度上就是从“五四”到“延安”）以及“文化大革命”之后“告别革命”的问题。不去理解港澳台殖民历史，是我们对“自身的”、“内在的”历史感的缺失。当中国重新面对这些过去被排除在思考脉络之外的老殖民地时，我们从“五四”到抗战到土改到成立新中国的这一条民族国家之路的组织方式和动员方式却面临失效，这并不单纯是内战—冷战结构所造成的，也包括我们自身缺乏对老殖民地的“历史的、同情的理解”，缺乏对“去殖民化”的必要性与艰巨性的认知，甚至缺乏对自身可能产生的帝国欲望的反省和批判。比如现在谈“中国崛起”是怎样的“崛起”，“中国故事”究竟是什么“故事”？我们怎么看待香港和台湾、

---

① 朱双一：《民族主义作为帝国主义侵凌的产物——陈映真的“民族主义”观》，《台湾研究集刊》2010年第3期。

② 黎湘萍：《思想家的“孤独”？——关于陈映真的文学和思想与战后东亚诸问题的内在关联》，《励耘学刊》（文学卷）2010年第1期。

③ 赵稀方：《今天我们为什么纪念陈映真?》，《中国现代文学研究丛刊》2017年第6期。

怎么看待与周边那些曾经处于“朝贡体系”内的、后来变成西方帝国主义殖民地的、后来又经过反殖民斗争而建造成了独立的民族国家的这些亚洲区域的关系？尤其是在“告别革命”之后，社会主义中国自身的合法性也面临着汪晖所说的“代表性断裂”的问题，如果我们退回到只剩下民族主义的话语，那这个“去革命化”的民族主义将不再是过去那个反帝反封建的第三世界的民族主义。陈映真曾对80年代末看到的纪录片《河殇》耿耿于怀，他很惊讶里面流露出了赤裸裸的对海洋文明的向往，遗憾当年郑和下西洋错失良机，对西方现代文明不加批判地向往，而没有反省现代文明是通过对殖民地的血腥剥削而得来的。作为从日本殖民地、战后美援经济生长出来的知识分子，他对现代化叙事的扩张色彩和殖民色彩抱有一种天然的警觉。相反大陆对《河殇》的批判，基本是把它看作当时资产阶级自由化思潮的“巅峰之作”，批判它对革命历史、对中华民族的抹黑，跟陈映真的想法相似，但侧重点不同，危机感也不同。这正是台湾左派不管是“土左”陈映真还是“洋左”赵刚们对中国前途的担忧：担心中国会忘记第三世界，眼里只剩美国，甚至自身走上帝国主义老路。对于知识界而言，则是希望我们放弃做帝国主义在华代理人，不要沉迷于当代西方理论制造越来越多的不接地气的政治正确，而是努力生产出具有第三世界视野和关怀的在地思想，也就是，走鲁迅、陈映真这样的道路。

对于两岸的民族统一而言，所谓“文化中国”式的民族主义已经被“太阳花”们证实是一种无效的询唤，而且它同样是架空的、超历史的话语，甚至有可能被等同于资本主义全球化时代新帝国的意识形态，受到如史书美的“华语语系”理论的攻讦，反而赋予已陷入理论泥潭的本土派的“后殖民主体”或“台湾意识”以一种在地的、反“霸权”中心的合理性①。如今我们需要的是正视和回首20世纪自身社会主义革命的历史，容纳如台湾、香港这样的被殖民地的历史，以第三世界的立场和视野保持对当代资本主义帝国逻辑的批判性，以更新和再造新的国族话语。随着陈映真的去世，是就此封存和遗忘，或是重拾陈映真留给我们的问题和遗产，对于今天的两岸关系和中国的前途命运而言，恐怕都是一个需要慎重对待的选择。

（作者单位：北京大学中文系）

① 史书美：《反离散：华语语系作为文化生产的场域》，《华文文学》2011年第6期。

慢而不息与问题导向的“老实学问”
——评李光荣《西南联大文学社团研究》

康　斌

自20世纪50年代迄今，伴随着现代文学学科的发展，我们已经收获了上百部现代文学断代史和以万计数的研究论文。的确，无论是对作家作品进行个案解读，还是对较长时段展开整体性认知，都需要研究数量的积累。从某种意义上说，文学经典就是在反复言说中得以凸显并固定下来的。但不容回避的是，部分文学研究和文学史写作存在着两大问题：其一是文学史观偏狭与文学史料陈旧，大量的论文和编著并没有带来新的史料，提供新的史识。种种似曾相识的体例、结构乃至述说方式表明，大量的学术人、财、物浪费在了重复性的学术生产上。其二是文学史观虽有激变而史料却未完善更新。20世纪80年代以来，西方新观念纷至沓来，自造的新名词也层出不穷，但随意使用不可靠史料、选择性使用史料、强行扭曲史料的现象频现，以论代史、以史就论的风气浮泛。两弊重叠，阴影部分乃在“史料”——缺乏史料，袭用或乱用史料乃至轻视史料。近些年来，历史化成为中国现当代文学研究的重要流向，这完全可以视为反拨教条化使用西方文学理论、重建完整鲜活的文学历史情境的努力结果。

在此语境之下，阅读李光荣的《西南联大文学社团研究》，虽知此乃自身研究兴趣和学术逻辑之结果，却也因无意间同步学界潮流而更见其学术信条之踏实有恒。在这部厚实的著作中，作者以新颖丰富的史料、严谨求实的论述，填补了西南联大文学社团研究的空白。诚如钱理群所精炼概括的：研究文学社团，从弄清“基本事实”入手，对包括南湖诗社、高原文艺社、南荒文艺社、冬青文艺社、文聚社、文艺社和新诗社的起止时间、缘起故由、成员、组织方式、观念主张、主办刊物、擅长文体、发表作品、艺术追求、社团关系等问题做了“准确而全面”的清理①。此一特点，今仍可再举一例，详以申固之。此书中多有“第一”、“唯一”之论，如：“向意的《许婆》或许是西南联大学生发表的第一篇小说”；“高原文艺社的剧作即是西南联大的第一批戏剧作品”；“林蒲的《二戆子》是西南联大学生的第一本文学作品集”；“文聚杂志是西南联大向全国发行的唯一一份文学期刊”；“《文艺新报》的诞生，不仅在文艺社是第一次，而且在西南联大文学社团的历史上也是第一次”；“《缪弘遗诗》是文艺社编辑的唯一一本书”②。

学术研究以严谨为是，或因材料有限，许多学者不敢做“第一”或“唯一”之断，唯坐拥大量第一手资料者敢发定论宏声。钱理群尝言：李光荣的西南联大文学社团研究，是“老实人做老实学问”。诚斯谓也！

然“老实学问”的作用显然不止于为现代文学研究提供鲜见材料，其基于确凿史料而生发出来的深旨别趣，乃在于为我们观照西南联大文学、现代主义文学和20世纪40年代文学的丰富样态和嬗变进程提供了独特的视角。所谓“慢而不息”方谓之“老”，“问题导向”才谓之“实”。大概此书史料功夫过于扎实，以至于此点反不为学界深察。

其一，为西南联大文学研究提供“社团”视角，有助于勾勒西南联大文学的全貌。

一般认为，九叶诗人的发掘，推动了西南联大文学的发现。但这也造成了某些刻板认识，即将西南联大文学限定为现代主义诗歌一家，或者仅在现代主义的视野中理解西南联大文学。此书不仅还原了多样化的诗歌创作，也展示了更为多样化的文学创作。它用大量的创作数据表明，西南联大文学既有以赵瑞蕻《永嘉籀园之梦》、周定一《南湖短歌》为代表的浪漫主义诗歌，也有以何达的《我们开会》为代表的现实主义诗歌；既有以现代派为主的“耕耘社”，也有以朗诵诗著称的“新诗社”；既有取得公认成就的诗歌，也有堪称佳作的向意、刘兆吉、林蒲、汪曾祺、史劲等人的小说，还有《祖国》、《凯旋》、《审判前夕》等具有较高艺术水准的剧作。

此书还表明，尽管西南联大文学的现代主义成就引人注目，但其主导价值取向和创作方法实乃现实主义。以几个重要社团的主张为例，如“文艺社”《文艺新报》创刊号第一版刊登李广田《人民自己的文学》指出：“文学本就不是自己玩耍的东西，而是用它来和别人结合、融通，或唤醒别人、鼓舞别人，使大家联合起来，向着恶的进攻，向着更好的道路前进的一种工具。”③“新诗社”明确提出：“我们把诗当作生命，不是玩物；当作工作，不是享受；当作献礼，不是商品”，“我们反对一切颓废的晦涩的自私的

---

① 钱理群：《西南联大文学社团研究·序言》，中华书局2018年版。

② 李光荣：《西南联大文学社团研究》，中华书局2018年版，第119、124、152、296、308页。

③ 李光荣：《西南联大文学社团研究》，中华书局2018年版，第40页。

诗，追求健康的爽朗的集体的诗”①。其后，文艺社、剧艺社和新诗社联合成立“艺联”，导师闻一多题词“向人民学习”，李广田题词“不只暴露黑暗，更要歌颂光明”②。当袁可嘉等参与的《耕耘》壁报显露唯美主义、象征主义倾向时，立即有《文艺》壁报出来进行批评，并发起一场“为人生”还是“为艺术”的讨论。由此可见，随着社会现实日趋严酷，校园氛围亦渐激进，关于文学社会功利性的主张更能吸引广大师生民众。这也说明，即使西南联大从西方引来燕卜荪、奥登、艾略特、叶芝等现代主义资源，也推动了冯至、卞之琳等的现代主义深化，并孕育了穆旦、杜运燮、袁可嘉等年轻作者，但毫无疑问，20 世纪 40 年代的现代主义在中国依旧发展艰难。

其二，将西南联大文学实践的影响源头，从课堂拓展至课外，更准确地把握了校园文学生发的原动力。

有研究者早已指出：“九叶诗人，有个大学教育背景。”③ 但学术界主要是从高校课堂——课程设置和教授讲学对学生的影响入手。问题在于，西南联大课堂的实际情况与新文学的蓬勃发展并不能构成直接的因果关系。根据李蕾的研究，即使在 20 世纪 30 年代，北京高校学科体系中，古典文学在大学文学院尤其是文学系的课程体系中仍居正统，深厚扎实的古典文学教育对学生的意义非凡④。以清华大学为例，即使经历了 1933 年课程调整后，诸如中国文字学概要、中国音韵学概要、国学要籍、中国文学史等国学课程仍是最基础的必修课内容。这种课程设置的情况，在西南联大得到了继承。有学者统计，“宏观上看，联大中文系的国学相关课程占据了全部课程数五分之四余”⑤。加之朱自清、闻一多等新文学名将，此时也早已成了实打实的学院派，主要从事古典研究去了；即使以教授新文学为主业的杨振声、沈从文也开出了历代诗选、中国小说史等国学课程⑥。因此，如果从这个角度谈西南联大的文学教育和诗歌教育的影响，虽自有其重要意义，却难以充分解释西南联大新文学氛围之浓厚，新文学青年之众多，新文学成就之显著。

有研究者指出：除了课程教育以外，西南联大的文学教育形式还应包括学生集体教育、学校文化教育等广泛多样的教育形式⑦。如果说课堂、课程是以国学为中心，那么文学社团就是以新文学为中心。作为课堂之外的业余精神生活的重要组织，文学社团构

① 李光荣：《西南联大文学社团研究》，中华书局 2018 年版，第 43 页。

② 李光荣：《西南联大文学社团研究》，中华书局 2018 年版，第 39 页。

③ 毛迅：《论九叶诗派的现代主义背景》，《中国现代文学研究丛刊》1991 年第 4 期。

④ 李蕾：《1928—1937 年北平大学文学教育观念考察——以清华大学为中心》，《清华大学学报》（哲学社会科学版）2011 年第 4 期。

⑤ 阳清：《西南联大国学教育及文化效应机制的当代借鉴》，《中南大学学报》2014 年第 1 期。

⑥ 李光荣：《西南联大文学教育与新文学传统》，《中国现代文学研究丛刊》2005 年第 4 期。

⑦ 胡余龙：《诗歌教育与现代新诗的发展 ——以西南联大时期的闻一多为例》，《中国社会科学报》2018 年 9 月 5 日。

造了一个非体制性的新型文学场域。在这个场域中，闻一多、朱自清得以重新以新文学的导师形象出现，深度介入文学社团的观念主张和活动开展。比如1938年，南湖诗社在蒙自的分校成立时，曾就应该写新诗还是旧体诗爆发过一次激烈讨论。闻一多和朱自清最后都主张以研究新诗、写作新诗为主，为南湖诗社的新诗主体地位定下了基调，并得到了社员的普遍支持。再比如，沈从文和汪曾祺的师承关系已成共识，但正如此书所昭示的“论成才与文学社团的关系，汪曾祺比穆旦更为典型”①。若无社友鼓励催促，汪曾祺写于冬青社时期的二十多篇作品可能缺乏足够的动力。

其三，将西南联大社团的人事变动与流派的创作变迁合一论述，并在此过程中，建构起十分清晰的作家个体和社团群体成长史。

陈思和曾有意区分社团研究和流派研究两个概念，认为前者重点在人事，着重清理社团的兴衰聚散；而后者重点在创作，着重把握创作风格的流变②。此书显然试图兼顾之：虽然已经清理了复杂的人事关系和社团兴衰脉络，还要进一步勾勒出社团创作主题、风格的运动轨迹。通过此书，我们看到了作家个人成长的过程。比如南湖诗社时期的穆旦，浪漫主义还占优势；进入高原社，开始向现代主义转变，但浪漫主义仍是主调；进入南荒社时期，现代主义占据主位，但十分成熟的作品还没有出现；直到步入冬青社，其最为知名的《五月》、《春》、《诗八首》、《出发》等代表作才喷涌而出。与此同时，我们也看到了社团群体成熟的过程。比如诞生于蒙自的南湖诗社不过一个地道的“校园文学社团”，只能以“壁报”作为机关刊物形式；迁回昆明后更名为高原文艺社，吸收校外人员又改名为南荒文艺社后，其成员充当了当时最著名的全国性报纸副刊《大公报·文艺》的主力军，成为“西南联大所有文学社团中成绩最为突出的社团之一”和“中国现代文学做出了较大贡献的成熟社团”③。

其四，将作为内部研究的文本阅读和作为外部研究的社团研究结合起来，深入文本纹理，品读出了优秀创作的独特与高致。

此书以史料为基础，却并不拒绝简洁生动的笔墨。比如作者在描写闻一多与学生在恶劣的条件下不辍风雅之谈时，这样写道：“天空飘着雪花，没有取暖设备，屋里很冷，大家坐在铺着稻草的地铺上，闻一多先生用被子盖着膝头，和他们畅谈诗社和写诗的问题。”④ 这种建立在史实基础上的合理想象，透露了作者深厚的审美功夫，增加了学术著

① 李光荣：《西南联大文学社团研究》，中华书局2018年版，第405页。

② 陈思和：《中国现代文学社团史研究书系·总序》，金理《从兰社到〈现代〉》，东方出版中心2006年版，第4页。

③ 李光荣：《西南联大文学社团研究》，中华书局2018年版，第171页。

④ 李光荣：《西南联大文学社团研究》，中华书局2018年版，第77页。

作的感染力。

作者也将这种审美能力和文学素养，贯彻在全书的文本解读中。比如在分析高原文艺社周正仪的独幕剧《告别》时，作者如一位跨越时空的老师，批评作者“识人不深”，因而“这个形象的塑造没达到作者的意图”①。即使是面对闻一多的文学评论，作者也不为尊者讳。闻一多曾将赵令仪的《马上吟》选入1943年的《现代诗抄》，却在1945年以艾青和田间的诗歌作为标准否定了它。作者直接指出，此诗虽刚健不足，但“毫无矫揉造作”，并强调闻一多改褒为贬，原因在于“思想激进了，论诗的标准也变了”②。也正是因为坚持文学批评的审美品位，作者才能发现一位被长期忽略的优秀诗人和小说家林蒲，指其为“西南联大第一个较成功地迈进现代诗歌行列的诗人”，率先达到了“中国化的‘散文美’高度”，并称赞他的报告文学《湘西行》“在思想价值和艺术风格上都直追‘湘西圣手’沈从文”③。

需进一步说明的是，此书托旨遥深，似还不能仅仅限于现代文学研究领域。所谓“西南联大”和“文学社团”，均是当下人文社会科学研究的重要关键词，因此此书既可以在中国现代文学史的社团研究框架内厘定上下之位置，也可以在中国大学研究和西南联大研究中找到意义之源泉。

其一，为西南联大研究提供了极其重要的学生视角。

西南联大研究煌煌多矣，或立意为西南联大立传树碑，图绘学校发展历程和全貌，如《国立西南联合大学校史》；或着力建构以课堂课程为中心的西南联大文学活动情境，如姚丹《西南联大历史情境中的文学活动》；或聚焦于大学精神的确立和知识分子人格的张扬，如陈平原《抗战烽火中的中国大学》、谢泳《西南联大与中国知识分子》、余斌《西南联大的背影》等。详以观之，则主要集中在大学视野和教授立场，学生往往被书写成启蒙的对象。但若从社团视角观察学校教育和学生文学实践，当更能把握作为主体的学生是怎样表述自身的家国情怀和如何展开源自内心的文学兴趣的。

这首先体现为学生社团的自我管理为主、导师介入为辅。比如1945年李广田应邀担任春雷社的导师，他提醒《春雷》“火药味不要太浓了，要注意斗争策略”，而学生并未采纳。此外，春雷社壁报的文章在刊登前从未请李广田过目，原因固然有担心“出了‘问题’而连累他”④，但也显示了学生文学实践的自主性。此书还提到，有的社团虽登记了导师，却从未联系，以至于若干年后连社团骨干都记不起导师是谁了。这也说明导

① 李光荣：《西南联大文学社团研究》，中华书局2018年版，第126页。

② 李光荣：《西南联大文学社团研究》，中华书局2018年版，第247页。

③ 李光荣：《西南联大文学社团研究》，中华书局2018年版，第117、151、153页。

④ 李光荣：《西南联大文学社团研究》，中华书局2018年版，第33页。

师的影响力在具体的社团活动中是需要具体辨析的。

这还体现在学生社团实践对导师的影响上。李广田曾说："在这里，我接触了更多的青年朋友，我从青年人身上得到力量，得到支持。"① 此书在勾勒闻一多朗诵诗观念的过程中，也发现了文学社团和学生们对其的影响。新诗社成立之前，闻一多虽然把田间的诗歌当作"新的诗歌"向外推广，但还没有产生朗诵诗的观念。而在与新诗社同学的交流中，尤其在社员们对朗诵诗问题发生争论后，闻一多才逐渐建立起清晰的朗诵诗学观，并发表了我们今天所能见到的关于朗诵诗的最早言论。讨论朗诵诗时，闻一多曾说："我是到你们中间来取暖的！其实，哪里是我领着你们，那是你们推着我走！"② 这显然是青年学子影响教授的又一明证。

其二，有助于从社团管理角度，看到西南联大大学治理和自由包容精神的真实落地。

陈平原曾说："在中国大学日渐富有，也日渐世俗化的今日，谈论那些已经隐入历史深处的、'破破烂烂但却精神抖擞'的西南联大等，也算是'别有幽怀'。"③ 我们每每从大学自治、教授治校、自由民主学术理念等方面入手④，探因西南联大孕育人才之多、影响中国之深。但所有高妙的理念和创举，都需在学校制度性管理层面得到落实，均要在助益学生成长上得到证明。而西南联大的文学社团管理则是观察精神落地为实践的极佳窗口。

通过此书的简洁梳理，我们看到西南联大先后出台了《西南联大学生会社管理规则》和《本大学学生壁报管理办法》，这自然是要把学生的课外组织活动纳入学校的正常管理。但西南联大浓厚的新文学氛围之所以形成，与其说依靠学生社团的"管理制度化"，不如说有赖于学生社团的"制度化不管理"。比如对于创建学生社团，学校只要求登记，便对社团在校内的活动予以支持，这有力促进了学生发表言论和创作的积极性。对于文学社团主办的壁报、刊物，学校训导处一般也"只管形式，不问内容"，各种不同思想观点的壁报遂有自由论争的机会。毫无疑问，这种"无为而治"的社团管理态度，有力地制造了西南联大的自由民主空气。透过此书，我们不仅看到了西南联大校园治理的实践细节，甚至得以触摸到民国文学机制在20世纪40年代西南校园中的独特运作方式。

---

① 李岫：《李广田研究资料》，宁夏人民出版社1985年版，第16页

② 闻山：《教我学步的人》，转引自李光荣：《西南联大文学社团研究》，中华书局2018年版，第352页。

③ 陈平原：《历史、传说与精神——现代中国大学的六个关键时刻》，《探索与争鸣》2016年第1期。

④ 齐媛媛、栗洪武：《近三十年来关于西南联大研究的成果综述——基于知识图谱的分析》，《现代教育论丛》2018年第3期。

最后要说的是，本书是2011年出版的《季节燃起的花朵——西南联大文学社团研究》的增订本。相对于初版，本版新增了一些重要内容，主要包括三个部分。一是根据文学社团的组成人员、创作思想、文学活动、作品归属等方面的关联度和继承性，把西南联大的几个重要文学社团组合为“南湖·高原·南荒”、“冬青·文聚”、“文艺·新诗”三个团组，使其创作队伍与文学实力更加强大，成为中国现代文学史上不得不重视的书写对象。二是回应了研究者关于民国文学机制的话题①，增加了西南联大文学社团管理相关制度和执行情况，为西南联大文学的勃发提供了大学管理机制层面的解释。三是回应了研究者关于概括西南联大社团整体特征的要求②，总结了西南联大文学社团的几个重要特点。

至于对戏剧社团的深入研究，对西南联大文学圈与国统区其他区域、解放区和沦陷区的联系与比较，对以西南联大为代表的西南地方文化的深挖广拓等问题，本书虽未能补充丰赡，但也无须以此为憾。毕竟，有的问题实非此书论述之范围，有的问题则应由它书来详加论述。自20世纪90年代初以来，李光荣持续研究西南联大文学已逾25载，久久为功，成绩斐然。如今他仍然笔耕不辍，关于西南联大文学社团及相关研究，正在其个人研究谱系中不断拓展和深入。作者曾在书中感慨：“至今为止，除了本书作者的《季节燃起的花朵——西南联大文学社团研究》一书外，再也没有人认真地研究过西南联大文学社团，所以说，西南联大文学还是一块开凿不精的璞石。”③ 我们相信在未来的日子里，必定有更多年轻学人立足前贤佳作，传承“慢而不息”的精神，凿磨出西南联大文学研究和中国现代文学研究的耀目璧玉。

（作者单位：西南民族大学文学与新闻传播学院）

---

① 汤巧巧：《突破中国现代文学研究视阈的厚重之作》，《社会科学研究》2013年第2期。

② 苏利海：《探赜钩深，开拓创新的力作》，《西南民族大学学报》（人文社会科学版）2012年第4期。

③ 李光荣：《西南联大文学社团研究》，中华书局2018年版，第68页。

魅感表面和空白主体：从《上海摩登》到《银幕艳史》的表层现代主义①

余夏云

《上海摩登：一种新都市文化在中国（1930—1945）》的英文版出版距今已逾20年，期间引发的弹赞争辩丰富多彩。最近（2017年7月）浙江大学又重印氏著，足见其魅力和影响广大。本文的目标在于透过联系性地阅读张真有关电影研究的著述《银幕艳史：都市文化与上海电影（1896—1937）》来重新思考都会现代主义的新方向。这种研究方向拒绝将深度、精英作为预设的前提，转而在表面、感性及大众之中找到论述的能量，并经此见证现代主义庸俗与表层的形象。笔者称之为“表层现代主义”。这种现代主义尝试表明，观看摩天建筑和好莱坞电影，同样可以激起普通民众在阅读高雅艺术（如新感觉派作品）时所获得的情绪；未经规划的荡游与漫无目的的非理性行动，同样也召唤了批评的势能，并介入当下生活。

一、魅感的表面

《上海摩登》勾画了一个物的世界。起自建筑、装饰，小到舞女丝袜，这些琳琅满目的商品目录，不仅帮助我们展示了特定的历史语境，而且也有助于讨论流动中的“物

① 本文系国家社会科学基金一般项目“英语世界中国文学史书写的历史、形态和跨文化政治研究”（18BZW153）的阶段性成果。

之话语”（things-in-motion）①。不过，物虽重要，却长期不受重视。尼克拉斯·鲁曼（Niklas Luhman）曾言：“我们仍然为传统所束缚，这一传统将精神的官能分等级，将‘魅感’——即感知（perception）——置于较低的位置，与理性和理解力的较高的、反思性的功能形成对比。”② 在鲁曼看来，传统的观念过于功利保守，以至于“表面”的和“现代主义”的难以达成关联。如果对“物”的鉴赏不能理性地回应社会变迁，而只为获取感官愉悦，那么，观物将毫无价值。概言之，物的独立性并不存在。

这种将“物”摒除在外的经典动作之一，就是使之成为“语境”和“背景”。余舜德命之以“从物论史”（history from things）③。该做法遵从经典的马克思主义物质观，强调物质在前，意识在后，但局限在于轻忽了作家的能动性，并暗示文学很难超越其时代。尽管将物质指认为语境的做法，比借助文本或档案来复原历史的方法客观，但本身并非没有问题。马丁·杰伊指出，借助档案文字来重构历史，难免会“造成文本与语境间的循环……不考虑语境，我们无法理解文本与档案；但语境本身又只存在于文本或档案记载中，纵然我们将后者扩展到包括非语言类的历史印记，也解决不了这一问题。这些文本需要在当下进行阐述，以建立推定的历史语境，后者继而又被用于解释别的文本”④。虽然作为史料的“物”，比描述性的文字更真实、中立，但也逃不过要借文字来阐明自身的命运。而且唯有当它和语境相关，才会被援引，否则也就是一个无足观的物而已。

将物外化的第二种做法，是将之“前置”、“凸显”，使物不成其为物，而是物的隐喻。这种做法在心与物之间构造了一种文本置换结构，尝试探求物的“文明进程”（civilizing process）。余舜德称之为“物的社会生命史”。他引述阿帕杜莱（Arjun Appadurai）的观点说：“物本身没有既定的意涵，物的意涵或显著性（也就是价值）是文化建构的过程所赋予。”⑤ 对此，杨中薇曾举例做过辨析。她以吴伟业的《秣陵春》为对象，讨论在晚明政体沦亡的语境下摆弄“古物”的价值在于：既破除物的旧有叙事模式（如风雅和定情），又为之注入强烈的个人话语，使蒙尘之物重获光彩，甚至变成自我托身的场

① 有关西方“物质文化”研究的扼要梳理参阅［英］柯律格（Craig Clunas）：《长物：早期现代中国的物质文化与社会状况》，高昕丹、陈恒译，生活·读书·新知三联书店2015年版，第16—17页。

② 转引自［美］乔迅（Jonathan Jay）：《魅感的表面：明清的玩好之物》，刘芝华、方慧译，中央编译出版社2017年版，第387页。

③ 余舜德：《物与身体感的历史：一个研究取向之探索》，《思与言》2006年第1期，第30页。

④ ［美］马丁·杰伊：《事件与历史解释：关于语境化局限性的思考》，芮塔·菲尔斯基主编《新史学》（第2辑），史晓洁等译，浙江大学出版社2015年版，第135页。

⑤ 余舜德：《物与身体感的历史：一个研究取向之探索》，《思与言》2006年第1期，第34页。

所①。表面上，杨中薇的讨论揭示了物的内涵和价值是如何历史性地稳定下来的，但根底上却暴露了“物”的意义其实有相当的游移性。对物的定义权，从来都是各方势力争夺的焦点，也因此，从来就没有一个一成不变的“物”。

不过问题是，如果物难以定义，或者说物没有记忆，缺乏必要的阐释传统，那么，它除了作为背景，还能发挥怎样的作用？实际上，中国的现代化进程，在很大程度上就是围绕着如何定义“异物”，以及分辨它们是否可以被定义的问题展开的。在通常的论述中，现代之“物”和“现代性”的等值关系，似乎表明写入新奇之“物”的内涵已趋于稳定，可既然所有的现代之“物”都可以被“现代”均质地统摄，那么，它是否表明其实并没有什么实质的内容被写入“物”？代表“现代”的“异”仅仅指涉了其起源和由此带来的文化压迫，而非“物”在此时此地的境遇中所能唤起的特别的历史观察和移情作用，即笔者所谓的表层现代主义。由此，“物”面临一个尴尬的处境，它是表面的——和来源相关，可这个表面又被现代性的繁复表述所遮蔽，成为一个在场的缺席者。如是，“表层现代主义”的目标即在于引导人们重新重视表面的自身价值。

粗略来看，“现代性”在“物”的层面上，是作为“知识”而非“感觉”出现在中国语境中的。前者相对稳定，可以传递，而后者则杂乱无章，转瞬即逝，是表层的重要形态。李欧梵在《上海摩登》中指出“‘现代性’既是概念也是想象，既是核心也是表面”，多少与这种潜在的认知分类有关。他说：“意象和风格并不一定进入深层思维，但它们必然召唤出一种集体‘想象’。”② 这段话的言外之意是，表面的“感觉”有可能升格为一种威廉斯（Raymond Williams）意义上的“情感结构”，借着公私生活的律动，为现代文化勾勒一种“集体感性的轮廓”。

在李欧梵这里，这种集体感性的轮廓是由一系列资本主义形象构成的。它们是外滩、百货大楼、咖啡馆、舞厅、公园和跑马场。尽管他也把触角伸到了“亭子间”，但是，这种选择仍有相当的浪漫化色彩。他置底层的日常生活于罔顾，因而难逃学院式的猎奇嫌疑。作为辩驳，笔者将指出，这种选择展现了表层现代主义的基本形态，它从“物”的层面切入，对“现代性”进行了再感知化处理。我们可以把外滩建筑、百货大楼等看成是普拉特（Mary Louise Pratt）所谓的接触地带（contact zone），即一个“迥然不同的文化彼此遭遇、冲突、格斗的空间”。普拉特说：“‘接触’这个术语突出帝国遭遇互动、即兴的维度……强调主体处在他们与他人的关系之中，并被这种关系构成的方式。它探

---

① 杨中薇：《玩物和遗民意识的形塑：论吴伟业的〈秣陵春〉》，《戏剧研究》2015 年第 16 期，第 51—82 页。

② 李欧梵：《上海摩登：一种新都市文化在中国（1930—1945）》，毛尖译，北京大学出版社 2001 年版，第 71 页。

讨殖民者与被殖民者，抑或旅行者与被旅行者（travelees）之间的关系，根据的不是分离，而是共存、互动、连锁性的理解和实践，并且常常是在根本不均衡的权力关系中。"①

从某种意义上讲，外滩、舞厅和跑马场等被阶级化和帝国化的过程，加固而非瓦解了以白人男性为中心的欧洲风景话语。透过将自我贫瘠化和东方化，第三世界虽然找到了抵抗的依据，但也因此使自身陷于一种僵化的二元格局之中。它遮蔽了被殖民者的主体性，并对其所处的历史境遇进行了阶级化的概括。换句话说，无论我们多么敌视舞厅、百货公司这些殖民场景，都无法将之从人们具体的生活语境中排除出去，甚至还需要通过与之发生关系来说明问题。据此，普拉特建议启用一个非传统术语——"自传式人种志"（autoethnography）或"自传式人种志表达"。"这个术语两种形式中的任何一个，都指被殖民主体试图用与殖民者的术语结合的方式表征自己。"② 换句话说，《上海摩登》实际上是用一种包括在内的方式，将殖民历史及其后果吸纳为自我的一部分，使之成为一个"内部的他者"（internal alterity）。这个他者，既是一种毒，也是一剂药，他并不是那个外在于我（self）的异类（other），而是对所谓的同一（homogeneity）、连续（coherence）和集合（collectives）等做出修正的重要话语实践，通过不断自我分化和向外运动，以一种流水不腐的姿势来保持肌体活力③。简言之，相比起同一性所带来的认同舒适感，混杂与分歧更能成为一种批评的力量。

如此，对外滩等帝国景观加以利用，等于重启了一个知识批评的进程。这个进程一方面试着与过去的知识分类法相区别，逐渐澄清此类帝国资源纵为殖民的后果，却也是上海日常生活不可分割的一部分。由此，它必然连带着启动一种知识感觉化的进程，即一种人本主义地理学所说的"地理感"。这种感觉（sense）与一般的感性情绪（feeling）不同，是"理性的感性行为"，"由识觉环境的感官（sensory organs）对环境产生价值意义（make sense）"④，在"客观的地理知识"之外，凸显"主观化的地理知识"。

就此思路，我们毋宁说"新感觉"的感觉，不必孤立地指向西方或日本的文艺资源，抑或世界主义的伦理诉求，而首先是人们关于周遭世界的一种体感经验（embodied

---

① ［美］玛丽·路易斯·普拉特：《帝国之眼：旅行书写与文化互化》，方杰、方宸译，译林出版社2017年版，第9、11页。

② ［美］玛丽·路易斯·普拉特：《帝国之眼：旅行书写与文化互化》，方杰、方宸译，译林出版社2017年版，第11页。

③ 详尽的讨论参阅 Carlos Rojas, *Homesickness: Culture, Contagion, and National transformation in the Modern China*. Cambridge: Harvard University Press, 2015.

④ 潘桂成：《译者潘序》，［美］段义孚《经验透视中的空间和地方》，潘桂成译，台湾"国立"编译馆1998年版，第8页。

experiences），即表层现代主义。正如施蛰存指出的，全新的物质景观启动了写作本身："这里面包含着各式各样独特的形态：汇集着大船舶的港湾，轰响着噪音的工厂，深入地下的矿坑，奏着Jazz乐的舞场，摩天楼的百货店，飞机的空中战，广大的竞马场——甚至连自然景物也与前代的不同了。这种生活所给予我们的诗人的感情，难道会与上代诗人从他们的生活中所得到的感情相同的吗?"①

识者或要指正，新感觉最不缺少的恰是这种基于感性经验的去殖民化艺术实践，它对于现代的追寻，流于表面的炫目，而未能形诸有效的批评实践。这个诘问将引导我们走向李欧梵和张英进两位关于中国式"漫游者"的辩论，以显示"表层现代主义"所具有的"嬉戏—建设"功能。

二、漫游的变奏

在李欧梵看来，"漫游"的观念虽有助于我们更好地剖析新感觉派与都会之间的微妙关系，但他也审慎地提示说，毕竟本雅明的"漫游者"其来有自，在语境轮换之后，理论的适切性值得再三掂量。与李欧梵这种持重的理论溯源不同，张英进强调了漫游在当下的发展，他力主漫游应当从一种指涉有限的、波德莱尔式的"原型"人物（figure），拓展为批评的概念（concept）和比喻（metaphor）。他甚至指出，李欧梵所着力批评的那些因过分陶醉城市生活，而无力反思的新感觉派作家，恰恰是最现实的漫游主体，因为"波德莱尔的漫游者表面上的'主体性'，更多的是一种姿态或理想，而不是一种社会现实"。由此，他批评李欧梵用sensation来翻译"新感觉"，实在太过于注重其"耸人听闻"（sensationism）的效果和意图，从而忽略了"新感觉"首先是一个由"感"（perception）而"知"（sensation）、先"感"而后"知"的认知过程②。

李欧梵和张英进的分野，看似是关于"漫游者"观念的原教旨主义分歧。而事实上，通过重读本雅明的原文，彭小妍指出，在本雅明那里，漫游者本就是身处资本主义世界而对自身的商品化状态一无所知的人。换句话说，李欧梵所极力批评的那些新感觉派作家，恰好就是本雅明笔下最典型的漫游者。而李欧梵所诉求的这种批评主体性，实际上已经发展了本雅明的理论，而其源头是福柯。同样是在针对波德莱尔及其《现代生活的画家》一文的思辨中，福柯区分了两种漫游者的形象，并指出波德莱尔式的漫游者"身为现代主义者，不是接受自己在时间流逝中随波逐流，而是把自己看成是必须苦心经

① 施蛰存：《又关于本刊中的诗》，《现代》1933年第1期，第6—7页。

② 张英进：《批评的漫游性：上海现代派的空间实践与视觉追寻》，《中国比较文学》2005年第1期，第100、97页。

营的对象”，他们“超越内/外之分……重点在于将批判理论中必要的限制性，转化为一种可能进行逾越的批判实践”①。

考虑到福柯对权力，尤其是毛细管式漫布的话语权力的兴趣，我们应该警惕其表述中的泛政治化倾向。尽管张英进已经指出“感觉”可以是一个过程，而非某种意图或效应，但实际上，他们三位都共同相信：真正的新感觉派应该而且必须表现出一种明确的介入功能。但这显然回避了新感觉首先是作为一种日常的感性经验呈现的事实，即表层现代主义有可能是作为无效的、失败的表达存在的。我们要问，除了人本主义 make sense 的感觉，还有没有其他的生产方式来造就地理感？斯皮瓦克的经典提问——底层能否说话又一次来到了我们的耳畔。当然，底层（subaltern）不会只是关于阶层结构的表述，它同样是关于一切类似于理性和感性不均衡历史关系的转喻式说法②。即作为“底层”的感性，它是否能帮助我们观察城市？

在福柯的视域中，随波逐流的漫游者不值一哂，但迩来的学者却对此类完全即兴的空间实践（spatial practice）充满热情。在他们看来，这些荡游者（derive）虽漫无目的，却吊诡地发展出一种去中心化的姿态，或者说“嬉戏—建设性行为”：“他们不肯定自己真正身处什么地方，亦不知应不应去解决那些正在困扰他们的古怪问题”③，而仅仅是以身体为界面（surface/interface），不时地与环境去发展一种随机的体感关系，并由是触碰甚至挑战各类规训的空间，打开权力的封锁。黎肖娴以《小武》、《苏州河》和《巫山云雨》等为例，说明“荡游”不仅是一次“发现”之旅，更是一种“负的诗学”。“在这样的方法下，城市不再是一个被赋予了固定含义的空间，而是等待着参观者去为其无穷无尽的物质性阅读和书写，使他们进入未知的对话式祈愿。”④

对于威廉斯来说，我们对社会文化的观察时常陷入一种“习惯的过去时态”（habitual past tense），并理所当然地将其视为已经完成的产品（finished products），从而忽略了一个正在鲜活运转的当下。作为补救，他主张“以流动的‘情感结构’（structure of feeling）来取代明确而抽象、但很可能是僵死的‘世界观’或‘意识形态’之类固定的术语和分析模式”。他将之定义为“变动不居的社会经验（social experiences in solution）”，并用于“描述那些‘正在被体验和感受的、与正规的或系统的信仰之间存在着

---

① 彭小妍：《浪荡子美学与跨文化现代性：一九三〇年代上海、东京及巴黎的浪荡子、漫游者与译者》，台湾联经出版公司2012年版，第28、31页。

② 陈永国：《理论的逃逸》，北京大学出版社2008年版，第229页。

③ 黎肖娴：《荡游者何往？——中国大陆九十年代城市电影的“空间实践”与“负诗学”》，张真《城市一代：世纪之交的中国电影与社会》，复旦大学出版社2013年版，第181页。

④ 黎肖娴：《荡游者何往？——中国大陆九十年代城市电影的“空间实践”与“负诗学”》，张真《城市一代：世纪之交的中国电影与社会》，复旦大学出版社2013年版，第187页。

不确定关系的意义与价值’的东西”①。在此视线下，“新感觉”的“新”不再是一种固定的属性，而是一种持续变化的追求，宛如荡游者闲散地出没在各种接触地带，探索自我及“感觉”的可能边界。尽管张英进对“漫游”所能提供的批评能量充满信心，但奇怪的是，在思辨新感觉缘何倚重漫游来进行文学实践时，他却采用了一种相当保守的解读方案，仅仅把“漫游”看成是其人自我保护的方式：一方面借漫游寻得一个“自足的文本空间”，另一方面求一个“急需的道德宽容的策略”②。既然说漫游或者荡游始终处于建构与移动之中，那么它就永远无法自足，必然要通过与各种话语碰撞，来挑战并调整人们对于“新”的理解。在此意义上，无论浮纨（dandy）、颓废（decadent），还是色（the erotic）、幻（the fantastic）、奇（the uncanny）、怪（the grotesque）都具有挑衅性，或至少是在一种暧昧不明的情境中，不断试炼时人的容忍度和接受度。

而且这个“时人”不应该将新感觉派自身排除。在过去的研讨中，我们倾向于说明新感觉派如何跨文化地调度各种资源来发展一种全新的都会文化，从而为半殖民的中国投下摩登特色。但这种批评方案假定，作为（现代城市）主体（subjectivity）的新感觉派，是不证自明的。问题是，既然情感结构或者说漫游、闲荡代表的是一种无穷无尽的变动，那说明并不存在一个稳固的主体，它也应该身处持续的自我“推敲”（debating）之中③。尤其是考虑到“半殖民地”上海在政经及文化上交叉、分层的特质④，我们就更有必要如阿里西亚·奥迪兹（Alicia Dujovne Ortiz）一样追问：是否存在“一份纯粹、扎实、健全的认同”？鉴于自身血统的混杂性，奥迪兹主张“把自我调整为游动的状态”，拥抱一个“空白的自我”。当然，“空白”不是清空和排除，而是留有余地的吸纳与兼容，即其所言“我就是群众（I am a crowd）”⑤。

不过要补充的是，当这些“空白”主体以闲散或后殖民的方式来处理认同之际，他们并非是真空的。观念在主体内的移入与移出，既牵扯思想的对话，也因应着政经文化的变动。特别是在半殖民的历史境遇里，新感觉派对自我的建设或艺术的投入，能否完全绕开认同政治，即民族国家的问题，值得我们认真思考。作为回应，廖朝阳说因为

① 张德明：《从岛国到帝国：近现代英国旅行文学研究》，北京大学出版社2014年版，第157页。

② 张英进：《批评的漫游性：上海现代派的空间实践与视觉追寻》，《中国比较文学》2005年第1期，第91页。

③ “推敲”的观念借自黄梅《推敲“自我”：小说在18世纪的英国》，生活·读书·新知三联书店，2015年版。

④ 具体的论述参阅史书美《现代的诱惑：书写半殖民地中国的现代主义（1917—1937）》，何恬译，江苏人民出版社2007年版，第41页。

⑤ 转引自叶蓁：《想望台湾：文化想像中的小说、电影和国家》，黄宛瑜译，书林2010年版，第266页。

“空白主体”是“在具体历史经验的开展中维持空白的效力”的①，所以具备一种公共性，即“所有改变认同的行动必须在理性与秩序下进行，不允许特定的局部意志对其他意志形成压制”；同时，“所有认同的‘移入’与‘移出’并不是（或不仅是）没有意义的反射动作，而是因为现实条件变化到一个程度所产生的，主体本身要求‘调整内部与外部的关系’的过程”②。

表面上，空白主体代表自觉与自信，但廖朝阳却说：“主体的空白也就相当于心理分析所讲的‘欠缺’（lack）。”③ 它指涉被阉割与去势的焦虑。由此看来，新感觉作品中五光十色的物质景观美则美矣，在一定层面上却是一种恋物（fetishism）式的心理补偿（compensation）。它以先见之明的方式指认了一种终将发生的失去，因而急于寻求眼前的替代与防御。我们当然要问，这种去势和阉割的力量到底何在？它是来自左翼民族主义的影响，还是殖民帝国主义的全面渗透，抑或是文化上不断的异化与衰退？李欧梵以施蛰存为例，暗指城乡的对比才是个中关键。以《魔道》和《夜叉》等为例，他直指“那种真实的或想象的‘非家园’感是在乡村封建文化的汪洋中，在都市之‘岛’上体验了资本主义的繁华之后而产生的感受”④。“非家园感”，或者说“暗恐”、“怪熟”均是指弗洛伊德在名文 Dasunheimlich（英译 The Uncanny）中试图阐说的概念。克里斯蒂娃解释说，“unheimlich”是一个负面的形容词，意为“非家的、异常的、陌生的”，但是，这种不安和陌异，恰恰不是来自外部，而是存在于家庭内部。“我们的内心就是一个奇异的世界，是我们自我的异乡，我们不断地在建构它，又在不断地解构它。”克里斯蒂娃补充道“‘heimlich’这个词虽然是指‘家庭的’——作为源头，我们也可以说是‘民族的’”，推而广之也是“城市的”。由此对新感觉派来讲，这些城市中的空白主体，所遭逢的非“家”感受，正是出于对民族的、城市的，抑或文化上的各种新生事物的防御性焦虑。作为克服，克里斯蒂娃说，我们应当缔结“一种新的人文主义”，其以“尊重个体的脆弱性与异质性”为基点，“挖掘创造力，寻求表达，建立沟通”⑤。在此意义上我

---

① 廖朝阳：《中国人的悲情：回应陈昭瑛并论文化建构与民族认同》，《中外文学》1995 年第 3 期，第 119 页。

② 廖朝阳：《再谈空白主体》，《中外文学》1995 年第 5 期，第 107 页。

③ 廖朝阳：《中国人的悲情：回应陈昭瑛并论文化建构与民族认同》，《中外文学》1995 年第 3 期，第 119 页。

④ 李欧梵：《上海摩登：一种新都市文化在中国（1930—1945）》，毛尖译，北京大学出版社 2001 年版，第 195 页。

⑤ ［法］茱莉娅·克里斯蒂娃：《主体·互文·精神分析：克里斯蒂娃复旦大学演讲集》，祝克懿、黄蓓编译，生活·读书·新知三联书店 2016 年版，第 125、131、125、135 页。

们说，李欧梵对“世界主义”的定义——“热烈拥抱西方文化”① ——过于简单，因为拥抱本身代表的并不是毫无顾忌的投入，而是从自我内部发现“异”与“欠缺”，进而展现出一种“自处弱势”的对话伦理。

概言之，荡游于城市的新感觉派们，所捕捉到的种种“异数”以及由此引发的感知，一再敦促其回到匮乏的现实之中，促使他们通过面向西方、传统、心理等可能的通道来获得解决的方案，发展一种表层现代主义。也因此物的世界越炫目，指涉的主体分裂性也越强烈；其所引述的资源越优渥，证明其所遭遇的问题越严重。据此，我们似乎可以说“上海摩登”在另一个意义上是“自我寻求和自我矛盾”；“表层现代主义”是一种暗恐的诗学。

三、白话现代主义

荡游者以其“私人的”、“局部的”形式，展现了一种“人以其身体生活在他们自己个别的都市情境”，构筑了一个列斐伏尔（Henri Lefebvre）意义上的“表记空间”（representational space）。尽管此空间的构筑方式，同牵涉城市智性构想和上层论述的“空间表记”（representations of space）判然有别②，但毕竟能做到将理性的规划置于焦点之外，且可以有闲前行，实在说明：此种感知确非一般的贩夫走卒可以践行。归根结蒂，空白主体实为知识精英。纵然其漫不经心，但终归将现代主义和现代性跟日常生活剥离开来，使之成为一种稀缺资源。不过问题是，如果这种感觉可以被批量生产（The Mass Production of the Senses），或者说，现代主义可以被冠以通俗（popular）或者白话（vernacular）的前缀，那结果又会怎样？③

米莲姆·汉森（Miriam Bratu Hansen）和张真师徒关于中国早期电影的论述触及了这个问题。从经典电影（1917—1960年的好莱坞电影）和现代主义的对立入手，汉森指出，过去学界对现代主义的定义过于经院化，视线所及，总是在戏剧、音乐和文学等“高雅”领域内打转，未能将好莱坞电影纳入其中。为了打破这种局面，汉森主张在两者间建立关联，以复杂化它们的存现形态，并据此为经典电影正名。她建议采纳“白话

① 李欧梵：《上海摩登：一种新都市文化在中国（1930—1945）》，毛尖译，北京大学出版社2001年版，第327页。

② 邱彦彬：《恒常与无常：论朱天文〈古都〉中的空间、身体与政治经济学》，《中外文学》2006年第4期，第72页。

③ 这自然是指米莲姆·汉森最为国内学者所熟知的两篇文章：《大批量生产的感觉：作为白话现代主义的经典电影》（《电影艺术》2009年第5期）和《堕落女性，冉升明星，新的视野：试论作为白话现代主义的上海无声电影》（《当代电影》2004年第1期）。

现代主义”（vernacular modernism）的观点。一方面，“白话”可以和“通俗”及其暗含的政治意识形态（雅俗对立）拉开距离；另一方面，它也通过扩展“经典语言”（拉丁文、文言文）的使用范围，向日常生活开敞，从而将电影内部流畅的叙事线索引向电影之外，展开对电影文化及其影响力的（跨国）观察。对汉森而言，“白话现代主义”之所以重要，不仅因为其指涉了一个围绕电影（文本）及其相关事实（环境）的巨大文化存在（如同李欧梵所描绘的都市文化），更在于它是一个充满公共对话、认同与传播的“感知反应场”（sensory reflexive horizon）——在其中，临时、表面的个人情感既得到有效表达，也为他人（包括陌生人）所认同。

在过去的认知里，（电影）“工业”是指通过找寻“最大限度地吸引观众注意力的方法”，做到“将特定的种族、性别、财产、权力自然化”①。它表达了对机械复制及其后果的担忧。而与此不同，“白话现代主义”在乐观地承认叙事的同一性外，还特别注意电影在此时此地的接受情境。汉森尝试以情感表达的非均质性，来抗衡意识形态调控的整一化（totalistic）和连续性。比如，从性的角度，心理学和符号学的分析会关注（异性恋的）男性观众是如何获取快感的，而疏于“解释女性在观看时的快感；并且因为它们强调的是心智（psyche），因而也不能解决观众的社会面貌问题”②。换言之，经典电影虽然刻板、保守，但是，一旦它进入具体的“感知反应场”中，新的流动马上就展开了：谁在看，在何种情势下看，以及出于什么理由看，看又连带了哪些私人的和公共的记忆？这一系列阅读史的问题，将导致意识形态的整体化控制很难达成。

尽管白话现代主义未必直指观众主体性的问题，却明确展示：无论出于何种社会和身体状态，个人可以完全依凭情感参与到公共生活之中。这就好比20世纪20年代在影院中对着《哪吒出世》虔诚焚拜的观影举动，固然荒唐，但毕竟通过错置或者说想象性地发明电影的新功能，使观众在寺庙之外找到了新的心灵安顿场所。张英进批评说，这一事实与其说是在展示现代性，毋宁说重蹈了封建迷信思想③。张英进所谓发言，直接否定了在公共空间内会出现非理性化思考和行动的可能，暗示狂欢固然可以挑战权威，但毕竟只是一种表演或理性布局的结果。

与之不同，张真认为历史上的观众，仅仅是“城市景观中众多的‘生理机能’”，而

---

① ［美］米莲姆·汉森：《堕落女性，冉升明星，新的视野：试论作为白话现代主义的上海无声电影》，《当代电影》2004年第1期，第45页。

② ［美］林恩·乔瑞奇：《从电影到电视：女性媒体研究之路——〈暗箱〉（*Camera Obscura*）杂志的媒体之旅》，何成洲、王玲珍主编《性别、理论与文化》，南京大学出版社2010年版，第53页。

③ 张英进：《阅读早期电影理论：集体感官机制与白话现代主义》，《当代电影》2005年第1期，第31页。

非理性主体，或者“可以量化的实证统计数据”①。这种分歧使我们想到了鲁迅关于庸众与独异的个人的论述。正是民众麻木的集体感官机制，敦促鲁迅回转到自身，检讨其同谋性，并且将之延伸到对民族国家的思考之上。在某种意义上，麻木的生理机能，连同这种机能所在的（跨国）观影环境，激发并生产了鲁迅自赎和谴责式的公共论调。尽管这种批评充满精英气息，但是，其动力却来自一种身处具体情境所产生的即时情感反应（麻木、随喜、起哄以及道德的压力），即表层现代主义。

作为反省，汉森也特别提及了白话现代主义的“前身”——美国主义。她指出，“美国在经典电影时期提供了有史以来第一个全球白话”，尽管此白话不可避免地成为其工业倾销和全球扩展的重要助力，但是“它更是唯一最富有包容力的公共视野（public horizon）”。因为它受到了来自全球各地的模仿和挑战，并在跨地的语境中得到翻译和重塑。为此，她主张不应将美国主义简单地混同于标准霸权，而应该看成是在“规范内运作，却又与之形成张力，对其规范起离心作用”的一种“经验”（experience）②。换句话说，白话为现代主义赋予了使用上的便利性和权宜性，在本土和美国之间建立了互动关系。在此意义上，白话是在民族国家间达成的，而不再是精英和大众的分野。比如在中国的语境里，中文相较于英语、戏曲之于歌剧，就是一种白话，因为它们更宜于表达中国经验，也更容易为观众所接受。粗略而言，“跨语际实践”实际上可以被视为对西方现代主义所进行的在地白话化（vernacularization）。

接续汉森的观点，张真特意将“白话”同语言文学领域内的“白话文运动”做了历史关联，以突显其研究的中国特色。张真注意到，在英语论著中，“很少有人将文学史范畴以外的白话书写和现代印刷媒体文化，放置到更为广泛的对‘文字科技化’的质询当中去，并探讨它与电影的互动关系”③。有鉴于此，她梳理了两条截然不同的白话路线。一条以“五四”精英为代表，通过广泛地借用日语外来词和西语语法而发展成一种国家编码运动；另一条则全面“扎根于身体化的存在和物质世界之中”④，混杂古典、世俗及外来的诸多因素，传递日常经验。她指出，这种经验化的白话路线，其实才是胡适提倡“白话文”改革的真正出发点。他所谓的“言之有物”、“不避俗字俗语”，正是基于对经验、物及情感的肯定，强调的是非理性的运思。循此，张真总结道：“‘白话’不仅局限

① 张真：《银幕艳史：都市文化与上海电影 1896—1937》，沙丹、赵晓兰、高丹译，上海书店出版社 2012 年版，第 21 页。

② ［美］米莲姆·汉森：《堕落女性，冉升明星，新的视野：试论作为白话现代主义的上海无声电影》，《当代电影》2004 年第 1 期，第 46 页。

③ 张真：《银幕艳史：都市文化与上海电影 1896—1937》，沙丹、赵晓兰、高丹译，上海书店出版社 2012 年版，第 32 页。

④ 张真：《银幕艳史：都市文化与上海电影 1896—1937》，沙丹、赵晓兰、高丹译，上海书店出版社 2012 年版，第 43 页。

于它的语言属性，也被理解为一种感性体验，它深深地与日常生活、社会现实等更为广阔的所指（如松绑了的脚），以及一套灵活的符号体系（如鞋样）的话语纠缠在一起。"①

在张真的论述里，"白话"是一种历史的喻说，通常由女性充当。这个转喻的过程，与其说搬用了过去"架空—填塞"的符码制作程式，毋宁说直面了如下一种情势：既然女性可以为种种意识的、情感的话语所填充利用，甚或拥有自己的声音，那么，这就足以从侧面说明女性的"白话特质"："她们"可以被广泛地看见、利用、代言，是一种最直观的生活和历史经验。所以准确来讲，张真讨论的并非某类固化的女性，或宽泛的女性全体，而是一种具备生产力的"女性工业"。"她"成为了可以被批量生产的情绪感知场。举凡妓女、村妇、女学生、摩登女郎均可以借由影像和印刷工业提供的扮装机会，被大众所凝视、模仿，或者唾弃、哀怜。特别是在中国电影的起步阶段，类似于宣景琳这样有着妓女出身的女演员，更是在其身世与表演之间建立起了叠映关系。"个人罗曼史与制片厂的制作宣传、女性传记与电影技术史之间的相互交织"，使得私人空间和公共领域时常被错置在一处，李代桃僵，激起了"观众对电影的热情"②。

这种热情在张真看来，可能代表了白话现代主义运转起效的重要面相。但是，这种技术人格化的过程也带来相应的后果，阮玲玉的死亡可能是这个后果最惨痛的表现形式之一。因为公私界限在"白话化"的境遇中被逐渐模糊，她越是成功地扮演各种角色，就越引起人们对她私生活的猜想，甚至混同。换句话说，白话现代主义所展示的公共空间，并非是以最理想、最理性的方式出现的。情感的冲撞固然带来了交流，但也同时引出了伤害。"人言可畏"恰恰是由印刷文化这个白话现代主义的核心所造就的。而"人言"这种最主要的白话形态，也因此暴露了其民主形态背后包含的不安定因素。如是，我们当想到陈思和对民间的批判性看法——民间固然活泼自为，但毕竟藏污纳垢、泥沙俱下③。

阮玲玉的个案促使我们回到了张英进所说的"封建"问题。为什么白话最容易为流言、艳史、封建等内容所占据？而决定这种占据的动因，又暗示了白话现代主义怎样的生产机制？白话现代主义既然代表一种日常经验，那么，为什么它总是和耸动的、本能的面相关联，其重复无聊的一面，又应当如何吸引大众？或者说经典电影会吸收这些内容成为其叙事的一部分吗？在此，我所想到的是学术界关于传统的四种看法，它们或可

① 张真：《银幕艳史：都市文化与上海电影 1896—1937》，沙丹、赵晓兰、高丹译，上海书店出版社 2012 年版，第 40 页。

② 张真：《银幕艳史：都市文化与上海电影 1896—1937》，沙丹、赵晓兰、高丹译，上海书店出版社 2012 年版，第 13、19 页。

③ 陈思和：《中国当代文学关键词十讲》，复旦大学出版社 2002 年版，第 128 页。

以被借来思考这一系列问题。第一种观点出自列文森（Joseph Levenson）著名的“博物馆化”理论。在针对儒家文化的当代命运思考方面，列文森以为传统已不敷以应对当下，因而只合于束之高阁，作为过去荣光的见证①；与之相反，林毓生则以为传统未必寿终正寝，经由各式各样的再发明利用，它依然可以活在当下，并有着丰沛的创造性转化能量②。作为居中的调和，王汎森提出传统虽未沦亡，但其再发明的过程，因为掺入了人为的建制，所以造成了内部不均衡的发展：主流传统的示现，以各种低音的消抵为前提。因而，利用传统的过程实际上是一种“消耗性转化”③。最后一个思路，则是董玥从废物利用的日常行为中提炼而来。在她看来，传统虽未匿迹，但终归破碎不堪，老百姓以一种勤俭的态度对它，将之修补再用，此过程既不是消耗也不是创造，而是各种可能的拼接④。

白话现代主义，在张真师徒看来，是一种获得来世的创造性“翻译”。它抗议了那种将经典电影视为落伍的做法。但是，阮玲玉事件又昭示了其消耗性的一面。而艳史、封建的介入，更说明其良莠不齐的形态，就如同五方杂处的社会现实和废物利用方案一样，花样百出。换句话说，白话现代主义既然尝试面对更广阔的文化史，那么，它就必须接纳自身剑走偏锋，甚至面目不清的可能，需要把上述四种方案加以糅合使用，注意其“交错”（Intersectionality）而非“层累”的关系。正如女性主义所言，黑人女性所体验到的歧视“不是种族歧视与性别歧视的累加，而是作为黑人女性”⑤。同样，白话现代主义要处理的也不是创造和消耗、隔绝和利用，而是这四种甚或更多力的交错。

在这个意义上，我们说表层现代主义，并不是提倡完全地转向表面、大众、感性和随机，而是提示我们注意这些维度自身的交错，以及其与深度、精英、理性及规划等发生的对话关系。表层现代主义始终注目，具体的语境中那些有识或无识之士在遭遇生活的一刹那所生发出来的芜杂的、直观的情绪，以及这种情绪对壁垒分明的知识结构所发出的隐然挑战。如同摩天大楼和好莱坞电影一样给我们带来了震撼，“缺乏深度”的表层现代主义，应该成为我们看待世界的一种重要入口。

（作者单位：西南交通大学人文学院）

① ［美］列文森：《儒教中国及其现代命运》，郑大华等译，中国社会科学出版社2000年版，第371—374页。

② 林毓生：《中国传统的创造性转化》，生活·读书·新知三联书店2011年版，第291页。

③ 王汎森：《关于〈执拗的低音〉》，《读书》2013年第11期，第142—143页。

④ 董玥：《民国北京城：历史与怀旧》，生活·读书·新知三联书店2014年版，第26—27页。

⑤ 郭爱妹：《交错性：心理学研究的新范式》，《南京师范大学学报》2015年第6期，第106页。

历史化眼光下的繁复文学生态图景
——评胡安定《多重文化空间中的鸳鸯蝴蝶派研究》

高　强

今时今日，即便再保守的研究者，也无法否定鸳鸯蝴蝶派在整个现代中国文学进程中的巨大存在和独特价值。但是，承认鸳鸯蝴蝶派是现代文学中不可缺少的“另半部”，并不意味着对其认识的历史化，把颠倒了的东西再颠倒过来，顽固地使用一套“本质主义”的思维眼光观照研究对象，是屡见不鲜的情形。笔者曾以“《庄子》与《文选》之争”为例对此种弊端进行了清理反思，并倡导复原文学史轮番上演的争执、争论、争辩、争吵的“众声喧哗”的“争”相，还文学史一个多元化、多层次的丰富景象①。胡安定的专著《多重文化空间中的鸳鸯蝴蝶派研究》正是一部历史化眼光烛照下的恢复文学“争”相之作，该著不仅对鸳蝴派的研究、对通俗文学的研究，而且对于整个现代中国文学乃至当代文学研究来说，都深具启发意义。

毋庸置疑，20世纪八九十年代以来，随着思想解放和理论方法的更新，长期主导现代中国文学研究的以新文学为主导的价值标准受到了广泛质疑，而通常作为负面意义受到言说，甚至干脆避而不谈的鸳鸯蝴蝶派文学则得到了正面观照和重新评价，以至于迎来了一场声势浩大的“独立的通俗小说/文学史”的繁荣②。然而，在看似“喧哗与骚动”的多元景观背后，一种不易察觉的本质主义思维定式，依然在阻挠着现代文学研究

① 高强：《恢复文学史之“争”相——从“〈庄子〉与〈文选〉之争”说开去》，《海南师范大学学报》（社会科学版）2017年第5期。

② 范伯群教授主编的《中国近现代通俗文学史》（江苏教育出版社1999年版）无疑是这方面的力作和代表，而被众多大专院校用作教材和参考书并受到极大好评的钱理群等合著的《中国现代文学三十年》中，也以专章的形式对鸳鸯蝴蝶派文学加以评述。

的深化。受此影响，学界对于鸳鸯蝴蝶派的研究往往陷入一种新的陷阱，即以一种静态和本质化的眼光看待鸳鸯蝴蝶派，努力挖掘一度遭到贬抑的鸳鸯蝴蝶派身上的合理性价值，而这些价值又主要是由新文学建构出来的。结果，不仅雅俗新旧的“二元对立”式的僵化框架依旧如故，而且“热”起来的鸳鸯蝴蝶派又遭到了新一轮的简化，鸳鸯蝴蝶派与新文学的深层辩证关系，以及鸳鸯蝴蝶派自身衍变过程中呈现出来的斑驳色彩都未能得到真正的洞识。有鉴于此，胡安定在《多重文化空间中的鸳鸯蝴蝶派研究》的绪论中便开宗明义地指出，她的目的是通过查阅大量原始文献，回到鸳鸯蝴蝶派文学与新文学发展颉颃的历史鲜活现场，以便尽量公允地看待二者之间的关联，“进而重审中国近现代文学中新旧、雅俗文学之间深层的复杂关联，及其呈现出来的繁复的文学生态图景”①。很明显，“二元对立”的庸俗模式和“本质主义”的单调眼光是胡安定竭力加以摆脱的桎梏，而“历史化”则是其明确的观念态度，正是缘于这份清醒和自觉，胡著有效地展示出了一片繁复的文学生态图景。

《多重文化空间中的鸳鸯蝴蝶派研究》的繁复文学生态图景首先表现在，基于逆向因果关系的一种事后寻因，得以深刻揭橥鸳鸯蝴蝶派生成变更的复杂脉络。众所周知，新文学是以一套新旧修辞法的二元对立模式来排斥“他者”和凸显自己的价值，鸳鸯蝴蝶派便是新文学命名和指认出来的一个“非我族类”的负面性“他者形象”。因此，新时期以来学界对于鸳鸯蝴蝶派的重新评价，很大程度上便是一个努力剥离鸳鸯蝴蝶派“负面性”的过程，常见的情况是在鸳鸯蝴蝶派的文学作品中挖掘诸如科学、正义、情欲等正面性内蕴——所谓“被压抑的现代性”是也。与之不同，胡安定的《多重文化空间中的鸳鸯蝴蝶派研究》所做的却是将“严肃/通俗”、“新派/旧派”这样的二元对立观点“悬置”起来，或者将其作为一个既成事实，然后由这样一个既成事实出发，去探究这样一种“事实”是如何成为“事实”的，是通过什么样的方法、出于怎样的目的被构造出来的。通过考察，胡安定发现至少有三种情况形成了新旧文学之间的排斥性机制。其一，鸳鸯蝴蝶派之所以被指派为通俗的旧派文学，是新文学对读者、报刊阵地、出版市场等文学资源的争夺和对自身边界维护的结果。鸳鸯蝴蝶派文学在新文学出现之前具有广泛的阅读接受群体，也几乎垄断了文学界的报刊发表和书报出版阵地。以改造国民性为鹄的、以严肃文学自居的新文学，为了与鸳鸯蝴蝶派争夺文学资源，以便彰显自己的存在和扩大自身的影响力，便批判对方为落后的、不合人道的旧文学。而且，在确认了新旧的二元分立模式之后，新文学阵营还更进一步对种种以“趋新”或“半新”面孔

① 胡安定：《多重文化空间中的鸳鸯蝴蝶派研究》，中华书局2013年版，第7页。

出现的模糊形态的文学加以否定。《多重文化空间中的鸳鸯蝴蝶派研究》以杂志《小说世界》为例具体阐发了这一观点。《小说世界》是商务印书馆在《小说月报》改革后，出于继续笼络市民读者群而创办的一个杂志。该杂志并非单纯停留于“消遣娱乐”的境地，而是显示出新旧、雅俗兼容的特征。《小说世界》中既有白话文章又有文言作品，既用新式标点也有旧式圈点，既学步新文学观照人生世相，思考社会问题，鼓吹国民进步，又不忘讴歌忠孝仁义、维护道德神圣。这样一份斑驳陆离的杂志却被新文学家当作一份正宗的鸳鸯蝴蝶派杂志，进行了决绝的批判。新文学家之所以无视《小说世界》中的“新”因素，而对其大加挞伐，乃是为了维护新文学自身的边界与权威。质言之，“新文学与鸳鸯蝴蝶派的斗争，表面上是新旧之争，实际上更多的是文学场域中确定合法性的斗争，以及文学空间资源的争夺”①。其二，大众传媒的影响也是导致新旧二分法的排斥性机制形成的重要原因。胡安定认为“新文学与鸳鸯蝴蝶派群体之间的区别，导致了二者的生产、传播、消费的差异，而这种生产、传播、消费之间的不同，又反过来促进了各自群体的形成”②。通过对1920年之前的《小说月报》，1921—1930年的前期《紫罗兰》杂志及《民权素》、《民权报》等鸳鸯蝴蝶派刊物的考察，胡著发现这些鸳蝴杂志的自我定位主要是迎合市民大众的消费性商品，因而这类杂志立足于生活领域，从衣食住行到道德情感，以一种琐碎、直观的形式为读者提供一份份消闲式的文化大餐，提供一份份现代都市生存手册。这种五花八门的内容、浅显易懂的道理和刺激消费的目的，都构成了其作为通俗文化产品的重要特征。而那些在此类杂志上发表作品的作者很难不受商业化、通俗化的杂志定位的影响，因而他们的风格与创作方向自然而然地具备了通俗的旧派色彩。其三，胡著研究发现鸳鸯蝴蝶派之所以成为一个通俗的旧派，还是鸳蝴派作家在与新文学作家的区分之中主动建构的结果。旧派才子是鸳鸯蝴蝶派作品中的主要人物形象，也是鸳蝴派作家群体对自我身份的想象和设定，这是他们面对新文学作家的一种“策略性定位”。鸳蝴派主动认同“旧派”这一身份，宣扬“旧派”的传统和古典，自诩为中国传统文化的正宗嫡传，并诋毁、调侃、颠覆新文学、新文化。这种策略使其确立了自身的独特存在，形成了“唯此一家”的面容姿态，“旧派”的名号便成为了鸳蝴派作家的“注册商标”，成为了其与新文学抗衡的资本。李杨主张借鉴福柯的“知识考古学”来推动当代文学研究的“历史化”，具体方式是将那些我们已经普遍接受并且视为常识的概念、观点、思维方式“重新打上引号”，“将它们放回它们得以产

① 胡安定：《多重文化空间中的鸳鸯蝴蝶派研究》，中华书局2013年版，第71页。

② 胡安定：《多重文化空间中的鸳鸯蝴蝶派研究》，中华书局2013年版，第7页。

生的历史语境中，探讨这些‘想象的共同体’得以确立与建构的过程与方法”①。显而易见，《多重文化空间中的鸳鸯蝴蝶派研究》践行的正是这样一种“知识考古”的历史化研究方法。作者不去评定新旧文学的价值高下，不把新旧文学看作一个本质主义的静态概念，而是视作一种动态的话语实践，考察和追问所谓新与旧的话语实践的形成过程，质询那个我们经常使用却习焉不察的“鸳鸯蝴蝶派”／“旧派”文学这一话语产生的因由。

其次，破除二元对立思维局限后呈现出来的一个“第三度”文学空间，是《多重文化空间中的鸳鸯蝴蝶派研究》的繁复文学生态图景的另一面。在文学史上，诸如“进步”／“保守”、“主流”／“支流”、“趋新”／“守旧”等等文学判断和观点，很大程度上并非文学历史自身的图景，而是特定人群出于特定目的的一种事后裁决，是一种“颠倒的风景”，而一旦诸如此类的判断确立下来之后，人们便将其当作不证自明的观点予以接受和运用，“其起源就被忘却了”②。学界对“鸳鸯蝴蝶派”的认识显然应当做如是观。鸳鸯蝴蝶派是新文学为了彰显自身，刻意指认并强化其旧的、落后的一面，而建构出来的对立面。在这样一种二元对立的框架下，新文学与鸳鸯蝴蝶派文学之间形成了一种泾渭分明的纯粹性的关系，后来对鸳鸯蝴蝶派的重评，只是试图肯定鸳蝴派的正面意义，却依然以雅俗、新旧的二元比对模式去言说新文学与鸳鸯蝴蝶派文学，他们之间依然被认为是一种水火不容、界限分明的关系。《多重文化空间中的鸳鸯蝴蝶派研究》则指出新文学与鸳鸯蝴蝶派文学之间的界限其实是“模糊而多变的”，二者之间既有明显的对立又存在着不容忽视的交叉杂糅的灰色地带，“在这个灰色地带，活跃着相当一批‘蝙蝠派’人物，在新与旧、雅与俗之间，他们试图进行跨越和融合”③，并最终形成了一个互动互渗的“第三文学空间”。譬如，叶劲风本人创作新体小说，但他主编的《小说世界》杂志走的却是一条“冶新旧于一炉”的兼容之路，其中既刊登有言情小说和充满士大夫情调的笔记体小说，也发表有大量新文学作家的作品。胡寄尘则既非地道的新作家，也非纯正的鸳蝴作家。他写新诗、短篇小说，甚至还以“模范白话作家”的身份对新文学给予“热心指导”，出版讲稿《新文学浅说》，但其作品不受新文学圈子待见，其行为也被讥刺为“骑墙术”。当其作品不见容于新文学期刊后，胡寄尘又转而向鸳鸯蝴蝶派的杂志投稿，且转型为旧学名家的中立客观态度，继续对新文学“建言献策”，但其作品又与纯正的鸳鸯蝴蝶派文学有别，蕴含更多“新”的成分，尽管只是一些浅显

① 李杨：《文学史写作中的现代性问题》，山西教育出版社 2006 年版，第 6 页。
② ［日］柄谷行人：《日本现代文学的起源》，赵京华译，中央编译出版社 2013 年版，第 20 页。
③ 胡安定：《多重文化空间中的鸳鸯蝴蝶派研究》，中华书局 2013 年版，第 57 页。

的新质。总之，胡安定的研究证明了鸳鸯蝴蝶派和新文学是被区分出来的两方，他们之间不可能矗立着森严的壁垒，一个含混驳杂的“第三度”文学空间真实存在着。这样一种研究理路和思维观念无疑为我们重审现代中国文学丰富复杂的多元景观提供了有益启示。

最后，《多重文化空间中的鸳鸯蝴蝶派研究》体现出来的繁复景象还表现在，着意于探索以人为核心的摇曳多姿的关系性文学图景。出于对本质化的文学研究范式的反拨，更是为了提升文学自身的学术性、自主性，近年来，“史学化”成为了现当代文学研究领域的一个热闹话题和主要模式。“史学化”的文学研究努力将文学问题、文学现象置放在其发生发展的特定历史文化情境中，探究其生成演变的历史脉络，探究文学与诸如政治、经济、法律、宗教、城市等等历史形态的关联。“史学化”的文学研究有助于发掘文学的丰富面影，但郜元宝却发现“史学化”的文学研究常常呈现出“有史而无文”的偏枯，过分倚重“外部研究”，轻忽了对“文”本身的探查，缺乏对作家“主观内面”生活的观照。有感于此，郜元宝提请研究者在强调文学研究的历史眼光的同时，也需要紧紧抓住文学史参与者“主观内面生活”这个中介，也就是“人”的因素，画出作家们在历史的复杂环境中所显示的心态和灵魂的本相①。的确，作家主体论的主观主义和社会决定论的客观主义，是我们文学研究中的两种主要模式，但这两种模式都不足以揭示文学与社会（历史）的复杂关系，只有将这两者有机结合才会避免相关偏颇。在这一层面，《多重文化空间中的鸳鸯蝴蝶派研究》也取得了不错的成绩。胡著在分析基于血缘地缘的私谊网络、经济诉求、资源争夺等外部因素对形构鸳鸯蝴蝶派的身份认同的作用时，也详细解读了这些外部因素如何具体影响到作家的生存心态，进而塑造其特定的身份观念。如包天笑自小接受传统教育的经历，使其对传统文化喜爱有加，进而造就了他“提倡新政治，保守旧道德”的写作策略；苏曼殊的“断零”身世使其挣扎于执着寻找与虚幻体验、钟情痴情又向往“世外法”的矛盾之中；特别是现代都市传媒市场的形成、科举仕进之途的断绝、新旧文化的冲撞搏斗等等历史条件如何导致了鸳鸯蝴蝶派作家与新文学作家的周旋，最终致使他们形成了“旧派才子”的自我认同，这之中的精神取向、复杂心态和多元回应都得到了详细剖析，绝不是褊狭的历史决定论的偏枯景象。

“历史化”的文学研究能在很大程度上规避本质主义思维模式的戕害，也能有效探索特定阶段的文学与特定历史语境的关系，深入开掘文学的丰富面影，因而受到众多研究者的青睐和追捧。程光炜教授领衔的“重返八十年代”文学研究和以李怡教授为主力

① 郜元宝：《“中国现当代文学研究”的“史学化”趋势》，《中国现代文学研究丛刊》2017年第2期。

的“民国文学史观”无疑便是其中的代表①。胡安定的专著《多重文化空间中的鸳鸯蝴蝶派研究》可谓“历史化”视阈下的一部单个作家流派的文学史，“历史化”的眼光使其发现了鸳鸯蝴蝶派丰富复杂的生态图景，令人耳目一新。而在此过程中，作者驾驭、使用“历史化”文学研究的方法路径，则是最具借鉴意义和启示效应之处。

（作者单位：西南大学文学院）

① 程光炜认为当前的当代文学充斥着一种把历史的结果等同于历史的过程，以历史结果为评价尺度来把历史过程再次简缩化的研究模式，这是无所谓真正历史感的学术研究，它最终将会导致历史语境的重新抽象化和虚无化。因而他才提出当代文学的“历史化”，以期呈现当代文学嬗替发展的复杂性。（可参见程光炜《当代文学的“历史化”》，北京大学出版社 2011 年版。）同样的，李怡教授提倡的民国文学研究，是为了强调文学研究对于中国现代历史中具体国家社会情态的“返回”，“挖掘具体的国家历史情态”，呈现我们文学的独特意义和完整面貌。（参见李怡：《中国现代文学史的叙述范式》，《中国社会科学》2012 年第 2 期。）

第二届“四十年代的国家想象、地方经验与文学形式”学术研讨会综述

杨天舒　高淑妮

2018 年 10 月 27—28 日，由中央民族大学文学与新闻传播学院、西南交通大学人文学院、《学术月刊》杂志社联合主办的第二届“四十年代的国家想象、地方经验与文学形式”学术研讨会在北京召开。这次会议，是继 2017 年在成都成功举办第一届会议之后，以四十年代文学丰富的时代内涵和文学面向为主要研究对象，继续相关议题的会议，旨在进一步加强学术交流，拓展四十年代文学研究的新领域，丰富和深化学界对四十年代文学的认识。来自中国社科院、北京市社科院、上海市社科院、中国艺术研究院、北京大学、清华大学、首都师范大学、华东师范大学、中国社会科学院大学、南开大学、天津工业大学、河北大学、东南大学、四川大学、西南交通大学的 50 余位专家学者出席了本次会议，围绕四十年代文学中的民族国家想象、地方经验和区域性书写以及四十年代作家个案等议题展开讨论。会议涉及的话题，既有第一届会议相关议题的延续，也有新的研究面向的深入展开。会议采用一对一评议的方式，对具体学术议题展开了深入的对话和充分的探讨。

一、四十年代文学整体性研究方法及思路的开拓

动荡的时局、残酷的战争、多重殖民体系、多重区域分隔和迁徙互动，使四十年代的中国文学呈现出多元复杂的文学景观。这些都影响着作家的思想理路和创作倾向，无论是文学视野与创作心态的转变还是个体记忆的历史叙述，作家对国家想象的文学书写在地方经验的作用下显现出区域文化结构的特殊性。这些都提示我们，在对四十年代文

学进行研究时，整体性视野和方法的重要性。

张泉（北京社会科学院）以四十年文学研究的宏观方法为论题做大会主旨发言，提出应注意以日据时期不同殖民地之间的殖民体制差异、抗战时期大后方/抗日民主根据地/沦陷区之间的体制差异、战前/战时/战后的历时转换、世界范围内体制殖民/新殖民/后殖民的历时演化等四个重要维度，探讨四十年代文学的“国家想象与地方经验”。他以《生死场》为例，指出作家的区域流动产生文学创作的共时性差异，这一差异是由不同的体制及意识形态造成的，它的复杂性需要多维地解读而非片面地做出定论；以周作人为例，指出不细致考察不同殖民统治模式下作家个案的具体情境，即可能造成研究和评判背离历史真实。他提出中国抗战文学研究需要建立属于本民族的历史观，借用西方后殖民理论建构中国沦陷区文学的研究范式容易造成对中国沦陷区文学的误读和曲解。在民族文化与殖民文化的对立冲突中发掘文学的内在张力，这是沦陷区文学研究者要进一步关注的。

历史记忆与四十年代具体现实之间的复杂关系是与会者关心的话题之一，袁一丹（首都师范大学）以沦陷区北平为对象，考察晚清记忆在这一特殊场域内的大规模复活，进而追问辛亥革命后本已褪色的晚清记忆，从现实目的、传播媒介以及表现形式上复原北平沦陷的记忆，改变以往文字史料为基础的研究路向，开拓了历史的图像、物象对文学的阐释空间。田露（天津工业大学）以细读孙伏园《西南印象》的方式，就回忆抗战、追忆战前和解放战争时期滞留四川等多个时空维度之下的个人历史叙述展开讨论，揭示了后抗战时代文人的复杂心态和现实处境。

同样聚焦后抗战时代知识分子群体如何处理文学传统、国族寓言和自我认同的问题，吕彦霖（南开大学）以《文艺复兴》杂志为中心，通过呈现其在鲁迅纪念活动中的独特话语表述，梳理杂志的书评、补白、编余中的艺术趣味与价值取向，审视其对“五四”文学传统的继承与反思，考察四十年代后期“中间”知识分子的审美取向和心态转换，他们如何消除“自我”与“大众”的边界，形成将自我价值追求与人民利益相统一的崭新认知模式。余夏云、王燕（西南交通大学）将费穆的电影《小城之春》放置在四十年代国族寓言、革命与日常生活的复杂维度讨论，并引入张爱玲四十年代的文学创作作为参照，认为《小城之春》的“诗意”不仅限于抒情风格，更是“史蕴诗心”，无用的琐事本身即充满了诗意，并不需要借用经过组织的历史诗意来加以贯穿、成全，提供了对费穆作为“电影诗人”的另一种解读。

段从学（西南交通大学）从梳理版本流变开始探讨力扬的《射虎者及其家族》，指出太平天国“英雄们”的历史“正义性”与个人“家族史”所要求的“真实性”之间的冲突，并非造成这首长诗未完成或不能发表的主要原因；力扬挣脱线性“历史叙事”

而穷尽家族史上的一切苦难及其根源的尝试，使长诗成为不断向着“存在”漫游的未完成之作，撕裂了“存在”（历史）与“说法”（存在）之间的形而上学的幻象，刷新了“皖南事变”后四十年代文学转向的流行想象，成为在现代性时间轴上不断后退的宏大“历史叙事”空洞性的直观见证。康宇辰（北京大学）围绕《莫须有先生坐飞机以后》对“理”的参悟实践，认为结合人的认识与修行的内外之道阐释“理”才是世界之本，废名把儒家从个人修身到齐家治国平天下的贯通思维自然地显现出来，他的归乡秉持着乡土的士人情怀，然而他的乡土乌托邦的想象并不能贴合中国的实情，因此他的乡土传道使命只能止步于读书人的道德感化之中。

王琦（河北大学）通过抗战文学中的“女英雄”叙事，探讨战时妇女生活的“再造”，这种叙事基于战时妇女从家庭走向社会的处境变化，民族与国家话语弱化了儿女情长，使得女性被赋予主体的身份，国家意志与女性力量的结盟让“女英雄”和“男汉奸”形成了鲜明的身份对照，妇女的“权利”进入国家的权力建构中，在接受与抵抗、转化与吸收的反复博弈中塑造了战时妇女的“新日常”。王莘乔（中央民族大学）从梳理凌叔华与武汉文坛的关系入手，分析其编辑《现代文艺》期间，将京派与沪上的文学资源引介到武汉，使地方性的武汉文坛有了与华北、华南比肩的可能，掀开“华中文艺”的新序幕。

作家创作心态和精神理路在四十年代突变的政治格局中发生转变，他们践行着各自的创作理想，在不同的文化结构和文学思潮中建构自己的“国家想象”，他们在沉默与言说的边界徘徊，既有未完成的文学作品，也有未实现的社会构想，与其说无言是一种遗憾，不如说无言的复杂心绪让文学显现出更为凝重的力量，为研究拓展了更为广阔的阐释空间，使得他们不仅能够从宏观视角探讨文学的流变，还可以从区域视野中发掘文人与区域文学的复杂关系。

二、地方经验与作为方法的区域视野研究

四十年代不同区域的政治、经济、文化因素不仅造成了文学语境的差异，还影响着作家的情感结构和思想理路的变化，殖民地、沦陷区、大后方、根据地、国统区、解放区等区域分割和历时变化，以及在此期间的文人创作、文学活动、文化观念以及文学立场建构了复杂的文学版图。作为方法的区域视野，不仅仅是简单的区域划分，更是四十年代文学研究的一个结构的背景。

本次会议，沦陷区文学研究仍旧是热点议题之一。陈言（北京市社会科学院）基于史料的细致考察，围绕新民印书馆相关的图书出版、办刊、人事变动等问题，梳理周作

人与安藤更生、张深切、沈启无等人的文化交往与人事纠葛。辨析以往关于“安藤少将与周督办”的论述在史料上的错误之处，指出安藤更生一生以周门日本弟子自居。中华人民共和国成立后两人通信中的文化交流、寄赠或索要图书、点心等细节，也显示出二人关系远远超出周作人同其他保持通信的日本友人。通过梳理安藤更生与周作人数十年的“北砚之交”，指出二人的交往模式，并非一般所理解的简单的“殖民者/被殖民者”，或“加害者/被加害者”的关系，提醒研究者注意殖民主义并非仅仅是一种可供批判的意识形态，日本的文化殖民的丰富性值得研究者进一步关注。丁文（中国社会科学院大学）以周作人在南京老虎桥监狱时期所做《儿童杂事诗》为中心，对其“题材之微与主旨之宏、表达之轻灵与寄寓之沉痛，以及文体之边缘与思想之中心”进行细腻阐释，考察其“狱中题壁”这部作品在“诙谐”与“童趣”之中所包含的“玄理”与“事功”，并指出《儿童杂事诗》是周作人以儿童生活对应“岁时”、亦即以自然规律嵌入历史肌理的方式，在战后隐晦地表达自己的生命哲学观。同时，以《儿童杂事诗》为中心的周作人狱中诗跨越并联结了“五四”、“战后”和“建国”三大历史关节，无论其作品中出现的“狂人”形象、吃人主题，还是频频与鲁迅及鲁迅文本的互文性写作，都是周作人与鲁迅的隔空对话，并对二人未竟启蒙事业提出“功竟在身后”的长线启蒙设想。

沦陷区的文学启蒙话语建构于殖民意识形态与民族意识的夹缝间，兼有两种意识形态的痕迹，在特殊语境下它的妥协性与斗争性显现出沦陷区文人矛盾挣扎的生存状态。妥佳宁（四川大学）梳理顾颉刚等人抗战以前的绥蒙垦殖观与贯穿抗战前后的“蒙汉同源论”，对内蒙古自治运动与伪蒙疆政权有相对清晰的认知，进而有效区分爱国知识分子无意的辩护姿态和国民党御用文人的官方意识形态。彭雨新（北京第二外国语大学）通过发掘、整理袁犀在沦陷时期的北京与“日系”的文化关联，探讨从“满洲国”到北京这一创作环境的变化对其创作观念的影响，由较少接触在伪满的“日系”作家到广泛接触在京的“日系”文人，以袁犀文学活动和创作态度的变化比较殖民地与沦陷区文化体制的差异。高淑妮（中央民族大学）聚焦北平沦陷区的“纯文学”思潮及“隐言”的话语表达，试图将《辅仁文苑》作者群、俞平伯、周作人、张深切等作家这一时期的创作统摄在“启蒙”话语之下，探讨民族主义的抵抗与殖民主义的妥协之间的复杂关系。

沦陷区诗歌创作也受到研究者的关注，陈芝国（广东第二师范学院）与吴昊（廊坊师范学院）都以沦陷区诗人为个案，探讨特殊的时代背景下诗歌的文学主题、艺术形式和家国情怀。陈芝国梳理沈宝基的诗歌早年受新月派及法国诗人龙沙影响的格律诗创作，以及转型之后从超现实主义的自由与解放的观念出发，结合中国传统佛道哲学，发现道家美学的自由精神，以超现实主义手法重新想象和书写中国古代历史传说，并试图勾连其另类的古典主义诗歌创作，尤其是对自由主题和古代反抗压迫形象的书写，与四十年代争取自由解放思潮与运动之间的暗中呼应关系。吴昊则聚焦刘荣恩抗战时期先南迁至湖南，又因故折返沦陷区天津的独特经历，通过对其生平史料的梳理及诗歌创作中“自救”与“自存”意味的探究，丰富了抗战时期沦陷区诗歌的研究，并具有一定史料价值。

在根据地与解放区文学研究方面，研究者主要关注中国革命在进入乡土中国时如何实现其对乡村的组织动员、知识分子和农村工作者又如何进行自我情感改造、革命经验如何产生“优美”的意识形态、根据地基层文化有何种面向、何其芳延安时期自传性写作的主体矛盾等问题。时至今日，简单化的政治—作家二元论的话语已然失效，作家、文艺与中国革命复杂关系的再问题化，是延安文艺研究的一个重要学术生长点。

黄锐杰（华东师范大学）提出革命政权介入乡土社会之时，因乡土社会的长幼观念等乡村伦理问题，面临如何组织和动员“青年”的困境，并通过细读孔厥《凤仙花》，赵树理《小二黑结婚》、《邪不压正》、《李有才板话》，丁玲《泪眼模糊中的信念》，柳青《地雷》，孙犁《荷花淀》、《光荣》等多部小说，分析这一时期不同作品如何构造青年的现代主体，实现中国对乡村的社会动员。以同乡土社会决裂的方式构造的“现代革命主体”在乡村现实中是空洞的，只有将“新人的政治”嵌入乡土社会伦理秩序的内部，在内部处理个与群、家与国的关系，才能真正突破费孝通在《乡土中国》中所言的“差序格局”，实现对乡村青年的组织与动员。路杨（北京大学）以丁玲的《在医院中》、韦君宜的《三个朋友》等作品为例，结合史料分析文艺工作者在下乡之后普遍的情感困境——即便主动改变自身的生活习惯、思维方式，与农民同吃同住同劳动，仍然难以摆脱情感上的隔阂；与农民建立具有互动性和感染力的情感联结，需要的是一种同甘共苦、将心比心的情感逻辑，在这个过程中，农村工作者获得乡土式的伦理经验和情感经验，建立有效的情感工作模式，抽象的“革命”也得以在普通农民心中获得日常化的形式。这一话题是针对延安文艺研究中的“文学的政治化”，反其道而行之的“政治的文学化”研究，讨论政治设计如何经由文学化的修辞与实践方式，进入革命主体或治理对象的感觉结构与生活世界中。

熊权（河北大学）指出孙犁小说的“优美”风格，并非其作为革命的边缘人的个性抒情，而是其在冀中根据地时不断冲突、调试的策略写作，所谓孙犁之“优美”，乃是一种形式的意识形态。结合孙犁在“肃托”时期的苦闷、感伤心境和创作所受批评，细读孙犁《爹娘留下琴和箫》及其反复改写的三个衍生文本，发现不断改写的过程即“感伤”转变为“优美”的过程。同时，《山地回忆》的本事与小说文本之间的巨大反差也是孙犁有意为之的“彩笔”，正是他在冀中战时不断调试形成的作为“革命人”的文艺观，与延安文艺体制遇合，成就了其名声与经典。这一观点的提出与“革命的多余人”

的定论形成有效的对话，是值得进一步深入探讨的话题。范雪（东南大学）认为，文艺工作者以多种艺术形式，对根据地基层文化的“新的品质”进行设计与文化实践，在从根据地文艺传统扩大到解放区的过程中，这种新的文艺传统，表现在文艺的社会化与对老百姓生活活力的认可这两个方面，是我们考察后来共和国时期的文艺，乃至当下文化状态时的有效资源。刘璐（清华大学）探讨何其芳延安时期自传性诗歌中矛盾、分裂和自我检讨的现象，认为其追求进步的意愿、延安鲁艺同志交往的文化环境、鲁艺日常生活检讨会制度，以及他的抒情认识方式和“青春情结”，使得他的歌唱、痛苦以及种种试图突破自我的努力，都陷入“看风景”的结构当中，与周遭世界相疏离，遮蔽了更丰富的社会认识而渐失活力。

四十年代的知识分子是颇受关注的一个文化群体，他们在战时大后方的文化活动和精神结构的变化值得深入思考，西南联大师生的文化立场和精神资源是战时知识分子研究的重要视点。姚丹（中国人民大学）认为西南联大丰富的精神传统使文化创造达到深刻的人性向度，这一精神传统是由生命立场、文化立场和民族立场共同构成的，西南联大师生秉持这一传统投身于反侵略和压迫的运动中，创作了文化的经典。苏晗（中央民族大学）指出西南联大师生继承“五四”新文学精神，在沈从文的影响下呼吁“文坛重建”，将文学创作与社会建设联结起来，促进文学创作的多元发展；“五四”精神感召着西南联大的文学青年，他们在大后方洋溢着个人与时代的“新青年”气质，成为“五四”文化的新一代主力军。

李斌（中央民族大学）梳理滇西至滇南地区的军队作家的文艺活动和文学创作，探讨军队作家的民族国家想象，他们的作品兼有乡土气息、民族特色和现代性，使得云南军旅文学在多元文化思维下产生了结构性的转变。袁少冲（山西运城学院）讨论大后方地方“军绅”政权意识形态的发展变化对文艺活动的影响，“军绅”政权的松散与凌乱为大后方文学运动的组织者提供了活动的平台，“军绅”政权的裂隙在一定程度上也促进了大后方的文学发展。

四十年代区域文学的发展离不开作家个体意识的建构，无论是沦陷区夹缝间的文学启蒙话语，还是大后方的“军绅”政权统摄下的文学活动，还是西南联大在战时坚守的精神传统，还是云南边陲军旅作家的进步文学书写，战时作家始终在压抑的语境下进行文学自救式的创作，他们在易变的时局中挣扎，同时也秉持着士人的情怀，以文学施行其救国理想。

三、经典作家与四十年代文学关系研究

全面抗战爆发后，“现代文学”与“现代中国”的关系，发生了根本性的变化。战

争带来的空间断裂、“国家理念”广泛传播、区域间的流动迁徙、战时国际秩序急剧变动等，都是在“五四”时期以及三十年代已经成名的经典作家在四十年代要面临的新问题，必然会带来文学观念与文学创作的变化。当然，这并非救亡压倒启蒙的简单论断，无论是郭沫若音乐观的探讨，还是茅盾唯物史观和情感结构的变化，抑或老舍、闻一多、冰心等作家的个案研究，都是一场深入四十年代肌理内部，试图与“五四”及三十年代文学观念的对话。

李斌（郭沫若纪念馆）将郭沫若的音乐观与儒家的音乐观相互对照，探讨儒家音乐观对郭沫若艺术理想的影响，进而溯源郭沫若的“人文主义”精神，认为他的音乐观与儒家的礼乐思想有所区别又有所借鉴，因此他的文化理想由于延安的文化导向出现了偏差，而这也是左翼文化内部的分歧所在。作家的文化理想与唯物史观随着战争语境的变化而改变，李国华（北京大学）以茅盾的三部不同时段的小说为例，解读茅盾文学视野中上海的变化及其意义，从战争语境、唯物史观以及民族国家的情感结构谈“声音政治”下的上海以及中国，三部小说在不断改写中有意遮蔽、涂抹政治话语的痕迹，政治理性无法穿透的个体精神领域延宕了小说的多重意蕴空间。如果说战争语境的变化改变了作家的唯物史观和情感结构，那么地域文化对作家思想的碰撞也能促使文学社会价值的转变，张敏（河南科技学院）通过闻一多西南迁徙的前后诗学观和学术思路的转变，发掘闻一多“民族国家”观念的内在理路，由“五四”时期的“文化民族主义”到四十年代的“政治民族主义”，“人民”身份的转化与认同，体现出闻一多对“新中国”的政治体认与追求。

无论是文学形式的“变”还是精神理路的“变”，“变”成为作家在四十年代进行文学创作时的共同趋向，他们的创作心态和文学观念在“变”的尝试与反思中慢慢得到确证。毕海（中央民族大学）以老舍的文学观念为例探讨新文学形式的“边界”，认为老舍对新文学通俗化的成就在于民间/地方文学形式的实践，要整合新文学、通俗文学和民间文学的资源为抗战的新形势服务，但“旧形式利用”又给老舍带来更多的困惑，继而“民族形式”的讨论引发了老舍对抗战文学形式的探索与理论思考，他的创作实践表明：在一种民族地方形式的背后总有地方文化认同的内涵，因此民族文化、地方文化应当被看作流动的文化资源整体而非僵化、固定的形式外壳。研究战时作家的创作流变不仅能够从他们的创作身份溯源，他们的创作心态同样值得关注。杨天舒（中央民族大学）从冰心“隐居”和“参政”的经验谈论冰心四十年代的创作转型，既有对冰心文学资源、文学形式的梳理，也有对冰心文化身份、对历史话语建构的反思，在文学的“常”与“变”中探讨冰心创作转型的焦虑与迷茫。研究者们以新的研究视角探究“地方经验”或“文化语境”对作家创作转型的影响，既表现他们的思想冲突，也阐释他们在抗战语境中的言说困境，将作家的转型研究放置到个体精神的私人领域中进行深入的探讨。

马凤（中央民族大学）聚焦穆时英在香港时期发表的散文创作，从散文中的上海—香港双城书写讨论他这一时期民族主义立场退却的思想痕迹与行为逻辑，进而梳理穆时英作为半殖民语境下最复杂的写作主体的一系列身份变化，从无产阶级意识的发言人到新感觉派圣手，到民族主义者、怯弱的后退者，再到投靠日伪政府的“和平主义者”，分析其在半殖民语境下模糊复杂的文化想象与政治抉择，对其附逆问题提供一种解释思路。胡文曦（华东师范大学）对许地山1939年在香港创作的小说《玉官》进行重读，厘清历来文学史对《玉官》宗教色彩和政治观念的双重误读，通过对文本的细读，分析许地山对传统的乡村“礼俗”与洋势力所代表的话语系统的双重批判，在反殖民和反封建的双重语境下，呼唤一种以服务社群大众不求报酬为核心的新型伦理革命的可能。

三十年代成名的现代派诗人在四十年代的创作也受到研究者关注，徐钺（中国社会科学院大学）通过“诗人”、“画家”、“新闻记者”三种身份的转变，分析卞之琳写作的主客观姿态的复杂性，从“记者”的政治眼光到“画家”的实际裁剪，最终再到“诗人”的阐释空间，使得他的创作既有客观、“抒情诗化”，也有“求逼真的传形而传神的苦心”。张颖（首都师范大学）对林庚最核心的“语言诗化”的诗学观念进行了较为细致的梳理，认为其从诗行、语法、词汇三个方面相结合找到了新诗语言的“诗化”机制，并试图探究林庚以现代视野重新审视古典诗歌研究、同时将古典诗歌的美学与语言特色转化为新诗资源的特点，分析其新诗创作与古典诗歌研究之间相得益彰的关系。

作家将个体精神的书写放置到民族话语的视域下，在多重意识形态的视野下拓展文学启蒙话语和革命话语的阐释空间。从文学的形式到文人的心态，从创作身份到文化理想，作家创作的转型在四十年代的文化路径中得以实现。文化语境与区域文化塑造着作家的个体精神，创作的转型印刻着作家精神蜕变的焦虑，他们复杂的心态和现实的处境增强了作品的内在张力，进而建构出四十年代文学话语的多重叙述空间。

（作者单位：中央民族大学文学与新闻传播学院）

编后语

毛　迅

段从学在本刊第26辑的“编后语”里聊到了“作为一个行业的中国现代文学研究”的学术“再生产”问题，希望既有的学术生产中应该有理想的目标——“不仅仅只是维系一个行业的历史存在，以解决就业问题为首要目标的简单再生产”。语气似调侃轻松，问题指向则颇让人玩味。

有些年头了，由于数据化管理的“同一性”导向以及相关现实利益需求的驱动，当下的人文学术再生产活动已的确变得愈来愈像一种工业化的“产业”或“业态”：各种等级的学术刊物待价而沽，程序化运作，其满负荷运转的生产线开足马力也难以完全应付以“批量生产”为特征的当下学术“简单再生产”浪潮。产量剧增的繁荣背后，是整个学术生产链的价值稀释、摊薄。而在这习以为常的氛围中，我们自己又何尝没有随过“简单再生产”的大流呢?

所以，在段兄向我们敲响学术的“简单再生产”警钟之后，我们后来的学术生产活动就应该多了一分谨慎：如何规避“简单再生产”？从个人的角度讲，倒是可以对自己的有“简单再生产”嫌疑的学术产品进行适度封存或干脆停产；而从刊物的角度讲，要做到编一本完全避开“简单再生产”形态的辑刊就不那么容易了。好在段从学又说了：“理想之所以是理想，就因为它不是现实。”这多少给了后来的编辑者们以务实的合理性空间。但我们仍然需要理想，至少希望部分地满足理想的要求，或者让我们似乎看到理想的影子。

当然，何谓“简单再生产”？段兄并未界定。我想，题中之义是不是应该有：除了有学问，除了有标签等身的精致身份，除了对学问资源的程序化处理（即段文所说的学术程序），除了把学术资源熟练地转变为学术成果的一整套精巧的“技术性操作”，除了单纯为学术而学术的学术兴致之外，我们的学术生产者是不是还得有面向现实的人文情怀？还得有代言社会良知的勇气？还得有思想的主动性？还得有哪怕只是对学术理想的向往和执念？

如果从这样的维度上来品鉴本辑的学术产品，我们还是应该感谢付出辛勤劳动的学术生产者。至少，在一些厚重的文字背后，我们不仅有眼睛为之一亮的惊喜，而且还清晰地听到了更多的声音，那些沉默在字里行间的希望的声音。